Gabriele Rosenthal
Interpretative Sozialforschung

Grundlagentexte Soziologie

Herausgegeben von Klaus Hurrelmann

In den sechziger und siebziger Jahren des letzten Jahrhunderts erschien im Juventa Verlag die Reihe „Grundfragen der Soziologie". Sie wurde von Dieter Claessens, Sozialanthropologe und Familienforscher an der Universität Münster, später der Freien Universität Berlin, herausgegeben. Die Reihe hatte einen prägenden Einfluss auf die damals noch in den Anfängen stehende Disziplin Soziologie. Viele Bände der Reihe sind bis in die 80er-Jahre hinein Standardlehrbücher geblieben.

Die Reihe „Grundlagentexte Soziologie" knüpft an diese Tradition an. Die Soziologie hat sich seitdem in Deutschland als theoretisch und empirisch reichhaltiges wissenschaftliches Fach etabliert. Es fehlt ihr aber an Einführungstexten und Übersichtsbänden für den Lehrbetrieb in Universitäten, Fachhochschulen, Fachschulen und anderen Bildungseinrichtungen.

Dieser Herausforderung stellt sich die Reihe „Grundlagentexte Soziologie". Von fachlich gut ausgewiesenen Wissenschaftlerinnen und Wissenschaftlern werden Texte vorgelegt, die die wichtigsten theoretischen Ansätze des Faches, methodische Zugänge und gesellschaftswissenschaftliche Analysen präsentieren. Die Bände sind so zugeschnitten, dass sie sich als Basislektüre für Vorlesungen, Seminare und andere Lehrveranstaltungen mit einführendem Charakter eignen.

Die Reihe „Grundlagentexte Soziologie" wird herausgegeben von Klaus Hurrelmann, der als Sozial- und Gesundheitswissenschaftler an der Universität Bielefeld tätig ist.

Gabriele Rosenthal

Interpretative Sozialforschung

Eine Einführung

Juventa Verlag Weinheim und München 2005

Die Autorin

Gabriele Rosenthal, Jg. 1954, Dr. rer. soc., ist Professorin für qualitative Methoden am Methodenzentrum Sozialwissenschaften der Sozialwissenschaftlichen Fakultät der Georg-August-Universität Göttingen.

Ihre Arbeitsschwerpunkte sind Interpretative Soziologie, Biographie- und Familienforschung sowie Mehrgenerationenstudien und Holocaustforschung.

Bibliografische Information Der Deutschen Bibliothek

Die Deutsche Bibliothek verzeichnet diese Publikation in der Deutschen Nationalbibliografie; detaillierte bibliografische Daten sind im Internet über http://dnb.ddb.de abrufbar.

© 2005 Juventa Verlag Weinheim und München
Umschlaggestaltung: Atelier Warminski, 63654 Büdingen
Umschlagabbildung: Georges Braque, La bouteille d'eau de vie. 1912-14
© VG Bild-Kunst, Bonn 2005
Printed in Germany

ISBN 3-7799-1482-4

Vorwort

Dieser Text ist in einem Zeitraum von mehreren Jahren und in enger Verbindung mit meiner Vorlesung „Einführung in die qualitative Sozialforschung" am Methodenzentrum Sozialwissenschaften der Georg-August-Universität Göttingen entstanden. Diese Vorlesung ist verbunden mit der Vorlesung „Einführung in die quantitative Sozialforschung", die von meinem Kollegen Steffen Kühnel gehalten wird. Dem Dialog mit ihm verdanke ich die Einsicht, dass die Differenz zwischen beiden Paradigmen sowohl in der methodologischen Reflexion als auch in der Praxis empirischer Forschung leichter überbrückbar ist, als ich annahm.

Es ist den TeilnehmerInnen meiner Vorlesung, ihren kritischen Fragen und auch ihren Ausführungen in den Klausuren zu verdanken, dass ich mein Skript immer wieder nach dem Grundsatz „einfacher formulieren und dennoch anspruchsvoll bleiben" überarbeitet habe. Dieser Prozess der Überarbeitung ist keineswegs abgeschlossen. Immer noch bin ich über so manche sich in den Klausuren wiederholende Auffassungen irritiert, sind sie doch so anders als das, was ich eigentlich vermitteln wollte. Dennoch war es notwendig, das Manuskript nun aus der Hand zu geben.

Klaus Hurrelmann bin ich zu Dank verpflichtet. Er hat mich zum Schreiben dieses Bandes aufgefordert und mir zu dessen Fertigstellung viel Zeit großzügig gewährt.

Viele Kolleginnen und Kollegen haben zu einzelnen Kapiteln kritische Anregungen gegeben und mich in der letzten Phase des Manuskripts auch mit Korrekturlesen unterstützt. Dafür bin ich für Anne Blezinger, Dorothea Boldt-Jaremko, Anke Fesenfeld, Markus Gerdiken, Tobias Moosbach, Christine Müller, Viola Stephan, Carla Wesselmann, Nicole Witte und Rixta Wundrak herzlich verbunden. Anerkennung gebührt auch Susanne Litzka, die die letzten Korrekturen am Band vornahm.

Außerdem danke ich all den hier nicht genannten TeilnehmerInnen an den Forschungswerkstätten der letzten Jahre, die mich bei der Betreuung ihrer empirischen Arbeiten immer wieder mit dem Dilemma konfrontiert haben, das mit den beiden Fragen umschrieben ist: Wie viel an „Rezeptvorgaben" ist hilfreich und wann werden diese Rezepte zu einem Hindernis für wissenschaftliche Kreativität und den sensiblen Umgang mit den Besonderheiten des jeweiligen Gegenstands? Aufgrund meiner Anteilnahme an ihren Studien, insbesondere an der gemeinsamen Interpretation ihres empirischen Materials habe ich nicht nur Einsicht in sehr unterschiedliche Lebenswelten erhalten, sondern auch in methodischer Hinsicht mehr gelernt, als mir bewusst ist.

An Bettina Völter geht mein besonderer Dank für einen seit vielen Jahren andauernden Austausch über methodische und theoretische Fragen sowie für ihre konstruktive Kritik an meinen Überlegungen zur Diskursanalyse. Michaela Köttig habe ich mehr zu verdanken als die Anregungen aus gemeinsamer Lehrtätigkeit sowie Diskussionen über ihre fundierte empirische Arbeit und engagierte Didaktik. Als meine Assistentin in dem neu aufzubauenden Bereich am Methodenzentrum trug sie ganz wesentlich dazu bei, dass ich den zeitlichen, aber auch emotionalen Freiraum zum Schreiben dieses Buches erhielt. Artur Bogner hat mich mit seiner theoretisch anspruchsvollen soziologischen Perspektive immer wieder auf Inkonsistenzen und vor allem Ungenauigkeiten hingewiesen und zu Überarbeitungen motiviert. Herzlichen Dank dafür wie auch für vieles andere.

Berlin, März 2005
Gabriele Rosenthal

Inhalt

Einleitung

Die Leserin und der Leser mögen sich fragen: Wozu denn nun schon wieder ein Buch zu qualitativen Methoden? Die Anzahl der Publikationen in diesem Bereich ist in den letzten 20 Jahren enorm gestiegen und es liegen mittlerweile auch in deutscher Sprache etliche Sammelbände und auch Monographien vor, die einen guten Überblick über die verschiedenen qualitativen Verfahren und die in der Bundesrepublik etablierten Ansätze und deren wissenschaftstheoretische Begründungen geben.[1] Daher war mein Anliegen auch weniger, einen weiteren Überblick über die unterschiedlichen Verfahren und Traditionen zu schreiben, als vielmehr dezidiert auf Erhebungs- und Auswertungsmethoden einzugehen, die den Prinzipien des interpretativen Paradigmas verpflichtet sind (vgl. Kap. 2) und einer Logik der Entdeckung von Hypothesen und gegenstandsbezogenen Theorien[2] folgen. Vor allem möchte ich auf der Basis meiner eigenen Erfahrungen in der interpretativen Sozialforschung wie auch bei der Vermittlung dieser Methoden in der Lehre und der Betreuung von Forschungsarbeiten auf deren praktische Anwendung und auf die konkreten Probleme des Praxisalltags empirischer Studien eingehen. Dabei will ich besonders auf die sich je nach Gegenstand und den daran teilnehmenden Personen (sowohl der ForscherInnen als auch der zu „erforschenden" Personen) immer wieder neu ergebenden Anforderungen und Krisen zu sprechen kommen. Es ist mein Anliegen, neben einer Diskussion von unterschiedlichen Erhebungs- und Auswertungsmethoden eine Art „offenen Leitfaden" für eigene empirische Forschungsarbeiten geben zu können. Damit begebe ich mich in das Dilemma, dass wir einerseits gewisse Regeln und Werkzeuge für die Forschung benötigen, andererseits genau dies ein Hindernis beim flexiblen Sich-Einlassen auf den konkreten Forschungsgegenstand und bei der gegebenenfalls nötigen Modifikation unserer Werkzeuge und Vorgehensweisen sein kann. Erweist sich in der einen Studie ein „Rezept" z.B. für den Zugang zum Feld – vielleicht über ein Inserat in einer Tageszeitung – oder für eine bestimmte Form der Gesprächsführung – wie die narrative – als ausgesprochen erfolgreich, so kann

---

1 Neuere Methodenbücher, die dieser Intention folgen, sind: Bohnsack (2003); Flick u.a. (2000); Hitzler/Honer (1997); Schroer (1994). Die beiden Bände von Lamnek (1988; 1989) repräsentieren dagegen eine Sozialforschung, die sich teilweise noch an den Kriterien quantitativer Verfahren orientiert.

2 Glaser und Strauss (1979) unterscheiden zwischen gegenstandsbezogenen (substantiven) Theorien, die sich auf einen bestimmten Gegenstandsbereich wie z.B. die Patientenbetreuung beziehen und den auf diesen aufbauenden formalen Theorien, die sich durch einen hohen Allgemeinheitsgrad kennzeichnen.

es durchaus in einem anderen Kontext kontraproduktiv sein. Ich hoffe, es wird mir in meiner Darstellung gelingen, die Notwendigkeit einer flexiblen und kreativen Anwendung bestimmter Instrumente zu vermitteln und damit auch Mut für eine Forschung zu machen, in der wir uns nicht einem festen Regelwerk unterwerfen, sondern sensibel sind für die Besonderheiten der Lebenswelten, die wir erforschen wollen.

Als Soziologin werde ich mich in meinen Ausführungen zu den theoretischen Grundannahmen, zur Methodologie und zur Geschichte der interpretativen Sozialforschung hauptsächlich in dieser Disziplin bewegen. Die von mir vorgestellten Methoden sowohl für die Datenerhebung als auch -auswertung sind – vorausgesetzt es geht um die Erforschung von sozialen Phänomenen – jedoch keineswegs an bestimmte Disziplinen gebunden. Die Regeln für eine am Prinzip der Offenheit orientierte Erhebung (vgl. Kap. 2.4), d.h. für ein gut geführtes offenes Interview oder für eine teilnehmende Beobachtung, sind für eine Soziologin die gleichen wie für eine Ethnologin, Psychologin, Erziehungswissenschaftlerin oder Sozialhistorikerin. Ebenso sind die Prinzipien einer sequenziell und rekonstruktiv vorgehenden Auswertung von Texten – ob nun von Interviewtranskripten, Videoaufnahmen oder Beobachtungsprotokollen – nicht an eine bestimmte Disziplin gebunden. Die Wege der wissenschaftlichen Arbeit trennen sich bei einem fallrekonstruktiven Vorgehen im Unterschied zu einem hypothesenorientierten und inhaltsanalytischen Vorgehen erst nach abgeschlossener Fallrekonstruktion, d.h. dann, wenn es um die Bildung theoretischer Konstruktionen und weiterer theoretischer Verallgemeinerungen geht.

1. Qualitative und interpretative Sozialforschung

1.1 Was versteht man unter qualitativer Sozialforschung?

Jede eindeutige und klare Antwort auf die Frage, was man unter qualitativer Sozialforschung versteht, würde die Vielfalt und Unterschiedlichkeit qualitativer Verfahren verfehlen. Im Unterschied zu den quantitativen Methoden sind wir in diesem Bereich relativ weit entfernt von einem einheitlichen Verständnis sowohl des Vorgehens in einer qualitativen Untersuchung als auch der zugrunde liegenden methodologischen Grundannahmen. Hinter der Bezeichnung qualitative Methoden verbergen sich ganz unterschiedliche grundlagentheoretische Positionen und konkrete Vorgehensweisen bei der Erhebung und Auswertung. Dennoch können wir dabei zwischen jenen unterscheiden, die sich in ihren Regeln und Kriterien noch an der Logik quantitativer Verfahren mit dem Ziel einer numerischen Verallgemeinerung orientieren und jenen dezidiert qualitativen Methoden, deren Interpretationen und Verallgemeinerungen nicht auf der Häufigkeit des Auftretens bestimmter sozialer Phänomene beruhen, sondern vielmehr auf einer Logik des Verallgemeinerns am Einzelfall (ob nun einer einzelnen Biographie oder einer Organisation oder eines bestimmten Milieus) oder – ebenso mit dem Anspruch auf Generalisierung am Einzelfall – der mikroskopischen bzw. dichten Beschreibung (vgl. Geertz 1983: 37) des interessierenden Bereichs der Alltagswelt. Mit einer Logik des Verallgemeinerns und der Entdeckung sowie Überprüfung von im Untersuchungsverlauf gewonnenen Hypothesen am Einzelfall sind andere Regeln und Gütekriterien als in der quantitativen Forschung verbunden, in der es um die Prüfung von bereits vorliegenden Hypothesen und die Standardisierung der methodischen Instrumente geht. In der qualitativen Sozialforschung im engeren Sinne geht es um eine Logik der Entdeckens, d.h. der Generierung von Hypothesen bis hin zu gegenstandsbezogenen Theorien im Forschungsprozess, und damit der Zurückstellung von Hypothesen zu Beginn der Untersuchung. Daraus leitet sich die Forderung zur Offenheit des Vorgehens ab, d.h. also nicht Standardisierung der Instrumente, sondern ein Vorgehen, das den Verlauf eines Gesprächs – ob nun im Einzelinterview oder in einer Gruppendiskussion – oder einer Beobachtungssituation an den jeweiligen Relevanzen und den Besonderheiten der zu interviewenden oder beobachtenden Personen orientiert und ihnen dabei so viel Spielraum wie möglich in der Gestaltung der Situation lässt.

Innerhalb qualitativer Studien kann also danach unterschieden werden, ob ihre Interpretationen auf der Häufigkeit des gemeinsamen Auftretens von sozialen Phänomenen oder auf der Rekonstruktion von Wirkungszusammenhängen am konkreten Fall beruhen, ob sie eher einer Überprüfungs- oder eher einer Entdeckungslogik von Hypothesen folgen und wie offen ihre Instrumente der Erhebung und der Auswertung sind.

Kriterien zur Unterscheidung qualitativer Studien

- Interpretationen basierend auf dem häufigen gemeinsamen Auftreten von sozialen Phänomenen oder auf der Rekonstruktion von Wirkungszusammenhängen am konkreten Fall

- Überprüfungs- oder Entdeckungslogik von Hypothesen und Theorien

- Grad der Offenheit der Verfahren der Erhebung und der Auswertung

---

Betrachtet man die konkrete Forschungslandschaft, so wird man feststellen, dass eine Vielzahl von qualitativen Untersuchungen zwischen diesen Polen hin und her pendelt. Einerseits wollen sie die Vorteile qualitativer Analysen nutzen und andererseits versuchen sie, dabei immer noch den Kriterien der quantitativen Sozialforschung gerecht zu werden. Aufgrund dieser Vielfalt und auch markanten Differenzen bevorzugen die VertreterInnen einer konsequenten interpretativen oder rekonstruktiven Forschungslogik, die in den Traditionen einer Verstehenden Sozialwissenschaft (wie des Symbolischen Interaktionismus, der phänomenologischen Wissenssoziologie oder der Ethnomethodologie) stehen, zur Verdeutlichung ihrer Position und zur Abgrenzung von anderen Methoden andere Labels als das der *qualitativen Methoden*. So sprechen die einen von *kommunikativer* (Fritz Schütze) oder von *rekonstruktiver* (Ralf Bohnsack) oder die anderen von *sozialwissenschaftlicher* oder auch *wissenssoziologischer Hermeneutik* (Hans Georg Soeffner 1989; Ronald Hitzler & Anne Honer 1997, Jo Reichertz & Norbert Schroer 1994) oder von der die unterschiedlichen Richtungen eher verbindenden Bezeichnung *interpretative Sozialforschung* (Schöer 1994). Die *Grounded Theory* in der Tradition von Barney Glaser & Anselm Strauss (1967) und die *Objektive Hermeneutik* nach Ulrich Oevermann gehören ebenso wie *ethnomethodologische* Forschungsansätze in der Tradition von Harold Garfinkel (1986) und Aron Cicourel (1970) und die *ethnomethodologische Konversationsanalyse* (Harvey Sacks 1992; Jörg Bergmann 1994; 2000) zu dieser Richtung. Die Bezeichnung „interpretative Sozialforschung oder interpretative Methoden", die ich im Folgenden verwenden werde, geht auf die von Thomas Wilson (1970/1973) eingeführte Unterscheidung zwischen einem normativen und einem interpretativen Paradigma zurück. Während nach Wilson die VertreterInnen des normativen Paradigmas den Menschen eher als einen auf ein gemeinsames Symbolsystem reagierenden Organismus begreifen, wird der Mensch im interpretativen Paradigma als ein handelnder und erkennender Organismus verstanden. Er steht der Welt nicht gegenüber und reagiert auf sie, sondern das Individuum erzeugt vielmehr in Interaktionen mit anderen die soziale Wirklichkeit. Bedeutungen bilden sich somit sequenziell in interaktiven Prozessen heraus und verändern sich fortlaufend. Auf dieses Verständnis der historisch-gesellschaftlichen Konstruktion der Wirklichkeit(en) (vgl. Berger/Luckmann 1969; Soeffner 1989) und den daraus folgenden methodischen Implikationen werde ich im nächsten Kapitel (2) detailliert eingehen.[1]

Gemeinsam ist den so unterschiedlichen Richtungen innerhalb der qualitativen Sozialforschung, dass die SozialforscherInnen sich der sozialen Realität, im Unterschied zur quantitativen Forschung, im unterschiedlichen Ausmaß mit Hilfe so genannter offener Verfahren annähern. Diese Verfahren sollen im Unterschied zu einem Fragebogen, einer standardisierten Beobachtung oder einem sozialwissenschaftlichen Experiment den zu befragenden oder zu beobachtenden Personen die Möglichkeit zur eigenen Gestaltung der Situation und der kommunikativen Abläufe geben (vgl. Hopf 1979: 14). Zu diesen Erhebungsverfahren gehören verschiedene Formen des offenen Interviews, die Feldforschung, bei der hauptsächlich mit teilnehmender Beobachtung gearbeitet wird, Tonband- oder Videoaufzeichnungen von Alltagssituationen, Gruppendiskussionen oder auch Familiengespräche. All diese Verfahren verfolgen das Ziel, die Welt zunächst aus der Perspektive der Handelnden in der Alltagswelt und nicht aus jener der Wissenschaftler zu erfassen[2] und die Praktiken sozialen Handelns in ihrer Komplexität im alltäglichen Kontext zu untersuchen. Die methodischen Verfahren der Erhebung und auch der Auswertung sollen die Möglichkeit geben, herauszufinden, wie Menschen ihre Welt interpretieren und wie sie diese Welt interaktiv herstellen. Es geht dabei nicht nur um die Perspektiven und die Wissensbestände der Akteure, die ihnen bewusst zugänglich sind, sondern auch um die Analyse des impliziten Wissens und die jenseits der Intention liegende interaktive Erzeugung von Bedeutungen.

Auf eine konsequente Umsetzung des Prinzips der Offenheit bei der Erhebung und Auswertung werde ich in Kapitel 2.4 und 2.5 eingehen. Zunächst bedeutet es jedenfalls, dass die Forschungsfrage zu Beginn einer empirischen Studie noch wenig klar umrissen ist und keine Hypothesen vorab formuliert werden.[3] Vielmehr beginnt man mit einem vagen Interesse an

---

1 Gerade hierin kann die Differenz zwischen den verschiedenen sozialwissenschaftlichen Methoden gesehen werden und nicht in der Unterscheidung zwischen qualitativ und quantitativ (vgl. Bohnsack 1991; Soeffner 1989).

2 Zu den Gemeinsamkeiten und Unterschieden zwischen Alltagswelt und der Welt der Wissenschaften vgl. Alfred Schütz (1971a; 1971b).

3 Sofern in diesem Stadium Hypothesen reflektiert bzw. im Forschungsteam diskutiert werden, dient dies dazu, sich die eigenen alltagsweltlichen oder auch wissenschaftli-

einem bestimmten sozialen Phänomen oder einem bestimmten Milieu. Dieses vage Interesse bestimmt jedoch schon zu Beginn der Forschung die Blickrichtung auf die Phänomene und damit den methodischen Zugang oder, wie Anselm Strauss und Juliet Corbin (1996: 23) es formulieren, die offene und weite Fragestellung zum Beginn einer Studie „beinhaltet, was man schwerpunktmäßig untersuchen und was man über den Gegenstand wissen möchte". Sind wir z.B. an dem sozialen Phänomen „Alter" interessiert, bieten sich unterschiedliche Möglichkeiten der Perspektive auf dieses Phänomen. Will man erforschen, wie alte und ältere Menschen den Prozess des Alterns und das Altsein erleben, wird man als Erhebungsmethode ein offenes Interview oder vielleicht auch eine Gruppendiskussion wählen. Damit wird es den Befragten im Gespräch mit den ForscherInnen möglich sein, ihre Erfahrungen entlang ihrer eigenen Relevanzsetzungen darzustellen und ihre Perspektiven mitzuteilen. Bei der Gruppendiskussion[4] hätten wir zudem die Möglichkeit, ältere Menschen in der Interaktion mit anderen zu erleben und auch zu beobachten, welche Darstellungen in der gemeinsamen Diskussion übereinstimmend ausgebaut werden und welche eher an den Rand gedrängt werden. Ein Gespräch im Kreis der Familie könnte uns darüber hinaus Auskunft über die Interaktionsstrukturen zwischen den Generationen in der Familie geben.[5] Ist man dagegen in erster Linie an Interaktionsprozessen zwischen älteren oder mit jüngeren Menschen in ihren alltäglichen Bezügen interessiert, will man z.B. der Frage nachgehen, wie sich jüngere Menschen gegenüber älteren Menschen in unterschiedlichen Situationen verhalten, wählt man eher den Zugang einer teilnehmenden Beobachtung oder vermittels Videoaufzeichnungen „natürlicher" Alltagssituationen[6]. Ebenso bieten sich die teilnehmende Beobachtung und Aufzeichnungen mit Video an, wenn man z.B. an der sozialen Wirklichkeit eines Altersheims interessiert ist. Der Zugang über Interviews ist also stärker einem Interesse an der Perspektive von alten Menschen, deren Erleben, Wissen und Handeln und bei lebensgeschichtlichen Interviews auch an der Entstehungsgeschichte von deren Perspektiven und deren Erleben des Alterns geschuldet. Die teilnehmende Beobachtung oder Analysen von auf Video aufgezeichneten Alltagssituationen konzentrieren sich dagegen stärker auf die Rekonstruktion des Alltagslebens von alten Menschen in ihren interaktiven Bezügen. Will man dagegen erforschen, wie im öffentlichen Diskurs bzw. in den unterschiedlichen medialen Diskursen oder dem medizinischen Diskurs oder dem Diskurs in bestimmten sozialen Einrichtungen das Phäno-

---

chen Vorannahmen bewusst zu machen und zu ihnen eine reflektiv-kritische Distanz zu schaffen.

4 Die Methode der Gruppendiskussion ist in der Bundesrepublik vor allem von Ralf Bohnsack weiterentwickelt worden. Von ihm liegen nachvollziehbare Anleitungen sowohl zur Erhebung als auch zur Auswertung vor (Bohnsack 2003). Zur Geschichte der Gruppendiskussion vgl. Bohnsack (1997).

5 Zur Untersuchung von Tischgesprächen vgl. die Arbeit von Angela Keppler (1994).

6 Zur Analyse so genannter ‚natürlicher' Daten vgl. die Beiträge in Schröer (1994).

men Alter verhandelt wird, kann man den Zugang über eine Diskursanalyse von Texten aus den jeweiligen Kontexten wählen. Die Diskursanalyse geht der Frage nach, wie das Phänomen „Alter" als soziales Phänomen in der Art und Weise entsteht, wie und von wem darüber gesprochen wird (vgl. Kap. 7.4).

Diese Verfahren lassen sich jedoch keineswegs so klar voneinander trennen, sondern greifen ineinander über. In der Feldforschung werden neben teilnehmender Beobachtung auch kurze Gespräche oder Interviews geführt, um mehr über die Selbstwahrnehmung und die Perspektiven der Handelnden zu erfahren. Bei der Erhebung von Interviews, die häufig im Alltagskontext der Befragten erfolgt, befinden sich die Interviewer ebenfalls in deren Lebenswelt und es gebietet sich, darüber Feldnotizen anzufertigen, in denen auf die Kontaktaufnahme und generell auf die Begegnungsgeschichte mit den Befragten und die Besonderheiten ihrer Lebenswelt eingegangen wird. Bei der Auswertung von Interviews rekonstruieren wir die Interaktionsgeschichte der Befragten und analysieren darüber hinaus die Interaktionsprozesse mit den InterviewerInnen und gegebenenfalls mit anderen am Gespräch teilnehmenden Personen, wie Ehegatten, Freunden oder Kinder. Auch erfordert eine konsequent sozialwissenschaftliche Auswertung von Interviews die Einbettung der subjektiven Perspektiven und Wissensbestände in die jeweiligen Diskurse, in denen sie entstanden sind oder während der sie sich verändert haben.

Teilnehmende Beobachtung (Kap. 4), offene Interviews (Kap. 5) und biographische Fallrekonstruktionen (Kap. 6.2) werden in diesem Buch vornehmlich vorgestellt. Ich werde auf die Feldforschung mit der zentralen Methode der teilnehmenden Beobachtung und auf offene Formen der Interviewführung, insbesondere auf das narrative Interview (Kap. 5.4), eingehen. Bei der großen Vielfalt von Auswertungsmethoden werde ich mich auf Verfahren konzentrieren, die sequenziell und rekonstruktiv vorgehen (Kap. 2.5; 6.2) und mit denen man alle Datentypen analysieren kann – also Beobachtungsprotokolle aus der teilnehmenden Beobachtung, Tonband- und Videoaufnahmen von Alltagssituationen, Transkripte von Interviews sowie auch vorliegende Texte aus unterschiedlichen Diskurszusammenhängen.

Um einerseits die Besonderheit interpretativer Verfahren im Unterschied zu anderen qualitativen Methoden zu verdeutlichen und andererseits auch auf die Brandbreite des unterschiedlichen Vorgehens hinzuweisen, werde ich auch Verfahren besprechen, die den Prinzipien der Sequenzialität und Rekonstruktivität nicht gerecht werden (Kap. 7.1; 7.3). Damit meine ich vor allem die verschiedenen Vorgehensweisen im Bereich qualitativer Inhaltsanalysen, wozu m.E. ansatzweise auch das Kodieren in der Grounded Theory gehört. Diese Verfahren strukturieren das Textmaterial im Unterschied zum sequenziellen und rekonstruktiven Vorgehen mit Hilfe von allgemeinen Kategorien. Dies bedeutet: Der Text wird mit Hilfe von Kategorien eingeteilt und neu sortiert, also nach den Kriterien der WissenschaftlerInnen neu geordnet. Bei einem rekonstruktiven und sequenziellen Verfahren hingegen wird gerade die zeitliche Struktur oder sequenzielle Gestalt des Textes als wesentliche Grundlage für die Interpretation genommen. Es wird rekonstruiert, wie sich der Text aufbaut und jede einzelne Sequenz wird in ihrer Einbettung in die Gesamtgestalt betrachtet. Dadurch wird es möglich, nicht nur wie meist bei inhaltsanalytischen Verfahren den *manifesten* Gehalt des Textes, sondern auch den *latenten* Gehalt zu erfassen, den Sinn, der „zwischen den Zeilen" liegt. Es gilt gerade als Anliegen interpretativer Verfahren, methodisch kontrolliert und intersubjektiv nachvollziehbar von der Oberfläche des Textes auf tiefer liegende und zunächst verborgene Sinn- und Bedeutungsschichten zu schließen (vgl. Hitzler/Honer 1997: 23).

1.2 Was kann die interpretative Sozialforschung leisten?

Untersuchung von Unbekanntem und Neuem

Bei der Frage, was die qualitative bzw. im engeren Sinne die interpretative Sozialforschung im Unterschied zur quantitativen Sozialforschung leisten kann, herrscht zunächst Einverständnis darüber, dass sie vor allem bisher noch unbekannte Phänomene oder kaum erforschte Lebenswelten erforschen kann. Haben wir keine Kenntnis von der Sozialwelt, die wir untersuchen möchten oder liegen bisher keine theoretischen Konzepte zu bestimmten sozialen Phänomenen vor, dann lässt sich nur schwer ein quantitatives Design entwerfen. Ein quantitatives Vorgehen erfordert für die Entwicklung standardisierter Instrumente wie eines Fragebogens oder eines Beobachtungssystems bereits vorliegende theoretische Konzepte und daraus deduzierte Hypothesen. Auch können wir kaum einen Fragebogen entwerfen, wenn wir die zu untersuchende Lebenswelt und vor allem deren Sprachspiele nicht kennen. Beabsichtigen wir dennoch eine quantitative Untersuchung, so erfordert diese eine qualitative Vor- oder Pilotstudie. So können offene Interviews in einem weiteren Schritt zur Formulierung eines Fragebogens dienen. Dieser Umstand führte zunächst zur Etablierung der qualitativen Methoden in der Vorphase quantitativer Untersuchungen. Die Vertreter der qualitativen, insbesondere der interpretativen Sozialforschung wollen sich darauf jedoch nicht reduzieren lassen. Und bei manchem Untersuchungsgegenstand ist es auch sinnvoller, eher ein umgekehrtes Vorgehen zu wählen; d.h. zunächst quantitativ und dann qualitativ vorzugehen. Die quantitative Sozialforschung ermöglicht uns, auf bestimmte häufig auftretende Phänomene, sich verstärkende Trends oder auch auf seltene Phänomene, die sie nicht weiter bearbeiten kann, aufmerksam zu machen. Interpretative Methoden ermöglichen es, auf diese Phänomene dann einen anderen Blick zu werfen und die Wirkungszusammenhänge und latenten Sinngehalte am konkreten Einzelfall zu rekonstruieren.

Nachvollzug des subjektiv gemeinten und Rekonstruktion des latenten Sinns

Aus meinen bisherigen Ausführungen wurde bereits deutlich, dass ein wesentliches Anliegen der interpretativen Sozialforschung sowohl der Nachvollzug des subjektiv gemeinten Sinns als auch die Rekonstruktion des latenten Sinns und des damit einhergehenden impliziten Wissens der in der Sozialwelt Handelnden ist. Mit subjektiv gemeintem Sinn werden keineswegs private und innerpsychische Prozesse bezeichnet; vielmehr schreiben die Alltagshandelnden ihren Handlungen und der sozialen Wirklichkeit Bedeutungen zu, die auf der Übernahme gesellschaftlicher Wissensbestände im Laufe ihrer Sozialisation basieren. Neben der Rekonstruktion dieser im Laufe der Sozialisation sich bildenden und immer wieder veränderten bewussten Wissensbestände und der bewusst intendierten Bedeutung einer Handlung (wie auch eines Sprechaktes) zielt die Interpretation eines Textes auf die Rekonstruktion der sozialen Bedeutung des Textes insgesamt ab. Bei den Texten kann es sich dabei sowohl um einen Ausschnitt aus einem Interview, einen Artikel aus einer Tageszeitung, eine Videoaufnahme einer Alltagssituation oder auch um ein Beobachtungsprotokoll handeln. Der Textbegriff wird weit gefasst verstanden und bezieht sich auf alle Ausdrucksgestalten, die in der sozialen Interaktion erzeugt und in irgendeiner Weise protokolliert wurden. Der Text stellt jenseits der Intentionen der Textproduzenten eine eigenständige Realität dar, die es zu interpretieren gilt. Paul Ricoeur (1972: 257), dessen Arbeiten auch wesentlichen Einfluss auf das methodische Vorgehen der Objektiven Hermeneutik hatten, beschreibt die eigenständige Realität des Textes wie folgt:

> „Das Schicksal des Textes aber entzieht sich dem begrenzten Lebenshorizont eines Autors völlig. Was der Text nun aussagt, zählt mehr als das, was der Autor damit auszusagen meinte, und jede Exegese entfaltet sich in einem Umkreis von Bedeutungen, die ihre Verankerung in der Psyche des Autors verloren haben."

Die „Objektivität eines Textes" und damit die Möglichkeit des Erklärens ergibt sich nach Ricoeur (1972: 268) zunächst aus der Fixierung des Sinngehalts, des Weiteren aus der Trennung zwischen dem intendierten und dem latenten Sinn, der Entfaltung der nicht intendierten – oder, wie er es nennt, nicht-ostentativen – Bezüge und der „unbegrenzten Reihe der Adressaten".

Mit dem latenten Sinngehalt oder der objektiven Bedeutung eines Textes (vgl. Oevermann u.a. 1979) ist nicht nur jenes gemeint, was den Sprechenden oder Schreibenden aufgrund ihrer psychischen Abwehrmechanismen nicht bewusst ist. Vielmehr erzeugen wir aufgrund von impliziten Wissensbeständen, aufgrund von in der gesellschaftlichen Wirklichkeit abgedrängten Wissensbeständen, der in unterschiedlichen historischen Phasen und gesellschaftlichen Kontexten geltenden Ideologien und Mythen (also im Sinne eines sozialen Unbewussten) und aufgrund des jeweiligen Handlungsdrucks in der Situation des Handelns und Sprechens immer mehr an Sinn, als uns im Moment zugänglich ist (vgl. Oevermann u.a. 1979: 384ff.). Wie Michael Polanyi (1966/1985) in seiner Analyse impliziten Wissens verdeutlichte, wissen wir immer mehr, als wir zu sagen wissen:

> „Nehmen wir ein Beispiel. Wir kennen das Gesicht von jemandem und können es unter Tausenden, ja unter einer Million wieder erkennen. Trotzdem können wir gewöhnlich nicht sagen, wie wir ein uns bekanntes Gesicht wieder erkennen. Das meiste dieses Kennens kann also nicht in Worte gefasst werden." (Polanyi 1985: 14)

Wenn sich auch die interpretative Sozialforschung mit ihren Methoden der Textproduktion und der -interpretation besonders dazu eignet, den latenten Sinn zu rekonstruieren, unterliegt sie dennoch gewissen Beschränkungen. Die Differenz zwischen bewusst Intendiertem und objektiver Bedeutung gilt auch für das Handeln und Wissen der Wissenschaftlerin oder des Wissenschaftlers. Zwar ist die Deckung zwischen beiden Ebenen – nicht während des Handelns, aber bei der Reflexion der abgelaufenen Handlung – prinzipiell möglich, aber dennoch unterliegen auch WissenschaftlerInnen den Bedingungen für die Differenz. So geht z.B. auch implizites Wissen in das Handeln der WissenschaftlerInnen ein und kann nie vollständig bewusst gemacht und reflektiert werden. Auch sie setzen unbemerkt habituell Wissen ein und es bedarf dem Gewahrwerden, nicht allzu selten erst durch Störungen im Handlungsfluss hervorgerufen, und der Anstrengung zur Reflexion. So bemerkte ich z.B. erst in einem Interview mit einer blinden Frau, wie sehr ich meine Aufmerksamkeit durch Blickkontakt und nicht durch akustische Signale mitteile. Oder, als ich im Kontext eines Forschungsprojektes zu Drei-Generationen-Familien begann, Interviews mit Familien zu führen (vgl. Rosenthal 1997), wurde mir aufgrund der von mir als problemlos wahrgenommenen Gesprächsführung zwar bewusst, dass ich auf Techniken zurückgriff, die ich in meiner Ausbildung und Praxis der Erziehungsberatung gelernt hatte, doch es fiel mir zunächst schwer, meinen Kolleginnen im Projekt explizit zu vermitteln, wie ich bei diesen Gesprächen genau vorging. Noch bevor Transkriptionen der auf Tonband aufgenommenen Gespräche vorlagen, die dies dann verdeutlichten, wurde durch die Beobachtungen meiner an den Gesprächen mitbeteiligten Kolleginnen deutlich, dass ich automatisch immer wieder dieselben Techniken einsetzte, die zur wechselseitigen Rollenübernahme und Stellungnahme zu den Äußerungen der jeweils anderen Familienmitglieder aufforderten. Diese Techniken hatte ich viele Jahre zuvor zwar mühsam und bewusst gelernt, doch sie waren mittlerweile zur nicht-bewussten Routine geworden. In der interpretativen Sozialforschung können wir mit Recht beanspruchen, dass wir mit unseren Video- und Tonbandaufzeichnungen und den recht detaillierten Notationssystemen zwar vieles von diesen routinierten Handlungen der ForscherInnen und auch von ihren Wirkungen in der Interaktion mit den Befragten oder Beobachteten analysieren können, dennoch würde uns der Anspruch einer völligen Aufdeckung alles impliziten und habituellen Wissens nicht nur überfordern, sondern auch den Abschluss von empirischen Projekten verhindern. Auch sind uns WissenschaftlerInnen bei der Interpretation von Texten, ähnlich wie im Alltag, bestimmte Bedeutungsgehalte aufgrund unserer Sozialisation in einem bestimmten gesellschaftlichen und zeitlichen Kontext und des auch auf uns wirkenden sozialen Unbewussten verschlossen. Daher sind uns in der Gegenwärtigkeit der historischen Situation Bedeutungen nicht zugänglich, die erst auf der Grundlage von sich gesellschaftlich erweiterten Wissensbeständen zu einem späteren Zeitpunkt erschlossen werden können (vgl. Ritsert 1972: 41f.). Ähnlich wie z.b. die Bürger der DDR nach den gesellschaftlichen Ereignissen von 1989 anders auf die Zeit vor 1989 zurückblicken und basierend auf ihrem danach erworbenen Wissen bestimmten Erlebnissen neue Bedeutungen zuschreiben, vollziehen sich solche Reinterpretationen, d.h. die Entdeckung neuer Lesarten, auch in der sozialwissenschaftlichen Analyse.

Die wissenschaftliche Interpretation – jedoch nicht das Handeln des Wissenschaftlers in einem Interview oder während einer teilnehmenden Beobachtung – unterscheidet sich jedoch von den Auslegungen im Alltag dadurch, dass sie weitgehend vom Handlungsdruck befreit ist. Als InterpretInnen eines Textes müssen wir nicht unmittelbar auf die Äußerung eines Anderen reagieren oder nach dem Formulieren einer Textsequenz unmittelbar danach weitersprechen oder -schreiben. Wir können innehalten und, wenn es nötig ist, etliche Stunden über die vielfältigen Bedeutungsmöglichkeiten einer Äußerung nachdenken oder mit anderen KollegInnen darüber diskutieren.

Deskription sozialen Handelns und sozialer Milieus
Qualitative Studien können sich im Unterschied zu quantitativen Methoden aufgrund des nicht verfolgten Anspruchs auf Repräsentativität ihrer Ergebnisse auf die detaillierte Untersuchung einzelner Bereiche der Alltagswelt konzentrieren. Insbesondere die Erforschung fremder oder „befremdeter" Lebenswelten, wie es in der Ethnologie mit der Beschreibung fremder Kulturen oder in den soziologisch-ethnographisch und phänomenologisch orientierten Lebenswelt- oder Milieuanalysen angestrebt wird, zielt zunächst auf mikroskopisch detaillierte Beschreibungen ab. In der soziologischen Ethnographie (vgl. Stefan Hirschauer und Klaus Amann 1997) oder der lebensweltlichen Ethnographie, wie sie in der Bundesrepublik u.a. von Ronald Hitzler, Anne Honer oder Hubert Knoblauch vertreten wird, betrachtet der Soziologe oder die Soziologin die ihm oder ihr mehr oder weniger nahe Lebenswelt als so fremd und unvertraut, „als ginge es dabei um ‚exotische' Sitten, Gebräuche und Weltanschauungen" (Hitzler/Honer 1997: 13), die er oder sie zunächst detailliert zu beschreiben versucht. Sozialwissenschaftliche Arbeit besteht, wie es Anne Honer (1994: 87) formuliert, „... *nicht* vor

allem darin, Sachverhalte zu *erklären*, sondern vielmehr darin, unter Reflexion des vorgängigen eigenen alltäglichen Verstehens, natürliche ,settings' zu beschreiben, um Alltags-'Erklärungen' und Alltags-Handeln verstehen zu können." Damit ist jedoch nicht gemeint, dass Beschreibungen völlig theorielos sind (vgl. Hopf 1979: 17) oder dass nicht aufbauend auf der detaillierten Deskription die Generierung von Theorien angestrebt wird. Clifford Geertz (1983: 29) versteht den Ethnographen als jemanden, der beobachtet, festhält und analysiert, und führt aus, dass die ethnographische Beschreibung deutend ist. Auch vertritt Geertz (1983: 30) den Anspruch, dass auch der Ethnograph Interpretationen größerer Zusammenhänge, wie der einer Gesellschaft, anstrebt, aber „dass sich der Ethnologe typischerweise solchen umfassenden Interpretationen und abstrakteren Analysen von der sehr intensiven Bekanntschaft mit äußerst kleinen Sachen her nähert". Mit Hilfe der dichten Beschreibung des Einzelfalls geht es auch in diesem Ansatz, mit Geertz formuliert, darum, „weitreichende Schlussfolgerungen zu ziehen und vermöge einer präzisen Charakterisierung dieser Tatsachen in ihrem jeweiligen Kontext zu generellen Einschätzungen der Rolle von Kultur im Gefüge des kollektiven Lebens zu gelangen" (ebenda: 40).

Rekonstruktion der Komplexität von Handlungsstrukturen am Einzelfall

Mit dem detaillierten Blick auf den einzelnen Bereich der Alltagswelt bzw. den einzelnen Fall wird es bei einem interpretativen Verfahren möglich, von der detaillierten Beschreibung zur Aufdeckung von Wirkungszusammenhängen am konkreten Einzelfall zu gelangen. Im Unterschied zu quantitativen Verfahren, die über viele Fälle hinweg aufgrund des häufigen gemeinsamen Auftretens von einzelnen Variablen auf Zusammenhänge zwischen den Variablen schließen lassen bzw. statistisch belegbare Zusammenhänge aufweisen, geht es hier darum aufzuzeigen, wie sich der Wirkungszusammenhang von einzelnen Phänomenen genau gestaltet. „Man hat gleichsam in jeder Szene das Zusammenwirken aller relevanten Variablen und Bedingungen am zentralen Ort ... und versucht, es sukzessive in seiner Komplexität zu rekonstruieren" (Oevermann u.a. 1975: 14). Dabei geht es nicht darum, dem den physikalischen Naturwissenschaften entlehnten Modell von linearen Kausalzusammenhängen bzw. von Ursache- und Wirkungsbeziehungen zu folgen, sondern zu versuchen, die wechselseitige Wirkungsbeziehung der einzelnen Komponenten zu rekonstruieren. Mit sequenziellen Analysen (siehe Kap. 2.5.4) wird es möglich, die Prozesse der Entstehung von sozialen Phänomenen zu rekonstruieren, während bei quantitativen Untersuchungen nur die Ergebnisse von Prozessen erfasst werden können (Köckeis-Stangl 1980: 353).

Kann ich zum Beispiel beobachten bzw. zeigen mir dies die Ergebnisse einer quantitativen Studie, dass rechtsextreme Jugendliche ein hohes Gewaltpotenzial aufweisen, so stellen sich bei einer interpretativen Studie folgende Fragen:

- Besteht im konkreten Einzelfall ein Wirkungszusammenhang zwischen Gewalt und Rechtsorientierung?
- Wie gestaltet sich dieser Wirkungszusammenhang?
- Lassen sich unterschiedliche Muster von Wirkungszusammenhängen an verschiedenen Fällen rekonstruieren?

Es kann sich bei der empirischen Rekonstruktion von Einzelfällen dann durchaus zeigen, dass in einem Fall ein Wirkungszusammenhang besteht und in einem anderen Fall die Rechtsorientierung und ein ebenfalls zu beobachtendes Gewaltpotenzial nicht wechselseitig bedingt sind. Ebenso ist es möglich, dass wir recht unterschiedliche Entstehungsbedingungen und Muster von Zusammenhängen aufspüren können. Ein Zusammenhang zwischen zwei oder mehreren gemeinsam auftretenden Phänomenen kann also in etlichen Fällen bestehen und in anderen nicht und ein bestehender Zusammenhang kann bei unterschiedlichen Fällen unterschiedlich gestaltet sein.

Auf die Ergebnisse einer biographischen Fallrekonstruktion, die von Michaela Köttig (2004) vorgestellt wurde, möchte ich hier zu Verdeutlichung eingehen. Es handelt sich dabei um den Fall eines Mädchens aus der rechtsextremen Szene, das den Tod im Kampf verherrlicht und sich mit der Gewalttätigkeit gegen von der Szene zu Feinden erklärter Menschen identifiziert. Die Fallrekonstruktion verdeutlicht einen Zusammenhang mit der selbst erlittenen Gewalt durch ihre Eltern in der Kindheit und ihrer damit zusammenhängenden Orientierung am Großvater. Der Großvater verherrlichte den Tod im Zweiten Weltkrieg und gab dies an seine Enkelin weiter. Oder anders formuliert: Die Möglichkeit, die eigenen erlittenen Gewalterfahrungen in der rechtsextremen Szene ausagieren zu können, macht diesen Bestandteil der tradierten Vergangenheit des Großvaters und seiner Weltanschauung für dieses Mädchen biographisch relevant. Verallgemeinernd zeigt die Rekonstruktion dieses Falles, dass der Zugang zur rechtsextremen Szene und die dort ausgelebte Gewaltorientierung durch die eigenen lebensgeschichtlichen Erfahrungen – wie Gewalterfahrungen und ein dominantes rechtsextremes Jugendmilieu im Umfeld der Jugendlichen – sowie durch die Orientierung am Großvater bedingt sind. Es sind mehrere Komponenten, die hier zusammenwirken und einen Verlauf der Hinwendung und der Mitgliedschaft in der rechtsextremen Szene bedingten. Aus dieser Analyse werden also keine Aussagen abgeleitet wie: „Erfahrungen von Gewalt in der Kindheit führen zu einer rechtsextremen Orientierung." Vielmehr ist die über diesen Fall hinausgehende und auf der Analyse dieses einen Falles basierende verallgemeinernde Annahme, dass dieser Typus einer familiengeschichtlichen und lebensgeschichtlichen Konstellation mit dem Zusammenwirken der Komponenten „gewaltsames Verhalten der Eltern gegenüber den Kindern", „ein Großvater, der einen wesentlichen Bestandteil der rechtsradikalen Weltanschauung vertritt und als Ersatz eines elterlichen Identifikationsobjektes dient" und „ein dominantes rechtsextremes Jugendmilieu im Heimatort" günstige Bedingungen für einen Verlauf der Hinwendung und Mitgliedschaft in der rechtsextremen Jugendszene schafft. In der Biographieforschung (vgl. Kap. 6) geht es dabei dann vor allem darum, den lebensgeschichtlichen Verlauf, der zu dieser Orientierung führt, zu rekonstruieren. So formuliert z.b. Bettina Dausien (1999: 228), dass die Biographieforschung ein „historisch-rekonstruktiver Ansatz" vom Typ einer „Wie es dazu kam, dass" -Erzählung" sei (Dausien 1999: 228).

Mit diesem Beispiel habe ich auf eine weitere „Leistung" der interpretativen Sozialwissenschaften hingewiesen:

Hypothesen- und Theorieüberprüfung am Einzelfall
Wie ich noch diskutieren und an einem Beispiel verdeutlichen werde (Kap. 2.5.2; 2.5.3), wird dem Text nicht mit bereits formulierten Hypothesen begegnet. Vielmehr werden im sequenziellen Verlauf der Textanalyse ausgehend vom Text Hypothesen gebildet und deren Plausibilität am weiteren Fortgang des Textes überprüft. Die Hypothese über die lebensgeschichtliche Konstellation, die zu einer rechtsextremen Orientierung führte, wird am konkreten Einzelfall überprüft und nicht nach der Logik einer numerischen Überprüfung, ob bei gleichen Komponenten in einem anderen Fall eine ähnliche Wirkung zu beobachten ist. So können in einem anderen Fall, der die gleichen Bestandteile aufweist, diese in ganz anderer Weise zusammenwirken. Ebenso kann ein solcher Bestandteil, wie ein den Nationalsozialismus verherrlichender Großvater, in einem Fall von funktionaler Bedeutsamkeit sein und im anderen Fall keine Relevanz für die Fallstruktur haben. Es ist vor allem der Verdienst der Gestalttheoretiker zu verdeutlichen, dass „Gestalten" sehr verschieden sein können, obwohl sie in vielen ihrer Teile übereinstimmen. Unter einer Gestalt wird ein zusammenhängendes Ganzes verstanden, in dem die einzelnen Teile keine „Und-Summe" von einer Anzahl von untereinander unabhängigen Elementen bilden, sondern vielmehr die einzelnen Teile aufeinander bezogen sind und sich aus deren Konfiguration die Gestalt ergibt (vgl. Wertheimer 1922; 1928). Gehen wir davon aus, dass Lebensgeschichten wie auch andere soziale Einheiten (wie eine Familie, eine Gemeinschaft oder eine Institution) über Gestaltqualität verfügen (vgl. Rosenthal 1995), dann folgt daraus: Welche sozialen Fälle sich strukturell ähneln bzw. welche dem gleichen Typus angehören, kann nicht anhand ihrer Bestandteile bestimmt werden, sondern nur anhand der Konfiguration dieser Bestandteile und deren funktionaler Bedeutsamkeit für das Ganze. Eine Typenbildung in diesem gestalttheoretisch-strukturalistischen Verständnis bedeutet, die Gestaltetheit des sozialen Falles und die zugrunde liegenden Regeln ihrer Konstitution zu rekonstruieren und nicht wie bei einer deskriptiven Typenbildung einzelne Merkmalskriterien summativ zu erfassen.

Empirisch begründete Hypothesen- und Theoriebildung

Der Anspruch, dass die Generierung von Hypothesen und Theorien am empirischen Material erfolgen sollte, wurde insbesondere von Barney Glaser und Anselm Strauss mit ihrer Konzeption einer „Grounded Theory", d.h. einer empirisch geerdeten Theorie, in die Diskussion gebracht. Diese beiden aus der Tradition der Chicago School und des Symbolischen Interaktionismus stammenden Soziologen fordern eine auf der Basis von empirischen Einsichten und Befunden entwickelte Theorie. Glaser und Strauss (1969: 79) unterscheiden dabei zwischen gegenstandsbezogenen und formalen Theorien. Während die gegenstandsbezogenen Theorien zunächst noch auf den konkreten Untersuchungsbereich und natürlichen Lebenszusammenhang bezogen sind, werden aus dem Vergleich unterschiedlicher gegenstandsbezogener Theorien formale Theorien entwickelt. Glaser und Strauss legen den Schwerpunkt ihrer Forschung nicht auf die Überprüfung von Theorien, sondern auf die Theoriegenerierung, in der sie den wissenschaftlichen Fortschritt sehen. „Dies u.a. deshalb, weil eine überholte, eine ungeeignete Theorie nur durch eine alternative, an demselben Gegenstand entwickelte oder generierte Theorie überwunden werden kann, nicht aber durch Falsifikation" (Bohnsack 2003: 28). Dies bedeutet jedoch nicht, dass kein Wert auf die Überprüfung von Hypothesen und Theorien gelegt wird. Vielmehr geht es um die gleichzeitige Generierung und Überprüfung von Hypothesen und Theorien (Hermanns 1992: 114). Im Sinne des abduktiven Vorgehens nach Charles S. Peirce (vgl. Kap. 2.5.2) werden Hypothesen am empirischen Material formuliert, überprüft, verifiziert, verworfen oder erweitert.

Was kann nun die interpretative Sozialforschung im Unterschied zur quantitativen Sozialforschung nicht leisten? Dies sind:

- Aussagen über Verteilungen und Repräsentativität ihrer Ergebnisse sowie
- numerische Verallgemeinerungen, d.h. Verallgemeinerungen basierend auf Häufigkeiten

Qualitative Untersuchungen – ob nun im engeren oder im weiteren Sinne – sind statistisch nicht repräsentativ. Dies bedeutet, dass sie keine Aussagen darüber machen können, wie häufig in einer bestimmten Grundgesamtheit, z.B. aller in Deutschland lebenden rechtsextremistischen Jugendlichen, ein bestimmtes Phänomen wie „Gewaltbereitschaft" auftritt. Auch können qualitative Studien nicht von der Häufigkeit des Auftretens auf gesellschaftlich relevante Phänomene schließen. Hierbei muss jedoch bedacht werden, dass sich die Relevanz eines sozialen Phänomens für die gesellschaftliche Wirklichkeit nicht schon aus der Häufigkeit des Auftretens ergibt. Auch selten auftretende Phänomene können eine erhebliche Wirkung auf die soziale Wirklichkeit haben und auf diese Macht ausüben. Während die quantitative Sozialforschung jedoch auf die Verteilung von Phänomenen schließen kann, strebt die interpretative Forschung die Rekonstruktion von deren Wirksamkeit in konkreten Kontexten an. Harry Hermanns (1992: 116) spricht in diesem Zusammenhang von theoretischer Repräsentativität, da „qualitative Studien ihrem Anspruch nach repräsentativ für das Spektrum empirisch begründeter theoretischer Konzepte (sind), in dem sich die empirischen Gegebenheiten angemessen abbilden lassen."

Was leistet die interpretative Sozialforschung?

• Untersuchung von Unbekanntem und Neuem
• Nachvollzug des subjektiv gemeinten Sinns
• Rekonstruktion des latenten Sinns
• Rekonstruktion der Komplexität von Handlungsstrukturen am Einzelfall
• Deskription sozialen Handelns und sozialer Milieus
• empirisch begründete Hypothesen- und Theoriebildung
• Hypothesen- und Theorieüberprüfung am Einzelfall

Was leistet interpretative und generell qualitative Sozialforschung nicht?

• Aussagen über Verteilungen und Repräsentativität ihrer Ergebnisse
• numerische Verallgemeinerungen; d.h. Verallgemeinerungen basierend auf Häufigkeiten

---

1.3 Die historischen Anfänge der interpretativen Sozialforschung

Vorbemerkung. Bevor ich genauer auf die methodologischen Grundannahmen und Prinzipien der zeitgenössischen interpretativen Sozialforschung eingehe, möchte ich einen knappen historischen Abriss über jene Traditionen geben, die diese Forschung und deren Methoden ganz wesentlich beeinflussten. Dabei werde ich auch einige der soziologischen Klassiker und deren Konzepte kurz vorstellen, auf die ich mich in der vorliegenden Schrift immer wieder beziehen werde.

Das Erstarken der interpretativen Sozialforschung setzte in der Bundesrepublik in den 1970er Jahren ein und war damals vor allem von der „Arbeitsgruppe Bielefelder Soziologen" um Joachim Matthes an der Universität Bielefeld initiiert worden. Zu den bis heute aktiven SozialforscherInnen aus dieser Gruppe gehören u.a. Fritz Schütze, der mit der Entwicklung des narrativen Interviews und seinen biographischen Analysen international bekannt geworden ist, und Ralf Bohnsack, der hauptsächlich zur Weiterentwicklung der Verfahren der Gruppendiskussion und der dokumentarischen Methode der Interpretation in Anlehnung an Karl Mannheim beigetragen hat. Gefördert wurde eine Rückbesinnung auf die Tradition der Verstehenden Soziologie auch durch die phänomenologisch-wissenssoziologischen Arbeiten von Thomas Luckmann, der nach seinem Studium (unter anderem) bei Alfred Schütz und seiner Lehrtätigkeit in den USA ab 1965 einen

Lehrstuhl in Deutschland hatte. Er bildete einige der KollegInnen aus, die heute im Bereich der lebensweltlichen Ethnographie und der ethnomethodologischen Konversationsanalyse arbeiten. Etwa zur gleichen Zeit, Mitte der 1970er Jahre, brachte Ulrich Oevermann im Rahmen des Forschungsprojekts „Elternhaus und Schule" das Verfahren der Objektiven Hermeneutik in die Diskussion.[7]

In diesen Kontexten wurde einerseits an die zu Beginn des 20. Jahrhunderts in Deutschland begründete Konzeption einer „Verstehenden Soziologie" und andererseits an die empirische qualitative Forschung angeknüpft, die zur gleichen Zeit in den USA im Kontext der „Chicago-School" entwickelt worden war. Dagegen war die in Deutschland in den 1950er und 1960er Jahren geführte Methodendiskussion zwar theoretisch von Bedeutung, hatte jedoch wenig direkten Einfluss auf die forschungspraktischen *Methoden* der gegenwärtigen interpretativen Sozialforschung. Die Soziologie und ebenso die Psychologie in Deutschland zeichneten sich nach dem „Dritten Reich", in dem etliche Vertreter der Verstehenden Sozialwissenschaften als Juden verfolgt wurden und Europa verlassen mussten[8], durch eine vorherrschend quantitative und an den Methoden der Naturwissenschaften orientierte Forschung aus. Ausnahmen waren die in der Industriesoziologie von Heinrich Popitz, Hans Paul Bahrdt und anderen (vgl. Popitz u.a. 1957) durchgeführten Untersuchungen zum „Gesellschaftsbild des Arbeiters" und vor allem die empirischen Studien des 1950 in Frankfurt wieder eröffneten Frankfurter Instituts für Sozialforschung[9] über Einstellungen zum Nationalsozialismus bzw. allgemeiner, wie es Friedrich Pollock in dem 1955 veröffentlichten Forschungsbericht formuliert, über „Meinungen, Einstellungen und Verhaltungsweisen der Bevölkerung der Bundesrepublik zu wesentlichen gesellschaftlichen und politischen Fragen" (Pollock 1955: 3). In den 1960er Jahren kam es dann im Kontext der Frankfurter Schule um den aus der Emigration zurückgekehrten Theodor W. Adorno (1903-1969) zum „Positivismusstreit"[10]. Diese Diskussionen führten jedoch nicht zu einer dezidier-

---

7 Vgl. Oevermann u.a. (1975; 1979); zur Entwicklungsgeschichte der Objektiven Hermeneutik vgl. Reichertz (1986).
8 Dazu gehören u.a. Alfred Schütz, Aron Gurwitsch, Karl Mannheim, Norbert Elias, die meisten Vertreter der Gestalttheorie wie Kurt Lewin, Max Wertheimer, Wolfgang Köhler oder Kurt Koffka und die überwiegende Mehrheit der „Frankfurter Schule" wie Theodor W. Adorno, Max Horkheimer oder Erich Fromm.
9 Das 1924 in Frankfurt gegründete Institut, dessen Mitglieder fast alle Nazi-Deutschland verlassen mussten und in die USA emigrierten, wurde 1951 von Max Horkheimer, Friedrich Pollock und Theodor W. Adorno wieder eröffnet. Mit diesem Kreis von Sozialwissenschaftlern ist die Bezeichnung „Frankfurter Schule" verknüpft.
10 Diese Bezeichnung geht auf Theodor W. Adorno zurück und bezieht sich auf die 1961 auf der Tübinger Arbeitstagung der Deutschen Gesellschaft für Soziologie durch die Referate von Karl R. Popper und Theodor W. Adorno ausgelöste Kontroverse, die in der Folge vor allem von Jürgen Habermas und Hans Albert fortgeführt

ten Weiterentwicklung oder gar Etablierung interpretativer Methoden in der Bundesrepublik. So richtete sich die Aufmerksamkeit von Adorno und anderen Vertretern der Frankfurter Schule zwar auf die methodologische Diskussion der Unverträglichkeit einer kritischen Theorie der Gesellschaft mit der „positivistischen" Forschungspraxis ihrer Kontrahenten, jedoch wurden von ihnen – abgesehen vom Gruppendiskussionsverfahren (vgl. Pollock 1955; Mangold 1960)[11] – kaum forschungspraktische Untersuchungsmethoden entworfen und umgesetzt, die den formulierten methodologischen Postulaten entsprachen (vgl. Hoffmann-Riem 1980: 341).

Weit größere Bedeutung für die nachfolgende Weiterentwicklung von qualitativen Forschungsmethoden in der Soziologie hatten die älteren Traditionen der Chicago-School in den USA und der Verstehenden Soziologie in Deutschland und Österreich, die ungefähr zeitgleich Anfang des 20. Jahrhunderts entstanden sind. Beide Traditionen haben sich wechselseitig beeinflusst, da Anfang des vergangenen Jahrhunderts viele der amerikanischen Sozialwissenschaftler zu längeren Studienaufenthalten nach Deutschland kamen und andererseits etliche deutschsprachige Sozialwissenschaftler in den 1930er Jahren aus Nazi-Deutschland in die USA emigrierten. In Chicago war der erste soziologische Fachbereich 1892 von Albion Small gegründet worden, der bei Georg Simmel in Deutschland studiert hatte und der sein Interesse besonders auf Gemeindestudien richtete. Die Chicago-School umfasste nicht nur den soziologischen Fachbereich, sondern zeichnete sich durch das interdisziplinäre Zusammenwirken u.a. der Philosophie, Soziologie und Psychologie und vor allem durch den Praxisbezug zur Sozialarbeit und Stadtplanung aus. Während die Sozialforschung, die sich ebenfalls in dieser historischen Phase in Frankreich entwickelte und insbesondere mit den Arbeiten Emile Durkheims (1858-1917) und seiner Schüler verbunden war, vornehmlich gesetzeswissenschaftlich und quantitativ orientiert war, etablierte sich an der Universität von Chicago eine qualitativ empirische Forschung. Sie war an den sozialen Problemen der Stadt Chicago orientiert und zielte auf die Nützlichkeit der Forschungsergebnisse für die soziale Praxis ab. Diese Anwendungsorientierung und damit verknüpft die Bevorzugung qualitativer Fallstudien muss im Zusammenhang mit dem Umstand gesehen werden, dass die Soziologie und generell die Sozialwissenschaften in den USA aufgrund der rasanten Industrialisierung und des rapiden Wachstums der amerikanischen Städte von Anfang an auf Fragen

---

wurde. Sehr grob skizziert standen sich dabei die Befürworter einer gesetzeswissenschaftlichen („nomologischen") und dem Anspruch „wertfreien" Erforschung von empirischen „Tatsachen" und die Anwälte einer die bestehende Gesellschaftsordnung in Frage stellenden, (geschichts-)philosophisch fundierten „kritischen" Theorie der Gesellschaft gegenüber. Während die ersteren dabei mikrotheoretische Modelle des Handelns von Individuen bevorzugten, zielte die Frankfurter Schule eher auf makrotheoretische Konzepte von Gesellschaft und gesellschaftlicher „Evolution".

11 Vgl. die Diskussion des Konzeptes der Gruppendiskussion aus den 50er Jahren bei Ralf Bohnsack (2003: 105ff.).

der gesellschaftlichen Praxis ausgerichtet waren. Die in den USA im Alltag vorherrschende pragmatische und utilitaristische Grundorientierung korrespondierte auch mit dem für die amerikanischen Sozialwissenschaften so wichtigen philosophischen Pragmatismus (vgl. Mikl-Horke 1997: 174).

Im Unterschied zum Empirismus der Chicago-School war die deutsche Soziologie jener Zeit – vor allem vertreten durch Max Weber und Georg Simmel – stärker theoretisch und auf makrosoziologische Fragestellungen ausgerichtet. Dennoch liefern Webers und Simmels Arbeiten eine wesentliche methodologische Grundlage für die interpretativen Methoden. Georg Simmel (1858-1918), der eher als ein Außenseiter in der damaligen wissenschaftlichen Community bezeichnet werden kann[12], entwickelte eine Konzeption von Gesellschaft als ein durch die Wechselwirkung der Individuen erzeugtes Gebilde. In seinem Aufsatz von 1908, "Das Problem der Soziologie", formuliert er dies wie folgt:

„Ich gehe dabei von der weitesten, den Streit um Definitionen möglichst vermeidenden Vorstellung der Gesellschaft aus: dass sie da existiert, wo mehrere Individuen in Wechselwirkung treten. ... Irgend eine Anzahl von Menschen wird nicht dadurch zur Gesellschaft, dass in jedem für sich irgend ein sachlich bestimmter oder ihn individuell bewegender Lebensinhalt besteht; sondern erst, wenn die Lebendigkeit dieser Inhalte die Form der gegenseitigen Beeinflussung gewinnt, wenn eine Wirkung von einem auf das andere – unmittelbar oder durch ein Drittes vermittelt – stattfindet, ist aus dem bloß räumlichen Nebeneinander oder auch zeitlichen Nacheinander der Menschen eine Gesellschaft geworden." (Simmel 1992: 17, 19)

Gesellschaft wird in dieser Konzeption als ein durch den Prozess der Interaktion stets neu hervorgebrachtes Produkt verstanden und nicht als ein vorgegebenes statisches Gebilde. Simmel liefert damit wichtige grundlagentheoretische Vorarbeiten für ein mikrosoziologisches und sequenziell rekonstruktives Vorgehen der interpretativen Sozialforschung (vgl. Bude 1988; Hettlage 1991).

Max Webers (1864-1920) Ansatz einer „Verstehenden Soziologie" (1913; 1921)[13] und die kritische Auseinandersetzung des Wiener Soziologen Al-

---

12 Die Eltern von Georg Simmel waren vom Judentum zum Christentum übergetreten. Der damals in Deutschland herrschende Antisemitismus, der auch unabhängig von der Selbstdefinition Menschen aufgrund ihrer Abstammung als Juden definierte, behinderte Simmels Karriere; u.a. ist seine gescheiterte Berufung auf den Lehrstuhl für Philosophie in Heidelberg 1908 in diesem Zusammenhang zu sehen (vgl. Nedelmann 2002: 129).

13 Zunächst wurde die Konzeption einer Verstehenden Soziologie von Weber in seinem 1913 publizierten Aufsatz „Über einige Kategorien der verstehenden Soziologie" formuliert. Bekannter ist die Fassung, die diese Konzeption später in dem ersten

fred Schütz (1899-1959)[14] mit den Analysen Webers sind heute noch wesentlich für die methodologische Begründung eines interpretativen Vorgehens. Bei Weber besteht die Aufgabe der Forscherin oder des Forschers darin, zunächst den subjektiv gemeinten Sinn des Handelnden, d.h. vor allem seine Handlungsabsicht zu verstehen und dadurch sein Handeln und die Folgen seines Handelns in der Interdependenz mit dem Handeln anderer zu erklären. Seine berühmt gewordene Definition von Soziologie lautet:

„Soziologie ... soll heißen: eine Wissenschaft, welche soziales Handeln deutend verstehen und dadurch in seinem Ablauf und seinen Wirkungen ursächlich erklären will. ‚Handeln' soll dabei ein menschliches Verhalten (einerlei ob äußeres oder innerliches Tun, Unterlassen oder Dulden) heißen, wenn und insofern als der oder die Handelnden mit ihm einen subjektiven *Sinn* verbinden. ‚Soziales' Handeln aber soll ein solches Handeln heißen, welches seinem von dem oder den Handelnden gemeinten Sinn nach auf das Verhalten *anderer* bezogen wird und daran in seinem Ablauf orientiert ist." (1921: 3)

Dieses Programm einer Verstehenden Soziologie und generell einer Verstehenden Sozialwissenschaft[15] bedeutet für die Forschung, dass wir Instrumente der Datenerhebung und -auswertung benötigen, die uns sowohl Zugang zu den Wahrnehmungen und Definitionsprozessen der Alltagshandelnden als auch zur Konstitution der gesellschaftlichen Wirklichkeit – im Sinne von Georg Simmel und Alfred Schütz – in den interaktiven Prozessen sozialen Handelns ermöglichen.

Schütz' Anliegen in seiner Monographie „Der sinnhafte Aufbau der sozialen Welt" (1932) war, das bei Weber ungeklärte Problem der Konstitution sozialen Sinns und der Intersubjektivität (d.h. der Konvergenz von Selbst-

---

Kapitel seines posthum (1921) veröffentlichten Werkes „Wirtschaft und Gesellschaft" gefunden hat, das den Titel „Soziologische Grundbegriffe" trägt.

14 Alfred Schütz arbeitete nach seinem rechts- und staatswissenschaftlichen Studium als Finanzjurist bei einer Wiener Bank. Beim Anschluss Österreichs an das „Dritte Reich" kehrte Schütz, der jüdischer Herkunft war und bereits seit 1937 die Auswanderung vorbereitet hatte, von einer Geschäftsreise aus Paris nicht nach Wien zurück. Er ließ seine Frau und seinen Sohn nachkommen und die Familie emigrierte 1939 nach New York. Zunächst arbeitete er weiterhin in einer Bank, nahm jedoch ab 1943 regelmäßig Gastdozenturen an der New School of Social Research an, wo er 1952 zum Professor für Soziologie und Sozialpsychologie berufen wurde.

15 Grundlegend für Webers Auffassung von Soziologie und des Verhältnisses von quantitativer und qualitativer Sozialforschung ist auch sein Konzept der „Wirklichkeitswissenschaften", das er als Alternative zum Konzept der „Gesetzeswissenschaften" sah. Indem er die Soziologie als eine Wirklichkeitswissenschaft definiert, drückt Weber aus, dass es bei der Erforschung der historischen Wirklichkeit des sozialen Lebens immer auch darum geht, diese Wirklichkeit in ihrer individuellen konkreten Gegebenheit zu erforschen, obwohl dies aus praktischen Gründen immer nur in selektiver Form und unter selektiven Fragegesichtspunkten erfolgen kann (vgl. Weber 1973: 170-176; Rossi 1987: 20-62).

und Fremdverstehen) aufzuklären. Sein Vorwurf an Webers Analyse der sozialen Welt war, dass sie „in einer Schicht ab(bricht), die nur scheinbar die Elemente des sozialen Geschehens in nicht weiter reduzierbarer oder nur in nicht weiter reduktionsbedürftiger Gestalt sichtbar macht" (Schütz 1932/1974: 15). Im Unterschied zu Weber zeigt Schütz die wesensmäßigen Unterschiede zwischen dem Handeln als Ablauf und dem Handeln als vollzogener Handlung auf, dem Sinn des eigenen und des fremden Handelns, dem Sinn der eigenen und fremden Erlebnisse, dem Selbstverstehen und Fremdverstehen, der Konstitutionsweise des Sinns für den Handelnden, für den in der Interaktion mit ihm befindlichen Partner und den außenstehenden Beobachter. Was der Beobachter oder die Beobachterin wahrnimmt, hat für sie zwar Sinn, doch – so verdeutlicht Schütz – dieser Sinn muss mit dem von den Handelnden gemeinten Sinn nicht identisch sein. Was die Beobachtenden wahrnehmen, „sind bloß Anzeichen für den gemeinten Sinn des Handelnden, dessen Handlung jenes Objekt der Außenwelt erzeugte" (ebenda: 30). Fremdverstehen wird mit Hilfe von Typisierungen möglich, die vom besonderen Hier und Jetzt der aktuellen Situation abstrahieren und in vorangegangen Erfahrungen gebildet und im Sozialisationsprozess übernommen wurden.

Einen weiteren wichtigen theoretischen Beitrag zur Analyse der interaktiven Konstitution der sozialen Wirklichkeit finden wir in den Arbeiten zur Genese des sozialen Selbst von George Herbert Mead (1863-1931), einem Vertreter der Chicago-School[16]. Auch Mead gehört zu denjenigen, die in Europa und Deutschland studiert hatten. Während seines dreijährigen Europa-Aufenthaltes von 1888-1891 studierte er u.a. bei Wilhelm Wundt (Leipzig) und begann bei Wilhelm Dilthey (Berlin) eine Doktorarbeit mit dem Thema: „Kritik des empiristischen Raumbegriffs". Diese Arbeit brach er jedoch aufgrund der Annahme einer Assistentenstelle für Psychologie bei John Dewey an der Universität von Michigan ab. Drei Jahre später folgte er dann Dewey an die University of Chicago. Wesentlich für die methodologische Diskussion ist, dass in der Meadschen Konzeption, im Unterschied zu Max Weber, Sinn keine einzelmenschliche, im Grunde innerpsychische Kategorie darstellt, er nicht an die Intentionen der Handelnden gebunden ist, sondern interaktiv in der Reaktion der anderen auf die Handlungen des Subjekts erzeugt wird: „Der Sinn der Geste eines Organismus liegt, ... in der Reaktion des anderen Organismus auf die voraussichtliche Vollendung der Handlung des ersten Organismus, der diese Geste auslöst und aufzeigt" (1934/1975: 188). Sinn entsteht nach Mead primär sozial und wird „erst sekundär zu einem das individuelle Handeln orientierenden Erwartungs- bzw. Sinnmuster" (Bohnsack 2003: 87). So kommt Mead in seinen Analysen zu dem Schluss, dass die Gesellschaft der Identität des Individuums vorausgeht. Damit der Organismus ein Selbst entwickeln kann, muss er in eine

---

16 Zum Werk von G.H. Mead vgl. insbesondere Hans Joas (1980).

immer schon mit anderen geteilte symbolische Welt hineinsozialisiert werden. Er nimmt teil an dieser Welt über den Prozess der Interaktion, an der immer wieder neu herzustellenden und „emergenten", d.h. für Mead vor allem: immer wieder Neues und Unvorhersehbares hervorbringenden sozialen Wirklichkeit.

In derselben historischen Phase wird von Emile Durkheim (1858-1917) in Frankreich in der Tradition von August Comte (1789-1857) eine andere Theorie von Gesellschaft entworfen. Gesellschaft besitzt in dieser Konzeption eine außerhalb der Individuen liegende Eigenexistenz und zwingt diesen durch ihre Normen gleichsam ihren Willen auf. Hierbei spielt das Kollektivbewusstsein eine zentrale Rolle, dessen Inhalte dem Individuum als Dinge von außen erscheinen und auf dieses Zwang ausüben. Durkheim spricht in diesem Zusammenhang von sozialen Tatbeständen, die eine Realität *sui generis* (eigener Art) besitzen. Während bei Mead und anderen US-amerikanischen Sozialwissenschaftlern jener Zeit die aktive Gestaltung der sozialen Wirklichkeit durch die Gesellschaftsmitglieder und (mit dem emergenten Charakter sozialen Handelns) der soziale Wandel im Mittelpunkt stand, führte der historische Kontext in Frankreich in der Zeit von Auguste Comte (1798-1897), der die Bezeichnung „Soziologie" prägte, mit dem Entsetzen über das durch die französische Revolution entstandene „Chaos" zu der Vorstellung einer Soziologie, die einen Beitrag zur Aufrechterhaltung der bestehenden Ordnung leisten soll. Soziologie wurde von Comte und später zum Teil auch noch von Durkheim als eine „Religion der Vernunft" verstanden, die sowohl die herkömmliche Religion als auch die Ideologie der Französischen Revolution ersetzen sollte.[17] Ziel der Soziologie sollte sein, die Gesetzmäßigkeiten der Gesellschaftsordnung zu erforschen und Mittel für ihre Erhaltung zu finden.

Durkheims Gesellschaftsbegriff und sein Konzept der sozialen Tatbestände findet man insbesondere in seiner Schrift "Regeln der soziologischen Methode", die 1895 veröffentlicht und bis heute in unterschiedlichen Sprachen immer wieder neu aufgelegt wurde. Dieses Werk hatte gemeinsam mit seiner berühmten Untersuchung über die Regelmäßigkeiten des Suizids ganz entscheidenden Einfluss auf die quantitative Sozialforschung. Betrachten wir Durkheims Aussagen zu soziologischen Tatbeständen:

„Ein soziologischer Tatbestand ist jede mehr oder minder festgelegte Art des Handelns, die die Fähigkeit besitzt, auf den Einzelnen einen äußeren Zwang auszuüben; oder auch, die im Bereiche einer gegebenen Gesell-

---

17 Der Religionsunterricht wurde in den französischen Schulen 1905 abgeschafft und die Regierung beauftragte Emilie Durkheim mit der Bildung einer Kommission, die eine Konzeption dafür entwickeln sollte, wie man Kindern ohne Religionsunterricht Moral beibringen könne. Durkheim war davon überzeugt, dass die Soziologie dies leisten könnte und erreichte ihre Einführung als Hauptfach an den Schulen.

schaft allgemein auftritt, wobei sie ein von ihren individuellen Äußerungen unabhängiges Eigenleben besitzt." (1970: 114)

Daraus folgert er für die Soziologie und die empirische Sozialforschung, soziologische Tatbestände wie Dinge zu betrachten, denn er schließt an: „Wir müssen also die sozialen Erscheinungen in sich selbst betrachten, losgelöst von den bewussten Subjekten, die sie sich vorstellen; wir müssen sie von außen, als Dinge der Außenwelt betrachten" (ebenda: 125). Durkheim lässt in seiner Konzeption von Gesellschaft die aktive Leistung der Gesellschaftsmitglieder, ihre Sinnsetzungen im Akt des sozialen Handelns unberücksichtigt (vgl. Hauck 1991: 469). So können wir nie unberücksichtigt davon ausgehen, dass soziale Normen eindeutig definiert sind, und so müssen sie je nach Kontext interpretiert, handelnd angewandt und in ihrer Umsetzung stets interaktiv mit anderen abgestimmt werden. Auch sind Kontexte stets unterschiedlich interpretierbar (vgl. Kap. 2.2) weshalb nicht eindeutig bestimmbar ist, *welche* Normen in einer konkreten Situation anwendbar sind.

Wie bereits verdeutlicht, wird Gesellschaft dagegen bei Mead und in der weiteren Tradition des Pragmatismus bzw. des Symbolischen Interaktionismus nicht als ein vom Individuum losgelöstes und äußeres Ding verstanden. Individuum und Gesellschaft sind hier – wie auch bei Simmel – keine zwei voneinander trennbaren Einheiten. Der Grundgedanke in den Arbeiten Meads und anderer Interaktionisten ist, dass „Gesellschaft" und „Individuum" in einer Beziehung der wechselseitigen Konstitution zueinander stehen: "Society is to be understood in terms of the individuals making it up, and individuals are to be understood in terms of the societies of which they are members." (Meltzer u.a. 1975: 2)

Etwa zwei akademische Generationen nach Mead waren es vor allem Anselm Strauss (1916-1996) und Erving Goffman (1922-1982), die einiges dazu beigetragen haben, die Identitätstheorie Meads weiterzuführen und sie einer empirischen Überprüfung zugänglicher zu machen.[18] Strauss begründete zusammen mit Barney Glaser in der Tradition der Chicago-School in den 1960er Jahren die *Grounded Theory* (Glaser/Strauss 1967), die international erheblichen Einfluss auf die qualitative Sozialforschung gewonnen hat. Später stellte er zusammen mit Juliet Corbin (Strauss/Corbin 1996) eine Weiterentwicklung mit einem Verfahren der Kodierung vor, das verhältnismäßig stark schematisiert ist und einem inhaltsanalytischen Vorgehen relativ nahe steht. Erving Goffmans dezidiert empirischen Arbeiten, die

---

18 Strauss geht in seiner Monographie „Spiegel und Masken" (1959/1974) vor allem auf den Einfluss sozialer Organisationen auf das Selbst und seine Einbettung in historische Kontexte ein. Goffman entwickelte u.a. die Identitätstheorie Meads mit seiner Unterscheidung von persönlicher und sozialer Identität in seiner Studie „Stigma" (1963/1975) weiter.

sich vor allem auf Feldstudien konzentrierten, enthalten dagegen weit weniger explizite methodische Reflexionen oder gar „Rezeptwissen"[19].

Peter L. Berger (geb. 1929 in Wien, seit 1946 in den Vereinigten Staaten) und Thomas Luckmann (geb. 1927 in Slowenien, seit 1965 in Deutschland) ist es zu verdanken, dass sie die Meadsche Konzeption der vom Individuum im Laufe seiner Sozialisation internalisierten sozialen Welt mit einer neuen Lesart der „sozialen Tatbestände" Emilie Durkheims und mit der phänomenologischen Wissenssoziologie Alfred Schütz' verknüpften. In ihrer bis heute schulenbildenden Schrift „Die gesellschaftliche Konstruktion der Wirklichkeit" (zuerst in Englisch 1966) verdeutlichten sie, dass ihrer Ansicht nach die Regel „soziologische Tatbestände wie Dinge zu betrachten", nicht der Regel widerspricht, den Sinnzusammenhang des Handelns zu erfassen:

> „Gesellschaft besitzt tatsächlich objektive Faktizität. Unsere Gesellschaft wird tatsächlich konstruiert durch Tätigkeiten, die subjektiv gemeinten Sinn zum Ausdruck bringen. ... Es ist ja gerade der Doppelcharakter der Gesellschaft als objektive Faktizität und subjektiv gemeinter Sinn, der sie zur ‚Realität sui generis' macht. Die Grundfrage der soziologischen Theorie darf demnach so gestellt werden: Wie ist es möglich, dass subjektiv gemeinter Sinn zu objektiver Faktizität wird?" (Berger/Luckmann 1969: 20)

Kommen wir wieder zurück zu den Anfängen der interpretativen Sozialforschung in Chicago, wo wir die ersten ernsthaften Versuche einer empirischen Umsetzung der Prinzipien der Rekonstruktion der subjektiven Perspektiven, der interaktiven Konstitution von sozialer Wirklichkeit, also der aktiven Gestaltung derselben durch die daran teilhabenden Individuen, und der Orientierung am einzelnen Fall finden können. Die hier zwischen 1920 und 1950 durchgeführten empirischen Untersuchungen sind noch heute richtungweisend. Die sozialreformerische Ausrichtung dieser Form der Sozialforschung war den massiven sozialen Problemen der durch Migrationsschübe rasant wachsenden Stadt Chicago geschuldet (Fischer-Rosenthal 1991a: 115). Des Weiteren zeichnete sich diese Forschung durch ihre Orientierung an der philosophischen Theorie des Pragmatismus aus, die von dem Mathematiker und Philosophen Charles Sanders Peirce (1839-1914) sowie dem mit Peirce befreundeten Psychologen William James (1842-1910) begründet und von den in Chicago am Department of Philosophy lehrenden John Dewey (1864-1929) und George Herbert Mead weiterentwickelt wurde[20]. Der Pragmatismus fordert die Umsetzung der Suche nach

---

19 Zum Ensemble seiner Vorgehensweisen siehe die systematisierende Darstellung von Willems (1996; 2000).

20 Obwohl Mead Professor an der Philosophischen Fakultät war, hatte er bedeutenden Einfluss auch auf die Soziologie. Seine von 1900 bis 1927 jährlich stattfindende Vorlesung zur Sozialpsychologie war eine Pflichtveranstaltung für SoziologInnen.

Wahrheit in der empirischen Forschung und damit einhergehend ein auf lebenspraktisches Handeln bezogenes Theoretisieren, das erst von ihm her seine Bedeutung gewinnt. Die Wahrheit einer Aussage bemisst sich danach, inwieweit sich die aus ihr ergebenen Konsequenzen im Handeln bewähren, d.h. nach ihrem Nutzen für die Praxis:

> „Wahre Vorstellungen sind solche, die wir uns aneignen, die wir geltend machen, in Kraft setzen und verifizieren können. Falsche Vorstellungen sind solche, bei denen dies alles nicht möglich ist ... Die Wahrheit einer Vorstellung ist nicht eine unbewegliche Eigenschaft, die ihr inhäriert. Wahrheit ist für eine Vorstellung ein Vorkommnis. Die Vorstellung wird wahr, wird durch Ereignisse wahr gemacht. Ihre Wahrheit ist tatsächlich ein Geschehen, ein Vorgang, und zwar der Vorgang ihrer Selbst-Bewahrheitung, ihre Verifikation. Die Geltung der Wahrheit ist nichts anderes als eben der Vorgang des Sich-Geltend-Machens." (William James, 1994: 76f.)

Auf diesen Wahrheitsbegriff und die von Peirce beschriebene Verfahrensweise der Abduktion, der Hypothesengewinnung und Überprüfung am konkreten empirischen Geschehen, werde ich später detailliert eingehen (vgl. Kap. 2.5.2).

Eine der ersten aufwändigen empirischen Untersuchungen der Chicago School ist die Migrationsstudie „The Polish Peasant in Europe and America" von William Isaac Thomas (1863-1947) und Florian Znaniecki (1882-1958). Thomas, der bereits 1888/89 ein Jahr in Deutschland an den Universitäten in Göttingen und Berlin verbrachte, lernte 1913 bei einer Polenreise Znaniecki kennen und begann mit ihm eine Forschungskooperation. Znaniecki ging kurze Zeit danach, vor Beginn des Zweiten Weltkrieges, nach Chicago und arbeitete bis zu seiner Berufung 1920 auf eine Professur für Soziologie an die Universität Poznan (Polen)[21] mit Thomas an dieser Studie über die polnischen MigrantInnen (vgl. Fischer-Rosenthal 1991a). Das zwischen 1918 und 1920 erschienene fünfbändige Werk sollte die sozialen Probleme von polnischen Einwanderern in den USA aus der Perspektive ihres subjektiven Erlebens erfassen. Neben der Analyse von Dokumenten zum Migrationsprozess (insbesondere Sammlungen von Briefen zwischen der Heimat Polen und den USA) enthält das Werk eine auf Bestellung der Autoren geschriebene Autobiographie eines polnischen Einwanderers. Die Autoren meinten, „dass möglichst vollständige persönliche Lebensgeschichten den perfekten Typ soziologischen Quellenmaterials darstellen" (Thomas/Znaniecki 1958, II 1832f.). In ihren methodologischen Ausfüh-

---

Auf der Grundlage von Vorlesungsprotokollen wurde 1934 die Schrift „Mind, Self and Society" posthum veröffentlicht.

21 Durch das berufliche und wissenschaftliche Wirken Znanieckis entwickelte sich in Polen „eine methodisch stark an geschriebenen Autobiographien orientierte Soziologie", die bis heute wirksam ist (vgl. Fischer-Rosenthal 1991a: 118).

rungen[22] gehen sic auf die Aussagekraft und Generalisierbarkeit subjektiver Aussagen ein:

„Indem wir die Erfahrungen und Einstellungen eines einzelnen Menschen analysieren, erhalten wir immer Daten und elementare Fakten, die nicht ausschließlich auf dieses Individuum begrenzt sind, sondern die als mehr oder weniger allgemeine Klassen von Daten und Fakten behandelt werden und so für die Bestimmung von Gesetzmäßigkeiten des sozialen Prozesses genutzt werden können ...“ (1958, II 1831f., zitiert nach Fuchs 1984: 99)

Diese Studie war in ihrer Methodologie für die nachfolgenden Generationen von Soziologen in Chicago modellbildend.

Neben Thomas und Znaniecki hatten vor allem Robert E. Park (1864–1944) und Ernest W. Burgess (1886-1966), die beide eng zusammenarbeiteten, erheblichen Einfluss auf die enorme Entwicklung qualitativer Methoden; nicht zuletzt auf die Feldforschung im Rahmen von Gemeindeuntersuchungen und Fallstudien.[23] Das empirische Vorgehen von Park war deutlich davon geprägt, dass er nach seinem B.A.-Abschluss zwölf Jahre als Reporter und Redakteur in verschiedenen US-amerikanischen Großstädten, u.a. in Chicago, tätig war. In dieser Zeit arbeitete er vor allem an wissenschaftlichen Reportagen über gesellschaftliche Randgruppen, die er auf der Grundlage von Feldbesuchen und Interviews schrieb. 1898 nahm er sein Studium wieder auf und ging nach dem M.A.-Abschluss zum Promotionsstudium nach Deutschland. Zwischen 1899 und 1903 studierte er in Berlin (u.a. bei Simmel), Straßburg und Heidelberg, wo er seine auf Deutsch geschriebene Doktorarbeit zum Thema „Masse und Publikum. Eine methodologische und soziologische Untersuchung" einreichte. An der Universität von Chicago, an die er 1913 von W. I. Thomas zu einer Vorlesung eingeladen worden war, lehrte er zunächst bis 1923 im Kontext von Lehraufträgen Soziologie, bis er zum Professor berufen wurde. Er bildete Generationen von Studenten und Studentinnen mit der Haltung aus, dass sie „aus den Studierstuben hinausgehen sollten". Seine Botschaft war: „Get your feet wet" oder „Get your nose rousing" (vgl. Lindner 1990). Ganz in der Tradition des Pragmatismus verstand er Soziologie als eine empirisch arbeitende Wissenschaft, die den Wissensfortschritt in der Entdeckung von Zusammenhängen in der beobachtbaren Welt sucht. Er forderte konsequent eine Soziologie, die im ersten Schritt eine Bearbeitung von Fakten aus dem Feld vornimmt und eben nicht von den Fakten losgelöste Theorien entwickelt. Ebenso wie bei Thomas und Znaniecki wurde hier die Forderung vertreten, "to get inside

---

22 Werner Fuchs (1984: 99f.) diskutiert ausführlich die methodologische Bedeutung dieses Werks und die darauf aufbauenden methodologischen Reflexionen Herbert Blumers (1939).
23 Zur Diskussion der Chicago-School vgl. Mikl-Horke (1997: 188ff.), Schütze (1987) und ausführlich, insbesondere zu Park, Lindner (1990; 2000).

the actor's perspective", und es wurden Fallstudien – zum Teil biographische Fallstudien – zur Erfassung der subjektiven Perspektiven der Mitglieder unterschiedlicher Milieus durchgeführt. Zu den wichtigen empirischen Arbeiten über verschiedene soziale Milieus in Chicago, die in diesem Kontext entstanden sind, gehört die Studie von Anderson (1923) über „The Homeless Man in Chicago", von Wirth (1928) über das Ghetto jüdischer EmigrantInnen, von Thrasher (1928) über Banden oder von Zorbaugh (1929) über die Slums. Howard S. Becker verdeutlicht, wie diese einzelnen Studien Teile eines Mosaiks für ein Gesamtbild Chicagos und für eine Theorie der Stadt im Sinne Parks waren (Becker 1970: 65f.):

> "Individual studies can be like pieces of mosaic and were so in Park's days. ... In so doing, they partially completed a mosaic of great complexity and detail, with the city itself the subject, a 'case' which could be used to test a great variety of theories and in which the interconnections of a host of seemingly unrelated phenomena could be seen, however imperfectly." (ebenda: 66)

Auch die 1930 erschienene klassische Fallstudie über einen jugendlichen Straftäter von Clifford Shaw ist ganz wesentlich von Thomas und Park inspiriert. Shaw beobachtete Stanley, wie er ihn nennt, über sechs Jahre hinweg und ließ ihn auch einen biographischen Bericht schreiben. In seiner Analyse diskutiert Shaw nicht nur die Entstehung einer delinquenten Laufbahn, sondern betont, dass die "eigene Geschichte" wichtig für die Diagnose und Behandlung von Delinquenten sei. Eine weitere sehr wesentliche Untersuchung im Kontext der Chicago-School war die Gemeindestudie „Street Corner Society" von William Foote Whyte (1943). Auf diese ethnographische Studie, die sich auf eine italienische Straßengang in einer Großstadt im Osten der USA konzentrierte, gehe ich bei meinen Ausführungen zur teilnehmenden Beobachtung (Kap. 5) noch genauer ein.

2. Grundannahmen und Prinzipien der interpretativen Sozialforschung

Vorbemerkung. Betrachtet man die unterschiedlichen Ansätze im Bereich interpretativer Sozialforschung, so können wir auch hier etliche Differenzen in ihren Methodologien und Methoden feststellen. Im Folgenden möchte ich jedoch auf die Gemeinsamkeiten dieser Ansätze eingehen.

Zunächst verbindet sie die Annahme, dass Menschen auf der Grundlage ihrer Deutungen der sozialen Wirklichkeit handeln und diese Wirklichkeit nach bestimmten sozialen Regeln immer wieder neu interaktiv handelnd herstellen. Wie es u.a. von Christa Hoffmann-Riem (1980) diskutiert wurde, sind mit dieser Annahme zwei wesentliche Prinzipien für die interpretative Sozialforschung verbunden. So fordert das *Prinzip der Kommunikation* eine Orientierung am Regelsystem der Alltagskommunikation und das *Prinzip der Offenheit*, „dass die theoretische Strukturierung des Forschungsgegenstandes zurückgestellt wird, bis sich die Strukturierung des Forschungsgegenstandes durch die Forschungssubjekte herausgebildet hat" (ebenda: 346). Dies bedeutet zunächst den Verzicht auf eine hypothesengeleitete Datengenerierung oder Datengewinnung.

2.1 Die interpretierte Sozialwelt

Während sich der Naturwissenschaftler mit einer Objektwelt befasst, die sich selbst keinen Sinn zuschreibt und ihre Welt nicht nach Relevanzen strukturiert, untersucht der Sozialwissenschaftler eine bereits interpretierte Welt. Diese Differenz zwischen den Bereichen in Natur- und Sozialwissenschaften und die daraus folgenden methodologischen Implikationen wurden von dem phänomenologischen Wissenssoziologen Alfred Schütz dezidiert untersucht. Schütz führt in seinem 1953 zuerst auf Englisch publizierten Artikel „Wissenschaftliche Interpretation und Alltagsverständnis menschlichen Handelns"[1] aus, dass dem Sozialwissenschaftler eine bereits entsprechend den Relevanzstrukturen der in der Sozialwelt lebenden Menschen gegliederte und gedeutete Welt vorliegt:

> „In verschiedenen Konstruktionen der alltäglichen Wirklichkeit haben sie (die Menschen) diese Welt im Voraus gegliedert und interpretiert, und es sind gedankliche Gegenstände dieser Art, die ihr Verhalten be-

---

1 Die deutsche Übersetzung wurde 1971 publiziert.

stimmen, ihre Handlungsziele definieren und die Mittel zur Realisierung solcher Ziele vorschreiben – kurz: sie verhelfen den Menschen in ihrer natürlichen und soziokulturellen Umwelt ihr Auskommen zu finden und mit ihr ins Reine zu kommen." (Schütz 1971: 6)

Aus dieser Differenz zu den Naturwissenschaften leitet Schütz den Anspruch ab, dass sozialwissenschaftliche Konstruktionen auf den Konstruktionen des Alltags aufgebaut werden und die gedanklichen Gegenstände der Sozialwissenschaften mit jenen vereinbar bleiben müssen, die von Menschen im Alltag gebildet werden. Er spricht in diesem Zusammenhang von Konstruktionen ersten und zweiten Grades.

Dies erfordert, dass wir SozialforscherInnen herausfinden, wie die Alltagshandelnden selbst ihre Wirklichkeit konstruieren, wie sie ihre Welt erleben, wie sie diese Welt deuten und welche alltagsweltlichen Methoden der Kommunikation sie anwenden. Die Konstitution der sozialen Wirklichkeit vollzieht sich in interaktiven Handlungsprozessen, die abhängig davon sind, wie die Handelnden die Situation deuten. Diese Deutungen sind nun nicht beliebig und beruhen nicht auf gleichsam „einsamen" psychischen Prozessen des Individuums. Vielmehr basieren sie auf den im Laufe der Sozialisation internalisierten (verinnerlichten) kollektiv geteilten Wissensbeständen, die auch Handlungs- und Interaktionsregeln enthalten, und deren je nach biographischer Situation unterschiedlichen subjektiven Auslegung und Anwendung in konkreten Handlungskontexten. M.a.W., das Individuum greift bei seinen Deutungen, bei seinen Sinnsetzungen auf kollektive Wissensbestände zurück, deren Ausbuchstabieren und Anwendung je nach lebensgeschichtlichen Erfahrungen variiert und vor allem der kreativen, reflexiven Umsetzung in der konkreten Handlungssituation bedarf. Im Akt der Umsetzung und der wechselseitigen Orientierung der Handelnden entsteht immer auch etwas Unerwartetes und Neues. Wie Norbert Schröer (1994: 18) es betont, bleibt bei dieser strukturtheoretischen Akzentuierung eines wissenssoziologischen Ansatzes, wie er von Peter L. Berger und Thomas Luckmann in der Tradition von Alfred Schütz und des Pragmatismus bzw. der Chicago School vorgelegt wurde, „das Subjekt ... keineswegs außen vor".

In die methodische Diskussion gebracht wurde das Konzept der „subjektiven Situationsdefinition" im Zusammenspiel mit den objektiven Bedingungen der Situation von William Isaac Thomas, dem bereits vorgestellten Klassiker der Chicago-School (Kap. 1.3). Die von ihm und Dorothy Swaine Thomas (1928: 572) diskutierte Annahme: „Wenn eine Situation von den Menschen als wirklich definiert wird, so ist sie in ihren Konsequenzen wirklich", wurde zu einem der wichtigsten Theoreme der interpretativen Sozialforschung. Dies bedeutet jedoch nicht, dass die Konsequenzen unserer Handlungen die entsprechend der Situationsdefinition antizipierten sind. Stellen wir uns folgende Situation vor: Ich sitze im Zug, mir gegenüber sitzt eine ältere Dame. Ich definiere diese Zugfahrt als eine Möglichkeit für mich, in Ruhe meine Zeitung lesen zu können und nicht als eine Situation, in der man miteinander kommuniziert. Ich hole die Frankfurter Rundschau aus meiner Aktentasche. Diese Handlung nimmt die ältere Dame zum Anlass, mit mir ins Gespräch zu kommen. Sie fragt mich, weshalb ich gerade diese Zeitung lese; die Süddeutsche Zeitung wäre doch viel besser. Die Frankfurter Rundschau wird also von der älteren Dame als Möglichkeit des Kommunikationseinstiegs definiert und diese Situationsdefinition ist damit die „reale oder wirkliche Konsequenz" meiner Situationsdefinition.

Die Definition der Situation ist jedoch nicht beliebig und „der Handelnde kann die Beschaffenheit der Situation nicht allein durch seine Definition verändern. „Er muss vielmehr die Elemente der Situation – wie materielle Ressourcen, Anwesenheit anderer Handelnder, Existenz von Machtdifferenzen, Erwartungen anderer Handelnder, normativer Einschränkungen möglichen Handelns etc. – in seinem Handlungsentwurf berücksichtigen, will er nicht Gefahr laufen sein Handlungsziel zu verfehlen", schreiben die Vertreter der Arbeitsgruppe Bielefelder Soziologen (1976: 98). So kann ich z.B. das Gespräch mit meinem Vorgesetzten über das Einreichen meines Urlaubsantrags in einer gerade arbeitsintensiven Phase zwar als freundschaftliche Unterhaltung zwischen solidarischen Berufskollegen unseres Projekts definieren bzw. als solche mehr oder weniger implizit verstehen und mich entsprechend dieser Definition dann auch verhalten, ihn vielleicht darauf ansprechen, dass er ja auch vor kurzem im Urlaub war und es sehr genossen hat. Dieses Verhalten kann jedoch von meinem Gesprächspartner als anmaßende Grenzüberschreitung interpretiert werden, ihn damit erzürnen und zur Ablehnung meines Antrages führen. Er als Vorgesetzter hat die Macht, die Situation anders zu definieren und diese Definition im Handlungsvollzug durchzusetzen.

Im Hinblick auf die Beschränkungen der individuellen Wahlfreiheit und Eigenleistungen des handelnden Subjekts wurde das Thomas-Theorem u.a. von Erving Goffman (1977) kritisch diskutiert und mit seinem Konzept des Rahmens und der Rahmung strukturalistischer gefasst. Goffman verdeutlicht dezidierter, dass die Akteure zwar die Situation definieren, doch sie „schaffen gewöhnlich diese Definition nicht; gewöhnlich stellen sie lediglich ganz richtig fest, was für sie die Situation sein sollte, und verhalten sich entsprechend" (Goffman 1977: 9). Treten wir mit jemandem in Interaktion, stehen wir vor der Frage: „Was geht hier eigentlich vor?" (ebenda: 16). Um dies zu beantworten, greifen wir auf ein System von Regeln zurück, die uns bei der Beantwortung dieser Frage und der Auswahl und Definition der damit zusammenhängenden Regeln des Handelns verhelfen.

Komme ich z.B. auf meiner Zugfahrt zu der Einschätzung, dass ich der älteren Dame deutlicher signalisieren muss, dass ich gerne meine Zeitung weiterlesen möchte, kann ich u.a. Aufforderungen zum Sprecherwechsel nicht annehmen, immer mal wieder auf meine Zeitung schauen, den Blickkontakt vermeiden und vor allem nicht parasprachlich mit „mhms" oder „aha" meine Aufmerksamkeit oder gar mein Interesse an ihren Ausführungen bekunden. Meist spielen sich solche Vorgänge ab, ohne dass wir diese Handlungen bzw. kleinen Strategien bewusst planen, sondern diese vielmehr mehr oder weniger automatisch einsetzen. Auch sind – wie es Goffman (ebenda: 31) formuliert – dem Handelnden die „Organisationseigenschaften des Rahmens im Allgemeinen nicht bewusst und wenn man ihn fragt, kann er ihn auch nicht annähernd vollständig beschreiben, doch das hindert nicht, dass er ihn mühelos und vollständig anwendet." So verfügen wir z.B. alle über eine Vielzahl von Regeln zur Beendigung von Gesprächen, doch sind diese zum großen Teil Bestandteile des impliziten Wissens. Sie sind uns zu Routinen geworden und wir wenden diese an, ohne explizit diese Anwendung zu planen. Kommt es jedoch zu einer Krise in der Interaktion, dann stellen wir uns die explizite Frage „Was geschieht hier eigentlich?" oder „Inwiefern stimmt meine Definition der Situation nicht mit jener des Anderen überein?" Lehnt mein Vorgesetzter meinen Urlaubsantrag verärgert ab, wo ich doch angenommen hatte, er freut sich mit mir auf meine Reise in die Osttürkei, werde ich wohl beginnen meine Situationsdefinition und meine Verhaltensweisen zu reflektieren und die Situation nun gegen meinen Wunsch im Rahmen eines Gespräches mit einem Vorgesetzten und nicht mit einem Freund betrachten. Vielleicht wird mir in dieser Krisensituation auch erst bewusst, dass ich die Situation zunächst als freundschaftliches Gespräch definiert und mich dementsprechend verhalten hatte. Und so können wir allgemein davon ausgehen, dass das Feststellen, „was für uns die Situation sein sollte" – wie es Goffman formuliert –, im Handlungsprozess geschieht. Wir können von einer handlungspraktischen Erzeugung der Situationsdefinition oder Rahmung ausgehen, bei der nicht nur die Definition die Situation bestimmt, sondern vielmehr auch umgekehrt der Handlungsprozess die Situationsdefinition.

Auch im Verständnis von Goffman werden nicht einfach feste Rahmen aktualisiert, sondern die jeweils aktive Gestaltung der Situation bringt Modifikationen, Neues und Unbeständiges hervor. Die Definition der Situation ist nichts Starres, sondern sie unterliegt im fortlaufenden Interaktionsprozess kleinen und manchmal auch dramatischen Veränderungen. In der wechselseitigen Koordination unserer Handlungen mit den Handlungen der anderen kommt es im Handlungsprozess zu Modifikationen des definierten Rahmens bzw. der Situation. So kann es z.B. sein, dass die ältere Dame und ich zu einer von uns beiden geteilten Situationsdefinition gelangen, teilweise zu lesen und manchmal sich zu unterhalten. Es kann auch sein, dass die Dame etwas zu erzählen beginnt, was mich als Soziologin interessiert – z.B. eine auf Zugfahrten so leicht zu erhaltende Erzählung über den Zweiten Weltkrieg – und ich die Situation nun ganz neu definiere, nämlich als eine Art von Forschungsinterview. Mit dieser neu gerahmten Situation werde ich auf ganz andere Regeln zurückgreifen als jene zur Vermeidung eines Gespächs. Nun werde ich Blickkontakt aufnehmen und die Erzählung mit „mhms" und „ahas" und auch mit Fragen wie „Und wie ging es dann weiter?" unterstützen. Da mir diese Regeln als Sozialforscherin, die seit vielen Jahren nicht nur Interviews führt, sondern auch Schulungen zur Gesprächsführung im Interview anbietet, sehr bewusst sind, gelang es mir auf meinen Zugfahrten zunächst viel leichter, einen Gesprächsfluss zu fördern als ihn abzublocken. Teilweise wandte ich diese Regeln auch schon ganz automatisch an, selbst wenn ich keine längere Erzählung evozieren wollte. Damit war ich aufgefordert, mir wiederum bewusst zu machen, was ich tun kann, damit mein Gegenüber kein längeres Gespräch beginnt.

Dem Wechselverhältnis zwischen dem Vorgegebenen und dem interaktiv immer wieder neu Hergestellten wird Goffman mit seiner Unterscheidung von Rahmen und Rahmung („frame" und „framing") gerecht: „Während Rahmen als sozial vorgegebene Sinnstrukturen definiert sind, die sich durch Objektivität, Autonomie und Immunität gegenüber der faktischen (Inter-)-Aktion auszeichnen" (Willems 1996: 444), ist die Rahmung die Inszenierung[2] dieser subjektiv interpretierten und immer wieder aktiv neu gestalteten Vorgaben im prozesshaften Geschehen der Interaktion.

Die Begriffe des Rahmens und der Rahmung werden diesem Charakter der Inszenierung, wie es Hans Georg Soeffner (1989: 151) diskutiert, nicht ganz gerecht, da Rahmen leicht mit der Metapher des Bilderrahmens assoziiert wird und damit mit der Vorstellung, dass das Bild zwar je nach Rahmen unterschiedlich erscheint, jedoch unabhängig vom Rahmen besteht. Die Metaphern Rahmen und Rahmungen enthalten auch die Bedeutung von etwas Abgrenzbarem und Fixierten, was für die Beschreibung von Interaktionsprozessen problematisch ist, da diese im Unterschied zu konservierten Interaktionen, die auf Tonband bzw. in Tonbandprotokollen aufgezeichnet sind, nicht fixiert sind: „Der fixe Rahmen ist das Produkt der Fixierung, nicht jedoch die primäre Qualität des ursprünglichen Interaktionsablaufes, in dem aus verschiedenen Möglichkeiten eine bestimmte Ablaufstruktur realisiert wurde." (Soeffner 1989: 144) Während wir als InterpretInnen bei einem Interaktionsprotokoll oder einer Tonbandaufzeichnung ein abgeschlossenes Produkt vorliegen haben, sieht und deutet der Handelnde den Prozess, in dem er sich befindet, anders. Der aktuelle Ablauf hat noch einen Horizont von verschiedenen Möglichkeiten, er ist noch offen. Und so weist Soeffner darauf hin, dass dies der Sinn der Sequenzanalyse sei (vgl. Kap. 2.5.4), den Prozess der Auswahl unter möglichen Deutungen und Handlungsalternativen zu rekonstruieren.

---

2 Hans-Georg Soeffner (1989:151), der sich kritisch mit dem Konzept des Rahmens auseinander setzt, verbindet mit dem Ausdruck „Inszenierung" „weder spielerische Zufälligkeit noch exakt instrumentalisierte oder instrumentalisierbare Planung", sondern „das routinierte Zusammenspiel von zielgerichteter Interaktion einerseits und implizitem, durch Sozialisation und Erfahrung erworbenem Wissen um Bedeutungstypen und kommunikative Darstellungsformen andererseits."

Christian Lüders (vgl. 1994: 109) versucht diese mit den Begriffen „frame" und „framing" verbundene Problematik damit zu umgehen, in dem er auf die Möglichkeiten einer anderen Übersetzung verweist, da der englische Begriff „frame" auch die Bedeutung von „Gestalt" oder „Figur" hat.

Während der Begriff der Situationsdefinition eine stark intentionale und kognitive Konnotation hat, verliert auch die Begrifflichkeit von Rahmen und Rahmung nicht die Assoziation mit einer dualistischen Konzeption von einem festen Rahmen auf der einen Seite und der subjektiven und interaktiven Umsetzung auf der anderen Seite. Doch es ist wohl weniger eine Frage der Terminologie als der empirischen Analyse, ob dem prozessualen Charakter der Reproduktion und Transformation von bestehenden Wissensbeständen Rechnung getragen wird.

2.2 Das Prinzip der Kommunikation

Die methodische Konsequenz dieser Überlegungen ist, dass wir die Erhebung und die Auswertung derart gestalten müssen, dass diese Prozesse der interaktiv ausgehandelten und hergestellten Rahmungen und der sich vollziehenden Modifikationen sichtbar werden. Dies erfordert, wie Fritz Schütze und andere Kollegen der in den 1970er Jahre aktiven Arbeitsgruppe Bielefelder Soziologen diskutierten, dass wir uns in der Forschung kommunikativer Verfahren bedienen, die Raum für die alltäglichen Prozesse der Verständigung und Bedeutungsaushandlung lassen. Auf die methodischen Konsequenzen des damit zusammenhängenden Prinzips der Offenheit bei der Erhebung und bei der Auswertung werde ich später eingehen.

Zunächst ist zu berücksichtigen, dass wir in der interpretativen Sozialforschung, abgesehen von der Analyse von bereits vorliegenden Dokumenten, in einen Kommunikationsprozess mit den Alltagshandelnden[3] eintreten. Damit gestalten wir mit den Alltagshandelnden gemeinsam die soziale Wirklichkeit dieser Erhebungssituation; ob es sich dabei nun um eine teilnehmende Beobachtung oder ein Interview handelt. „Datengewinnung ist eine kommunikative Leistung" schreibt Christa Hoffmann-Riem (1980: 347) in Anlehnung an Fritz Schütze. Schütze (1978) spricht in diesem Zusammenhang von „kommunikativer Sozialforschung", die den Anspruch verfolgt, den Kommunikationsprozess entsprechend den Regeln des Alltags zu gestalten und den Alltagshandelnden die Möglichkeit gibt, ihre Sicht der Welt wie auch ihre Definition der Forschungssituation verdeutlichen zu können. Sie interpretieren ja nicht nur ihre Lebenswelt, von der sie uns ForscherInnen mitteilen, sondern auch die Situation der Forschung. Sie schreiben der Forschungssituation, dem Interviewer oder dem teilnehmenden Beobachter bestimmte Deutungen zu. Dabei gilt zu berücksichtigen, dass sich

---

3 Der Begriff Alltagshandelnde referiert auf die Theorie von Alfred Schütz und seine phänomenologische Untersuchung des Alltags.

die Definition der Situation von Interviewtem zu Interviewtem ganz unabhängig von den erklärten oder auch nicht erklärten Situations- und Selbstdefinitionen der ForscherInnen erheblich unterscheiden kann. Definieren die einen das Interview in erster Linie im wissenschaftlichen Kontext, so definieren es andere als ein therapeutisches Gespräch oder auch als Kaffeeklatsch oder in dem Kontext von Interviews in den Massenmedien. So verläuft ein Interview ganz anders, wenn die Befragten in mir eine Historikerin sehen, die an kollektivgeschichtlich relevanten Ereignissen interessiert ist, oder eine Psychologin, die Wert auf Aussagen über ihre Gefühle legt. Unterstellen sie oder hegen sie den Wunsch, dass ihr Interview vielleicht zu Teilen im Radio gesendet oder in der Zeitung veröffentlicht wird, werden sie sich auch anders präsentieren, als wenn ihnen die weitere Verwertung ihrer Erzählungen nicht so wichtig erscheint. Was thematisiert wird und vor allem wie sie über sich und ihren Lebensalltag sprechen, ist abhängig von diesen Rahmungen wie auch deren Modifikationen während der Erhebungssituation. Vollzieht sich während eines oder mehrerer Gespräche eine Veränderung der Rahmung bzw. eine Veränderung der Situationsdefinition, finden wir bei der Auswertung meist deutliche Hinweise darauf. Dies möchte ich anhand eines von Michaela Köttig und mir geführten Familiengesprächs mit einer Familie aus dem Kosovo verdeutlichen, die in Deutschland mit jeweils nur kurzfristiger Duldung lebt.

2.3 Empirisches Beispiel: Wechselnde Rahmungen im Kontext eines Familiengesprächs

Dieses Gespräch wurde zunächst von den Angehörigen der Familie Morina[4], wie ich sie nennen möchte, zum Teil mit den in Deutschland erlebten Anhörungsverfahren und der Kommunikation auf deutschen Behörden assoziiert. Die Darstellung, d.h. was und wie etwas präsentiert wurde, war also zunächst bestimmt durch eine dementsprechende Rahmung. Dies zeigte sich u.a. darin, dass uns Interviewerinnen wiederholt versichert wurde, man wolle in Deutschland nicht auf Dauer bleiben. Des Weiteren wurden die im Anerkennungsverfahren relevanten Symptome einer posttraumatischen Belastungsstörung der Mutter und eines dringend in Deutschland ärztlich zu versorgenden Nierenleidens der Schwiegertochter stärker betont als die psychischen Folgen der Traumatisierung für die anderen Familienmitglieder oder das Leiden der Familie an der gegenwärtigen Situation in Deutschland. Dies ist dem Umstand geschuldet, dass die Familie unter einer Beweispflicht für ihre Traumatisierung und ihre Bedrohung im Kosovo steht, um den legalen Status der Duldung in Deutschland zu bewahren. Sie ist damit ständig in der Situation, dass ihre Glaubwürdigkeit prinzipiell angezweifelt wird. Durch unser wiederholtes Eingehen auf ihre Ängste im Ver-

---

4 Zur Analyse dieses Gesprächs vgl. Rosenthal (2002).

lauf des Gesprächs (entsprechend der Methode des aktiven Zuhörens aus der klientenzentrierten Gesprächsführung) – insbesondere auf die Angst, eventuell bald zurückkehren zu müssen – veränderte sich die Wahrnehmung uns gegenüber. Es wurde spürbar, wie die Familienangehörigen darunter leiden, dass in Deutschland niemand an ihrem Schmerz interessiert ist, geschweige denn an ihren traumatischen Erlebnissen und ihren massiven Ängsten vor einer Abschiebung in den Kosovo.[5] Die allmähliche Veränderung der Rahmung dieses Gespräches wurde vor allem an der Stelle im Gespräch deutlich, als die Familie begann, über die für sie so quälenden Gespräche auf der Ausländerbehörde zu erzählen, deren Mitarbeiter im Unterschied zu uns nicht an ihren Gefühlen und auch nicht an dem erlebten Leid interessiert seien. So erzählt der erwachsene Sohn dieser Familie, der aufgrund seiner guten Deutschkenntnisse und seiner aufgrund einer Eheschließung erlangten deutschen Staatsbürgerschaft die Behördengänge dieser Familie übernommen hat, von den erheblichen posttraumatischen Belastungsstörungen seiner Mutter und den Erfahrungen auf der Ausländerbehörde. Auf meine Bemerkung „Ich nehme an, das Wichtigste für Sie ist, dass Sie hier zusammenbleiben können" meint er, dass dies von den Behörden nicht so gesehen werde, und er erzählt von einem Gespräch mit dem Sachbearbeiter der Ausländerbehörde:

> „Aber wie soll ich das dem Mann erzählen, diese Gefühle? Er will das nicht wissen, über so was, will er nicht wissen, der Sachbearbeiter ... nur ein eiskalter Mensch. Habe ich ihm deutlich gesagt: ‚tut mir Leid, dass ich sagen muss, aber haben Sie überhaupt Gefühl und Mitleid für solche Menschen' ... aber ich habe gemerkt, er wollte unbedingt die Familie abschieben. Da konnte ich es nicht mehr ertragen, habe ich gesagt: ‚Lass endlich meine Mutter in Ruhe, die muss irgendwie vergessen.'" (Transkript: 28)

Dieser Prozess der sich in diesem Gespräch vollziehenden Veränderungen der Rahmungen wird nun von den VertreterInnen des interpretativen Paradigmas nicht als Störgröße gesehen, die zu verzerrten Aussagen führen kann, und die es zu kontrollieren gilt. Auch können wir nicht davon ausgehen, dass die eine Rahmung zu besseren Aussagen über die Alltagsrealität der Familie außerhalb der Interviewsituation führe als die andere. Man könnte z.B. einwenden, die Assoziation zu einer Anhörung fördere nicht die wahre Realität der Familie zutage, sondern nur die Art und Weise, wie man sich nach Meinung der Befragten im Anhörungsverfahren darstellen muss. Doch hier stellt sich die Frage: Was verstehen wir unter Realität? Gibt es eine Realität unabhängig von der Perspektive des Wahrnehmenden bzw. unabhängig von der Einbettung in spezifische Situationskontexte? In der

---

5 Hier gilt es, sich klar vor Augen zu halten, dass die Angst vor Abschiebung in der Gegenwart ständig Todesängste und die Furcht vor ähnlichen Gewalterfahrungen wie den erlebten reaktiviert.

interpretativen Sozialforschung gehen wir vielmehr davon aus, dass weder das Erleben einer konkreten Situation noch die Erinnerung oder die Erzählung darüber unabhängig von der Perspektive bzw. der Situationsdefinition des Wahrnehmenden möglich ist. Die Definitions- oder Rahmungsprozesse machen es überhaupt erst möglich, dass wir miteinander interagieren können. Und jede Rahmung eines Interviews verweist auf andere ähnlich gerahmte Situationen bzw. ähnliche Realitäten. Dies ist hier die Realität des Anerkennungsverfahrens, das diese Familie, wie andere Flüchtlinge in Deutschland, zu erleiden und der entsprechend sie sich zu verhalten hat. Und diese gegenwärtige Wirklichkeit hat auch eine erhebliche Wirkung auf die Erinnerung an die traumatischen Erlebnisse und vor allem auf deren Erzählbarkeit. Es ist ebenso die Realität eines Gespräches, das gerahmt werden kann als eine Situation, in der ZuhörerInnen empathisch auf die leidvollen Erinnerungen und Erzählungen eingehen und in dem man über diese Leiden sprechen kann. Sind unsere Erhebungen derart gestaltet, dass diese Rahmungsprozesse durch die autonome Selbstgestaltung der Befragten sichtbar werden können, haben wir die Chance zur Produktion eines Textes, der es zulässt, die alltagsweltlichen Regeln der Interaktion zu analysieren. So macht das Gespräch mit der Familie Morina deutlich, wie die Familienmitglieder es gelernt haben, sich im Kontext von Behörden zu präsentieren und darüber hinaus aber auch, wie die Kriterien der Anerkennungsverfahren in der Bundesrepublik geradezu ihre Selbstwahrnehmung und die biographische Bearbeitung bedingen. Darüber hinaus weist das Interview aber auch auf die Differenz zwischen behördlicher Darstellung und einer Darstellung gegenüber jemandem, der am persönlichen Erleben und insbesondere persönlichen Erleiden der befragten Person interessiert ist. Hierbei darf allerdings nicht übersehen werden, dass die Veränderungen des Gesprächsverlaufs nicht unabhängig von dem Wunsch der Familie waren, dass wir Interviewerinnen vielleicht in irgendeiner Weise die Familie vor der drohenden Abschiebung schützen könnten.

Generell birgt die Analyse dieser Rahmungsprozesse die Möglichkeit der Verallgemeinerung der Präsentation über die Erhebungssituation. Präsentiert sich in einem Interview z.B. eine Frau mit ausführlich erzählten Erfolgserlebnissen und dem nur knappen Erwähnen etlicher Misserfolge in ihrem Leben, weil sie mir als Sozialwissenschaftlerin imponieren will, gibt mir diese Strategie des Eindrucksmanagements Hinweise darauf, wie sie sich in ähnlich erlebten anderen Situationen vermutlich verhält. James A. Holstein und Jaber F. Gubrium (1995 30ff.) verdeutlichen am Beispiel von erwachsenen Töchtern, die ihre an Demenz erkrankten Mütter zu Hause pflegen, wie sich die Interviewten im Verlaufe eines Interviews aus ganz unterschiedlichen Positionen (wie der Ehefrau oder der pflegenden Tochter) heraus präsentieren und „... each role tells the story of its own past attitudes, feelings, and behaviors" (ebenda: 32).

Diese Rahmungsprozesse werden nicht dadurch sichtbar, indem wir die Interviewten direkt danach fragen, da ihnen und ebenso uns InterviewerInnen ein großer Anteil davon nicht bewusst ist. Auch wenn die Antworten auf Fragen, die wir zum Abschluss des Gesprächs stellen können (z.B.: „Wie haben Sie dieses Gespräch erlebt?"), wichtige Hinweise auf die Rahmungsprozesse geben können, so enthalten sie dennoch nicht alle Bedeutungsmöglichkeiten. Wir benötigen vielmehr Verfahren sowohl der Erhebung als auch der Auswertung, die den Befragten den Spielraum geben, ihre eigenen Rahmungen und Regeln der Rahmung einzusetzen und uns damit bei der Auswertung die Möglichkeit verschaffen, diese offen zu legen. Dies erfordert zunächst Erhebungsverfahren, die dem Prinzip der Offenheit gerecht werden.

2.4 Zum Prinzip der Offenheit im Forschungsprozess und bei der Erhebung

Im Folgenden werde ich auf die Gestaltung eines Forschungsprozesses und von Erhebungssituationen eingehen, die dem Prinzip der Offenheit gerecht werden.

2.4.1 Offenheit zu Modifikationen des Forschungsplans

Die Offenheit bei der Veränderung unseres Forschungsplanes bedeutet im Einzelnen:

• Offene Forschungsfrage mit Möglichkeiten zur Modifikation
• Hypothesenbildung im Verlauf des Forschungsprozesses
• Entwicklung einer theoretischen Stichprobe während des Forschungsprozesses

Die Forschungsfrage mit der wir beginnen, ist ganz im Unterschied zu einem deduktiven Verfahren, das von theoretischen Vorannahmen und einer klar umrissenen Fragestellung auszugehen hat, noch recht vage formuliert und kann sich entsprechend der Entdeckungslogik im Laufe der empirischen Untersuchung auch immer wieder verändern. Dies bedeutet, dass wir den Forschungsprozess nicht mit einem Set von Hypothesen beginnen, sondern vielmehr bemüht sind, unsere wissenschaftlichen Annahmen oder auch alltagsweltlichen Vorurteile zunächst einzuklammern, d.h. zurückzustellen. Christa Hoffmann-Riem (1980) spricht vom Verzicht auf *eine hypothesengeleitete Datengenerierung.* Angestrebt wird dagegen, auf der Grundlage der empirischen Beobachtungen Hypothesen zu generieren, zu überprüfen, zu verändern und zu verwerfen. Damit ist es auch nicht möglich, die Stichprobe vorab klar umrissen zu definieren, sondern sie wird im Laufe der Forschung auf der Basis sich zunehmend herauskristallisierender Annahmen gebildet (vgl. Kap. 3.2.). Erhebung und Auswertung sind dabei keine streng getrennten Phasen, wie es dezidiert von Glaser und Strauss (1967) betont wurde. Vielmehr empfiehlt es sich, erste Interviews oder erste Beobachtungen durchzuführen, die in diesem Zusammenhang produzierten Texte (Transkripte oder Protokolle) auszuwerten und auf der Grundlage dieser Auswertung mit modifizierten Fragestellungen, Blickrichtungen und teilweise veränderten Erhebungsverfahren wieder ins Feld zu gehen.

Gegen den Anspruch der Zurückstellung von Hypothesen zu Beginn der Forschung wird immer wieder kritisch eingewandt, dass hier eine Voraussetzungslosigkeit unterstellt wird, die fiktiv sei und – wie z.B. Christel Hopf (1979: 27) einwendet, „den realen Forschungsprozess, der nolens volens von Wahrnehmungserwartungen, kulturell gesteuerten Interpretationsgewohnheiten und Ähnlichem gesteuert wird, in verzerrter Form wieder (gibt)". Dieser völlig berechtigte Einwand gegen eine derart verstandene Voraussetzungslosigkeit beruht jedoch auf einem Missverständnis hinsichtlich des Gebots der Zurückstellung der Hypothesen. Dies mag u.a. Formulierungen von Glaser und Strauss (1967: 39f.) geschuldet sein, wie z.B., dass Hypothesen „aus dem Material auftauchen" (auf Englisch „to emerge" oder „to arouse"), die zu der Lesart verleiten, man müsse einfach nur ins Feld gehen und Beobachtungen machen, oder den Text, ohne Fragen an ihn zu stellen, einfach lesen und dann würden einem die Bedeutungen quasi entgegenkommen. Interpretationen sind jedoch ohne Fragen und ohne Vorwissen nicht möglich, die zur Bildung von Hypothesen verhelfen. Doch dieses Vorwissen, ob es nun auf dem Alltagswissen oder auf dem sozialwissenschaftlichen Wissen beruht, wird bei einem abduktiven Verfahren der Hypothesengenerierung, das vom empirischen Datum bzw. vom Text ausgeht, im heuristischen Sinne eingesetzt (vgl. Kap. 2.5.2). Mit „heuristisch" ist gemeint, dass diese Hypothesen den Status von vorläufigen Erklärungen unter *anderen möglichen Erklärungen* für die vorliegenden Daten haben. Der Text wird also nicht auf Belege zur Überprüfung bereits formulierter Hypothesen abgesucht. Glaser und Strauss (1967: 39f.) formulieren dies wie folgt:

> "It must be emphasized that these hypotheses have at first the status of suggested, not tested, relations among categories and their properties, though they are verified as much as possible in the course of research. ... multiple hypotheses are pursued simultaneously. ... Generating hypotheses requires evidence enough only to establish a suggestion – not an excessive piling up of evidence to establish a proof, and the consequent hindering of the generation of new hypotheses."

Auch sind alle empirischen Studien von einem bestimmten Interesse und von Fragen geleitet, die immer auch auf Hypothesen – so vage oder implizit sie auch sein mögen – beruhen. Eine Frage impliziert zumindest, dass wir etwas fragwürdig und auch für die sozialwissenschaftliche Diskussion relevant, also wissenswert finden. Mit der Forderung, Hypothesen zurückzustellen oder, in phänomenologischer Sprache formuliert, sie einzuklammern, ist zunächst die Planung einer Erhebung gemeint, die eine Entdeckung von neuen Erklärungen ermöglicht. Der Anspruch an offene Erhebungsverfahren ist, dass wir diese nicht entsprechend unseren Vorannahmen strukturieren, sondern sie so weit als möglich offen gestalten. Wie sich dies bei der Erhebung umsetzen lässt, werde ich am Beispiel der teilnehmenden Beobachtung und des narrativen Interviews diskutieren.

Das Prinzip der Offenheit erfordert in erster Linie eine Haltung der SozialforscherInnen, die der Bereitschaft zur Entdeckung von Neuem, der Offenheit zum Einlassen auf das empirische Feld und zur Veränderung ihres Vorwissens bedarf: „Offenheit der Forschungsperson ist die Bereitschaft und die Fähigkeit, den Erkenntnisprozess zu durchlaufen, ihr Wissen (und dabei sich selbst?) zu verändern" (Kleining 2001: 30). Diese Bereitschaft setzt auch voraus, dass wir uns unsere teilweise impliziten Vorannahmen so weit wie möglich bewusst machen, damit sie nicht unbemerkt den Forschungsprozess steuern.

2.4.2 Empirisches Beispiel: Die Entdeckung der Bedeutung der historischen Generationen

Der Prozess der Veränderung der Fragestellung, der damit einhergehenden Hypothesen sowie der theoretischen Stichprobe sei am Beispiel einer Studie diskutiert, die ich im Kontext eines Lehrforschungsprojektes an der Universität Bielefeld zwischen 1986 und 1988 durchführte. Mein Forschungsinteresse galt dem Kriegserleben im Zweiten Weltkrieg und dessen gegenwärtiger biographischer Bearbeitung (Rosenthal 1990). Dabei sollte *zunächst* der Frage nach den geschlechtsspezifischen Unterschieden und – damit in gewisser Weise zusammenhängend – den Unterschieden des Erlebens des Krieges in der Heimat, an der Front und in der Etappe nachgegangen werden. Dahinter stand die Vermutung bzw. Hypothese, dass diese Unterschiede auch zu einem ganz unterschiedlichen gegenwärtigen Umgang mit der Vergangenheit führen könnten. In diesem Sinne begannen wir zunächst auch unsere Stichprobe zu gestalten und führten Interviews mit Frauen und Männern, die ungefähr zwischen 1910 und 1935 geboren waren und in diesen drei „Zonen" den Krieg erlebt hatten. Von Interview zu Interview wurde deutlicher, dass bei den Männern der wichtigste Unterschied des Erlebens und der gegenwärtigen Bearbeitung nicht durch eine Stationierung in der Etappe oder an der Front bedingt war, sondern vielmehr durch die Teilnahme an den Kriegsverbrechen und an den Verbrechen gegen die Menschlichkeit (die meist in den besetzten Gebieten, also in der Etappe begangen wurden). Und generell zeigte sich bei der Auswertung der Interviews, dass bei den Männern wie den Frauen das Lebensalter, die vorausgegangenen Erfahrungen und insbesondere ihre eigene Position im Nationalsozialismus eine wesentliche Rolle für die Gemeinsamkeiten und Unterschiede im Kriegserleben und dessen Verarbeitung spielten. Die Relevanz der Generationszugehörigkeit war dann durch ein mehr oder weniger nicht geplantes Interview nicht mehr zu übersehen. Es war ein Gespräch mit einem Mann, der zu jener Zeit im Krankenhaus lag und ständig vom Krieg und seinen Kriegsängsten sprach. Daher hatte mich der ihn behandelnde Stationsarzt, mit dem ich befreundet war, um ein Gespräch mit seinem Patienten gebeten. Dieser Interviewpartner sprach nun völlig anders über den Zweiten Weltkrieg als all die Männer, die ich zuvor – u.a. auch in einem Projekt zur Hitlerjugend-Generation (Rosenthal 1987) interviewt hatte. Er gehörte auch einer anderen Generation an als die bisher von uns befragten Männer. Dieser 1899 geborene Mann war als Jugendlicher bereits im Ersten Weltkrieg an die Westfront eingezogen worden und musste 1939 als kriegsgedienter Jahrgang wieder an die Front. Im Interview sprach er sehr positiv über die Moral der Soldaten im Ersten Weltkrieg und ereiferte sich darüber, dass gegen diese im Zweiten Weltkrieg ständig verstoßen wurde. Neben den Folgen einer Traumatisierung durch die Zeit im Schützengraben des Ersten Weltkrieges wurde darüber hinaus ein impliziter Pazifismus deutlich, der sich aus diesen Erfahrungen entwickelt hatte und den ich aus anderen Interviews nicht kannte (Rosenthal 1988). Dieses Interview und dessen Auswertung führten zu einer entscheidenden Veränderung der bis dahin geplanten Stichprobe. Ich bemühte mich um Kontakte mit weiteren Veteranen des Ersten Weltkrieges und führte mit 16 Männern der Geburtsjahrgänge 1888–1900 biographisch-narrative Interviews. Mit diesen Interviews war die Bedeutung der Zugehörigkeit zu einer bestimmten historischen Generation im Sinne Karl Mannheims (1928) und damit zusammenhängend der dem Kriegserleben von 1939–1945 vorangegangenen lebensgeschichtlichen Erfahrungen kaum noch zu übersehen. Damit rückten die Generationszugehörigkeit und die damit verbundenen Unterschiede beim gegenwärtigen Umgang mit dem Zweiten Weltkrieg und dem Nationalsozialismus ins Zentrum der Untersuchung bzw. wurden zur zentralen Fragestellung des Projekts und führten zu den aus meiner Perspektive wichtigsten theoretischen Verallgemeinerungen dieser Studie. Es stellte sich dabei auch die empirische Frage nach den unterschiedlichen Bedingungen der Konstitution historischer Generationen, die ich in folgenden Projekten weiter empirisch bearbeitete (Rosenthal 1997).

Des Weiteren konnte ich von Interview zu Interview mit Angehörigen dieser Jahrgänge und der dabei begleitenden Lektüre sowohl von belletristischer als auch wissenschaftlicher und autobiographischer Literatur zum Ersten Weltkrieg immer deutlicher erkennen, wie sehr sich das Erleben und die psychischen und biographischen Folgen des Stellungskrieges im Ersten Weltkrieg von denen des Bewegungskrieges im Zweiten Weltkrieg unterschieden (Rosenthal 1988). Aus dieser empirischen Erfahrung in den Interviews mit den Veteranen des Ersten Weltkrieges ergab sich im Verlauf dieses Forschungsprojektes eine weitere, zusätzliche Forschungsfrage nach den Unterschieden im Erleben des Ersten und des Zweiten Weltkrieges.

Meine aus den Interviews mit den Veteranen des Ersten Weltkrieges wachsende Sensibilität für ihre traumatisierenden Erlebnisse im Stellungskrieg, über die sie kaum sprechen, geschweige denn erzählen konnten, erforderte auch gewisse Veränderungen in der Interviewführung, die den Folgen von Traumatisierungen geschuldet sind (vgl. Rosenthal 2002).

Wie dieses Beispiel zeigt, bedingen sich die im Forschungsprozess allmählich auftauchenden Forschungsfragen, die Modifikation und die Entdeckung von Hypothesen ebenso wie die Entwicklung der Stichprobe wechselseitig. In diesem Prozess können Fragestellungen und Hypothesen, die zu Beginn der Untersuchung noch eine große Bedeutung hatten, zunehmend an den Rand gedrängt werden. So verlor in dieser Studie z.B. die Frage nach den geschlechtsspezifischen Unterschieden im Umgang mit dem Zweiten Weltkrieg und dem Nationalsozialismus beim kontrastiven Vergleich der Fälle zunächst an Bedeutung und konnte erst nach der empirischen Rekonstruktion der historischen Generationen bearbeitet und das Zusammenspiel zwischen der Zugehörigkeit zur Generation und der zum Geschlecht verdeutlicht werden. Der empirische Vergleich der Lebensgeschichten von zwischen 1890 und 1935 geborenen Frauen und Männern zeigte zum Beispiel, dass sich Generationszusammenhänge bei Männern und Frauen zu unterschiedlichen historischen Zeitpunkten bilden können und die jahrgangsmäßige Abgrenzung einer Generation von einer anderen nach Geschlechtszugehörigkeit unterschiedlich sein kann. So wurde in den empirischen Analysen der zwischen 1890 und 1900 geborenen Männer die generationsbildende Wirkung ihrer Teilnahme als Soldat am Ersten Weltkrieg – und damit auch die zeitliche Eingrenzung dieser Generation durch den zuletzt eingezogenen Jahrgang – deutlich, während für die Frauen dieser sowie späterer Jahrgänge (ca. bis 1905) stattdessen ein generationsspezifischer Verlauf ihrer Beziehungskonstellationen mit ihren Vätern und ihren Ehemännern generationsbildend war (vgl. Rosenthal 1997)[6].

---

6 Wie unsere Analysen von Biographien der Frauen dieser Jahrgänge zeigen, sind die generationsverbindenden Merkmale: Die Ablösung der väterlichen Autorität im Elternhaus durch die Autorität von Ehemännern, die jedoch meist traumatisiert aus dem Ersten Weltkrieg zurückkamen, während die Frauen während des Krieges in ihrer Lebensführung außerhalb der Familie gestärkt wurden und damit auch mehr Autonomie von der Familie erlebt hatten. Aus dieser Beziehungskonstellation heraus lassen sich häufig Ehesysteme finden, in denen die Männer zwar weiterhin die Entscheidungsbefugnis in wesentlichen Bereichen des Familienlebens besaßen, die Frauen jedoch die Kommunikationsstrukturen in der Familie erheblich bestimmten und psychisch stabiler waren als ihre Männer. So finden wir in diesen Familien zum Teil Männer, die einerseits von ihren Frauen und dann vor allem von ihren im Nationalsozialismus sozialisierten Kindern infantilisiert wurden. Andererseits und gleichzeitig üben diese Män-

2.4.3 Offenheit in der Erhebungssituation

Mit der Forderung von Alfred Schütz, die wissenschaftlichen Konstruktionen auf den Konstruktionen des Alltags aufzubauen, ist für den konkreten Forschungsprozess verbunden, dass wir uns *zunächst am Relevanzsystem der Alltagshandelnden orientieren* und unsere eigenen Relevanzen in den ersten Phasen der Erhebungssituation zurückstellen. Sind wir als SozialforscherInnen an bestimmten Themen interessiert – z.B. an Migrationsprozessen oder dem Erleben der Erwerbslosigkeit – erfordert dies, dass wir nicht vorab diese Themen definieren, d.h. nicht vorher festlegen, was zu einem Thema gehört und was nicht. Weder beim Erleben der Migration noch der Erwerbslosigkeit können wir vorab wissen, was für den einzelnen Alltagshandelnden relevant ist und was nicht. So mag für die eine Migrantin die Migrationsgeschichte der Urgroßmutter eine hohe biographische Bedeutung für ihre eigene Entscheidung zur Migration haben und bei der anderen spielt die Familiengeschichte weder bewusst noch unbewusst eine Rolle, sondern vielmehr eine frustrierende Berufssituation. Während für den einen Erwerbslosen seine Eheschwierigkeiten hauptsächlich im Zusammenhang mit seiner Erwerbslosigkeit stehen, erlebt ein anderer keine Auswirkungen seiner Erwerbslosigkeit auf seine Partnerschaft und stellt auch keine Verbindung zwischen diesen beiden biographischen Strängen her.

Damit diese Verknüpfungen und Relevanzsetzungen deutlich werden, die die erforschten Menschen selbst vornehmen, benötigen wir offene Situationen der Erhebung, also des Interviews oder einer Gruppendiskussion, oder auch die Beobachtung oder Aufnahme von Alltagssituationen, in denen über diese Themen gesprochen werden kann. Für die Führung von offenen Interviews bedeutet dies, dass es den Befragten ermöglicht wird, entlang ihrer Relevanzen zu einem Thema sprechen oder erzählen zu können, bevor das Gespräch mit den für die ForscherInnen relevanten Fragen gestaltet wird. Dies wird am konsequentesten bei dem Verfahren des narrativen Interviews (vgl. Kap. 5.4) umgesetzt. Bei der teilnehmenden Beobachtung (Kap. 4) bedeutet dies, dass wir nicht mit vorab definierten Kategoriensystemen ins Feld gehen und auch nicht vorab festlegen, welche Bereiche des Alltagslebens wir beobachten und welche nicht. Vielmehr versuchen wir, bei den Beobachtungen die Relevanzen des zu beobachtenden Milieus zu entdecken und uns daran zu orientieren, was für dieses Milieu selbst von Bedeutung ist. Ziel der Beobachtung ist es, herauszufinden, an welchen Orten und zu welchen Zeiten wichtige Interaktionen stattfinden. So mögen in der einen Community von MigrantInnen, in der wir Beobachtungen durchführen, die Interaktionen der Eltern auf dem Spielplatz ein wesentlicher Ort des Austausches über die Schwierigkeiten im Aufnahmeland sein und in einer anderen Community dagegen eher Gespräche bei politischen Veranstaltungen.

---

ner weiterhin ihre männliche Autorität über ihre Entscheidungs- und Definitionsgewalt aus.

Offenheit bei der Erhebung bedeutet auch, dass wir uns in der Gestaltung der Szenarios der Erhebungssituation wie eines Interviews oder eines Familiengespräches (des so genannten Settings), an den Bedürfnissen der Befragten orientieren. Während ich in den Anfängen meiner Forschungspraxis z.B. noch zu intervenieren versuchte, wenn bei einem lebensgeschichtlichen Interview mit einem Mann dessen Ehefrau anwesend war und sie sich aktiv ins Gespräch „einmischte", kann ich heute darin einen Gewinn für die Interpretation sehen. Zunächst musste ich die Erfahrung machen, dass meine Versuche der Verhinderung solcher „Störungen" meist scheiterten, mir also nur Mühe machten, mich in der Aufmerksamkeit gegenüber dem Gesprächsablauf beeinträchtigten und am Ende frustrierten. Auf der Ebene der Gesprächsführung lernte ich etwas, das mir aus meiner Ausbildung in klientenzentrierter Gesprächsführung schon längst theoretisch bewusst war: „Es hat wenig Sinn, gegen die Struktur eines Gesprächspartners anzuarbeiten." Bei der Auswertung der Interviews wurde mir darüber hinaus deutlich, dass ich mir viel verschenkte, wenn ich den Befragten nicht das Arrangement des Settings überließ und dies als Ausdruck ihrer Fallstruktur oder der Struktur des Ehesystems lesen lernte. So sagt es einiges über den Interviewten und dessen Ehe aus, wenn er seine Frau zur emotionalen Unterstützung bei seinen Erzählungen über schwierige Erlebnisse dabeihaben möchte, im Unterschied zu einem Interviewten, bei dem die Ehefrau die Rolle einnimmt, das Sprechen über schwierige Erlebnisse zu verhindern. Wie beim Einzelgespräch macht es bei einem Familiengespräch erst recht wenig Sinn, unsere Vorstellungen über den Verlauf des Gesprächs durchzusetzen. Wünscht die eine Familie z.B. vor dem von uns initiierten Gespräch eine Phase des Smalltalks bei einem Essen, so möchte eine andere Familie gerne gleich mit dem Gespräch beginnen. Insbesondere im Forschungsprojekt „Der Holocaust im Leben von drei Generationen" (vgl. Rosenthal 1997) war es ein Lernprozess für meine Kolleginnen und mich, verschiedene, massiv auftretende Irritationen sowohl bei den Familiengesprächen als auch bei den Einzelinterviews verstehen zu lernen und keine Interventionen gegen solche Störungen zu unternehmen. Dazu gehörte z.B. ein Familiengespräch, bei dem immer wieder neue Familienmitglieder und deren Freunde auftauchten, sich kurz zu uns setzten, dann wieder gingen, Angehörige der Enkelgeneration mit irgendwelchen Alltagsfragen an die Eltern das Gespräch unterbrachen, die Tochter der Familie für ihren Sohn telefonisch eine Pizza bestellte, während ihre Mutter – ausgelöst durch die Nachfrage der Tochter – über ihre Zeit im Vernichtungslager erzählte, etc. (Moore 1997). Diese Inszenierung einer immer wieder unterbrochenen Kommunikation über den Holocaust muss als eine Form des Umgangs mit der bedrohlichen Vergangenheit betrachtet werden, ebenso wie die Wahl des Gesprächsortes z.B. von einem Sohn einer Überlebenden des Holocaust, der darauf bestand, das Interview in einem Straßencafé auf einer belebten Geschäftsstraße in Tel Aviv zu führen, oder einem Überlebenden, der mehrere kurze Gespräche bei mir im Büro der Universität wünschte und eben nicht in seiner vertrauten Umgebung bei sich zu Hause. Sowohl das Gespräch im Straßencafé als auch die kurzen Gespräche in der Universität gaben den beiden interviewten Männern das Gefühl, sich vor dem Überfluten bedrohlicher Erinnerungen schützen zu können.

Verstehen wir diese von uns zunächst empfundenen Störungen als Ausdruck der Besonderheit der Befragten und beziehen sie als empirisches Datum mit in die Fallrekonstruktionen ein, dann verlieren sie auch den Charakter von unerwünschten Störungen.

Prinzip der Offenheit im Forschungsprozess und bei der Erhebung

- Offene Forschungsfrage mit Möglichkeiten zur Modifikation
- Hypothesenbildung im Verlauf des Forschungsprozesses
- Entwicklung einer „theoretischen" Stichprobe während des Forschungsprozesses
- Offenheit bei der Erhebung (Instrument, Gesprächssituation und Verlauf)
- Zunächst Orientierung am Relevanzsystem der Alltagshandelnden und nicht an den wissenschaftlichen Relevanzsetzungen

2.5 Zum Prinzip der Offenheit bei interpretativen Textanalysen

- Rekonstruktive Analyse
  (versus subsumtionslogische Verfahren wie die Inhaltsanalyse)
- Abduktives Vorgehen
- Sequenzielle Analyse (vs. Neugliederung von Texten)
- Theoretische Verallgemeinerung und Typenbildung am Einzelfall
  (vs. statistische/numerische Verallgemeinerung)

Vorbemerkung. Bedeutet das „Prinzip der Offenheit" zunächst die Vermeidung einer hypothesenorientierten Erhebung, so erfordert es bei der Auswertung ein rekonstruktives Vorgehen, das weiterhin einer Entdeckungslogik und nicht einer Logik der Überprüfung bereits formulierter Hypothesen folgt. Dies gilt für die verschiedenen Auswertungsverfahren im Bereich der interpretativen Sozialforschung. Neben den Verfahren der sozialwissenschaftlichen Hermeneutik und den an der Ethnomethodologie orientierten Ansätzen wie der ethnomethodologischen Konversationsanalyse haben sich in der Bundesrepublik vor allem zwei Verfahren der Textinterpretation etabliert: die Objektive Hermeneutik nach Ulrich Oevermann (u.a. 1979) und die Erzähl- und Textanalyse nach Fritz Schütze (1983) sowie Modifikationen und Verbindungen dieser beiden Verfahren (vgl. Hildenbrand 1991a; Rosenthal 1987; 1995; Wohlrab-Sahr 1992). Auf die von mir vorgestellte Variante einer solchen Verbindung in der Methode biographischer Fallrekonstruktionen werde ich in Kapitel 6.2 ausführlich eingehen und dabei die aus der Objektiven Hermeneutik und der Erzählanalyse von Fritz Schütze übernommenen Anteile verdeutlichen.

Das rekonstruktive Vorgehen impliziert ein abduktives und sequenzielles Verfahren der Hypothesenentwicklung und -überprüfung, wie es am explizitesten von Ulrich Oevermann gefordert wurde und meist auch in konsequenter Form sowohl in der Objektiven Hermeneutik als auch in der ethnomethodologischen Konversationsanalyse (vgl. Bergmann 2000) umgesetzt wird. Ich werde zunächst auf diese drei Prinzipien der Rekonstruktion, Abduktion und Sequenzialität eingehen und das abduktive Vorgehen anhand eines empirischen Beispiels veranschaulichen. Anschließend erläutere ich das allen interpretativen Ansätzen gemeinsame und von anderen qualitativen Verfahren deutlich unterscheidende Anliegen der theoretischen Verallgemeinerung und Typenbildung am Einzelfall.

2.5.1 Das Prinzip der Rekonstruktion

Unter dem Prinzip der Rekonstruktion versteht man zunächst, dass an die zu interpretierenden Texte, ob nun Interviewtranskripte, Beobachtungsprotokolle, Tonband- und Videoaufnahmen von alltäglichen Kommunikationen, Dokumente, wie Texte aus den Printmedien, Briefe oder Tagebücher nicht mit einem bestehenden Set von Hypothesen herangegangen wird. Dies bedeutet, dass den Texten weder mit vorab entwickelten noch mit am Text entwickelten Kategorien begegnet wird. Diese Vorgehensweise wird von Ulrich Oevermann im Unterschied zu einem rekonstruktiven Verfahren als subsumtionslogisch bezeichnet. Bei einem subsumtionslogischen Verfahren werden einzelne Textstellen aus dem Gesamtzusammenhang des Textes herausgenommen und Kategorien zugeordnet. Die Textsegmente werden damit aus dem Sinnzusammenhang ihrer Entstehung herausgelöst und anderen von den ForscherInnen konstruierten Sinnzusammenhängen zugeordnet. Strukturell besteht dabei kein Unterschied, ob induktiv vorgegangen wird, indem das Klassifikationssystem anhand des vorliegenden Datenmaterials entwickelt wird, wie es bei Verfahren der qualitativen Inhaltsanalyse zum Teil gefordert wird (vgl. Lisch/Kriz 1978; Mayring 1983), oder ob die Kategorien vor der Analyse deduktiv aus Theorien abgeleitet werden.

Erweist sich z.B. bei der Interpretation eines Interviews mit einer Migrantin die Orientierung an einer migrationsreichen Familiengeschichte als relevante Komponente (oder in der Sprache der Gestalttheorie: als Komponente mit funktionaler Bedeutsamkeit für die Struktur dieses Falles), so könnten wir daraus induktiv die Kategorie „Familiengeschichte mit Migrationserfahrungen" formulieren und in weiteren Interviews nach entsprechenden Textstellen suchen. Wir würden damit ganz ähnlich wie bei einem deduktiven Vorgehen, bei dem wir vor unserer empirischen Analyse aus bestehenden Theorien Kategorien ableiten würden, mit dieser aus dem empirischen Material entwickelten Kategorie nun an den nächsten Text herangehen und

Textteile suchen, die unter diese Kategorie subsumiert werden könnten, ohne jedoch deren funktionale Bedeutsamkeit für den Gesamttext rekonstruiert zu haben. In beiden Fällen dieses inhaltsanalytischen Vorgehens wird die Gestalt des Textes zerstört, es werden Elemente aus den einzelnen Fällen herausgenommen und aufgrund ihrer äußerlich gleichen phänomenalen Gegebenheit mit Hilfe von Kategorien gruppiert. Bei einem rekonstruktiven Verfahren dagegen würden aus der Analyse des ersten Interviews keine Kategorien abgeleitet und auch nicht nach entsprechenden Textstellen bei einem weiteren Interview gesucht. Jeder Text wird hier aufs Neue interpretiert, die Bedeutung einzelner Teile im Gesamtzusammenhang des Textes, und dies bedeutet auch im Prozess der in der Gegenwart des Sprechens interaktiven Konstitution dieses „Teils", rekonstruiert. Während in einem Interview die Migration im Zusammenhang der Familiengeschichte stehen kann, kann in einem weiteren Interview ein ganz anderer Typus vorliegen, bei dem die Orientierung an der Familiengeschichte eine gewisse Rolle spielt, jedoch keine strukturbildende Komponente für den Verlauf der Migration oder für die gegenwärtige Selbstinterpretation der Migrantin darstellt. Ganz einfach formuliert: Was sich für den einen Fall als eine wichtige „Kategorie" erweisen kann, kann im anderen Fall nur wenig wirksam oder bedeutungslos sein.

Textteile unter Kategorien zu subsumieren bedeutet, einzelne Teile einer bestimmten Klasse zuzuordnen. Dies erfolgt mit der Absicht, sie auf ihre „Regelmäßigkeit" im Sinne eines häufigen gemeinsamen Auftretens zu überprüfen. Kurt Lewin (1890-1947), der als Gestalttheoretiker in den Zwanziger- und Dreißigerjahren des letzten Jahrhunderts wichtige methodologische Schriften (1927; 1930/31) vorlegte, diskutiert diese Logik in der Tradition der aristotelischen Begriffsbildung, bei der Teile in Klassen eingeteilt und auf diesem Wege charakterisiert werden (Lewin 1930/31: 425). Im Unterschied dazu beansprucht die galileische Begriffsbildung, die volle Konkretheit eines Falles zu erfassen und seine konstitutiven Momente in Abgrenzung von den situationsspezifischen Restfaktoren zu bestimmen.

Eine sozialwissenschaftliche Begriffsbildung im Sinne Galileis beruht auf der Annahme, dass soziale Gebilde wie die Selbstpräsentation in einem Interview, ein Artikel in den Printmedien oder ein Brief einheitliche Gebilde sind, die durch ein zugrunde liegendes Regelsystem erzeugt werden und sich nicht in einzelne Gruppierungen aufgliedern lassen, für die jeweils eigene Regeln gelten. Insbesondere den Arbeiten der Gestalttheoretiker, neben Kurt Lewin sind hier u.a. Kurt Koffka (1935/1963) und Max Wertheimer (1922; 1923) zu nennen[7], verdeutlichen, dass Teile einer Gestalt in ihrer Bedeutung nur anhand der Strukturierungsregeln derjenigen konkreten Gestalt, als deren Teil sie auftreten, bestimmt werden können. In der Ge-

---

7 Zu einer ausführlichen Diskussion der methodologischen Implikationen der Gestalttheorie für die Biographieforschung vgl. Rosenthal (1995).

staltheorie wird explizit die Annahme einer eigenständigen Identität von Teilen zurückgewiesen. Teile besitzen in dieser Konzeption keine Eigenschaften unabhängig von ihrer Integration in einem Gesamtzusammenhang. Nehmen wir dagegen an, wir könnten Teile losgelöst vom Gesamtzusammenhang ihres Auftretens interpretieren, unterliegen wir zwar der Illusion von Teilen mit unveränderbarem Kern, doch da Teile immer nur als Teile eines Ganzen interpretierbar sind, sind wir dennoch genötigt, sie in ein von uns entworfenes Ganzes einzuordnen. Dieses von uns entsprechend unseren alltagsweltlichen oder wissenschaftlichen Begriffen entworfene Ganze kann dann mit der Gestalt in ihrem tatsächlichen Entstehungszusammenhang strukturell völlig inkompatibel sein. Die Rekonstruktion der Gestalt in ihrem Entstehungszusammenhang verbietet daher die Isolierung einzelner Elemente.

Die *rekonstruktive Analyse* vermeidet also, im Unterschied zu einem subsumtionslogischen Vorgehen, dem Text mit vorab festgelegten Klassifikations- und Variablensystemen zu begegnen. Stattdessen gelangt man bei einer rekonstruktiven Analyse, wie es Ulrich Oevermann formuliert, „von der Explikation der Strukturiertheit eines konkret gegebenen sozialen Ablaufs rekonstruierend zu dem allgemeinen Strukturtyp ..., von dem der konkrete Ablauf ein Exemplar darstellt" (Oevermann 1983: 246). Soziale Phänomene werden nicht als statische Gebilde und als Exemplare bestimmter Kategorien erfasst, sondern im Prozess ihrer interaktiven (Wieder-)Herstellung rekonstruiert. Dieser Anspruch wird auch von Jörg Bergmann für die ethnomethodologische Konversationsanalyse (KA) formuliert, deren Ziel die Analyse der formalen kommunikativen Prinzipien und Mechanismen der (Re-)Produktion von sozialer Ordnung ist: „Die KA ist darauf aus, ein Interaktionsgeschehen ‚from within' (Garfinkel) zu beschreiben. Das bedeutet, dass sie es ablehnt, soziale Vorgänge unter externe, vorgegebene Kategorien zu subsumieren; stattdessen bemüht sie sich darum, soziale Formen und Prozesse in ihrer inneren Logik und Dynamik zu erfassen und als sich selbst organisierende, reproduzierende und explizierende Strukturen zu untersuchen." (Bergmann 1994: 8)

2.5.2 Das Prinzip eines abduktiven Verfahrens

Das Prinzip der Rekonstruktion wird mit einem Verfahren, das sich an den Prinzipien eines abduktiven und sequenziellen Vorgehens orientiert, am konsequentesten umgesetzt. Das abduktive Schlussfolgerungsverfahren wurde wissenschaftstheoretisch von dem Pragmatisten Charles Sanders Peirce (1933/1980) begründet (vgl. Kap. 1.3).

Wesentliches Merkmal eines abduktiven Schlussfolgerungsverfahrens ist, im Unterschied zum deduktiven und auch induktiven, die Hypothesengewinnung und Hypothesenprüfung am Einzelfall. Des Weiteren ist bei der Abduktion der Weg zur Hypothesenbildung von besonderer Bedeutung

(Fann 1970: 5). Auch wenn der Akt der Hypothesenbildung zunächst wie eine zufällige Gedankeneingebung, wie ein plötzlicher Gedankenblitz betrachtet werden kann, bedarf es nach Peirce der Angabe von Gründen für diese Hypothesen, d.h. Überlegungen darüber, inwiefern diese „Blitze" auf den zu untersuchenden Phänomenen beruhen und wie sie im konkreten Fall überprüft werden können.

Was nun Abduktion im Einzelnen und vor allem ihre methodische Umsetzung bedeutet, wird in der gegenwärtigen sozialwissenschaftlichen Literatur sehr unterschiedlich diskutiert; auch sind die Auslegungen der Schriften von Charles Sanders Peirce kontrovers.[8] Diese Differenzen haben meines Erachtens u.a. damit zu tun, dass wir in den Arbeiten von Peirce zwischen dem dreistufigen Schlussfolgerungsverfahren der Abduktion, Deduktion und Induktion einerseits und der Abduktion, Deduktion und Induktion als einzelnen Schlussfolgerungsschritten in den jeweiligen Verfahren andererseits zu unterscheiden haben. Betrachten wir zunächst die *Schlussfolgerungsschritte*.

Der *abduktive Schluss* bedeutet den Vorgang, in dem eine erklärende Hypothese für ein bestimmtes Phänomen gebildet wird. Unter *deduktivem Schließen* wird das Folgern bzw. Deduzieren von einer Theorie auf eine Hypothese oder von einer Hypothese auf die zu testenden Konsequenzen verstanden. *Induktives Schließen* oder Induzieren bedeutet das Suchen nach Belegen oder Indizien, um eine Hypothese zu testen. „This sort of inference it is, from experiments testing predictions based on a hypothesis, that is alone properly entitled to be called *induction*" (Peirce 7.206). Die Induktion als gesamtes Verfahren hingegen – wie es ja auch allgemein in der Methodenliteratur verstanden wird – schließt von einigen Fällen oder einzelnen Beobachtungen auf die Regel bzw. auf alle Fälle einer Klasse. Die drei Arten des Schlussfolgerns werden in den späteren Schriften von Charles Sanders Peirce (ab 1901, vgl. Fann 1970: 28) als einzelne Schritte des *dreistufigen Verfahrens* der Abduktion diskutiert, das sich von dem ebenfalls mehrstufigen Verfahren der Induktion und Deduktion durch die Abfolge der Schritte unterscheidet. Während bei der Deduktion von einer Theorie und bei der Induktion von einer Hypothese ausgegangen wird, beginnt die Abduktion mit der Betrachtung eines empirischen Phänomens.

---

8 Meine Lesart der Abduktion beruht neben der Lektüre von Peirce's Schriften insbesondere auf der m.E. ausgesprochen deutlichen und klaren Darstellung bei Fann (1970) sowie bei Sebeok/Umiker Sebeok (1985). Darüber hinaus vor allem auf der eigenen methodischen Praxis, die sich an den frühen methodologischen Arbeiten Oevermanns orientiert. Andere Lesarten der Abduktion finden sich bei Kelle (1994) oder Reichertz (1993; 2003), die sich kritisch mit dem Abduktionsverstehen bei Oevermann auseinander setzen. Ihre Kritik, dass Oevermann im abduktiven Verfahren nicht Regeln generiert, sondern die Regeln bereits voraussetzt, trifft m.E. auf die späteren Arbeiten Ulrich Oevermanns durchaus zu.

Die Schritte des dreistufigen Verfahrens der Abduktion sind:

---

1. Vom empirischen Phänomen zu allen zum Zeitpunkt der Interpretation möglichen Hypothesen

Peirce (6.469): "to adopt a hypothesis as being suggested by the fact, is what I call abduction."

Von einem empirischen Phänomen ausgehend, wird auf eine allgemeine Regel, die das Phänomen erklären könnte, geschlossen (vgl. Fann 1970: 10). Dabei ist nach Peirce (6.202) die Anforderung an eine Hypothese, dass sie überprüfbar sein muss und beobachtbare Fakten erklären können muss. Dieser Schritt bedeutet das *eigentliche abduktive Schließen*. Wesentlich dabei ist jedoch, dass nicht nur auf eine einzige Regel oder Lesart geschlossen wird, sondern auf alle zum Zeitpunkt der Auslegung möglichen, das Phänomen vielleicht erklärenden Lesarten. Bei der Hypothesenentwicklung nehmen wissenschaftliche Theorien wie auch Alltagstheorien einen heuristischen Stellenwert ein. Es geht also nicht wie bei dem Verfahren der Deduktion darum, eine bestimmte Theorie zu verfolgen und zu überprüfen. Vielmehr werden unterschiedliche Konzepte als mögliche Erklärungen für ein empirisches Phänomen – also zur Bildung von mehreren möglichen Hypothesen – verwendet.

---

2. Von der Hypothese zur Folgehypothese

Peirce (7.203): "... as soon as a hypothesis has been adopted, will be to trace out its necessary and probable experimental consequences. This step is deduction."

Aus den formulierten Lesarten werden Folge-Phänomene *deduziert*, d.h. es wird von der Regel auf weitere, diese Regel bestätigende empirische Fakten geschlossen. Oder anders formuliert, von einer Hypothese wird auf deren Konsequenzen geschlossen, insofern können wir diese Schlussfolgerungen auch als Folgehypothesen bezeichnen. Bei einer sequenziellen Textanalyse bedeutet dies, dass von allen im ersten Schritt formulierten Hypothesen auf die möglichen, die Plausibilität der Hypothese verstärkenden Anschlüsse im folgenden Text geschlossen wird.

---

3. Der empirische Test am Einzelfall

Peirce (7.205): "We proceed to test the hypothesis by making the experiments and comparing those predictions with the actual results of the experiment"

Hier erfolgt der empirische Test im Sinne des *induktiven Schließens*. Unsere Folgehypothesen enthalten „Vorhersagen" darüber, was in den nachfolgenden Textteilen bzw. Handlungsabläufen geschieht. Diese „Vorhersagen" werden im dritten Schritt am konkreten Fall mit den dort vorfindbaren weiteren Phänomenen kontrastiert. Bei einem sequenziellen Vorgehen bedeutet dies: Die Folgehypothesen werden mit der nächsten Textsequenz kontrastiert und gewinnen entweder an weiterer Plausibilität oder müssen modifiziert oder verworfen werden. Die Lesarten, die nicht falsifiziert werden können, die also beim Hypothesentest in Abgrenzung von den unwahrscheinlichen Lesarten übrig bleiben, gelten dann als die wahrscheinlichsten.

In diesem dritten Schlussfolgerungsschritt liegt bei der Abduktion die Möglichkeit der Entdeckung von Neuem, da im realen Fortgang nicht antizipierte Anschlüsse entdeckt werden können. Auch hier gilt es wieder als entscheidende Haltung der Sozialforscherin, dass sie offen für diese Entdeckungen und nicht auf die Bestätigung ihrer bisherigen Annahmen fixiert ist.

Im Unterschied zu diesem abduktiven Verfahren beginnt die Deduktion mit einer Theorie, aus der Hypothesen abgeleitet (deduziert), und in einem dritten Schritt im numerischen Sinne empirisch überprüft werden. Die Induktion dagegen beginnt mit einer Hypothese, sucht im zweiten Schritt nach empirischen Indizien oder Belegen und verallgemeinert im dritten Schritt im numerischen Sinne, d.h. sie versucht eine Annahme „für eine Anzahl von Fällen, für die etwas wahr ist, (zu) verallgemeinern und (zu) schließen, dass dasselbe von der ganzen Klasse wahr ist" (Peirce 2.624). Peirce schreibt zum Unterschied zwischen Abduktion und Induktion:

> „Die Abduktion setzt bei Fakten ein, ohne dabei gleich zu Beginn eine bestimmte Theorie zu verfolgen, wenn sie auch von der Empfindung motiviert ist, dass eine Theorie zur Erklärung der überraschenden Fakten erforderlich ist. Die Induktion setzt bei einer Hypothese ein, die sich scheinbar von selbst anbietet, wobei sie zu Beginn keine bestimmten Fakten verfolgt, wenn sie auch von dem Gefühl begleitet ist, dass Fakten zur Unterstützung der Theorie vonnöten sind. Die Abduktion sucht eine Theorie. Die Induktion sucht nach Fakten." (Peirce 1933/1980: 7.218; übersetzt bei Sebeok 1985: 46f.)

Im Bereich qualitativer Sozialforschung wird sehr häufig induktiv gearbeitet, indem einer zunächst am vorliegenden Material aufkommenden Hypothese nachgegangen wird und der Text auf weitere, diese Hypothese belegende Indizien abgesucht wird. Wie schon in A. Conan Doyles Kriminalromanen mit dem Detektiv Sherlock Holmes[9] nachzulesen ist und von Ulrich Oevermann und seinen Mitarbeitern (1985) empirisch nachgewiesen wurde, ist die Induktion auch ein beliebtes Verfahren der Polizei. Ausgehend z.B. von der sich an einem einzelnen Fall anbietenden Hypothese: „Der Bruder war der Mörder", wird nach den diese Hypothese bestätigenden Indizien gesucht. Bei der Abduktion hingegen würde der Detektiv –

---

9 Als unterhaltsame Einführung in die Abduktion empfiehlt sich die Lektüre der Sherlock-Holmes-Krimis, in denen Holmes seinem Mitarbeiter Watson immer wieder seine Methode in Abgrenzung zum induktiven Verfahren der Polizei erklärt. Siehe u.a. in „The Sign of the Four" (Doyle 1975: 41-50). Zum Vergleich zwischen Holmes und Peirce siehe Sebeok/Umiker-Sebeok (1983). Auch Umberto Ecos Roman „Der Name der Rose" macht dieses Verfahren deutlich.

und nichts anderes sind wir bei einer rekonstruktiven und abduktiven Analyse – von den beobachtbaren Fakten ausgehen und alle möglichen Lesarten über deren Bedeutung aufstellen. Sich von einem empirischen Faktum zum nächsten bewegend, würden sich immer mehr Lesarten als unwahrscheinlich und andere als zunehmend plausibel erweisen. Um nicht zirkulär immer wieder nur eine Hypothese zu belegen, müssen wir uns allerdings darum bemühen, die unterschiedlichen eingeschlagenen hypothetischen Beweisführungspfade nicht zugunsten eines Pfades aus den Augen zu verlieren. Vielmehr müssen wir sie so lange weiter verfolgen, bis sie sich schließlich als unwahrscheinlich erweisen. Die Lesart, die am Ende übrig bleibt, gilt dann als die wahrscheinlichste. Im Unterschied zu jenem Polizisten, der induktiv vorgeht und nach den Indizien für seine Hypothese sucht, bestimmt „bei der Abduktion ... die Erwägung der Fakten die Hypothese, während bei der Induktion die Untersuchung der Hypothese die Experimente bestimmt, die eben jene Fakten zu Tage fördern, auf die die Hypothese verwiesen hatte" (Peirce 1980: 7.218). Damit ist die Abduktion im Unterschied zur Induktion und ebenso zur Deduktion, bei der bereits die Hypothesen von einer allgemeinen Annahme bzw. Theorie abgeleitet werden, die einzige Methode, bei der die Hypothesengewinnung und nicht nur der Hypothesentest reflektiert wird. Dabei wird das Aufstellen von Hypothesen nicht der individuellen Intuition des Forschers oder der Forscherin, sondern seiner oder ihrer Interaktion in der sozialen Welt, seinen oder ihren sozial konstituierten Erfahrungen zugesprochen (vgl. Fann 1970).

2.5.3 Empirisches Beispiel: Zur Rekonstruktion der Funktion des „störenden Schwiegersohns"

Was unterscheidet nun genau das Vorgehen von Sherlock Holmes, der dem von Peirce diskutierten Verfahren der Abduktion entsprechend schlussfolgert, von dem der Polizei? Wie generiert und überprüft die abduktiv vorgehende Sozialforscherin ihre Hypothesen im Unterschied zur Polizistin, die induktiv versucht, Indizien für ihren Verdacht zu finden? Um etwas im Bild des detektivischen Vorgehens Sherlock Holmes' oder dem der Polizei zu bleiben, wähle ich folgendes zu lösende Problem: Wir haben eine Drei-Generationen-Familie – dies ist meine Fallebene – in welcher der Übeltäter der Schwiegersohn bzw. Schwiegerenkel Frank ist. Zu lösen gilt die Frage: Was hat der Schwiegersohn verbrochen oder getan, dass seine angeheirateten Familienangehörigen über ihn als Störer der Familienharmonie sprechen? Welches Vergehen liegt vor? Die Suche gilt hier nicht dem Täter, sondern seinen Taten. In der Familie Seewald, wie sie von uns genannt wurde, haben Bettina Völter und ich (Völter/Rosenthal 1997, Rosenthal 1997) die Großeltern mütterlicherseits, die Mutter, die Tochter und deren Ehemann Frank interviewt, sowie ein Familiengespräch geführt. In allen Gesprächen wurde über Frank als jemanden gesprochen, der die Harmonie der Familie empfindlich stört.

Zunächst, ganz allgemein gesehen, haben wir drei verschiedene Möglichkeiten, um auf die Suche nach den Taten von Frank zu gehen. Entsprechend eines deduktiven Vorgehens bedürfte es zunächst einer Beschäftigung mit der vorhandenen Literatur über die Rolle von Schwiegersöhnen in Familiensystemen und der Suche nach entsprechenden theoretischen Konzepten. Für den exemplarischen Durchgang dieses Fallbeispiels könnte ich z.B. auf das Konzept eines geschlossenen Familiensystems in Anlehnung an die Theorie von Ralf Wirsching & Helm Stierlin (1982: 123ff.) verweisen. Ein solches System grenzt sich nach außen hin ab, während es innerhalb kaum Grenzen zwischen den einzelnen Familienmitgliedern zulässt. In diesen Familien werden Konflikte vermieden, man pflegt einen harmonisierenden Kommunikationsstil, große Bereiche der Familiengeschichte werden tabuisiert. Kennzeichnend für solche Systeme ist, dass eingeheiratete Familienmitglieder entweder ausgestoßen oder einverleibt werden. Nun könnte man die Hypothese formulieren: Bei der Familie Seewald handelt es sich um ein geschlossenes Familiensystem, das versucht, Frank auszustoßen. Die Familie Seewald versucht also den den Familienfrieden störenden Schwiegersohn bzw. Schwiegerenkel wieder loszuwerden. Nun müssten wir das Konzept des gebundenen Familiensystems „operationalisieren" und angeben, anhand welcher beobachtbaren Merkmale wir diese Familie als ein geschlossenes Familiensystem klassifizieren können.

Gehen wir dieser Spur nicht weiter nach, sondern springen auf den eher induktiven Pfad. Bei einem induktiven Vorgehen würden wir mit einer Hypothese, die uns am konkreten Fall und aufgrund unseres Wissens darüber aufblitzt, unsere Analyse beginnen. Ausgehend von dieser an den auffallenden Phänomenen des Einzelfalls entwickelten Hypothese würde dann im vorliegenden Material nach den diese Hypothese bestätigenden Indizien gesucht. So diskutiert Sherlock Holmes immer wieder das Vorgehen der Polizei, die einen Verdacht hat und nach weiteren Indizien sucht.

Die Entwicklung der Hypothese am Einzelfall macht das induktive Verfahren attraktiv für eine qualitative, jedoch nicht abduktiv verfahrende Sozialforschung, bei der der Anspruch besteht, die Kategorien an den empirischen Fällen zu entwickeln und nicht vorab aus der Theorie zu deduzieren. Der Anspruch ist hier, dass man nicht mit einer Theorie beginnt, sondern sich am Wissen über den konkreten Einzelfall orientiert. Bei der Familie Seewald wissen wir z.B. schon bei oberflächlicher Betrachtung der Interviews von den folgenden Sozialdaten: Die Familie stammt aus der ehemaligen DDR, ist im Unterschied zum Schwiegersohn bzw. Schwiegerenkel betont protestantisch, in der Selbstwahrnehmung ausgesprochen pazifistisch und lebte in gewisser Distanz zum DDR-Sozialismus. Der eingeheiratete Schwiegersohn und -enkel war und ist dagegen überzeugtes Mitglied der kommunistischen Partei (SED und später PDS) und ehemaliger Offizier der Nationalen Volksarmee. Wir könnten nun folgern, dass dies der Grund für seine Schwierigkeiten in der Familie Seewald sei. Wir haben also zwei Beobachtungen und schließen dabei auf eine Regel, d.h. auf einen Zusammenhang zwischen diesen beiden Beobachtungen. Es gälte nun, nach weiteren Indizien in unserem Textkorpus über die Familie zu suchen. Entsprechend der Hypothese und der ihr entsprechenden Kategorie „Differenzen in der politischen Orientierung" würden wir nach Textstellen im Gesamtmaterial suchen, in denen eine solche Differenz zum Ausdruck gebracht wird und diese Textstellen unter unsere Kategorie subsumieren. In der Logik dieses induktiven Verfahrens könnte dieser Befund verallgemeinert werden, im Sinne: Differente politische Verläufe und Einstellungen führen zu Differenzen in der Familie. Diese Verallgemeinerung wäre in dieser Logik an die Überprüfung von weiteren Fällen gebunden, d.h. im Sinne eines häufig gemeinsamen Auftretens beider Kategorien zu überprüfen. Um diese Hypothese zu testen, benötigten wir also weitere Fälle. Die Verallgemeinerung ist in der Logik der Induktion ebenso wie in jener der Deduktion nur auf numerischem Wege möglich. Zwischen den bisher vorgeschlagenen Wegen der Entwicklung der Hypothesen am Material oder der Überprüfung einer aus der Theorie abgeleiteten Hypothese besteht im Testverfahren strukturell kein Unterschied. In beiden Fällen begeben wir uns mit einer vorgefassten Annahme an den konkreten Text, d.h. an unser erhobenes Material, ob sie nun anhand einzelner Elemente des konkreten Falles entwickelt oder aus der Theorie abgeleitet wurde. In beiden Verfahrensweisen werden zwei Phänomene oder nennen wir es zwei Variablen – Schwierigkeiten mit Frank und Franks politische Einstellung – in dieser Familie in einen kausalen Zusammenhang gebracht, ohne dass der Wirkungszusammenhang zwischen diesen beiden Phänomen konkret rekonstruiert worden wäre.

Das abduktive Verfahren erfordert dagegen eine Rekonstruktion des in unserem Gegenstand wirksamen Regelsystems am konkreten Gebilde, d.h. an unserem Textmaterial. Im vorliegenden Beispiel würde dies z.B. bedeuten, am Vollzug des familialen Dialogs aufzuzeigen, inwiefern die politische Lebenspraxis von Frank zu Konflikten bzw. zu Störungen im Dialog führt. Begännen wir jedoch mit dieser Hypothese, unterlägen wir der Gefahr, bereits bestehende Verdachtsmomente in zirkulärer Weise zu bestätigen.

Wie verhielte es sich nun bei der Abduktion? Zunächst liegt eine wesentliche Gemeinsamkeit zwischen Peirces Methode der Abduktion und dem Vorgehen des Detektivs Sherlock Holmes darin, dass eine vorgefasste Meinung oder Hypothese als der Hauptstolperstein bei der erfolgreichen Schlussfolgerung angesehen wird. Holmes' Kritik an der Polizei konzentriert sich vor allem darauf, dass „sie dazu neigt, diejenige Hypothese anzunehmen, die die wahrscheinlichste Erklärung für ein paar Hauptfaktoren bietet, weil sie „Belanglosigkeiten" zumeist völlig ignoriert und jegliche Information, die eine einmal eingenommene Haltung nicht unterstützt, verwirft." (Sebeok/Umiker-Sebeok 1985: 44f.). Entsprechend den Hypothesen wird nach den Indizien gesucht, während beim abduktiven Vorgehen bei den Indizien begonnen wird. Dies wird auch in den Dialogen zwischen Holmes und Watson so schön auf den Punkt gebracht, in dem Holmes Watson instruiert: „Vertrauen Sie niemals allgemeinen Eindrücken, konzentrieren Sie sich auf Einzelheiten" (ebenda zitiert, 42) und zwar zunächst auf unwesentlich erscheinende Einzelheiten.

Nehmen wir also eine Einzelheit, ein Phänomen aus dem Dialog der Familie Seewald und beginnen mit dem abduktiven Schlussfolgerungsverfahren. Dabei gilt es, zunächst unseren Eindruck einzuklammern, dass Frank den Familienfrieden stört, d.h. wir gehen nicht mit dieser Hypothese an das Material heran und suchen nach Textstellen, in denen uns etwas über die „störenden" Handlungen des Schwiegersohnes erzählt wird. Meine Auswahl einer Sequenz erfolgt vielmehr nach einem formalen Kriterium: Ich wähle jene Stelle im Familiengespräch, an der Frank zum ersten Mal überhaupt erwähnt wird. Wie bereits erwähnt, nahmen an diesem Gespräch die Großeltern mütterlicherseits, die Tochter und die Enkelin teil, d.h. es fand ohne Frank statt. Etwa in der zweiten Hälfte dieses zweistündigen Gesprächs wird Frank thematisiert. Die Sequenz wird eingeleitet durch eine Intervention der Interviewerin, die danach fragt: „Welche Frage haben Sie an die anderen Mitglieder Ihrer Familie, die Sie bisher nicht gestellt haben?" Die Familie ist sich einig. Niemand hat eine Frage. Es wird uns versichert, jeder würde alles von jedem wissen. Die Großmutter, betont an die Tochter gewandt: „Vor uns gibt es keine Geheimnisse, oder? Was willst du noch wissen, du weißt doch über unser Leben alles." Die Tochter bestätigt, sie habe keine Lücken in der Familiengeschichte. Hier haben wir, nebenbei bemerkt, ein Indiz für ein geschlossenes Familiensystem. Nur die Enkelin Petra stimmt nicht ganz in diese Harmonie ein. Sie meint, sie benötige längere Zeit zum Überlegen. Dann spricht sie über ihren Mann Frank. Bevor wir uns ihre Aussage ansehen, betrachten wir nur das Phänomen, wann, in welchem Kontext und vom wem Frank thematisiert wird. Es war die Enkelin, seine Ehefrau, die ihn einführte. Es ging um von der Interviewerin, also um „von außen" auferlegte Fragen, die man hat und bisher nicht offen stellte. Es wird von Geheimnissen gesprochen. Verstehen wir diese sequenzielle Abfolge nicht als zufällige, sondern als sinnhafte Struktur, können wir die Einführung von Frank im Zusammenhang mit den in dieser Sequenz angesprochenen Themen interpretieren und dabei mehrere Hypothesen formulieren:

1. Die Enkelin Petra benötigt Frank, um auf mögliche bisher ungestellte Fragen zu kommen bzw. um durch ihn solche Fragen an ihre Familie zu formulieren.

2. Die Enkelin Petra führt Frank als einen weiteren Garanten der Fraglosigkeit bzw. als Beleg für das Fehlen von Familiengeheimnissen ein.

3. Frank hat ein Geheimnis und Petra oder die gesamte Familie hat Fragen an ihn.

4. Frank hat Fragen an die Familie. Er verspürt ein Geheimnis in der Familie und bedroht damit die Fraglosigkeit in der Familie Seewald.

5. Fragen werden der Familie „von außen" auferlegt, also in diesem Fall von der Interviewerin und von Frank. Frank repräsentiert also in der Familie jemanden „von außen".

Entsprechend dem abduktiven und sequenziellen Vorgehen ist der zweite Schritt nun das Schlussfolgern auf Folgephänomene – im Sinne, wie es entsprechend den Hypothesen im Text weitergehen würde. Verletzen wir die Regel des abduktiven Schlussfolgerungsverfahrens und eines sequenziellen Vorgehens (in der Art und Weise, wie es nicht allzu selten bei qualitativen Auswertungen geschieht), dann könnten wir entsprechend dieser Hypothesen im Gesamttext nach weiteren Indizien zur Bestätigung suchen. Damit sprängen wir jedoch aus der sequenziellen Gestalt des Textes heraus. Wir könnten z.B. nachforschen, ob Frank ein Geheimnis hat und könnten mit der Information aufwarten, dass im Einzelinterview mit ihm deutlich wurde, wie sehr für ihn seine Familienvergangenheit vor 1945 im Dunkeln liegt. Ebenso könnte ich als Beleg für die Alternativhypothese etliche Informationen über erhebliche Familiengeheimnisse der Familie Seewald liefern.

Entscheidend für ein sequenzielles Vorgehen ist jedoch, dass es die Sequenzialität oder die Gestalthaftigkeit eines Textes ernst nimmt, d.h. bei der Interpretation nicht im Text zwischen einzelnen Passagen hin und her springt und im Zirkelschluss versucht, nach Indizien für eine einmal aufgestellte Hypothese zu suchen. Die Zuordnung eines bestimmten Phänomens zu einem theoretischen Konzept bedeutet bei einer auf der Abduktion beruhenden rekonstruktiven Analyse nicht, dass damit der Nachweis eines Zusammenhangs am konkreten Einzelfall selbst entbehrlich wird. Vielmehr zielt die rekonstruktive Analyse auf das Aufspüren eines Wirkungszusammenhangs an jedem einzelnen Fall und dies erfordert, dass wir an dieser Stelle des Dialogs aufzeigen können müssen, ob und wie das Geheimnis oder die Geheimnisse und die Position von Frank im Familiensystem zusammenhängen.

Dazu ist der zweite Schritt des abduktiven Verfahrens vonnöten. Es wird nun von allen formulierten Hypothesen auf Folgephänomene bzw. -hypothesen mit der Frage geschlossen: Wie muss es im Text weitergehen, damit die Hypothese falsifiziert werden kann oder damit sie an Plausibilität gewinnt? Erst danach werden diese Folgehypothesen mit dem konkreten Fortgang des Textes kontrastiert.

Zugunsten der Lesbarkeit werde ich an dieser Stelle verhältnismäßig grob und ergebnisorientiert vorgehen, d.h. größere Textpassagen als die Schritt für Schritt interpretierten Sinneinheiten vorstellen, die bei der feinanalytischen Vorgehensweise nacheinander bearbeitet wurden. Des Weiteren „überspringe" ich eine konsequente De-Kontextualisierung dieser Textsequenz im Sinne der objektiven Hermeneutik, mit der das Wissen über den Kontext eines Familiengesprächs und über die daran teilnehmenden Personen zunächst eingeklammert würde.

Zurück zur oben beschriebenen Sequenz im Gespräch mit der Familie Seewald. Hier können wir zunächst von den aufgestellten Hypothesen auf den Inhalt der Aussage von Petra folgern:

Wenn Hypothese 1 zutrifft, dass Petra durch Frank Fragen an die Familie formuliert, wird sie im Folgenden, je nachdem wie sehr Fragen zur Familiengeschichte in der Familie tabuisiert sind, mehr oder weniger deutlich andeuten, welche Fragen Frank an ihre Familie oder welche Zweifel er an ihrer Familiengeschichte hat.

Dagegen würde Petra, entsprechend der Hypothese 2 („Frank als Garant der Fraglosigkeit") darauf eingehen, was Frank alles über ihre Familie weiß oder dass auch sie mit Frank „über alles" spricht und auch vor ihm keine Geheimnisse hat.

Sollte die Familie Fragen an Frank haben, wie ich es in Hypothese 3 formulierte, dann könnte jetzt auf seine Familiengeschichte eingegangen werden oder davon gesprochen werden, welche Fragen bisher nicht an ihn gestellt wurden.

Bedroht Frank dagegen die Fraglosigkeit der Familie (Hypothese 4), dann wird, ähnlich wie bei der ersten Hypothese, Petra dessen (unberechtigte) Fragen und Einwände andeuten.

Ein Beleg für die Hypothese 5 könnte sein, wenn sich im weiteren Verlauf des Gesprächs im Umgang mit uns Interviewerinnen ähnliche Mechanismen zeigten, wie sie die Familie im Umgang mit Frank einsetzt bzw. wenn wir im familialen Dialog eine ähnliche Funktion einnehmen.

Kontrastieren wir nun unsere Hypothesen mit dem empirischen Material und sehen, was Petra über Frank sagt:

„Glaube das iss bloß manchmal schwierig (1) och in Bezug auf Frank den (2) den, den richtigen Ton zu treffen det iss ( ) sagen wer det einzije Problem (2) also dass ((hustet)) wenn man streitet manchmal (1) bisschen laut wird oder (1) so ja, also, wat jetzt der Großvater nich verträgt"[10]

Orientieren wir uns an diesem Textausschnitt. Die Enkelin meint, das einzige Problem sei den richtigen Ton zu treffen, wenn man streitet, und dabei spielt ihr Mann eine Rolle und ihr Großvater verträgt es nicht. Wer mit wem streitet und worum der Streit sich dreht, bleibt noch offen und es deutet sich an, dass Petra nur in vagen Andeutungen darüber sprechen kann.

---

10 Zu den Transkriptionszeichen vgl. Kap. 3.2.3

Auch hier können wir wiederum mehrere Lesarten formulieren. Bleiben wir in der sequenziellen Abfolge des Textes, also der Redebeiträge, die diesem vorausgingen, so können wir an dieser Stelle u.a. die Hypothese formulieren, dass der Streit mit Fragen und Geheimnissen zu tun hat. Eine Möglichkeit dabei ist, dass Petra zum Ausdruck bringen will, dass der Großvater es nicht verträgt, wenn Frank Fragen stellt. Damit gewännen die Hypothesen 1 und 4 weiter an Plausibilität, während wir die Hypothese 2 („Frank als Garant der Fraglosigkeit") bereits verwerfen können oder zumindest als weniger plausibel einstufen könnten.

Wie wird es nun weitergehen? Spricht Petra weiter und erläutert diesen Streit oder wird ihr Redebeitrag von jemand anderem aufgegriffen? Geht es weiterhin um Frank und erfahren wir etwas über Fragen, die Frank an die Familie stellt, was dann zum lauten Streit führt, den der Großvater nicht verträgt? Handelt es sich dabei um Fragen, die – wie bei Hypothese 1 vermutet –, die Enkelin gleichsam selbst nicht zu stellen vermag und dazu Frank benötigt? Sind die Fragen von Frank in der Familie jedoch nicht erwünscht, so können wir daraus folgern, dass ein Familienmitglied weitere Erläuterungen von Petra verhindern wird.

Es ist die Großmutter, die nun den Redezug übernimmt und meint:

> „Naja (1) Großvater hat'n andres Leben jelebt wie Frank, det muss man och mal (3) anerkennen"

Indirekt wird zwar deutlich, dass es um Streitereien zwischen dem Großvater und Frank und vielleicht um Fragen geht, die Frank an den Großvater hat, doch statt dass wir etwas über die Dissonanz zwischen des Großvaters vergangenem Leben und Franks Leben erfahren, liefert die Großmutter eine Erklärung der Dissonanz und fordert zudem Anerkennung für das andere Leben des Großvaters ein. Dies wird nun vom Großvater im nächsten Redezug noch weiter verstärkt, indem er meint: „Wir haben doch ganz andere Erfahrungen, wir ham doch so gelitten". Er verweist darauf, dass Frank seine „anderen" Erfahrungen und sein Leiden und das Leiden anderer, vermutlich seiner Ehefrau und generell der Angehörigen seiner Generation, anscheinend nicht anerkennt. Frank wird also bisher als jemand eingeführt, der Streitereien verursacht, die den Großvater aufregen, und der das Leiden der Großeltern nicht anerkennt. Doch was sind dies für „andere Erfahrungen", von denen alle zu wissen meinen? Wird diese Thematik betreffend Frank nun abgeschlossen oder erfahren wir etwas, und von wem, über den Inhalt der Streitereien? Es war Petra, die ihren Mann bei der Frage nach den ungestellten Fragen eingeführt hat. Trifft die Hypothese zu, dass sie versucht, über Frank Fragen an die Familie zu stellen, dann ist zu erwarten, dass für sie das Thema noch nicht beendet ist.

Petra ergreift an dieser Stelle tatsächlich wieder das Wort:

„Großvater, hat oft det Gefühl dass ihm (1) dass Frank ihm eh, wat Böset will, also, ihm nich glaubt oder ihn ihn da (3)"

Frank – so die Enkelin – stellt also den Großvater in Frage bzw. der Großvater fühlt sich von Frank in Frage gestellt. Petra legt damit indirekt nahe, dass Frank Zweifel an den „Antworten" des Großvaters und vor allem Fragen hat, die die Mitglieder der Familie Seewald nicht an sich haben, wie sie sich wechselseitig versichern. Wir können weiter vermuten: Die Familie will den Fragen ausweichen, Frank bedroht diese Fraglosigkeit und die Enkelin zeigt erste Ansätze, durch Frank die Fragen zu stellen, die man in dieser Familie nicht zu haben hat (vgl. Hypothese 1 und 4). Trifft diese Hypothese zu, dann wird, wie bereits angenommen, a) Petra nur recht vage die Fragen andeuten und/oder b) von den anderen Familienangehörigen an weiteren Ausführungen gehindert werden.

Der Bedarf nach Ausweichen in der Familiendynamik zeigt sich im nächsten Redezug. Die Großmutter will das Thema beenden und meint: „Das haben wir doch schon alles ausdiskutiert." Damit verweist sie sowohl Petra als auch die Interviewerinnen mit ihren Fragen in ihre Schranken (vgl. Hypothese 5), d.h. wir sollen nach Ansicht der Großmutter darüber keine Diskussion mehr führen und auch keine Fragen mehr stellen. Doch der Großvater beendet das Thema nicht, sondern spricht über die Nazi-Zeit und seine Gefangenschaft in der Sowjetunion, die Frank nicht erlebt hat. Es ist also in erster Linie die Großmutter, die die Diskussion beenden möchte. Sie formuliert nun auch noch die Frage, um die es vermutlich geht, und die sie aber nicht beantwortet haben möchte:

Großmutter: Und dann sagen einem die junge Leute warum habt er nischt

Großvater: Ja, ja

Großmutter: jemacht? (1) Det ((klatscht in die Hände)) jab et doch jar nich, wir ham doch-"

Doch was sie hatten oder haben, erfahren wir hier nicht, vielmehr bricht sie den Satz „wir ham doch" ab.

Hier wird die Frage formuliert, die durch Frank, von uns Interviewerinnen und vermutlich generell „von außen" in den Raum gestellt wird oder die Frank in der Familie stellvertretend für andere Familienmitglieder stellt. Für die weitere Interpretation ist nun entscheidend, ob im weiteren Verlauf die Ausformulierung der Frage verhindert wird und von wem. Oder gelingt es Petra, die Frage von Frank auszuformulieren? Es ist nun die Mutter, die im Folgenden spricht. Es war die Mutter, die zu Beginn dieser Sequenz versicherte, sie habe keine Lücken in der Familiengeschichte. Welche Rolle nimmt nun sie in diesem familialen Dialog über ihren Schwiegersohn und über die Familienvergangenheit ein? Sie erklärt nun, man habe in Franks

Familie nicht über die Zeit vor 1945 gesprochen und weist auf eine Nazi-Vergangenheit hin. Sie wendet sich an Petra und meint:

> „(1) was da zum Beispiel vor 1945 war (1) was ha- hat sich da in den Familien abjespielt? Da (1) weiß ich nich ob du was davon weißt?"

Hier wird von der Mutter die Frage an die Enkelin gerichtet, ob sie über die Familienvergangenheit der Familie ihres Mannes vor 1945 Bescheid weiß. Damit lenkt sie von der Diskussion über ihre Familiengeschichte ab, obwohl diese interessanterweise mit dem Plural „in den Familien" noch kopräsent ist. An dieser Stelle kann die Annahme formuliert werden: Frank dient an dieser kritischen Stelle des Familiendialogs, an der die Fragen zur Familiengeschichte thematisch oder von außen auferlegt werden, dazu, Fragen zur eigenen Familienvergangenheit auszuweichen bzw. vom eigenen Familiengeheimnis abzulenken, indem Fragen zu dessen eigener Familiengeschichte gestellt werden. Petra hatte ihren Mann jedoch *noch* in anderer Weise ins Gespräch eingebracht. Sie thematisierte durch ihn mögliche Fragen und Zweifel in Bezug auf ihre eigene Familiengeschichte. Ohne dass sie selbst diese Fragen stellt oder auch die Fragen und Zweifel von Frank überhaupt inhaltlich füllt, wird sie dabei von ihrer Mutter zurechtgewiesen. Ihre Mutter fordert sie mit ihrer Äußerung dazu auf, sich statt um Fragen zur eigenen Familiengeschichte, um die Familie ihres Mannes und deren Geschichte vor 1945 zu kümmern. Damit fügen sich, abgesehen von Hypothese 2, die anhand der ersten Sinneinheit formulierten Hypothesen zusammen und können weiter differenziert und modifiziert werden. Es ist auch nicht einfach so, wie zunächst in der Formulierung von Hypothese 3 erwartet, dass die Familie Seewald Fragen an die Familie von Frank hat; diese Fragen haben auch eine bestimmte Funktion im Familiendialog.

Es ist nun die Mutter, die mit einer Distanzierung zu Frank und damit auch zu ihrer Tochter fortfährt, die mit diesem Mann verheiratet ist. Sie meint, in ihrer Familie gäbe es eine „unbeschreibliche Abneigung gegen alles Militärische" und erklärt damit die Dissonanzen zu ihrem Schwiegersohn. Auch hier, so können wir die Hypothese formulieren, spricht sie stellvertretend über ein Thema, das ganz erheblich auch ihre eigene Familienvergangenheit bzw. die Vergangenheit ihres Vaters als eines Soldaten im Zweiten Weltkrieg und, wie die Fallrekonstruktion zeigen konnte, seine aktive Beteiligung an Verbrechen gegen die Menschlichkeit, betrifft.

Hätten wir entsprechend unserer vor der Analyse formulierten Annahme über den Zusammenhang zwischen der politischen Haltung des Schwiegersohns und seiner störenden Rolle im Familiensystem im Sinn des induktiven Verfahrens nach einem Beleg gesucht, hätten wir ihn hier gefunden. Damit würden wir über die Selbstdeutung der Familie, dass die Streitereien den politischen Differenzen geschuldet seien, nicht hinausgehen und die dahinter liegende Dynamik sowie die interaktive (Wieder-)Herstellung dieser störenden Position im Familiensystem wäre uns verborgen geblieben.

Wir hätten damit die Chance vergeben, die Position Franks und generell die Position von „Fremden" im „systemischen" Gesamtgefüge der Familie aufzuklären (vgl. Hypothese 5). Wie die weitere Fallrekonstruktion zeigte, nahmen wir Interviewerinnen in dieser Familie ebenso wie Frank die Position ein, einerseits die Harmonie der Familie zu stören und andererseits weit bedrohlichere Störungen zu vermeiden.

Zusammenfassung. Die Analyse dieser Textsequenz zeigt, dass in dieser Familie ein eingeheiratetes Familienmitglied dazu dient, von intern bestehenden und von außen auferlegten Fragen an die eigene Familiengeschichte abzulenken, indem Fragen an seinen Familienhintergrund gestellt werden und mit Hilfe seiner Fragen die eigenen Fragen abgewehrt werden können. Frank bzw. die ihm zufallende Position dient somit der Familie Seewald dazu, auftretende Brüche in der Familienharmonie und der einander wechselseitig zugesicherten Fraglosigkeit auf ihn zurückführen bzw. auf ihn „umlenken" zu können. Die weitere Fallrekonstruktion verdeutlichte das strukturelle Regelsystem dieser familialen Kommunikation: Immer dann, wenn das zentrale Familiengeheimnis der Großeltern Seewald im Raum steht, enthüllt jemand in der Familie – meist die Tochter – ein anderes Geheimnis, um von diesem zentralen Geheimnis abzulenken. Dazu dient ähnlich wie Franks Familiengeschichte auch die Geschichte der in der zweiten Generation angeheirateten Familie. Es ist die Angehörige der Enkelgeneration, die hier die Position einnimmt, die immer wieder neu herzustellende Fraglosigkeit und Harmonie zu bedrohen. Da sie jedoch darin zurückgewiesen wird, sind auch für sie ihre Versuche nicht allzu bedrohlich. Der in der Rekonstruktion ihrer Biographie deutlich gewordene Versuch, das Familiensystem mit ihrer Partnerwahl und auch mit ihrem eigenen Eintritt in die kommunistische Partei (PDS) zu provozieren, führt aufgrund der hier beschriebenen Mechanismen ebenfalls (vorerst) nicht zu einer Veränderung, sondern eher zur Aufrechterhaltung des Familiensystems.

Belassen wir es bei dieser knappen Darstellung einer Fallrekonstruktion. Wesentlich ist mir noch zu betonen, dass die am Einzelfall dieser Familie nachgewiesene Wirksamkeit bestimmter Regeln des familialen Dialogs zur Bestätigung dieser Annahme keiner weiteren Fälle bedarf (vgl. Kap. 2.5.5). Eine andere Familie kann nicht zur Überprüfung unserer Hypothesen über das Regelsystem der familialen Kommunikation in dieser Familie dienen.

2.5.4 Das Prinzip der Sequenzialität

Die abduktive Analyse des Gesprächs mit der Familie Seewald erfolgte in einem sequenziellen Vorgehen, in dem ein Abschnitt dieses Gesprächs entsprechend der sequenziellen Gestalt, also in der Abfolge des Geschehens interpretiert wurde. Bei sequenziellen Analysen wird in kleinen Analyseschritten der Prozess der Gestaltung einer Interaktion bzw. einer Textproduktion (eines gesprochenen oder geschriebenen Textes) rekonstruiert. Einzelne Sprech- oder auch Schreibeinheiten werden Zug um Zug interpretiert. Dabei werden sowohl Hypothesen zum expliziten Geschehen als auch zum möglichen, aber verhinderten Geschehen formuliert. Ziel ist es also auch, die Verweisungen auf das Ausgelassene sowie die Regeln für die Auswahl des Thematisierten und des Dethematisierten zu rekonstruieren. Es wird also nicht nur analysiert, „was an Ereignissen dargestellt und wie es dargestellt wurde, sondern auch, *was nicht* und *wie* etwas *nicht* dargestellt wurde, aber prinzipiell (mit mehr oder weniger Plausibilität) hätte dargestellt werden können" (Wohlrab-Sahr 1999: 487). Die sequenzielle Analyse des Gesprächs mit der Familie Seewald machte sowohl deutlich, dass über den Inhalt der möglichen Fragen zur Familiengeschichte nicht gesprochen wurde, als auch, mit welchen Strategien dieser Thematisierung bewusst oder unbewusst ausgewichen wurde.

Den unterschiedlichen Verfahren von sequenziellen Analysen – ob nun in Anlehnung an die ethnomethodologische Konversationsanalyse, die Objektive Hermeneutik oder wissenssoziologisch orientierte Sequenzanalysen – ist gemeinsam, dass sie von der Annahme ausgehen, dass die temporale Abfolge von Interaktionen „eine eigene Art von Ordnung konstituiert" (Willems 1996: 446). Ziel der Analyse ist die Rekonstruktion dieser im prozessualen Geschehen immer wieder neu herzustellenden und sich verändernden sozialen Wirklichkeit. Damit wird dem prozesshaften Charakter sozialen Handelns und den sich dabei ständig vollziehenden Wahlentscheidungen Rechnung getragen. Jede Handlung – d.h. auch jede Äußerung – stellt eine Auswahl zwischen verschiedenen, in der jeweiligen Situation des Handelns möglichen Alternativen dar. Bei einem Gespräch in der Familie, beim Erzählen der Lebensgeschichte, beim Schreiben eines Artikels oder auch beim Schreiben dieses Kapitels stehen bei jedem Schritt jeweils unterschiedliche Möglichkeiten zur Verfügung. Besonders offen ist der Horizont des Möglichen zu Beginn des Sprechens wie des Schreibens. Mit jeder gesetzten Sequenz verengt sich dieser Horizont zunehmend und eröffnet jedoch wiederum neue Möglichkeiten. Während ich beim Schreiben diese sich verengenden oder neu ergebenden Möglichkeiten leicht revidieren kann, indem ich z.B. den letzten Satz einfach streiche, sind derartig radikale Revisionen im interaktiven Prozess des miteinander Sprechens fast unmöglich, auch wenn versucht werden kann, eine gesprochene Äußerung mit weiteren Bemerkungen in ihrer Bedeutung zu revidieren.

Handlungsabläufe, die in Texten als Handlungsprotokolle dokumentiert werden können, sind somit Prozesse der Auswahl, aus denen jeweils – unabhängig von der Perspektive des Handelnden – bestimmte mögliche Anschlusshandlungen resultieren und durch die bestimmte Folgehandlungen ausgeschlossen werden. Die zur Verfügung stehenden Möglichkeiten repräsentieren den Horizont, aus denen der Fall eine Auswahl trifft. Und das Besondere realisiert der Fall dadurch, dass er spezifische Auswahlentscheidungen vornimmt (vgl. Oevermann u.a. 1979: 415). Bruno Hildenbrand

(1999a: 13), der ebenfalls Familienstrukturen empirisch erforscht hat, schreibt in diesem Zusammenhang: „Familien, wie andere Einheiten autonomer Lebenspraxis auch, produzieren und reproduzieren, wenn sie Entscheidungen treffen, soziale Ordnung ...: Sie bilden ein Muster aus, das den individuellen Fall und die Geschichte seiner Entscheidungsprozesse übergreifend kennzeichnet. Dieses Muster nenne ich Fallstruktur."

Dieses Verständnis fordert ein Analyseverfahren, bei dem danach gefragt wird, welcher Möglichkeitshorizont bei einer bestimmten Sequenz offen steht, welche Auswahl der Handelnde oder die Gesprächspartner vornehmen, welche Wahlmöglichkeiten sie außer Acht lassen und was daraus für die Zukunft folgt. Aus diesen Überlegungen resultiert die sequenzielle Analyse. „Interpretieren ist somit die Rekonstruktion der Textbedeutung ‚in der Linie des Geschehens'", schreibt Hans-Georg Soeffner (1982: 13) in Anlehnung an Wilhelm Dilthey.

Wie ich bereits diskutiert habe (vgl. 2.5.2), wird dem abduktiven Verfahren entsprechend von den formulierten Lesarten über die mögliche Bedeutung einer Sequenz auf den möglichen weiteren Fortgang gefolgert. Erst dann werden diese Folgehypothesen mit dem faktischen Fortgang kontrastiert. Bei einem Vorgehen entsprechend der objektiven Hermeneutik wird dabei zunächst auch der äußere Kontext eingeklammert, d.h. das Wissen um den Kontext ignoriert, anstelle dessen werden passende denkbare Kontexte entworfen:

„Bei der Interpretation eines einzelnen kommunikativen Aktes an einer bestimmten Stelle in der Interaktionssequenz darf das Wissen vom Inhalt und der Bedeutung nächstfolgender kommunikativer Akte auf gar keinen Fall berücksichtigt werden, und das Wissen um den äußeren Kontext, in den die Szene eingebettet ist, also Informationen über die einzelnen Interaktanten, die institutionellen Rahmenbedingungen, die physischen Randbedingungen usf., darf erst benutzt werden, wenn die zuvor unabhängig von diesem Wissen zur Explikation gebrachten Lesarten des Handlungstextes daraufhin gefiltert werden sollen, welche davon in der konkreten Situation zutreffen könnten." (Oevermann 1980: 24)

Bei der Analyse der Sequenz aus dem Gespräch mit der Familie Seewald hätte eine Einklammerung des äußeren Kontexts, die *De-Kontextualisierung dieser Textstelle*, im Sinne der Objektiven Hermeneutik konsequenterweise auch bedeutet, das Wissen darüber, dass es sich um ein Familiengespräch handelt, zurückzustellen. So hätten wir z.B. mit der Aussage „Vor uns gibt es keine Geheimnisse, oder? Was willst du noch wissen, du weißt doch über unsere Leben alles" beginnen und Kontexte entwerfen können, in denen diese Äußerung einen Sinn haben könnte. Wir hätten etwa Hypothesen darüber formulieren können, wer zu wem eine solche Äußerung machen könnte.

Mit der Zurückstellung sowohl des Wissens über den weiteren Fortgang des Textes als auch des äußeren Kontextes gelingt es uns, bevor wir uns in dem Deutungssystem der Textproduzenten und in der Logik der konkreten Handlungssituation verfangen, die Vielzahl aller Möglichkeiten zu erfassen, die den Sprechenden oder Autoren am Beginn einer spezifischen Sequenz offen stehen. Vom Handlungsdruck der Alltagssituation befreit und von den meist plausibel erscheinenden weiteren Anschlusshandlungen im Blick nicht eingeengt, können wir die unterschiedlichsten möglichen Anschlüsse entwerfen und damit im weiteren Fortgang der Analyse die „systematischen" Wahlen des Falles und seine „systematischen" Auslassungen anderer Alternativen rekonstruieren.

Die Explikation der Kontexte, in denen eine Handlung oder eine Äußerung als pragmatisch sinnvoll und situationsadäquat erscheinen, dient uns – wie es Oevermann (1988: 248) formuliert – als „Kontrastfolie der ‚objektiven Möglichkeiten' ..., die der Fallstruktur prinzipiell offen gestanden hätten, deren Nicht-Wahl aber genau ihre Besonderheit ausmacht". Erst vor dem Hintergrund dieser Kontrastfolie wird dann die fallspezifische Besonderheit, die Fallstruktur deutlich. Im Laufe der sequenziellen Analyse wird deutlich werden, ob die Handelnden, die ihnen offen stehenden Interpretations- und Handlungsmöglichkeiten in ihrer Wahl „systematisch" ausschließen, d.h. ob Regeln aufzuspüren sind, die ihre Auswahl bestimmen.

Mit diesem sequenziellen Vorgehen unter Zurückstellung des Wissens a) über den äußeren Kontext und b) über den weiteren Fortgang des Textes ist es möglich, dass wir eine Textsequenz zu interpretieren beginnen, ohne den weiteren Text oder gar den Gesamttext zu kennen. Je weniger wir von einem Text wissen, umso einfacher ist es, vorurteilsfrei an die Interpretation zu gehen. Wir benötigen in diesem Falle nicht der Anstrengung zur Einklammerung unseres Vorwissens. Dies ist einer der erheblichen Vorteile der Interpretation in Gruppen, da hier neben den SozialforscherInnen, die die Textstellen aus ihrem Forschungskontext zur Auswertung auswählen, die anderen TeilnehmerInnen keine Kenntnis von diesem Text und seinem äußeren Kontext zu haben brauchen. Generell ist die Interpretation in Gruppen, insbesondere bei einer interdisziplinären und in manchen Forschungszusammenhängen extrem nützlichen multinationalen oder multiethnischen Zusammensetzung der Gruppe, ausgesprochen hilfreich für die Bildung von unterschiedlichen Hypothesen und für deren konsequente Verfolgung bei der weiteren Interpretation.

2.5.5 Theoretische Verallgemeinerung und Typenbildung am Einzelfall

Gegen die Ergebnisse der Fallrekonstruktion bei der Familie Seewald (Kap. 2.5.3) könnte man einwenden: „Dies ist nur ein einziger Fall, damit etwas ganz Individuelles und das kann man nicht verallgemeinern." Hinter diesem häufig zu hörenden Einwand liegt die Annahme: Allgemein ist das, was häufig auftritt, und verallgemeinert wird im Hinblick auf die Häufigkeit des Auftretens. Bei interpretativen Verfahren wird dagegen von einer dialektischen Konzeption von „individuell und allgemein" und damit von der prinzipiellen Auffindbarkeit des Allgemeinen im Besonderen ausgegangen. Jeder einzelne Fall, der ja immer ein in der sozialen Wirklichkeit konstituierter ist, verdeutlicht etwas über das Verhältnis von Individuellem und Allgemeinem. Er entsteht im Allgemeinen und ist damit auch Teil des Allgemeinen. Damit gibt auch jeder einzelne Fall Hinweise auf das Allgemeine.

Versteht man das Allgemeine nicht im numerischen Sinne, hängt die Folgerung vom Einzelnen auf das Allgemeine auch nicht von der Häufigkeit des Auftretens eines Phänomens ab, sondern von der Rekonstruktion der konstituierenden Momente des einzelnen Phänomens in Absonderung von den situationsspezifischen, d.h. fallspezifischen Besonderheiten.[11] Verallgemeinerungen werden also nicht im numerischen, sondern theoretischen Sinne vorgenommen. Gefordert wird die theoretische Verallgemeinerung an Einzelfällen und auf der Grundlage von kontrastiven Vergleichen dieser Fälle (vgl. Hildenbrand 1991a; Rosenthal 1995).[12] Der einzelne Fall kann dabei eine Familie oder eine Biographie oder eine Institution (wie ein Krankenhaus oder ein Kindergarten) oder auch eine Gesellschaft sein.

Kurt Lewin trug in seinen methodologischen Arbeiten zu diesem Verständnis der am einzelnen Fall zu rekonstruierenden Gesetzlichkeit Wesentliches bei. Er diskutiert, dass die Rekonstruktion von Regeln am konkreten Einzelfall zur Bestätigung keiner weiteren Fälle bedarf. Die Wirksamkeit dieser Regeln ist ganz unabhängig davon, wie häufig wir ähnliche Regelsysteme – wie jenes in der Familie Seewald, das zur Aufrechterhaltung einer ‚brüchigen Fraglosigkeit' dient – in der sozialen Wirklichkeit finden. Dieser Typus eines familialen Dialogs in diesem einen Fall der Familie Seewald repräsentiert *einen* möglichen Umgang mit sozialer Wirklichkeit und damit einen Bestandteil derselben, selbst wenn er bisher nur ein einziges Mal existieren würde. Wir schließen auch nicht von diesem einem Fall auf alle Fälle bzw. von vielen Fällen auf alle Fälle, „sondern von einem konkreten Fall auf alle gleichartigen Fälle" (Lewin 1927/1967: 15). Haben wir die konstituierenden Regeln z.B. eines familialen Dialogs rekonstruiert, folgern wir daraus, dass bei einem Fall mit einem ähnlichen Regelsystem ein weiterer Repräsentant dieses Typus des familialen Dialogs gegeben sei. Dieser Form der Verallgemeinerung liegt ein Gesetzesbegriff in Anlehnung an Galilei zu-

---

11 Lewin (1927/1967: 24ff.) unterscheidet zwischen konstituierenden Momenten, die ein Phänomen hervorbringen und Restfaktoren, die von Fall zu Fall verschieden sein können, ohne insgesamt den Typus zu tangieren.

12 Zur forschungslogischen Ergänzung von Fallrekonstruktionen in der Tradition der Objektiven Hermeneutik mit der Konzeption des theoretischen Samplings nach Glaser und Strauss siehe ebenfalls Bude (2003). Heinz Bude diskutiert in diesem Zusammenhang auch die Konzeption des Typischen bei Kurt Lewin.

grunde[13]: „Das Gesetz ist eine Aussage über einen Typus, der durch sein Sosein charakterisiert ist" (Lewin 1927/1967: 18). Ein Typus umfasst gleichartige Fälle unabhängig davon, wie häufig diese auftreten. Für die Bestimmung des Typischen eines Falles – im hier gemeinten Sinne – ist die Häufigkeit seines Auftretens in keiner Weise von Bedeutung:

> „Die Häufigkeit, mit der sich Beispiele eines bestimmten Typus im ein-maligen Weltgeschehen realisieren, bleibt für die Charakterisierung des Typus, für den nur das Sosein wesentlich ist, ‚zufällig', was vom Stand-punkt der Systematik, d.h. eben der Charakterisierung als Typus, so viel bedeutet wie: eine Angelegenheit historisch-geographischer ‚Konstellati-onen'." (Lewin 1927/1967: 19)

Daher ist es auch nicht das Anliegen einer rekonstruktiven Analyse, mög-lichst viele Fälle heranzuziehen: "Es muss im Gegenteil darauf ankommen, die jeweilige Gesamtsituation in allen ihren Eigentümlichkeiten möglichst präzis zu erfassen." (Lewin 1930/31: 455) Bestimmend für die Typik eines Falls sind die Regeln, die ihn erzeugen und die die Mannigfaltigkeit seiner Teile organisieren. Im Unterschied zu einer Vorstellung von Elementen und deren Und-Verbindung (vgl. Wertheimer 1922), nach der die Summierung gleicher Elemente zu gleichen Gesamtheiten führt und, umgekehrt, gleichen Gesamtheiten gleiche Elemente zugrunde liegen, muss nach dem hier for-mulierten Verständnis eines genetisch-strukturalen – und nicht beschrei-benden – Typus keine Übereinstimmung zwischen den Bestandteilen zwei-er Gesamtheiten vorliegen, um ein und demselben Typus anzugehören. Ebenso können gleichen Gegebenheiten auf der Phänomenebene sehr unter-schiedliche Wirkungszusammenhänge zugrunde liegen (vgl. Lewin 1927/ 1967: 47). Daraus folgt: Die Zuordnung eines Falls zu einem Typus ist erst nach einer rekonstruktiven Fallauswertung möglich, da dessen Struktur we-der von gleichen Elementen noch von gleichen äußeren Gegebenheiten ab-zuleiten ist. Ähnliche Gestalten sind möglich, selbst wenn sie in keinem ih-rer Teile übereinstimmen. Und umgekehrt: Gestalten können sehr verschie-den sein, obwohl sie in vielen ihrer Teile übereinstimmen. Welche „Fälle" sich strukturell ähneln bzw. welche dem gleichen Typus angehören, kann also nicht anhand ihrer Bestandteile bestimmt werden. Eine Typenbildung in diesem gestalttheoretisch-strukturalistischen Verständnis bedeutet, die Gestalt des zu untersuchenden sozialen Geschehens – ob nun eines Famili-engesprächs, einer biographischen Erzählung oder eines Zeitungsartikels – und die zugrunde liegenden Regeln ihrer Konstitution zu rekonstruieren und nicht wie bei einer deskriptiven Typenbildung einzelne Merkmalskri-

---

13 Lewin (1930/31: 426) diskutiert dies in Abgrenzung vom Gesetzesbegriff bei Aristo-teles, bei dem gesetzlich nur das ist, „was *ausnahmslos* geschieht. Ferner, und das betont er (Aristoteles) besonders, auch das, was *häufig* geschieht. Ausgeschlossen aus dem Kreise des begrifflich Fassbaren, nur ‚zufällig' ist das *Einmalige*, das Indi-viduum als solches."

terien summativ zusammenzufassen. Nur dann kann der kontrastive Vergleich im Sinne des Vergleichs von strukturell ähnlichen mit strukturell verschiedenen Fällen gelingen, der zu einer weiteren Modellbildung dient. M.a.W.: Ob es sich beim Vergleich von zwei Fällen um den Vergleich von unterschiedlichen Repräsentanten eines Typus handelt oder um den Vergleich von zwei unterschiedlichen Typen, kann erst nach Abschluss beider Fallrekonstruktionen bestimmt werden.

Damit ist auch die Schwierigkeit verbunden, mit Hilfe von quantitativen Methoden die Häufigkeit des Auftretens von in interpretativen Studien rekonstruierten Typen zu testen. Gegen die Frage, wie häufig ein Typus in einer bestimmten Population auftritt, ist nichts einzuwenden, doch die numerische Häufigkeit kann nur auf der Basis von rekonstruktiven Analysen aller dazu erforderlichen Fälle bestimmt werden – und dies ist selbst bei einer nach der erfolgten sorgfältigen Typenbildung verhältnismäßig schnell möglichen Zuordnung von Fällen zu Typen ein selten zu leistendes, weil zu aufwändiges Unterfangen. Dagegen kann eine rekonstruktive Analyse von wenigen Fällen – wenn sie distinkte Typen repräsentieren – und eine darauf aufbauende Modellbildung Aussagen über die Wechselwirkung zwischen den Typen und durchaus auch über die soziale Wirksamkeit eines Typus machen, die sich nicht aus der Häufigkeit seines Auftretens ableiten lassen. So ist es durchaus möglich, dass selten auftretende Fälle eines Typus mehr Einfluss auf die soziale Wirklichkeit haben als die sehr häufig auftretenden Fälle eines anderen Typus.

Typenbildungen sind Konstruktionen oder – wie Alfred Schütz es formuliert – Marionetten der SozialforscherInnen, die entsprechend deren jeweiligen konkreten Forschungsinteresse definieren, „von was" ein Typus bzw. Modell gebildet werden soll. Daraus ergibt sich auch die forschungspraktisch interessante Option, das gleiche Material nach abgeschlossener Fallrekonstruktion, bei der die Forschungsfrage zunächst eingeklammert wurde, anschließend in verschiedenen Forschungskontexten unterschiedlich zu typologisieren. Dies möchte ich im Folgenden illustrieren.

2.5.6 Empirisches Beispiel: Konstruktion unterschiedlicher Typen anhand einer Fallrekonstruktion

Ich komme auf das Fallbeispiel der Familie Seewald zurück und versuche aufzuzeigen, inwiefern auf der Grundlage einer abgeschlossenen Fallrekonstruktion (hier mit der Fallebene Familie) je nach Fragestellung unterschiedliche Typen gebildet werden können.

Um es nochmals in Erinnerung zu rufen, wir können bei der Familie Seewald davon ausgehen, dass diese Familie ein Familiensystem repräsentiert, in dem keine Fragen über die Vergangenheit gestellt werden dürfen und in der Harmonie eingefordert wird. Da es jedoch viele Geheimnisse in dieser

Familie gibt, besteht tendenziell immer die Gefahr, dass diese Harmonie gestört werden könnte. Das Grundprinzip des Regelsystems der Familie ist: Immer dann, wenn die akute Gefahr der Enthüllung des zentralen Geheimnisses oder der zentralen Geheimnisse besteht, werden andere, weniger bedrohliche Geheimnisse bzw. Geheimnisse von anderen Familienangehörigen enthüllt. Hierbei handelt es sich um das *generelle Regelsystem* des familialen Dialogs der Familie Seewald, das, wie die biographischen Fallrekonstruktionen der einzelnen Familienmitglieder zeigten, auch die Biographien der Großeltern, der Tochter und der Enkelin bestimmt. Damit benennen wir ein „Allgemeines" an diesem konkreten Fall. Es gelten hier Regeln, die bei einer ähnlichen Konstellation auch in anderen Fällen gelten können. Doch gehen wir in der Bestimmung dieser Regeln und der damit verbundenen Familienstruktur weiter: Der eingeheiratete Schwiegersohn und -enkel Frank der Familie Seewald dient immer wieder dazu, dass auftretende Brüche in der Familienharmonie auf ihn zurückgeführt werden. Auch dies lässt sich verallgemeinern: Diese Familie repräsentiert einen Fall, in dem die Fragen, die von „Fremden" und von eingeheirateten Familienmitgliedern gestellt werden, der Familie zur Aufrechterhaltung ihres Mythos einer fraglosen Familienvergangenheit dienen.

Die weitere Typenbildung bedarf nun einer konkreten Forschungsfrage. Dies möchte ich anhand von zwei unterschiedlichen Fragesellungen demonstrieren.

Typenbildung zu: Transgenerationelle Verläufe beruflicher Mobilität in Familien

Zunächst wähle ich eine Fragestellung, die recht weit entfernt ist von dem Forschungskontext, in dem die Familie Seewald interviewt wurde. Die Frage lautet: Wie gestalten sich transgenerationelle Verläufe von beruflicher Mobilität in Familien?

Zunächst zu den beruflichen Sozialdaten dieser Familie aus der DDR: Die Großmutter Seewald absolvierte noch in der Zeit des Nationalsozialismus eine Lehre als Schneiderin, der Großvater Seewald arbeitete als ungelernter Arbeiter in einer Fabrik, die Mutter ist Ärztin und stieg noch zur DDR-Zeit in der Hierarchie eines Krankenhauses auf. Die Tochter bzw. Enkelin machte eine Lehre als Gärtnerin, arbeitete in diesem Beruf und begann nach der Wende ein Studium. Ihr Vater ist Naturwissenschaftler und beide Großeltern väterlicherseits haben einen akademischen Abschluss. Relativ schnell können wir anhand dieser Daten erkennen, dass es sich bei Familie Seewald um eine Familie handelt, in der die Mutter einen erheblichen beruflichen Aufstieg vollzog, während sich die Enkelin zunächst wieder an das Ausbildungsniveau der Großeltern mütterlicherseits anglich.

Zu diesem Ergebnis bedarf es keiner qualitativen Erhebung und Analyse. Dies könnten wir auch durch einen Fragebogen herausfinden. Unabhängig von dem vorliegenden Textmaterial und der Fallrekonstruktion ließen sich auf dieser Grundlage auch etliche Hypothesen formulieren. So könnten wir den sozialen Aufstieg der Mutter u.a. auf die verbesserten Berufschancen von Kindern aus Arbeiterfamilien in der DDR zurückführen und ebenso in diesem Kontext die vor 1989 erfolgte Lehre der Enkelin interpretieren. Auf der Grundlage unserer Fallrekonstruktion lässt sich dieser transgenerationelle Verlauf beruflicher Mobilität jedoch fallspezifisch im Zusammenhang mit dem in der Familie etablierten Geheimnismanagement und den davon bestimmten biographischen Verläufen der Nachgeborenen interpretieren. Wir können also die Mechanismen angeben, die zu diesem Verlauf in dieser Familie führten. Wir streben die Konstruktion eines Verlaufstypus an, der uns die Regeln angibt, die diesen Verlauf erklären.

Die Rekonstruktionen der einzelnen Biographien verdeutlichten den biographischen Verlauf der Tochter bzw. Enkelin Petra hin zu einer ausgeprägten Identifikation mit der Großmutter und einer Konkurrenz- und Ablehnungsproblematik gegenüber der Mutter. Damit benenne ich zunächst nur das Ergebnis dieses Verlaufs. Biographische Fallrekonstruktionen haben jedoch den Anspruch, die einzelnen Momente in diesem Verlauf (in diesem Sozialisationsprozess) in ihrer zeitlichen Abfolge zu rekonstruieren. Knapp zusammengefasst zeichnet sich der biographische Verlauf bei Petra, der zu diesem Ergebnis führt, durch folgende Komponenten aus: die ersten Lebenswochen mit einer schlechten Diagnose für ihre Überlebenschancen in einer Klinik, eine Mutter, der es in dieser Zeit schwer fiel, eine Bindung zu ihrer Tochter aufzubauen, das Leben in den ersten Lebensjahren bei den Großeltern, die Betreuung durch die Großmutter und kein Besuch der DDR-üblichen Kinderkrippe sowie eine beruflich sehr belastete und häufig abwesende Mutter. Sowohl Petras Berufs- als auch ihre Partnerwahl haben für sie die Funktion, ihre Herkunftsfamilie zu provozieren. Mit ihrer Berufswahl provozierte sie vor allem ihre Mutter und mit ihrem Ehemann provozierte sie vor allem den Großvater.

Zur Illustration seien hier noch ein paar wesentliche fallspezifische Details genannt. Der Großvater musste z.B. nach einem heftigen Streit mit seinem Schwiegerenkel Frank, in dem es um seine Vergangenheit als Wehrmachtssoldat in der ehemaligen Sowjetunion ging, ins Krankenhaus eingeliefert werden. Wie die Rekonstruktion der Biographie des Großvaters und Archivrecherchen zeigen, war er höchstwahrscheinlich an Massenerschießungen von sowjetischen Soldaten beteiligt. Frank repräsentiert in dieser Familie als ehemaliger Berufsoffizier der Nationalen Volksarmee und Mitglied der SED sowie später der PDS geradezu das Gegenbild zum Großvater.

Die Provokationen von Petra stehen im unmittelbaren Zusammenhang mit dem Geheimnismanagement ihrer Herkunftsfamilie. Einerseits möchte Petra die Harmonie mit unerlaubten Fragen stören, und andererseits führen diese Störungen dazu, dass die zentralen Geheimnisse vor Aufdeckung geschützt werden können. Darüber hinaus macht die Fallrekonstruktion dieser Familie deutlich, dass der soziale Aufstieg der Mutter Petras im gesellschaftlichen System der DDR u.a. dem Bedarf ihrer Eltern, der Großeltern Petras geschuldet war, deren beider belastende Nazi-Vergangenheiten zu verdecken und sich als Familie „äußerlich" an die DDR anzupassen.[14] Auch die Partnerwahl der Enkelin und ihre Wahl eines Handwerksberufes können als Formen der Anpassung an das DDR-System gelesen werden.

Zusammenfassend können wir also davon ausgehen, dass diese Familie einen Typus des transgenerationellen Verlaufs beruflicher Mobilität repräsentiert, bei dem der soziale Aufstieg der Mutter im Zusammenhang mit der Anpassung an das gesellschaftliche System und der zunächst erfolgte soziale Abstieg der Enkelin im Zusammenhang mit der Provokation des familialen Systems und der gleichzeitigen Anpassung an das gesellschaftliche System steht. Dieser Bedarf nach einer „äußerlichen" Anpassung steht in einer Verbindung mit der Nazi-Vergangenheit der Familie. Das Geheimnismanagement und die damit verbundene abgewehrte belastende Vergangenheit der Großeltern im Nationalsozialismus haben in diesen beruflichen Verläufen, die selbstverständlich noch durch andere Momente mitbestimmt sind, funktionale Bedeutsamkeit.

Entsprechend dieser Analyse haben wir damit einen Typus formuliert, der nicht nur die Oberflächenphänomene beschreibt, sondern vielmehr die den Fall erzeugende Struktur und die Regeln dieser Strukturbildung angibt. Es geht hier also nicht um ein deskriptives, sondern um ein strukturales Verständnis von Typen. Eine strukturalistische Typenbildung bedeutet im Unterschied zu einer deskriptiven Typenbildung nicht die Zusammenfassung einzelner Merkmalskriterien im Sinne einer Und-Verbindung.

Wir können auch davon ausgehen, dass hinter dem Oberflächenphänomen „mittlere Generation steigt auf und Enkelinnen-Generation gleicht sich wieder an das Ausbildungsniveau der Großeltern an" verschiedene Typen der Entstehung – von denen wir bisher einen rekonstruiert haben – liegen können. Für den weiteren kontrastiven Vergleich (vgl. Kap. 3.2) böte sich nun an, eine Familie für die nächste Fallrekonstruktion auszuwählen, die anhand der berufsrelevanten Sozialdaten einen ähnlichen transgenerationellen Verlauf aufweist, doch von der Oberfläche – d.h. vor der Fallrekonstruktion – betrachtet auf einen anderen Typus hindeutet. Wir könnten z.B. eine Familie wählen, in der nach ersten Einschätzungen Familiengeheimnisse nicht diese Wirksamkeit haben oder nicht in Beziehung mit den Ausbildungs- und Berufsverläufen stehen.

---

14 Die Entscheidung der Mutter, Medizin zu studieren, steht – wie die Auswertung ihres Interviews zeigte – im Zusammenhang mit der beruflichen Vergangenheit ihrer eigenen Mutter im Zweiten Weltkrieg, die als Hilfsschwester in einem Militärhospital eingesetzt war.

Typenbildung zu: Familialer Dialog über die Nazi-Zeit
Betrachten wir nun die Fallrekonstruktion im Kontext der Fragestellung, wie in Drei-Generationen-Familien mit der NS-Vergangenheit der Großeltern umgegangen wird und bilden dazu einen Typus. Der Ausgangspunkt für die Gestaltung unserer „Marionette" sind nun nicht die beruflichen Verläufe, sondern die Art und Weise, wie die Familie mit der Nazi-Vergangenheit umgeht. Die Konstruktion eines Typus, d.h. die Formulierung seiner äußeren Gestalt, orientiert sich an unserer Fragestellung, die je nach unserem Forschungsinteresse sehr unterschiedlich sein kann. Die abgeschlossene Fallrekonstruktion ermöglicht es, die Regeln anzugeben, die diese Gestalt hervorbringen. Es stellt sich die Frage. Was sind die Mechanismen, die diese Gestalt hervorbringen, was sind die in diesem Sinn wirksamen bzw. funktionalen Bestandteile?

Auch hier möchte ich die Nähe zum konkreten Fall so weit wie möglich bewahren und einige fallspezifische Details einführen, bevor ich diesen Typus verhältnismäßig abstrakt formuliere. Diese Details sind auch für die intersubjektive Nachvollziehbarkeit der Konstruktion von Typen notwendig.

Die belastende Vergangenheit des Großvaters als Wehrmachtssoldat, seine vermutliche Beteiligung an Massenerschießungen, habe ich bereits erwähnt. Er spricht selbst von „menschenunwürdigen Befehlen", die er befolgen musste. Bei der Großmutter liegt ihre Zeit als Hilfskrankenschwester in einem Militärhospital während des Krieges, die damit zusammenhängende Verhaftung 1945 durch die sowjetische Besatzungsmacht und ihre Flucht von einem Transport nach Sibirien im Dunkeln. Fragen dazu, die sich aus wiederholten Andeutungen aufdrängen, werden uns sowohl von der Tochter als auch von der Großmutter selbst untersagt.

Darüber hinaus gehört in dieser Familie der ungeklärte Tod des Urgroßvaters väterlicherseits zu den Tabuthemen. Er wurde 1955 tot in einem Fluss aufgefunden. In der Familie wird dies als Familiengeheimnis verhandelt und als mysteriöse Begebenheit gedeutet. Steckte ein Geheimdienst dahinter? Hat der Mord etwas mit dem nahe gelegenen ehemaligen Konzentrationslager zu tun? Hat sich etwa ein Opfer des Nationalsozialismus an ihm gerächt? Der Großvater hatte infolge dieses Todes selbst massive Verfolgungsängste und fürchtete, dass er verhaftet würde. Dies sind die mehr oder weniger abgewehrten Fragen, die in den Interviews angedeutet werden. Diese hier angeführten belastenden Bestandteile der Familienvergangenheit stehen alle mit aktiven Handlungen im Kontext der Nazi-Vergangenheit im Zusammenhang, aber auch mit einer dadurch möglichen Gefährdung der Familie in der DDR-Zeit. Ein auffallendes Merkmal hierbei ist, dass sowohl die Großeltern als auch die Mutter und auch die Enkelin die Familiengeschichte als eine Geschichte von Opfern der Sowjetmacht präsentieren.

Der Dialog in dieser Familie über die Nazi-Zeit zeichnet sich dadurch aus, dass alle Familienangehörigen immer wieder über die Nazi-Verbrechen sprechen, eigene Anteile andeuten, jedoch weitere Fragen dazu abwehren und vor allem stellvertretend über die von anderen Personen begangenen Verbrechen sprechen. Insbesondere der Großvater spricht über die Nazi-Verbrechen ausführlich, indem er seine Zeugen-, aber nicht Täterschaft thematisiert und vor allem indem er von seinem Schwager und Freund erzählt. Dieser Schwager, der Mann der Schwester seiner Frau, kehrte aus der sowjetischen Gefangenschaft nicht zurück. Herr Seewald nimmt an, dass er als Kriegsverbrecher in der Sowjetunion verurteilt wurde, da er an Massenerschießungen u.a. von sowjetischen Kriegsgefangenen teilgenommen hatte. Die textuelle Einbettung der Passagen über den Freund legt die Annahme nahe, dass sie der indirekten Thematisierung eigener Handlungen dienen.

Die einzelnen Bestandteile dieses noch verhältnismäßig deskriptiv dargestellten Typus eines familialen Dialogs, wie die Präsentation als Opfer, die Leugnung der eigenen Beteiligung an den Nazi-Verbrechen und das stellvertretende Sprechen über die Verbrechen von anderen, können wir in Deutschland immer wieder finden. Dieser Dialog korrespondiert auch mit dem öffentlichen Diskurs über die Nazi-Zeit. Auf der Basis von unterschiedlichen Forschungen können diese Bestandteile auch im statistischen Sinne als sehr häufig auftretende gesehen werden. Die Fallrekonstruktion der Familie Seewald verdeutlicht aber im Unterschied zu quantitativen bzw. auf numerische Verallgemeinerung abzielenden qualitativen Analysen das Zusammenspiel dieser Bestandteile, die spezifischen Mechanismen dieses Typus eines Geheimnismanagements. Des Weiteren gibt sie Hinweise für die Entstehungsgeschichte dieses Typus.

Diese Familie repräsentiert einen Typus des familialen Dialogs über die Nazi-Zeit, bei dem den eigenen Familiengeheimnissen ausgewichen wird, in dem Familiengeheimnisse von anderen im Kontext der Nazi-Vergangenheit enthüllt werden. So enthüllte z.B. die Enkelin an einer kritischen Stelle im Familiengespräch, an der Enthüllungen des Großvaters zu seiner Nazi-Vergangenheit drohten, dass ihr Großonkel väterlicherseits als SS-Offizier Aufseher in diesem KZ gewesen sei.[15]

Die Rekonstruktion der erzählten Familien- und Lebensgeschichten zeigte des Weiteren, dass hinter diesen mit der Nazi-Zeit verbundenen Geheimnissen noch andere, die Familienangehörigen weit belastendere Geheimnisse über die in dieser Familie von Kindern erlebte sexuelle Gewalt liegen. Das Erleiden von sexueller Gewalt in der Kindheit durch einen Familienangehörigen deutet sich sowohl im Interview mit der Großmutter (durch deren Vater) als auch mit der Enkelin (vermutlich durch ihren Großvater mütterlicherseits) an.

---

15 In den Einzelinterviews wurde die Familie des Vaters dagegen durchgängig als eine Familie von Widerstandskämpfern oder Oppositionellen präsentiert.

Wir können nun, indem wir von den fallspezifischen Besonderheiten absehen, Folgendes verallgemeinern: Die Familie repräsentiert einen Typus des familialen Dialogs über die Nazi-Vergangenheit, in dem die Beteiligung von mehreren Familienmitgliedern an den Naziverbrechen immer wieder vage und diffus angesprochen wird, weitere Fragen danach abgewehrt werden und eine in der Familiengeschichte bereits vor der Nazizeit etablierte Form des Geheimnismanagements betrieben wird, bei dem stellvertretend die Nazi-Vergangenheit angeheirateter Familienmitglieder enthüllt werden, um die Enthüllung der eigenen Geheimnisse abzuwehren, zu denen auch Geheimnisse im Zusammenhang mit sexueller Gewalt gehören. Eine sich daher ebenfalls anbietende Vermutung ist: Das Sprechen über die Geheimnisse hinsichtlich der Nazi-Vergangenheit dient auch zur Verhüllung von Familiengeheimnissen, die sexuelle Gewalt unter Familienmitgliedern betreffen (vgl. Loch 2004).

Diese Form der Typenbildung, wie ich sie hier vorgestellt habe, zielt weder ausschließlich auf die möglichst detailgenaue Beschreibung der fallspezifischen und historisch spezifischen Besonderheiten, noch ausschließlich auf gesetzesartige Regelmäßigkeiten ab. Das Typische kann sich auch nur im Besondern, nur im einzelnen Fall zeigen. Die Typenbildung ist also weder nur idiographisch, zielt also nicht nur auf die einzigartigen Besonderheiten einzelner Fälle, noch nur nomothetisch, indem sie nach mehr oder weniger allgemeinen, im Idealfall überhistorisch geltenden Gesetzen sucht (vgl. Hitzler/Honer 1992: 21). Insofern folgt sie in gewisser Weise dem synthetisierenden Ansatz Max Webers, nach dessen Verständnis beides möglich ist (vgl. Rossi 1987: 22-25; Seale 1999: 106; Tenbruck 1986). Hans Georg Soeffner formuliert das Ziel der Typenbildung in Anlehnung an die Begriffe des Idealtypus und des „objektiven Richtigkeitstypus" bei Weber wie folgt: „Dieser objektive Typus ist insofern ‚Idealtypus', als er mit dem Zweck konstruiert wird, einerseits gegenüber der Empirie insofern systematisch Unrecht zu haben, als er das Besondere im Einzelfall nur unzulänglich wiedergibt, andererseits aber gerade dadurch dem Einzelfall zu seinem Recht zu verhelfen, dass er das historisch Besondere von dem Hintergrund struktureller Allgemeinheit sichtbar abhebt" (Soeffner 1989: 62).

3. Forschungsprozess und Forschungsdesign

Vorbemerkung. Das im letzten Kapitel diskutierte Prinzip der Offenheit und dessen methodische Implikationen werde ich im Folgenden nochmals aufgreifen und in seiner Bedeutung für die Abfolge des Forschungsprozesses verdeutlichen. Dabei soll zunächst auf die Stichprobenziehung bzw. die während des Forschungsprozesses entstehende theoretische Stichprobe eingegangen werden. Des Weiteren werde ich den Ablauf einer interpretativen Studie, die in erster Linie auf Interviews beruht, darstellen.

Zunächst sei nochmals in Erinnerung gerufen, dass sich die *Schritte der Datengewinnung und -aufarbeitung* durch folgende Merkmale kennzeichnen lassen:

- Offene Forschungsfrage mit Möglichkeiten zur Modifikation
- Aufhebung der Phasentrennung von Datenerhebung und -auswertung
- Hypothesenbildung im Verlauf des gesamten Forschungsprozesses
- Schrittweise Entwicklung der Stichprobe im Verlauf der Forschung

3.1 Theoretisches Sampling und theoretische Sättigung

Sampling oder Stichprobenziehung bedeutet, dass wir Personen oder Fälle, die wir befragen oder erforschen, Situationen, die wir beobachten oder mit technischen Mitteln aufzeichnen, Dokumente, die wir zur Auswertung heranziehen, für unsere Studie auswählen. Zu unserer Stichprobe gehören alle von uns untersuchten „Einheiten" oder „Fälle". Während man bei einer quantitativen Untersuchung die Stichprobe vorab definiert und sich an Verteilungskriterien mit dem Ziel der Repräsentativität orientiert, verhält sich dies in der interpretativen Sozialforschung anders. Harry Hermanns (1992: 116) beschreibt diese Differenz wie folgt: Während in der quantitativen Sozialforschung die Bildung einer Stichprobe auf „ein verkleinertes Abbild der empirischen vorfindbaren ‚Fälle'" abzielt, soll die Stichprobenbildung in der qualitativen Sozialforschung „ein Abbild der theoretisch relevanten Kategorien darstellen."

Folgen wir einer Entdeckungslogik, können wir vorab die Auswahl unserer Fälle nicht definieren, da wir zunächst nicht wissen können, welche Fälle sich im Laufe der Forschung als theoretisch relevant erweisen werden. Beabsichtigen wir z.B. eine teilnehmende Beobachtung in einem größeren Unternehmen, können wir zu Beginn der Studie noch nicht genau wissen, welche Situationen im Zusammenhang der sozialen Wirklichkeit dieses Unternehmens interessant sind, in welchen Abteilungen und bei welchen Angelegenheiten sich die Teilnahme am Geschehen als ergiebig zeigt und wie viele Situationen wir zu beobachten haben, um die wesentlichen Komponenten dieses Falles rekonstruieren zu können. Sind wir dagegen z.B. an unterschiedlichen biographischen Berufs- oder Migrationsverläufen interessiert, können wir vorab nicht wissen, wie viele unterschiedliche, für unsere Forschungsfrage wichtige „Typen" sich zu einem gegebenen Zeitpunkt auffinden lassen und schon gar nicht können wir vorab die funktionalen Bestandteile dieser Typen definieren. Es mag vielleicht plausibel erscheinen, eine Stichprobe zur Hälfte aus Männern und zur anderen Hälfte aus Frauen zusammenzusetzen, doch dieses Auswahlkriterium macht nur bei einer Orientierung an statistischen Verteilungskriterien Sinn. Vorab können wir bei einer Studie – ob nun zu Berufsverläufen oder zum Erleben von Migration – nicht entscheiden, inwiefern „Geschlecht" ein wesentliches Merkmal für diesen Forschungsbereich ist, wenngleich wir bei den einzelnen Fallrekonstruktionen die Sensibilität für diese Kategorie benötigen. Sollte die Kategorie Geschlecht eine Komponente mit funktionaler Bedeutsamkeit sein, die zu unterschiedlichen beruflichen Verläufen oder zu einem unterschiedlichen Erleben der Migration beiträgt, müsste sich dies im Laufe der empirischen Forschung erweisen. Dies würde jedoch immer noch nicht bedeuten, dass eine Gleichverteilung von Männern und Frauen in der Stichprobe sinnvoll wäre.

Bei einer theoretischen Stichprobe sind also im Unterschied zur statistischen Stichprobe weder der Umfang noch die Verteilungsmerkmale der Stichprobe vorab bestimmbar. Da die Trennung der Phasen Erhebung und Auswertung aufgehoben ist, kann dies auch leicht umgesetzt werden. Wir können und müssen nicht, wie bei einer quantitativen Untersuchung, zunächst alle Interviews oder alle Beobachtungen durchführen und dann mit der Auswertung beginnen, sondern die Auswertung jedes Interviews oder jedes Beobachtungsprotokolls bestimmt die weitere Entwicklung der Datenerhebung und damit der Stichprobe.

Das theoretische Sampling orientiert sich nicht an Verteilungskriterien, sondern an theoretischen Annahmen, die sich im Laufe der Forschung entwickeln und damit empirisch geerdet sind. Mittlerweile gehört dieses hier beschriebene Sampling, das von Barney Glaser und Anselm Strauss (1967: 45-78) vorgestellt wurde, zu den bevorzugten Stichprobenverfahren in der interpretativen Sozialforschung (Hildenbrand 1999; Schütze 1983). Es lässt sich von anderen Stichproben in der qualitativen Sozialforschung abgrenzen, wie z.B. vom selektiven Sampling (vgl. Schatzman/Strauss 1973), bei dem theoretische Überlegungen das Sampling schon vorab bestimmen: „Das selektive Sampling verweist auf die kalkulierte Entscheidung, einen bestimmten Schauplatz oder Typ von Interviewpartner im Hinblick auf vorab festgelegte und begründete Dimensionen (wie Zeit, Raum, Identität), die schon vor Beginn der Studie ausgearbeitet wurden, zu testen" (Strauss 1991: 71). Das Verfahren beim theoretischen Sampling ist dagegen eine im Prozess der Forschung fortlaufende Auswahl, die sich jeweils aus der Auswertung der bereits erhobenen Daten ergibt.

„Das Theoretische Sampling ist ein Verfahren, bei dem sich der Forscher auf einer analytischen Basis entscheidet, welche Daten als nächstes zu erheben sind und wo er diese finden kann. Die grundlegende Frage beim Theoretical Sampling lautet: Welchen Gruppen oder Untergruppen von Populationen, Ereignissen, Handlungen (um voneinander abweichende Dimensionen, Strategien usw. zu finden) wendet man sich bei der Datenerhebung als nächstes zu. Und welche theoretische Absicht steckt dahinter? Demzufolge wird dieser Prozess der Datenerhebung durch die sich entwickelnde Theorie kontrolliert." (Strauss 1991: 70)

Dieser Prozess der Stichprobenziehung wird beendet, wenn keine neuen Phänomene mehr gefunden werden können, die die bereits rekonstruierten theoretischen Einsichten modifizieren oder zur Konstruktion neuer Typen führen könnten, sondern sich die die bisherige Konzeption bestätigenden Phänomene wiederholen. Kriterium für die Entscheidung, das Sampling und damit auch die Auswertung abzuschließen, ist in der Sprache von Glaser und Strauss die theoretische Sättigung: „Sättigung meint, dass keine zusätzlichen Daten mehr gefunden werden, durch die der Soziologe die Eigenschaften und Aussagekraft der Kategorie weiterentwickeln kann" (Glaser/Strauss 1967: 61). Während hier von „Daten" und „Kategorien" gesprochen wird, bedeuten diese Überlegungen, wenn man sie auf eine am Einzelfall orientierte rekonstruktive Analyse überträgt, dass Sättigung dann erreicht wird, wenn keine Fälle mehr gefunden werden, die die Konstruktion eines neuen Typus erfordern oder die die bisherigen theoretischen Verallgemeinerungen noch modifizieren könnten. Die aufwändige Rekonstruktion von Einzelfällen endet also nicht, „wenn die Fälle, bezogen auf die Häufigkeit ihres Auftretens, statistisch repräsentativ gesammelt worden sind" (Oevermann u.a. 1975: 20), sondern wenn wir im theoretischen Sinne nichts Neues mehr entdecken. Diese „Sättigung" kann bei einem bestimmten Forschungsthema verhältnismäßig schnell eintreten und sich bei einem anderen als ein kaum abschließbarer Prozess erweisen. Es muss dabei auch bedacht werden, dass sich das Kriterium der theoretischen Sättigung am idealtypischen Verlauf einer Forschung orientiert, der häufig jedoch aus Zeit- und Kostengründen vorzeitig abgebrochen bzw. auf eine spätere Forschung nach Abschluss des im Moment betriebenen Vorhabens verschoben werden muss. Auch können wir nie sicher sein, dass keine neuen theoretisch relevanten Einsichten mehr gewonnen werden können, da der Entdeckungsprozess immer durch unsere blinden Flecke blockiert wird, vor allem wenn sie gesellschaftlich geteilt, unterstützt oder gar eingefordert werden.

In den vielen Jahren, in denen ich im thematischen Bereich „Nationalsozialismus" forschte, erlebte ich einen solchen Prozess des ganz allmählichen Sehen-Lernens von gesellschaftlich geteilten und auch eingeforderten blinden Flecken, insbesondere was das Ausmaß sowohl des gegenwärtigen Antisemitismus als auch der Beteiligung der deutschen Bevölkerung an den Nazi-Verbrechen betrifft. Das Nicht-Sehen-Können und auch -Dürfen hat im erheblichen Maße noch meine Dissertationsstudie zu den Angehörigen der Hitlerjugend-Generation bestimmt (Rosenthal 1987). Damit meine ich nicht, dass ich meine damaligen empirisch geerdeten Annahmen völlig verwerfen müsste; ich habe nur vieles übersehen und im Sinne einer theoretischen Sättigung den Forschungsprozess viel zu früh abgebrochen. Hätte ich dies jedoch nicht getan, wäre meine Doktorarbeit vermutlich bis heute noch nicht abgeschlossen.

Während man bei einer quantitativen Untersuchung den Umfang einer Stichprobe zu Anfang definiert und der Umfang der Grundgesamtheit in der Regel auch bekannt ist, lässt sich der Umfang der Stichprobe ebenso wie die Größe und die Merkmale der Grundgesamtheit bei einer theoretischen Stichprobe erst am Ende angeben. Wenn ich z.B. eine Untersuchung mit einer vagen Forschungsfrage zu Asylbewerbern in der Bundesrepublik und ihrem Erleben des Asylverfahrens beginnen würde, dann wäre in diesem Fall die Grundgesamtheit zunächst bekannt. Die Grundgesamtheit könnte sich im Laufe der Studie jedoch ändern, wenn z.B. die Relevanz der deutschen Freunde oder auch der Angehörigen für das Erleben des Asylverfahrens deutlich würde und diese nun mit in die Stichprobe einbezogen würden oder wenn sich aufgrund der empirischen Befunde ein kontrastiver Vergleich mit Flüchtlingen oder Migranten anbieten würde, die illegal in Deutschland leben.

Die Unterschiede zwischen einem theoretischen und statistischen Sampling lassen sich wie folgt zusammenfassen:

Tabelle 1: Unterschiede zwischen einem theoretischen und statistischen Sampling (in Anlehnung an Peter Wiedemann (1991: 441), modifiziert von Steffen Kühnel und Gabriele Rosenthal)

Theoretisches Sampling	*Statistisches Sampling*
Grundgesamtheit ist nur vage definiert und der Umfang der Grundgesamtheit ist vorab unbekannt	Umfang der Grundgesamtheit ist in der Regel bekannt
Merkmale der Grundgesamtheit sind vorab kaum bekannt und werden im Laufe des Forschungsprozesses immer wieder neu bestimmt	Merkmalsverteilung in der Grundgesamtheit ist auf der Basis der Stichprobenergebnisse abschätzbar
Mehrmalige Ziehung von Fällen für die Stichprobe nach den sich jeweils aus der bereits erfolgten Auswertung ergebenden Kriterien	In der Regel einmalige Ziehung einer Stichprobe nach einem vorab festgelegten Plan, keine Änderung der Auswahlkriterien bei sequenzieller Auswahl
Stichprobengröße vorab nicht definiert	Stichprobengröße in der Regel vorab festgelegt

3.2 Der Forschungsprozess bei einer Untersuchung mit Interviews

Vorbemerkung. Wie gestaltet sich nun der Ablauf eines Forschungsprozesses, der basierend auf einem theoretischen Sampling auf theoretische Verallgemeinerung am Einzelfall und mit Hilfe des kontrastiven Vergleichs der Fälle auf eine theoretische Modellbildung abzielt? Da Barney Glaser und Anselm Strauss (1967) und in den späteren Jahren vor allem Strauss gemeinsam mit Juliet Corbin (1996) in erster Linie teilnehmende Beobachtungen durchführten, sind deren Ausführungen zum Forschungsablauf den Besonderheiten dieser Methoden angepasst. Daher bedurfte es für eine Forschung, die in erster Linie auf Interviews und aufwändigen Fallrekonstruktionen beruht, einer Modifikation des Vorgehens. Bei der teilnehmenden Beobachtung geht man ins Feld und beobachtet, schreibt danach seine Feldnotizen bzw. Beobachtungsprotokolle, wertet diese aus und entscheidet auf dieser Basis, an welcher Stelle im Feld und wann man weiter beobachtet und worauf man besonders achtet.[1] Der Aufwand für die Auswertung eines jeden geführten Interviews ist weit größer als die Auswertung eines Beobachtungsprotokolls, das nur ein Dokument unter vielen für die Rekonstruktion eines Falls darstellt, der sich meist auf ein höher aggregiertes soziales Gebilde, wie eine Gruppe oder eine Institution bezieht (vgl. Kap. 6.3). Vor allem bedarf die Auswertung von Interviews zunächst noch der zeit- oder kostenaufwändigen Transkription des auf Tonband aufgenommenen Gesprächs. Dies führte mich dazu, prinzipiell zwei theoretische Stichproben voneinander zu unterscheiden. Die erste Stichprobe umfasst alle während des Projekts geführten Interviews bzw., präziser formuliert, alle untersuchten Fälle. Die zweite Stichprobe umfasst nur die Fälle, die auf der Basis der transkribierten Interviews einer besonders sorgfältigen Auswertung unterzogen werden. Die zweite Stichprobe ist damit eine Teilmenge der ersten Stichprobe. Dieses Vorgehen, das in ähnlicher Weise auch von anderen SozialforscherInnen angewandt wird (vgl. Hildenbrand 1999; Schütze 1983), möchte ich im Folgenden ausführlicher beschreiben, dabei auch auf die Kontaktaufnahmen mit den Interviewten, auf die neben den Interviewaufnahmen angefertigten Feldnotizen bzw. Memos, die Globalauswertungen dieser Memos und die Präsentation der Ergebnisse eingehen.

3.2.1 Die Kontaktaufnahme und die Vereinbarungen mit den GesprächspartnerInnen

Der Forschungsprozess beginnt damit, dass wir uns entsprechend unserer vage formulierten Forschungsfrage überlegen, mit welchen Personen wir die ersten Interviews durchführen und wie wir mit ihnen Kontakt aufneh-

---

1 Auf die Leitlinien für Beobachtungsprotokolle sowie deren Auswertung gehe ich in Kapitel 4.4 genauer ein.

men könnten. Nehmen wir einmal an, wir wollten eine Untersuchung über den Entscheidungsprozess zu einem Schwangerschaftsabbruch und zum Erleben dieser Lebensphase durchführen. Die einfachste und schnellste Methode, InterviewpartnerInnen zu finden, ist in manchen Forschungsfeldern eine Anzeige in der Lokalzeitung. Dieser Zugang erwies sich jedoch bei diesem Thema als nahezu aussichtslos (vgl. Wiechers 1998), ganz im Unterschied zu Projekten zum Zweiten Weltkrieg und zum Nationalsozialismus sowohl in der Generation der MitläuferInnen und TäterInnen als auch bei den Nachgeborenen. Frauen, die einen Schwangerschaftsabbruch erlebt haben, konnten dagegen u.a. durch Aushänge bei Frauenärzten für ein Interview gewonnen werden.

Es geht mir hier nun nicht darum, alle möglichen Zugangswege aufzuführen, sondern darauf hinzuweisen, dass diese Erfahrungen uns schon erste wichtige Hinweise für unser Forschungsthema geben. Sie sagen uns etwas darüber aus, in welchem Kontext die Befragten bereit sind, zu einem bestimmten Thema zu sprechen und in welchem nicht. Mit den unterschiedlichen Zugängen sind auch erste Bedingungen für die Situationsdefinition der Befragten gesetzt, die sich manchmal nicht mehr revidieren lassen. Es macht einen wesentlichen Unterschied, ob sich jemand telefonisch auf eine Kontaktanzeige meldet, nach kurzem Telefonat einen Gesprächstermin vereinbart und von den InterviewerInnen kaum etwas weiß, oder ob ein Vorgesetzter eine Mitarbeiterin oder ein Arzt seine Patientin zu einem Interview auffordert, oder ob das Interview auf Vermittlung einer gemeinsamen Bekannten stattfindet. Entscheidend ist, dass wir den jeweiligen Zugang in der Auswertung reflektieren und so weit als möglich unterschiedliche Wege des Zugangs wählen, um damit eventuell auch verschiedene Personengruppen zu erreichen.

Nicht nur gehört zur Kontaktaufnahme im Sinne der *Forschungsethik*[2], dass wir die Befragten über unsere Forschung, den Forschungskontext, den Ablauf und unsere Verpflichtung zum Datenschutz unterrichten und uns die Einwilligung zu dem von uns geplanten Verlauf einholen. Vorab gilt auch zu klären, dass die Gespräche auf Tonband oder auf Video aufgenommen werden sollen und dürfen.

Meist senden wir zu diesem Zweck vor dem ersten Interviewtermin ein Schreiben an die Befragten oder legen ihnen dieses spätestens vor dem Interviewbeginn vor. In dem DFG-Projekt zu Drei-Generationen-Familien von Überlebenden der Shoah und von Nazi-TäterInnen (Rosenthal 1997) formulierten wir unsere Verpflichtung zum Datenschutz wie folgt:

„Wir sind dem Datenschutz verpflichtet, und es ist selbstverständlich, dass die auf Tonband aufgezeichneten Interviews nur für wissenschaftli-

---

2 Zur Forschungsethik vgl. Bruno Hildenbrand (1999a: 21f., 75-80) und Christel Hopf (2000b).

che Zwecke verwendet werden. Persönliche Daten werden bei Veröffentlichungen so verändert, dass eine Identifizierung der Personen nicht möglich ist. Darüber hinaus wird auch die Schweigepflicht innerhalb der Familie eingehalten; wir sprechen also nicht mit Familienangehörigen über die Interviews mit anderen Familienmitgliedern."

Dieses Schreiben sollte des Weiteren über den institutionellen Rahmen der Untersuchung und die Ziele des Forschungsvorhabens informieren (vgl. Hildenbrand 1999: 21). Im Schreiben an die nichtjüdischen Familien[3] im Kontext des genannten DFG-Projektes formulierten wir dies wie folgt:

„Wir suchen Familien, die Interesse daran hätten, uns im Rahmen eines Forschungsprojektes der Deutschen Forschungsgemeinschaft ihre Lebens- und Familiengeschichte zu erzählen. Voraussetzung dafür ist, dass aus drei Generationen (also Großeltern, Eltern, Enkel) jeweils mindestens ein Mitglied zu einem Gespräch mit uns einwilligt.
Uns interessiert insbesondere die Frage, welche Auswirkungen die Familiengeschichte während des Zweiten Weltkrieges (Kriegserleben, Flucht, Vertreibung und Verfolgung) auf die Familien und ihre einzelnen Mitglieder hatte und heute noch hat."

In den Vorgesprächen gilt es außerdem zu klären, welche Erwartungen die InterviewpartnerInnen gegebenenfalls an uns haben, die wir nicht erfüllen können. Es sollte vor allem darauf geachtet werden, dass bei den Befragten keine Erwartungen geweckt werden, die später enttäuscht werden müssen. Solche Erwartungen reichen von der Hoffnung, dass wir in die Rolle der Sozialarbeiterin schlüpfen und z.B. Behördengänge übernehmen oder dafür sorgen, dass die Tochter endlich ihr Studium beendet, bis hin zur Vorstellung, man würde ihnen bei der Publikation ihrer Autobiographie behilflich sein. Solche oder ähnliche Erwartungen können auch im Verlauf des weiteren Kontaktes entstehen. Als Regel gilt hier, dass wir uns selbst vor dem Interview im Klaren darüber sind, wie weit wir uns auf derartige Erwartungen einlassen wollen und können und wie weit nicht, und dies dann den GesprächspartnerInnen gegenüber ganz deutlich vertreten. Als Grundregel könnte gelten, dass man besser zu wenig als zu viel versprechen soll. In bestimmten Forschungskontexten bzw. bei Interviews mit Menschen in einer schwierigen Lebenssituation ist eine Unterstützung über den Forschungskontext hinaus durchaus denkbar, anderenfalls ist die Vermittlung an qualifizierte ExpertInnen – ob nun SozialarbeiterInnen, ÄrztInnen oder TherapeutInnen – geboten.

Am Ende des Gesprächs mit der Familie Morina aus dem Kosovo (vgl. Kapitel 2.3) kamen Michaela Köttig und ich z.B. zu der Einschätzung, dass unsere sonstige Zurückhaltung hinsichtlich praktischer oder sozialarbeiteri-

---

3 Der Wortlaut im Brief an die jüdischen Familien variierte etwas; hier sprachen wir von den Auswirkungen der nationalsozialistischen Verfolgung.

scher Unterstützung in diesem Fall aufzugeben war. Familien wie die Familie Morina benötigen praktische Hilfe und so fanden wir es angebracht, zumindest Kontakte zu Hilfsorganisationen herzustellen. Frau Köttig vermittelte der Familie den Kontakt zu einem Flüchtlingsrat, mit der Bitte, gegen die drohende Abschiebung zu intervenieren. Flüchtlinge und Überlebende von Folter bedürfen auch der parteiischen Haltung von SozialwissenschaftlerInnen, wie sie u.a. David Becker (2000) von PsychotherapeutInnen fordert.

3.2.2 Memos und Globalanalysen

Die Kontaktaufnahme und das gesamte Geschehen vor dem Beginn des auf Tonband aufgenommenen Interviews sollte Bestandteil unserer Feldnotizen bzw. Memos sein. Diese Informationen gehen, wie alle anderen im Zusammenhang des Falles erhobenen Daten (Archivmaterial, Photographien, Briefe, Krankenakten etc.) als Bestandteil in die spätere Fallrekonstruktion mit ein. Dies bedeutet, dass bei jedem Interviewpartner mit Beginn der Kontaktaufnahme ein Memo angelegt wird, das unmittelbar oder recht bald nach der ersten Begegnung bzw. dem ersten Interview fortgeschrieben und ebenso nach allen weiteren Begegnungen ergänzt wird. Bei biographisch-narrativen Interviews empfehle ich mindestens zwei Gesprächstermine, da wir damit a) eine Rückmeldung über die Wirkung des ersten Gesprächs erhalten, b) versuchen können, die uns bei der ersten Auswertung oder beim Memoschreiben auffallenden Lücken im zweiten Gespräch zu schließen und c) durch das entstehende Vertrauen im zweiten Gespräch häufig eine offenere Atmosphäre erleben. Insbesondere bei Interviews mit traumatisierten Menschen führen meine KollegInnen und ich darüber hinaus telefonische Nachgespräche, und in manchen Fällen kommt es zu weiteren Begegnungen, ob nun zu einer Einladung auf einen Besuch zum Kaffee oder zu einer Familienfeier oder zu einer Beerdigung (vgl. Völter 2003). Zu all diesen Begegnungen fertigen wir Beobachtungsprotokolle an. Neben diesen Schilderungen über die einzelnen nicht auf Band aufgezeichneten Begegnungen enthält ein Memo des Weiteren Informationen über das auf Tonband aufgezeichnete Interview. Bei narrativen Interviews orientieren sich die Gesprächsnotizen zum aufgezeichneten Interview bereits an den Kriterien einer Fallrekonstruktion (vgl. Kap. 6.2), bei der in getrennten Auswertungsschritten die sequenzielle Gestalt der Fallgeschichte und die sequenzielle Gestalt der *Präsentation* der Fallgeschichte im Interview rekonstruiert werden. Dies gilt sowohl für biographische Fallrekonstruktionen als auch für Auswertungen, die sich auf andere Fallebenen wie eine Familie, eine Gruppe oder eine Organisation beziehen. Hierzu werden zunächst die Ereignisdaten in der chronologischen Reihenfolge des Geschehens notiert. Damit sind Daten gemeint, die – vermutlich – kaum an die Interpretationen des Erzählers gebunden sind[4] (vgl. Oevermann u.a. 1980). Bei der Fallebene der einzelnen Biographie sind das biographische Daten wie Geburt, Anzahl der Geschwister, Ausbildungsdaten, Heirat oder Daten zur Krankheitsgeschichte. Bei der Fallebene einer Familie werden die familiengeschichtlichen Daten notiert und bei Interviews mit ExpertInnen eines bestimmten Milieus oder einer bestimmten Organisation – z.B. bei ehrenamtlichen MitarbeiterInnen einer Kirchengemeinde – gehören hierzu sowohl institutionelle Daten zu dieser Kirchengemeinde als auch die biographischen Daten der Interviewten, insbesondere jene, die im Zusammenhang mit der ehrenamtlichen Arbeit stehen.

Des Weiteren werden die während eines narrativen Interviews protokollierten Stichpunkte (vgl. Kap. 5.4) entsprechend der sequenziellen Gestalt der ohne Zwischenfragen der InterviewerInnen vom Befragten autonom gestalteten Eingangs- bzw. Haupterzählung notiert. So weit es rekonstruierbar ist, wird angegeben, in welcher Reihenfolge, in welcher Ausführlichkeit und in welcher Textsorte über bestimmte Bereiche oder Phasen des Lebens gesprochen wurde. Außerdem werden die zusätzlich im Nachfrageteil des Interviews gewonnenen Informationen notiert.

Anhand dieser Notizen können dann *Globalanalysen* vorgenommen werden. Damit ist eine erste vorläufige Auswertung gemeint. Diese ist die Grundlage sowohl für die Entwicklung der ersten als auch der zweiten theoretischen Stichprobe; d.h. welche weiteren Interviews noch geführt werden sollen und welche Interviews für eine sorgfältigere Auswertung ausgewählt und zu diesem Zweck transkribiert werden.

Entsprechend dem Verfahren einer Fallrekonstruktion (vgl. Kap. 6.2; 6.3) werden zunächst die Ereignisdaten, gemäß dem von Ulrich Oevermann u.a. (1980) vorgestellten Verfahren, sequenziell ausgelegt und in einem späteren Schritt mit den im Interview erhaltenen Darstellungen kontrastiert. Es werden also zunächst – bevor die Interpretin sich auf die Selbstdarstellungen der Interviewten und der zum Zeitpunkt des Interviews vorgenommenen Deutungen vergangener Ereignisse einlässt – Hypothesen über die möglichen Bedeutungen der Daten für den zu untersuchenden Fall zur damaligen Zeit des Ereignisses und über den daraus folgenden möglichen weiteren Fortgang der Fallgeschichte formuliert.

---

4 Einschränkend muss hier vermerkt werden, dass wir auch mit Interviewten zu rechnen haben, die sich bei ihren Lebensdaten in erhebliche Widersprüche verwickeln, z.B. mehrere Daten zu ein und demselben Ereignis geben, aufgrund von massiven Umschreibungen ihrer Lebensgeschichte auch dementsprechend ihre Lebensdaten verändern etc. Diese Unstimmigkeiten werden meist bereits bei der sequenziellen Analyse der biographischen Daten deutlich (vgl. Kap. 6.2.2). Es empfiehlt sich dann, zunächst die Frage nach dem „damaligen Geschehen" zurückzustellen, Hypothesen zu den Unstimmigkeiten zu bilden und nach der möglichen Funktion der Widersprüche und Umschreibungen zu fragen (vgl. Rosenthal 2002).

Im nächsten Schritt werden die notierten Segmente der Haupterzählung entsprechend dem Verfahren der Text- und thematischen Feldanalyse (vgl. Kap. 6.2.3) ebenfalls sequenziell ausgelegt. Hier werden Hypothesen zur möglichen Bedeutung der Darstellung im Interview formuliert. Die Hypothesen beziehen sich v.a. auf die sequenzielle Gestalt der Haupterzählung, die Differenz zwischen Haupterzählung und Nachfrageteil, die Wahl der Textsorten und die Ausführlichkeit oder Knappheit der Ausführungen zu einem bestimmten Thema oder Lebensabschnitt.

Bei den Globalanalysen werden also in getrennten Schritten nach den Regeln eines sequenziellen und abduktiven Vorgehens erste Hypothesen zum Fall gebildet. Die Globalanalysen können entsprechend der Fragestellung der Studie auch bereits sowohl zu ersten vorläufigen Typenbildungen als auch zu Vergleichen mit anderen Interviews führen. Sie dienen einer vorläufigen Konzeptentwicklung und Typisierung der Fälle und liefern damit, wie bereits vermerkt, theoretische Kriterien für die weitere Stichprobenziehung.

3.2.3 Erste und zweite theoretische Stichprobe

Wir beginnen unsere Studie mit ersten Interviews und damit mit der Bildung der ersten theoretischen Stichprobe, die sich bereits an theoretischen Kriterien orientiert. Basierend auf den Memos und Globalanalysen zu diesen Interviews entscheiden wir, mit welchen Personen weitere Interviews geführt werden und wählen den ersten Fall für eine sorgfältigere Analyse aus. Der erste Fall kann sich entsprechend der Falldefinition auf eine Person beziehen oder bei sozialen Systemen wie einer Familie auf die Interviews mit den verschiedenen Mitgliedern derselben. Die Tonbandaufzeichnungen der Gespräche, die im Zusammenhang dieses Falles stehen, werden nun transkribiert. Entsprechend der hörbaren Gestalt werden ohne Rücksicht auf die Regeln der Schriftsprache wortwörtlich und ohne Auslassungen *Transkriptionen*[5] hergestellt, das heißt Verschriftlichungen der Tonaufnahmen, die mindestens alle hörbaren Äußerungen und Signale einschließlich Pausen, Betonungen, Versprecher und Abbrüche wiedergeben. Es empfiehlt sich dabei, keine Satzzeichen im Sinne der grammatischen Regeln zu verwenden. Kommata werden entsprechend der hörbaren Interpunktion – also für kurzes Absetzen – gesetzt (vgl. Bergmann 1976:2). Des Weiteren verzichten wir auf die Einteilung in Sätze durch Punkte, Ausrufe- oder Fragezeichen, da damit bereits eine Interpretation verbunden ist. Sprechpausen markieren wir mit Klammern, in denen die Dauer in Sekunden angegeben ist.

In Anlehnung an Jörg Bergmann (1976; 1988: 21) arbeite ich mit folgenden Transkriptionszeichen:

---

5 Zu verschiedenen Transkriptionssystemen vgl. Psathas (1995: 70ff.).

Transkriptionszeichen

,	=	kurzes Absetzen
(4)	=	Dauer der Pause in Sekunden
Ja:	=	Dehnung eines Vokals
((lachend))	=	Kommentar der Transkribierenden
/	=	Einsetzen des kommentierten Phänomens
nein	=	betont
NEIN	=	laut
viel-	=	Abbruch eines Wortes oder einer Äußerung
´nein´	=	leise
( )	=	Inhalt der Äußerung ist unverständlich; Länge der Klammer entspricht etwa der Dauer der Äußerung
(sagte er)	=	unsichere Transkription
Ja=ja	=	schneller Anschluss
ja so war	=	gleichzeitiges Sprechen ab „so"
nein ich		

Die erste Fallrekonstruktion kann dann wiederum Einfluss auf die Erweiterung der ersten Stichprobe haben. So führte im Kontext einer Untersuchung über das Erleben des Zweiten Weltkrieges die Auswertung eines Interviews mit einem Veteranen des Ersten Weltkrieges und die wesentlichen Einsichten in dessen Erleben des Zweiten Weltkrieges dazu, gezielt nach weiteren Interviewpartnern dieser Generation zu suchen.

Interviewführung und Auswertung sind hiermit keine zeitlich aufeinander folgende und klar abgegrenzte Phasen, vielmehr liefern sowohl die Globalauswertungen als auch die Fallrekonstruktionen kontinuierlich Anregungen für eine Ausweitung des ersten und des zweiten Samples. Sowohl die Bildung des ersten Samples (die Auswahl der zu führenden Interviews) als auch des zweiten Samples (die Auswahl für die sorgfältigeren Fallrekonstruktionen) orientiert sich am theoretisch interessanten Fall und an dem Kriterium der Varianz mit dem Ziel der Rekonstruktion unterschiedlicher Typen. Orientiert sich die Stichprobenziehung zu Beginn noch an vorab gehegten theoretischen oder alltagsweltlichen Annahmen oder ergibt sie sich mehr oder weniger zufällig, so verändert sich dies im Laufe der Studie. Die Auswahl erfolgt zunehmend anhand der sich unter dem Einfluss der empirischen Einsichten entwickelnden theoretischen Verallgemeinerungen (vgl. Hildenbrand 1999: 66). Im Unterschied zu Hildenbrand beanspruche ich bei der Auswahl des ersten Interviews für das zweite Sample – also für die erste Fallrekonstruktion – keine theoretischen Vorüberlegungen. Ich gehe vielmehr davon aus, dass sich jedes Interview – vorausgesetzt es ist einigermaßen gut geführt – für die erste Fallauswertung eignet, da jedes Interview nach Abschluss der Analyse zur Konstruktion eines Typus entsprechend unserer Fragestellung führen kann. Entsprechend dem Anspruch einer Typenbildung, die hinreichend relevant und umfassend genug für den Gegenstandsbereich ist, muss auch jedes Interview im Verhältnis zu den bisher konstruierten Typen ‚verortet' werden können bzw. wenn dies nicht der Fall ist, zur Bildung eines neuen Typus führen. Mit ‚Verorten' ist nicht die Subsumtion unter eine Klasse gemeint, sondern eine Art von ‚Abstandsmessung' im Verhältnis zum Typus bzw. bei Fällen, die gleichsam eine Art von Mischtypus repräsentieren, zu verschiedenen Typen.

Erst die Auswahl der Interviews für eine sorgfältige Fallrekonstruktion orientiert sich an theoretischen Überlegungen, die auf der ersten Auswertung gründen (s.w.u.).

Wie bereits erläutert, können wir vor der Analyse weder die genaue Anzahl der zu führenden noch der sorgfältig auszuwertenden Interviews angeben. Der notwendige Umfang der beiden Stichproben lässt sich bei einer Studie mit dem Ziel der Rekonstruktion distinkter Typen erst ex post, also nach Abschluss der Analyse bestimmen. Er ist erreicht, wenn kein neuer Typus mehr gebildet, mithin von einer theoretischen Sättigung gesprochen werden kann.

Die Schritte der Datengewinnung, die nicht der zeitlichen Abfolge entsprechen, sind:

• Erste theoretische Stichprobe = Gesamtsample
• Memos und Globalanalyse aller geführten Interviews
• Zweite theoretische Stichprobe – aus dem Gesamtsample gezogen
• Transkription der Interviews des zweiten Samples

Fallrekonstruktionen

3.2.4 Minimal und maximal kontrastiver Vergleich der Fälle

Wie bereits erläutert, erfolgt die Typenbildung am Einzelfall, wobei der Einzelfall auf verschiedenen Ebenen (Biographie, Familie, Gruppe, Organisation oder Gesellschaft) bestimmt sein kann. Die Typenbildung stellt eine Konstruktion der ForscherInnen basierend auf einer Fragestellung dar, die sich auf ein bestimmtes soziales Phänomen (wie Berufskarrieren oder Migrationsverläufe) konzentriert. Ziel einer fallrekonstruktiven Forschung ist es, Aussagen über die zu einem bestimmten Zeitpunkt vorfindbaren unterschiedlichen Typen und gegebenenfalls über deren Zusammenspiel machen zu können. Es geht um die Frage, welche unterschiedlichen Antworten sich auf ein bestimmtes soziales Problem finden lassen. Welche unterschiedlichen berufsbiographischen Verläufe oder Migrationsverläufe lassen sich in einem konkreten, d.h. historisch und gesellschaftlich begrenzten Raum auffinden? Diese weiteren theoretischen Verallgemeinerungen und Modellbildungen ergeben sich aus dem kontrastiven Vergleich der abgeschlossenen Fallrekonstruktionen und der darauf basierenden Typenbildung.

Das Vorgehen des kontrastiven Vergleichs orientiert sich in den unterschiedlichen Traditionen (z.B. Schütze, Oevermann, Hildenbrand)[6] auch hier an den Empfehlungen von Glaser und Strauss (1967: 55ff.), die zwischen einem minimal und einem maximal kontrastiven Vergleich unterscheiden. Beim *minimal kontrastiven Vergleich* wird nach Abschluss einer Fallrekonstruktion ein Fall für eine weitere Auswertung ausgesucht, der zunächst auf der Oberfläche hinsichtlich des zu interessierenden Phänomens Ähnlichkeiten zum bereits ausgewerteten Fall aufweist (vgl. Schütze 1983: 287). Hätten wir z.B. einen Migrationsverlauf rekonstruiert, bei dem die Migration erheblich durch ein Leiden an der ökonomisch und politisch schwierigen Situation im Herkunftsland motiviert war, könnten wir einen weiteren Fall für den Vergleich auswählen, bei dem dies ähnlich zu sein scheint. Jedoch kann sich durchaus bei der Fallauswertung zeigen, dass sich die beiden Fälle in ihrer Struktur erheblich unterscheiden. Es kann möglich sein, dass im zweiten Fall die schwierige Lebenssituation im Herkunftsland zwar als Grund für die Migration angegeben wurde, diese sich jedoch bei der Auswertung nicht als ein Bestandteil mit funktionaler Bedeutsamkeit erweist, sondern vielmehr die Orientierung an der Familiengeschichte, z.B. die unbewusste Erfüllung einer Delegation zur Auswanderung, eine weit wesentlichere Rolle bei der Entscheidung zur Emigration spielte. Der Vergleich der beiden Fälle würde damit u.a. zeigen, inwiefern und weshalb sich ähnliche Bestandteile in ihrer Wirksamkeit unterscheiden können und inwiefern das Oberflächenphänomen im zweiten Fall, also die Aussagen zu den schwierigen Lebenssituationen im Herkunftsland einer Orientierung am öffentlichen Diskurs im MigrantInnenmilieu oder am dominanten Diskurs in der Aufnahmegesellschaft geschuldet sind. Hiermit verweise ich darauf, dass wir bei jeder Fallrekonstruktion immer wieder die Spuren der unterschiedlichen Diskurse, in denen die Interviewten sozialisiert worden sind, auffinden und vor allem die Wirksamkeit bestimmter Diskurse aufzeigen können.

Beim *maximal kontrastiven Vergleich* werden Fälle zum Vergleich herangezogen, die hinsichtlich des zu untersuchenden Phänomens auf der Oberfläche zunächst maximale Verschiedenheit aufweisen (vgl. Schütze 1983: 287). Hier wiederum ist es denkbar, dass zwei zunächst sehr verschiedene Fälle sich nach der Auswertung als strukturell sehr ähnliche Fälle erweisen.

Der minimale und maximale kontrastive Vergleich führt zu weiteren theoretischen Verallgemeinerungen, d.h. zu Annahmen über die Wechselbeziehun-

---

6 Hildenbrand (1999a: 65) grenzt sich von Strauss und Oevermann ab, indem er diesen den Vorwurf macht, „dass ein Quervergleich in der Regel nicht auf der Basis einer Fallstrukturhypothese erfolgt, sondern sie hierfür jeweils Aspekte eines Handlungsmusters zum Vergleich" heranziehen.

gen zwischen den verschiedenen Typen. Damit leisten wir die Entwicklung einer gegenstandsbezogenen Theorie.

Theoretische Verallgemeinerungen bei Fallrekonstruktionen

1. Typenbildung am Einzelfall – basierend auf der Fragestellung
(Fallebene: Person, Familie, Organisation, etc.)

2. Kontrastiver Vergleich der Fälle/Typen
minimal kontrastiver Vergleich
maximal kontrastiver Vergleich

3. Weitere theoretische Verallgemeinerungen bzw.
Entwicklung einer gegenstandsbezogenen Theorie (folgt aus 2.)

3.2.5 Präsentation der Forschungsergebnisse: Intersubjektive Nachvollziehbarkeit und Maskierung der Daten

Die Präsentation von Fallrekonstruktionen und theoretischen Verallgemeinerungen kann je nach Kontext und vor allem dem Umfang sehr unterschiedlich sein. Sie reicht von detaillierten Darstellungen der einzelnen Fälle, bei denen entweder ergebnisorientiert die Fälle vorgestellt oder zu Teilen auch der Auswertungsprozess für die LeserInnen nachvollziehbar gemacht werden, bis hin zu einer an den theoretischen Verallgemeinerungen orientierten Darstellung, bei der die Ergebnisse einzelner Fallrekonstruktionen als Belege knapp diskutiert werden. Bei einer ergebnisorientierten Darstellung einzelner Fälle werden die Interpretationen zum Fall, die sich als die plausibelsten erwiesen haben, dargeboten und an ausgewählten Textstellen belegt. Bei einer an der Auswertung orientierten Darstellung werden hingegen der Prozess der Bildung von Hypothesen, deren Falsifikation oder zunehmende Plausibilisierung ansatzweise nachgezeichnet. Eine vollständige Präsentation des Auswertungsprozesses dagegen könnte kaum einem Leser oder einer Leserin zugemutet werden.

In allen Fällen erfordert die Präsentation der Ergebnisse eine Orientierung am Gütekriterium der intersubjektiven Nachvollziehbarkeit und -überprüfbarkeit. Dazu gehört es, den Forschungsprozess zu dokumentieren und vor allem die Interpretationen anhand von ausgewählten Textstellen aus den Transkripten oder Beobachtungsprotokollen zu belegen oder für die LeserInnen nachvollziehbar den Auslegungsprozess darzustellen. Ausgehend vom Ziel der Rekonstruktion der Fallstruktur und nicht der Beschreibung von einzelnen inhaltlichen Dimensionen oder von Fällen (vgl. Kapitel 6.2) gilt hier meines Erachtens ähnlich wie in der quantitativen Sozialforschung das Kriterium der Konsistenz, das heißt die Interpretation muss an unterschiedlichen Teilen des Textes belegt werden können[7]. Die Rekonstruktion der

---

7 Mayring (1996:116) hingegen weist die Konsistenzüberprüfung bei qualitativem Datenmaterial zurück, weil nach seiner Ansicht bei einer qualitativen Erhebung die Teile

Fallstruktur setzt nach Oevermann voraus, dass sequenzanalytisch mindestens eine Phase ihrer Reproduktion lückenlos rekonstruiert werden konnte, die es dann an weiteren Textstellen mit dem Ziel der Falsifikation oder Bewährung zu überprüfen gilt (vgl. Oevermann 2000: 119). Die bei der Diskussion der Ergebnisse zum Beleg zitierten Textstellen sollten damit die Reproduktion der Fallstruktur an dieser Sequenz – oder gegebenenfalls auch den Beginn ihrer Transformation – verdeutlichen.

Bei der Präsentation der Ergebnisse, insbesondere bei der detaillierten Darstellung einzelner Fälle, sind wir allerdings forschungsethisch verpflichtet, den Personenschutz zu wahren und die biographischen Angaben zu den Personen so weit wie möglich zu maskieren[8]. Die Anonymisierung bei Falldarstellungen ist jedoch nicht immer ohne weiteres möglich. Sie kann auch erst nach der abgeschlossenen Fallrekonstruktion vorgenommen werden. Erst wenn wir wissen, welche biographischen Daten für den Nachweis der Fallstruktur und im Kontext unserer Fragestellung relevant sind, lassen sich die relevanten Daten entsprechend der Fallstruktur modifizieren, d.h. bedeutungsähnliche Veränderungen vornehmen, und die für die Interpretation und die weiteren theoretischen Verallgemeinerungen weniger bedeutsamen Daten stark verändern. Aus Personenschutzgründen verändern wir dabei nicht nur die Namen und Ortsangaben, sondern verfremden die Biographien – durch ‚falsche‘ Angaben etwa zu Beruf, Alter, Anzahl der Kinder, Krankheiten oder auch Geschlecht – soweit dies im konkreten Fall geboten und sinnvoll ist. Sind Biographien, wie die von in der Öffentlichkeit besonders bekannten Personen, kaum ausreichend zu maskieren, gilt zu entscheiden, welche weiteren Formen der Verfremdung der Daten eingesetzt werden können. Ebenso muss auf den Hinweis auf Belege in Archiven verzichtet werden, wenn damit die Identifizierung der Person möglich würde.

Diese aus forschungsethischen Gründen notwendigen Entscheidungen können auch in Ansätzen dem Prinzip der intersubjektiven Nachvollziehbarkeit widersprechen. So ist es z.B. auch möglich, aus verschiedenen Fällen einen idealtypischen Fall zu kreieren – wie es auch in Publikationen aus dem Bereich der Familientherapie üblich ist (vgl. Stierlin 1988) – oder auch nur einzelne Ergebnisse ohne Detailangaben zu den Personen bezogen auf die jeweilige Fragestellung zu diskutieren. Bei einer solchen Darstellung muss betont werden, dass es sich hierbei um ein ‚konstruiertes‘ Modell wie bei jeder Typenbildung handelt, das zwar nicht die Funktion eines Belegs für den konkreten Fall übernehmen kann, jedoch für jedes weitere empirische ‚Exemplar‘ dieses Typus bzw. für strukturähnliche Fälle die Rekonstruktion erleichtern kann.

---

niemals übereinstimmen könnten. Diese Vorstellung beruht auf einer Orientierung an den Inhalten und nicht an den Strukturen von Texten.

8 Zu den forschungsethischen Problemen bei Fallrekonstruktionen vgl. Ingrid Miethe (2003) und Bruno Hildenbrand (1999a, 1999b).

Von Fall zu Fall ist immer wieder neu zu entscheiden, in welcher Weise und wie ausführlich er präsentiert werden kann. Dabei gilt auch zu bedenken, dass die Falldarstellung von der befragten Person selbst gelesen werden kann. Wir stehen damit immer wieder vor dem schwierigen Problem, zu entscheiden, was wir an Interpretationen in die Publikation aufnehmen und was nicht und vor allem wie wir etwas darstellen können, ohne dass wir damit der betroffenen Person Schaden zu fügen. Deshalb ist es durchaus erforderlich, eine Nachbetreuung für diejenigen Befragten einzuplanen, die die Publikation gelesen haben (vgl. Hildenbrand 1999b).

4. Ethnographische Feldforschung –
Teilnehmende Beobachtung

4.1 Zu den historischen Anfängen der Feldforschung bis zur gegenwärtigen Ethnographie

Die *Feldforschung*, seit den Anfängen der qualitativen Sozialforschung einer ihrer zentralen Ansätze, zeichnet sich im Unterschied zur Laborforschung dadurch aus, dass soziale Lebenswelten oder -milieus, soziale Gruppen, Ortsgesellschaften, einzelne Personen oder auch Organisationen in ihrer „natürlichen" Umgebung, d.h. in ihren Alltagskontexten erforscht werden. Anliegen ist eine ganzheitliche Deskription und Analyse des zu untersuchenden Milieus mit offenen Verfahren, teilweise auch in Verbindung mit quantitativen Methoden. Die Idee bei der klassischen Feldforschung ist, dass die SozialforscherInnen für einen längeren, mehrmonatigen Zeitraum am Alltagsleben der zu untersuchenden Gruppen oder Organisationen teilnehmen. In der Ethnologie wird hier meist mit einem Beobachtungszeitraum von mindestens einem Jahr gerechnet, da dies eine Teilnahme am gesamten Jahreszyklus in seinen regelmäßig wiederkehrenden Zeitstrukturen und Ritualen gewährleistet. Auch Erving Goffman (1996: 267)[1] empfiehlt, mindestens ein Jahr im Feld zu verbringen, anderenfalls sei es nicht möglich, eine „tiefe Vertrautheit" zu gewinnen. Mit einem längeren Aufenthalt im Feld wird es möglich, dass der zunächst fremd erscheinende beobachtete Alltag für die ForscherInnen allmählich zur Routine und aus der Perspektive eines Insiders erlebt wird (vgl. O'Reilly 2005: 12). Wesentlich hierbei ist m.E., dass diese Perspektivenveränderungen methodisch reflektiert und nutzbar gemacht werden (s.w.u.).

Von dieser klassischen Feldforschung lassen sich gegenwärtige ethnographische Untersuchungen abgrenzen, deren Anliegen nicht die umfassende Erfassung eines sozialen Feldes, sondern vielmehr die Konzentration auf einen bestimmten Ausschnitt des Feldes ist. Bei diesen „fokussierten Ethnographien", wie Hubert Knoblauch (2001) sie nennt, erfolgt nur ein kurzfristiger Aufenthalt im Feld; meist unter Einsatz von verschiedenen Aufzeichnungsgeräten wie Video und Tonband. Im Unterschied zur fokussier-

---

1 Bei diesem Text handelt es sich um eine Rede Erving Goffmans, die 1974 anlässlich des Treffens der Pacific Sociological Association auf Tonband aufgezeichnet und von Lyn H. Lofand transkribiert und 1989 veröffentlicht wurde.

ten Ethnographie und generell zu Studien, bei denen der Forscher oder die Forscherin kurzfristig zur Erhebung der „Daten" – also zu Interviews, Gruppendiskussionen oder auch zur Durchführung von Video- und Tonbandaufnahmen von natürlichen Settings – ins Feld geht, zielt die klassische Feldforschung auf eine Teilnahme am sozialen Geschehen und auf den teilnehmenden Mitvollzug von Handlungsabläufen und Ereignissen ab. Während wir uns in Interviews über die Handlungen in der Alltagswelt erzählen lassen, können wir bei einer teilnehmenden Beobachtung diese unmittelbar miterleben und daran teilhaben. Dies ist vor allem im Hinblick auf das Erlernen des bei den erforschten Menschen vorhandenen impliziten Wissens über ihr Alltagsleben und ihre sozialen Strukturen bedeutsam, das nur schwer in verbaler Form vermittelt werden kann.

Bis heute ist die Feldforschung insbesondere in der Ethnologie und Kultur- oder Sozialanthropologie verankert. Die Anfänge hier sind vor allem mit dem polnischen Anthropologen Bronislaw Malinowski (1884–1942) verbunden. Malinowski befand sich 1914 zu einer Forschung über die Trobriander auf den Trobriandinseln, die nordöstlich von Neuguinea liegen. Als der Erste Weltkrieg begann, bedeutete dies für ihn, dass er nicht nach Polen zurückkehren konnte, da er die österreichische Staatsbürgerschaft hatte. Und so blieb er für mehrere Jahre in Neuguinea und widmete sich seinen Studien. Teils im Widerspruch zu seiner eigenen Forschungspraxis (vgl. Geertz 1983: 289ff.; Wax 1972) vertrat er explizit die Forderung, man habe sich auf die zu untersuchende Lebenswelt einzulassen. Anstatt auf der Veranda zu sitzen und aus der Ferne die fremde Lebenswelt zu beobachten, solle der Sozialanthropologe seiner Ansicht nach in den Alltagskontexten der jeweiligen Kultur ihre/seine Beobachtungen machen:

> „Wir brauchen ganz unzweifelhaft eine neue Methode für das Sammeln von Beweisen. Der Sozialanthropologe muss seine bequeme Position im Sessel auf der Veranda der Missions- und Regierungsstation aufgeben, wo er bewaffnet mit Block und Bleistift und zuweilen mit einem Whisky und Soda, die Erklärungen von Informanten entgegennimmt. Er muss stattdessen hinausgehen in die Dörfer und ... bei der Arbeit in Gärten, am Strand und im Dschungel zusehen ... Die Information muss aus dem vollkommen beobachteten Leben der Eingeborenen kommen." (Malinowski 1973: 218)

Deutlich werden in diesem Zitat Überlegungen zum *Hinausgehen* ins Feld, jedoch nicht zur aktiven Teilnahme. Denkbar bei einer teilnehmenden Beobachtung ist jedoch auch, von der Rolle des „Zusehenden" in die Rolle des „Mitarbeitenden" zu wechseln – also von der Beobachtung in eine Teilnahme am sozialen Geschehen –, wie es bei den Forschenden im Kontext der Chicago-School zum Teil geschah. Diese Forschungen (vgl. Kap. 1.3) erfolgten etwa im gleichen Zeitraum wie Malinowskis Studie, d.h. zu Beginn des zwanzigsten Jahrhunderts. An der Universität in Chicago war die

Zusammenarbeit zwischen SoziologInnen und EthnologInnen am „Department of Sociology and Anthropology" mehr oder weniger selbstverständlich. Robert Ezra Park (1925) vergleicht auch „das Vorgehen des Großstadtsoziologen mit den geduldigen Beobachtungsmethoden, die Ethnologen bei der Untersuchung primitiver Kulturen anwenden" (vgl. Lindner 1990: 11). Ähnlich wie Malinowski das Hinausgehen aus der gewohnten Umgebung in den Dschungel und andere Bereiche der „fremden" Lebenswelt forderte, war es der Anspruch Parks, ins Feld zu gehen, anstatt in der Studierstube lebensferne sozialwissenschaftliche Konzepte zu entwickeln:

"Go and sit in the lounges of the luxury hotels and on the door-steps of the flophouses; sit on the Gold coast settees and on the slum shakedowns; sit in the Orchestra Hall and in the Star and Garte Burlesk. In short, gentlemen, go get the seat of your pants dirty in real research." (Park, zitiert nach Bulmer 1984: 97)

Während Malinowski und andere EthnologInnen sich zu jener Zeit auf die Untersuchung „fremder Kulturen" konzentrierten, leitete Park seine StudentInnen bei der Untersuchung ihrer „eigenen" Umwelt in der Stadt Chicago dazu an, dabei das Fremde zu entdecken bzw. die Position des Fremden einzunehmen; d.h. das zu untersuchende Milieu als fremde Lebenswelt zu betrachten und damit das als vertraut Erscheinende zu „befremden".

„Das weitgehend Vertraute wird dann betrachtet *als sei es fremd,* es wird nicht nachvollziehend verstanden, sondern methodisch ,*befremdet':* es wird auf Distanz zu einer kultursoziologischen Beobachtung gebracht. Jede Alltagssoziologie im Anschluss an Alfred Schütz kann sich so das allzu Vertraute, nämlich selbstverständlich Hingenommene einer Kultur zu ihrem frag-würdigen Gegenstand machen", schreiben Klaus Amann und Stefan Hirschauer (1997: 12) und begründen damit, weshalb sie – wie auch andere gegenwärtige SozialforscherInnen – den Begriff „Ethnographie" dem technischen Terminus „teilnehmende Beobachtung" vorziehen (ebenda: 11). Die Autoren knüpfen mit ihrem Konzept an die ethnographische Feldforschung der Chicago School und an die phänomenologische Wissenssoziologie an. Sie beanspruchen, „mit dem Begriff: ,Ethnographie' einen theoretischen und methodischen Kulturalismus" zu verbinden:

„*Theoretisch* geht es um die Hervorhebung eines Phänomenbereichs gelebter und praktizierter Sozialität, dessen „Individuen" (Situationen, Szenen, Milieus ...) gewissermaßen zwischen den Personen der *Bio*graphieforschung (mit ihrer erlebten Sozialität) und den (nationalen) Bevölkerungen der *Demo*graphie anzusiedeln sind. Methodisch wird mit der Adaption der ethnologischen Leitdifferenz von Fremdheit und Vertrautheit ein Vorgehen etabliert, für das jenes offensive Verhältnis zum Nicht-Wissen charakteristisch ist, das wir eben als Heuristik der Entdeckung des Unbekannten bezeichneten." (Amann/Hirschauer 1997: 11)

Bevor ich weiter auf diese gegenwärtig in der Bundesrepublik geführte Debatte eingehe, zunächst zurück zu den KlassikerInnen der ethnographischen Feldforschung in der Tradition der Chicago-School. Neben den Untersuchungen von Park oder Anderson (1923) über Obdachlose oder von Thrasher (1927) über Banden ist hier insbesondere die Arbeit von William Foote Whyte (1943) zu nennen. Whyte zog von 1937-1940 in ein Slumviertel einer amerikanischen Großstadt, das er „Cornerville"[2] nannte, um dort eine Untersuchung nach dem Vorbild der renommierten Gemeindestudie „Middletown" von Robert S. Lynd und Helen M. Lynd durchzuführen (Whyte 1943/1955: 284). Die Lynds hatten von 1924 bis 1925 eineinhalb Jahre sowie nochmals 1935 in „Middletown" gelebt und die massiven Veränderungen einer amerikanischen Kleinstadt aufgrund des rapiden Wirtschaftswachstums und später dann die Auswirkungen der Depression untersucht. Robert und Helen Lynd setzten dabei eine Vielzahl von Forschungstechniken ein. Sie führten sowohl offene Interviews als auch schriftliche Befragungen durch. Diese Kombination von verschiedenen sowie von qualitativen mit quantitativen Methoden in der Feldforschung im Bereich von Gemeindestudien wurde zur damaligen Zeit auch in Österreich in der berühmten Studie über die „Arbeitslosen von Marienthal" von Maria Jahoda und Hans Zeisel (1932) angewandt.

Die zunächst von Whyte ähnlich angelegte Studie entwickelte sich sehr schnell in eine andere Richtung. Er hatte sich einem Viertel der zu untersuchenden Gemeinde in einem Hotel einquartiert. Dort wurde er aufmerksam auf eine Gang von italienischen Jugendlichen, d.h. auf eine Gruppe junger italienischer MigrantInnen der zweiten Generation. Zunächst musste er erleben, wie schwierig für ihn der Zugang in dieses Milieu war. Eine Sozialarbeiterin vermittelte ihm den Kontakt zu einem jungen italienischen Mann, der Whyte als seinen Freund ausgab und damit den Zugang zu anderen Jugendlichen ermöglichte, von denen nur wenige wussten, wer er war. Aus dem Anliegen einer umfassenden Gemeindestudie wurde nun eine Studie über die Kleingruppenstruktur einer italienischen Jugendgang in einer amerikanischen Kleinstadt. Der ausgesprochen unterhaltsam geschriebene methodische Anhang in seiner publizierten Studie (Whyte 1996; im Original 1943) gibt einen guten Einblick in Whytes Entwicklung vom distanzierten zum involvierten teilnehmenden Beobachter, seine zunächst mangelnde Vertrautheit mit dem Feld, die daraus resultierenden Interaktionskrisen und seine zunehmenden Verwicklungen in die Gang dieser Jugendlichen.[3]

In der Tradition der Chicago-School stehen vor allem die Arbeiten von Barney Glaser, Leonard Schatzmann, Anselm Strauss und dessen MitarbeiterInnen (siehe die verschiedenen Beiträge in McCall-Simmons 1969). Bis

---

2 Es handelte sich um North-End in Boston.
3 Zu den strukturellen Problemen des Zugangs zum Feld und den Wirkungen der BeobachterInnen auf das Feld vgl. den Handbuchartikel von Wolff (2000).

heute ist die Feldforschung in den USA und ebenso in Großbritannien als sozialwissenschaftliche Forschungsmethode sehr stark verankert[4], während anspruchsvollere methodologische Diskussionen über dieses Thema in der bundesdeutschen Soziologie erst in den letzten zehn bis fünfzehn Jahren geführt werden. Wie bereits erwähnt, wird hier der Begriff der „Ethnographie" in Anlehnung an den englischsprachigen Diskurs gegenüber „Feldforschung" und insbesondere gegenüber dem Begriff „teilnehmende Beobachtung" vorgezogen (vgl. Amann/Hirschauer 1997; Lüders 2000). Ethnographie hat erst einmal die einfache Bedeutung der Beschreibung (griechisch: graphein) eines Volkes (griechisch: ethnos). Und so beanspruchen die Vertreter und Vertreterinnen der gegenwärtigen Ethnographie, ein ihnen weitgehend vertrautes Milieu als fremdes zu betrachten. Ronald Hitzler und Anne Honer (1988) sprechen von lebensweltlicher Ethnographie, und zielen auf die Beschreibung von „kleinen Lebenswelten" ab, d.h. „thematisch begrenzter, zweckgerichteter, subkultur-, milieu- und gruppenspezifischer, also sozusagen relativer Normalitäten" (Honer 1989: 299). Hitzler und Honer geht es, wie auch Amann und Hirschauer, um die Rekonstruktion der praktischen Erzeugung der jeweiligen sozialen Wirklichkeiten durch die Alltagshandelnden.

Da wir in der Regel die zu untersuchenden „kleinen Lebenswelten" auch in unserer eigenen Gesellschaft kaum kennen, wie z.B. die kleinen Lebenswelten der von Anne Honer untersuchten Heimwerker (1991) oder Bodybuilder (1985), handeln wir zunächst – ob wir es nun als methodisches Prinzip einsetzen oder nicht – wie Fremde: „Immer wieder ist er (der Forscher) mit unerwarteten Entwicklungen konfrontiert, muss er sich neu zurechtfinden, sich mit anderen Personen arrangieren, Rücksicht auf die jeweiligen Gewohnheiten und Sitten nehmen. So erweist sich die Forschungspraxis im hohen Maß milieu- und situationsabhängig, geprägt durch die beteiligten Subjekte, ihre Lebensformen und -bedingungen und die Unabwägbarkeiten des Alltags" (Lüders 1995: 310). Dieses Fremdsein verwandelt sich jedoch, je länger man sich im Feld aufhält, zunehmend zu einem Vertrautsein. Uns BeobachterInnen wird die zu untersuchende kleine Lebenswelt vertrauter und wir werden auch zunehmend als Vertraute von den diesen Lebenswelten Zugehörenden wahrgenommen und dementsprechend behandelt. Damit verändern sich das Erleben und die Wahrnehmung der BeobachterInnen. Reflektieren wir diese Veränderungen bereits in unseren Beobachtungsprotokollen und rekonstruieren wir diesen Prozess bei einer sequenziellen Auswertung der Protokolle, liegt in den damit gegebenen Erkenntnismöglichkeiten ein besonderer Wert eines längeren Aufenthalts im Feld (s.w.u.).

---

4 Vgl. neben dem klassischen Reader von McCall und Simmons (1969) die neueren Arbeiten im Reader von Atkinson u.a. (2001) oder die Monographie von Spradley (1980).

4.2 Die Teilnahme im Feld

Bei der ethnographischen Feldforschung werden zwar unterschiedliche Methoden, wie z.B. Interviews oder Gruppengespräche, im Feld eingesetzt, und auch verschiedene Materialien in die Analyse miteinbezogen (Dokumente, Photographien, Gegenstände des Alltagslebens etc.), die zentrale Methode ist jedoch die teilnehmende Beobachtung. Von daher werde ich diesen Terminus hier auch beibehalten.

Die Beobachtung ermöglicht die Kontrastierung der anders erhobenen „Daten" oder Texte, wie z.B. im Kontext der teilnehmenden Beobachtung stattfindende Interviews, mit den Interpretationen aus den Beobachtungen. Darüber hinaus kann in den Interviews auf die Beobachtung Bezug genommen werden. Der Beobachter oder die Beobachterin interessiert sich nach Ansicht etlicher AutorInnen insbesondere für das „Alltägliche, Gewöhnliche und Wiederkehrende, um auch für solche Handlungspraktiken zu sensibilisieren, die als selbstverständlich betrachtet werden und damit leicht aus den Reflexionen und Analysen ausgeblendet bleiben" (Friebertshäuser 1997b: 510). Damit verbunden wird der teilnehmenden Beobachtung in der Methodenliteratur der Vorteil zugeschrieben, dass hier Handlungsabläufe erfasst werden können, die den Handelnden nicht bewusst sind, z.B. weil sie zu Routinen geworden sind. Gegen dieses Argument könnte eingewandt werden, dass es hierzu keiner Teilnahme bedarf, dies ermöglichten ebenso elektromagnetische Aufzeichnungen von Alltagssituationen. Auch können wir von Erzählungen in Interviews – vorausgesetzt sie sind narrativ geführt (vgl. Kap.5.4) – auf Routinen schließen, da Erzählungen sich auf Situationen beziehen, in denen Routinen unterbrochen wurden. Und umgekehrt macht es auch bei Beobachtungen Sinn, sich auf die Durchbrechung von Routinen bzw. auf Krisensituationen zu konzentrieren. Zum einen nehmen wir diese Situationen viel genauer als Routinesituationen wahr, sie lassen sich auch leichter memorieren und damit leichter zum Gegenstand unserer nach der Beobachtung angefertigten Protokolle machen. Zum anderen verweisen Durchbrechungen auf die Routinen selbst: Führe ich z.B. Beobachtungen in einem Kindergarten durch, in dem ein nicht-bestrafender Erziehungsstil hauptsächlich den Umgang der Erzieherinnen mit den Kindern bestimmt, so wird mir gerade die sorgfältige Protokollierung und sequenziell feinanalytische Auswertung einer Szene, in der ein Kind bestraft wird, zur Interpretation des in anderen Situationen eher vorherrschenden Erziehungsstils verhelfen, bzw. das Spezifische dieser Situation im Unterschied zu anderen Situationen erklären.

Wesentlicher Vorteil der teilnehmenden Beobachtung gegenüber anderen Verfahren, wie auch gegenüber Videoaufzeichnungen von Alltagssituationen, ist vielmehr die Teilnahme am Alltagsleben, d.h. das Erleben dieses Alltags aus eigener Perspektive und die Möglichkeit, sich in Gesprächen auf das Erlebte zu beziehen, Fragen dazu zu stellen und unterschiedliche

Reaktionen auf die Handlungen anderer auszuprobieren: „The ethnographer participates, overtly or covertly, in people's daily lives for an extended period of time, watching what happens, listening to what is said, asking questions; in fact collection whatever data are available to throw light on the issues with which he or she is concerned" (Hammersley/Atkinson 1983: 2). Die BeobachterInnen nehmen an bestimmten Handlungsabläufen teil und können diese aus dem eigenen Erleben interpretieren. Diese Teilnahme kann eine verdeckte oder offene sein, manche Personen im Feld können eingeweiht sein und andere nicht. Die BeobachterInnen können im Feld vorhandene Positionen einnehmen, also z.B. sich als Pflegekraft oder als Patient/in in einem Krankenhaus aufhalten und gleichzeitig die Interaktionen zwischen Pflegekräften, ÄrztInnen und PatientInnen beobachten. Bei einer offenen Beobachtung können die BeobachterInnen auch in ihrer Position als teilnehmende BeobachterInnen und damit in gewisser Weise im Status eines Gasts am Alltagsgeschehen teilnehmen. In diesem Falle werden sich ihre Teilnahme an und ihr Involviertsein in die Situationen je nach Beobachtungskontext erheblich unterscheiden. Nehme ich als Beobachterin an einer Familienfeier teil, bin ich mehr in das Geschehen involviert als wenn ich als Beobachterin bei einer Arztvisite im Krankenhaus anwesend bin.

Teilnehmen bedeutet vor allem, die emotionale Distanz vorübergehend aufzugeben, die ich bei der Auswertung von Videoaufzeichnungen aufrechterhalten kann. Die Technik der teilnehmenden Beobachtung besteht – wie es Erving Goffman (1996: 263) formuliert – „darin, Daten zu erheben, indem man sich selbst, seinen eigenen Körper, seine eigene Persönlichkeit und seine eigene soziale Situation den unvorhersehbaren Einflüssen aussetzt, die sich ergeben, wenn man sich unter eine Reihe von Leuten begibt ... Und weil Sie im selben Schlamassel wie die anderen stecken, werden Sie auch einfühlsam genug, das zu erspüren, worauf sie reagieren". Teilnehmen bedeutet eine leibliche und psychische Erfahrung, die uns bei der nicht-teilnehmenden Beobachtung verschlossen bleibt. In der Terminologie von Alfred Schütz befinden wir uns durch die Teilnahme im Feld in einer „umweltlichen Beziehung" mit den in diesem Feld Handelnden, in der im Unterschied zur „mitweltlichen Beziehung" die Um-zu-Motive unseres Handelns zu den Weil-Motiven unserer Interaktionspartner werden und umgekehrt (Schütz 1971a: 26). Über unsere eigenen Reaktionen auf deren Handlungen, die auf uns BeobachterInnen gerichtet sind, eröffnet sich uns ein verstehender Zugang zu den Handlungen anderer.

4.3 Empirisches Beispiel: Die leiblichen und psychischen Belastungen der teilnehmenden Beobachterin

Auf diesen Aspekt des leiblichen und psychischen Erlebens des zu beobachtenden Alltags möchte ich mit einem Beispiel etwas genauer eingehen. Im Rahmen einer von Rainer K. Silbereisen und Petra Schuhler an der Technischen Universität Berlin geleiteten Studie zur Berufsausbildung sozial benachteiligter Jugendlicher in unterschiedlichen Lehrwerkstätten des Westberliner Jugendaufbauwerks (vgl. Schuhler 1984) führten wir 1979 in verschiedenen Lehrwerkstätten mehrere Monate teilnehmende Beobachtungen durch. Im Unterschied zu den Jugendlichen nahmen wir jedoch jeweils nur zwei bis drei Tage in der Woche quasi in der Position der Jugendlichen am Unterricht und an der Arbeit teil. Unsere Beobachtungen galten den Interaktionen zwischen den in jeder Werkstatt lehrenden Meistern und den Jugendlichen. Ziel der Untersuchung war die Entwicklung eines Curriculums für eine Ausbildung der Meister in Gesprächsführung.

Wir BeobachterInnen waren in verschiedenen Werkstätten eingesetzt und fertigten ebenso wie die auszubildenden Jugendlichen unter Anleitung der jeweiligen Meister „Lehrstücke" an. Ich selbst arbeitete und beobachtete in der Küche, der Schneiderei, der Rohrinstallation und der Buchbinderei. Wenn ich an diese mehr als zwanzig Jahre zurückliegende Beobachtung denke, erinnere ich mich in erster Linie an die körperlichen und psychischen Belastungen der jeweiligen Arbeit, aber auch an die Freude über ein fertig gestelltes Werkstück. In der Buchbinderei band ich die Kopie eines Buches von G. H. Mead, das noch heute bei mir im Regal steht. Meine Erinnerungen an die Küche sind mit keinerlei derartigen Erfolgserlebnissen verbunden. Sie beziehen sich auf die dortige teilweise erhebliche Hitze und die aufgrund der Arbeitsteilung mir schon unerträglich gewordene Monotonie, die Langeweile und das Erleben, wie ich dank dieser Umstände in meinen Handlungen immer langsamer wurde. In der Schneiderei erlebte ich am eigenen Körper, was es bedeutet, den ganzen Tag entweder beim Zuschneiden von Stoffen zu stehen oder bei den Näharbeiten auf einer Art Barhocker zu sitzen, der keine Querleisten zum Abstützen der Füße hatte. Diese körperliche Belastung, die auch am Feierabend noch in den Beinen zu spüren war, bestimmte erheblich den Arbeitsalltag, wie z.B. den Bedarf, die Werkstatt ab und zu unter Vorwänden zu verlassen, der automatisch zu häufigeren Besuchen der Toilette führte. Auch die körperliche Unruhe, die in der Werkstatt manchmal zu spüren war, kann zu einem beträchtlichen Teil auf diese Belastung zurückgeführt werden.

In Gesprächen und Kurzinterviews mit den Jugendlichen ging ich auf diese Belastung ein, die von ihnen, die im Unterschied zu mir schon seit etlichen Monaten und vor allem jeden Werktag in der Werkstatt arbeiteten, gar nicht mehr bewusst wahrgenommen wurde. Erst durch meine „Klagen" wurde für sie diese zur Routine gewordene Belastung bzw. der zur Routine gewordene Umgang mit dieser Belastung wieder thematisch. Hätten wir nur Interviews geführt, hätten wir davon, so könnte man meinen, nicht unbedingt etwas erfahren. Allerdings nehme ich an, dass diese Belastungen auf der latenten Ebene der Texte sichtbar geworden wären, wenn wir diese Interviews konsequent narrativ geführt und nicht nur, wie damals, inhaltsanalytisch, sondern sequenziell und feinanalytisch ausgewertet hätten. Die in der Methodenliteratur hervorgehobene Bedeutung der teilnehmenden Beobachtung für das Erschließen von Routinen und von implizitem Wissen im Unterschied zu Interviews trifft zwar auf der manifesten Ebene zu, da in Interviews kaum etwas von Routinen erzählt wird. Wie bereits erwähnt, enthalten narrativ geführte Interviews jedoch Erzählungen über die Durchbrechung von Routinen, die uns Hinweise auf diese Routinen selbst geben. So könnte man sich vorstellen, dass die an den Wochenenden oder in den Ferien entfallenden Belastungen durch das Stehen und Sitzen in der Werkstatt in den Erzählungen der Lehrlinge aufscheinen könnten. Ob damit jedoch das Ausmaß der körperlichen Belastungen deutlich würde, ob wir als InterpretInnen der Interviews die erforderliche emotionale Nähe zu diesen Belastungen herstellen und sie in ihren Relevanzen erkennen könnten, sei dahingestellt. Es geht mir an dieser Stelle nicht um das Argument, dass die teilnehmende Beobachtung durch Interviews zu ersetzen sei, sondern vielmehr aufzuzeigen, dass ein wesentlicher Vorteil zu anderen Verfahren auf einer anderen Ebene liegt als dem Sichtbarwerden von Routinen. Den wesentlichen Vorteil der teilnehmenden Beobachtung im Unterschied zu anderen Verfahren sehe ich vielmehr im ganzheitlichen Erleben, nämlich im sowohl leiblichen, kognitiven als auch emotionalen Erleben des zu beobachtenden Alltags. Dazu gehört vor allem auch das eigene Erleben der Konsequenzen einer umweltlichen Beziehung, in der wir uns in intensiven Interaktions- und Interdependenzbeziehungen mit den Alltagshandelnden befinden und unser Handeln eine Antwort auf deren Handeln ist und umgekehrt. So erlebte ich in der Rohrinstallation, wie es sich anfühlt, wenn man als Frau von einem chauvinistischen Meister als unfähig für die Arbeit in dieser Werkstatt betrachtet wird und zu welchen Reaktionen dies führen kann. Der in dieser Werkstatt unterrichtende Meister mokierte sich darüber, dass ich als Frau in seiner Werkstatt mitarbeiten wollte. Er war sich sicher, dass ich das millimetergenaue Schleifen eines Rohrkreislaufs nicht ausführen könnte, wollte mich in eine reine Beobachterrolle verweisen und verweigerte mir mehr oder weniger auch seine Instruktionen. Dies führte dazu, dass mich der Ehrgeiz packte und ich mich völlig auf die exakte Herstellung meines Werkstücks konzentrierte, was mir dann auch zur Überraschung des Meisters gelang. *Weil* also der Meister mich in meiner Kompetenz abwertete, wollte ich eine perfekte Arbeit leisten und konzentrierte mich auf meine Arbeit, *um* dies *zu* erreichen. Damit wurde ich von der teilnehmenden Beobachterin zunehmend zur Teilnehmerin und beobachtete immer weniger die Interaktionsabläufe zwischen dem Meister und den Jugendlichen. Mein Erleben sagt uns nun nicht nur etwas über mich und meine vielleicht deutlich werdende Leistungsorientierung aus, sondern auch a) wie dieser Meister mit anderen weiblichen Lehrlingen oder auch mit männlichen Lehrlingen, denen er nichts zutraut, möglicherweise umgehen würde und b) welche Reaktion dieses Verhalten bei den Jugendlichen auslösen könnte.

Während der Beobachtungszeit durchlaufen auch wir als BeobachterInnen eine Art von Sozialisationsprozess. Zu diesem gehört vor allem der Prozess des allmählichen Vertrautwerdens, die langsame Verwandlung der zunächst noch wahrgenommenen auffälligen Besonderheiten des untersuchten Feldes zu Selbstverständlichkeiten und damit die Herausbildung von Routinen und implizitem Wissen, derer wir uns im fortschreitenden Prozess der Teilnahme immer weniger gewahr sind:

„Wie ein Kind, das den Sozialisationsprozess durchläuft, macht der Feldforscher eine zweite Sozialisation durch, wenn auch sehr abgekürzt und unvollkommen. Er lernt also; lernt die Sprachen, lernt die Regeln des Umgangs mit anderen Menschen, lernt seine physische und soziale Umgebung kennen, lernt bestimmte Fertigkeiten. ‚Teilnahme' bedeutet dabei nicht nur ‚Mitmachen', es bedeutet auch emotionale Bezogenheit." (Fischer 1988: 63)

Aufgrund des sich verändernden Erlebens des zu beobachtenden Alltags ist es von erheblicher Bedeutung, das eigene Erleben in den Feldnotizen bzw. Beobachtungsprotokollen zu vermerken und zu reflektieren sowie bei der Auswertung dieser Notizen und Protokolle sequenziell vorzugehen, d.h. sie gemäß und in der Reihenfolge ihrer Entstehung zu interpretieren.

4.4 Das Protokollieren der Beobachtungen und deren sequenzielle Auswertung

4.4.1 Beobachtungsprotokolle oder Memos zu den Beobachtungen

Im Vergleich zu elektromagnetischen oder mechanischen Aufzeichnungen stellen sich bei Beobachtungsprotokollen, die bei einer teilnehmenden Beobachtung nach der Beobachtung angefertigt werden, die Probleme der Zuverlässigkeit in verschärfter Form. Der Beobachter und die Beobachterin müssen ihre Beobachtungen, die an ihre Perspektiven gebunden und damit hochgradig selektiv sind, in eine sprachliche Darstellung übersetzen. Nicht nur, dass wir nur Ausschnitte der sozialen Wirklichkeit wahrnehmen, mit der sprachlichen Übersetzung unserer Erfahrungen geht auch vieles von dem verloren, was uns selbst nicht unmittelbar bewusst ist und was von uns nicht rasch sprachlich erfasst werden kann. Wir können diese Protokolle nicht als ein Abbild der sozialen Wirklichkeit verstehen. Jörg Bergmann (1985: 308) spricht von einer „*rekonstruierenden Konservierung*" im Gegensatz zur *„registrierenden Konservierung"* bei Video- oder Tonaufzeichnungen:

> „Diese rekonstruierende Form der Protokollierung stößt freilich rasch an ihre Grenzen: wir haben nur eine sehr beschränkte Erinnerungs- und Wiedergabefähigkeit für die amorphe Ereignismasse eines aktuellen sozialen Geschehens. Dem teilnehmenden Beobachter bleibt also gar keine andere Wahl als die, die sozialen Vorgänge, deren Zeuge er war, zumeist in typisierender, resümierender, rekonstruierender Form zu notieren." (ebenda)

Ralf Bohnsack weist aufgrund dieser Problematik der teilnehmenden Beobachtung einen im Verhältnis zu anderen Verfahren nur ergänzenden Status zu. Er vertritt die Auffassung, dass teilnehmende Beobachtung „im Interesse der Zuverlässigkeit und Gültigkeit also immer um die Textinterpretation elektromagnetisch aufgezeichneter Kommunikationssequenzen aus Diskursen und (biographischen) Erzählungen ergänzt werden" soll (2003: 132). Nur dadurch sei der Rückgriff auf die „Originaltexte" möglich. Auch wenn ich ihm zustimme, dass Tonband- oder Videoaufzeichnungen, so weit diese im Kontext des zu untersuchenden „Feldes" überhaupt möglich sind, wichtige „Quellen" für die Analyse sind, bin ich dennoch der Ansicht, dass Bohnsack die Potenziale unterschätzt, die in der Teilnahme und dem sinnlichen und ganzheitlichen Erfassen durch die BeobachterInnen sowie in den sorgfältig angefertigten Protokollen und deren sequenzanalytischer Auswertung liegen, und damit einhergehend die Zuverlässigkeit von Aufzeichnungen überschätzt (vgl. Amann/Hirschauer 1997; Hirschauer 2001). Auch Tonbandaufnahmen und Videoaufnahmen sind kein Abbild der sozialen Wirklichkeit, sondern vielmehr je nach ihren spezifischen Restriktionen (hinsichtlich der nichthörbaren Komponenten oder der nicht im Aufnahmebereich der Kamera liegenden Anteile der Interaktion) ebenfalls selektiv. Allerdings, so wendet Ulrich Oevermann (2000: 85) ein, muss diese Art der Selektivität von der Selektivität der Feldnotizen oder Beobachtungsprotokolle unterschieden werden, da es sich bei der Aufzeichnung um eine „rein technische Prozedur ohne eigene interpretierende oder erkennende Subjektivität" handelt. Dabei sei jedoch darauf verwiesen, dass diese technischen Prozeduren ebenfalls von Menschen vollzogen werden. Aufzeichnungsgeräte müssen ein- und ausgeschaltet, Mikrophone und Kameraobjektive aufgestellt und fokussiert werden, etc.

Ähnlich wie Gerald Schneider (1987), der Beobachtungsprotokolle für seine Studie „Interaktion auf der Intensivstation" sequenzanalytisch im Sinne der Objektiven Hermeneutik auswertete, bin ich aufgrund meiner eigenen empirischen Erfahrungen von den Möglichkeiten eines fallrekonstruktiven Vorgehens bei der Auswertung von Beobachtungsprotokollen überzeugt. Diese Möglichkeiten der Auswertung sind jedoch gebunden an die Qualität und verlangen eine bestimmte Form der Protokolle. Wir benötigen Protokolle, die sich neben der Beschreibung des Gesamtgeschehens auf einzelne, minutiös beobachtete Situationen konzentrieren und diese so detailgetreu wie möglich und vor allem entsprechend dem zeitlichen Ablauf der Beobachtung wiedergeben. Dies bedeutet bereits bei der Beobachtung, dass aufgrund der Begrenztheit unseres Gedächtnisses nicht der Anspruch vertreten werden kann, so viele Details und Situationen wie möglich zu memorieren, sondern sich in der Beobachtung auf einzelne uns auffallende Szenen zu konzentrieren und zu versuchen, diese in ihrer sequenziellen Ordnung zu memorieren[5]. In den von Michaela Köttig und mir im Rahmen von Lehrveranstaltungen durchgeführten Beobachterschulungen weisen wir z.B. die Studierenden dazu an, bei ihren Feldaufenthalten, die meist nur zwei bis drei Stunden andauern und die sie mindestens zu zweit durchführen, circa zwei Szenen konzentriert zu beobachten und diese noch während der Beobachtungszeit im inneren Dialog zu wiederholen, da dies – ähnlich wie beim Nacherzählen eines Traumes direkt nach dem Aufwachen – zu einer besseren Erinnerung an die Szene führt. Die Protokolle sollen nach der Beobachtung, so bald als möglich und zunächst unabhängig voneinander geschrieben werden. Steht nicht gleich nach Abschluss der Beobachtung die nötige Zeit zur Verfügung, sollten zumindest erste Notizen unmittelbar danach angefertigt werden oder auf Band gesprochen werden. Nach der Fertigstellung der Protokolle empfehlen wir des Weiteren, diese untereinander auszutauschen und mit jenen Bestandteilen zu ergänzen, die einem zu den Aufzeichnungen des anderen noch einfallen, sowie jene Bestandteile zu erfragen, die zum vollständigen Nachvollzug einer Szene fehlen. Insofern werden die Protokolle bzw. Memos weiter fortgeschrieben und können hier – ähnlich wie bei Globalanalysen von Interviews (vgl. Kap. 3.2) – bereits zur ersten Bildung von Hypothesen und ersten Konzeptentwicklungen führen. Diese nachträglichen Einfügungen sollten als solche kenntlich gemacht werden, damit bei einer weiteren Auswertung sowohl die jeweilige Perspektive der BeobachterInnen während der ersten Niederschrift und die sich im Laufe der Untersuchung ergebenden Änderungen ihrer Perspektiven noch erkennbar sind.

Beim Schreiben der Protokolle ist es wesentlich, darauf zu achten, dass zwischen den eigenen Einschätzungen oder Interpretationen und der Beschreibung der Handlungsabläufe unterschieden wird bzw. fortlaufend der Versuch unternommen wird, sich zu erinnern und präzise zu beschreiben, welche der beobachteten Phänomene zu dieser Einschätzung geführt haben. Eine Einschätzung, wie z.B. „Der Jugendliche verhielt sich provokativ gegenüber den anderen Jugendlichen", gibt uns bei der Auswertung keinerlei Hinweise darauf, a) wie sich der Jugendliche verhalten hat und b) wie sich die Interaktion zwischen ihm und den anderen gestaltete.

---

5 Zur Maxime der Aufmerksamkeit auf die sequenzielle Ordnung der Handlungsabläufe vgl. Wolff (1987: 363).

In der neueren ethnographischen Forschungsliteratur, in der zunehmend das Verfassen von Beobachtungsprotokollen reflektiert wird, wird immer wieder auf die Wichtigkeit eines Feldforschungstagebuchs hingewiesen, in dem die Eindrücke und Gefühle der BeobachterInnen reflektiert werden. Dabei wird sehr nachvollziehbar gefordert, dass die Eintragungen Daten enthalten sollten, wie „Tag, Datum, Zeit und auf welche Beobachtung sich der Bericht bezieht" (vgl. Friebertshäuser 1997b: 519). Mir ist jedoch die Trennung zwischen Beobachtungsprotokoll und Tagebuch nicht nachvollziehbar. Vielmehr halte ich es für erforderlich, diese Reflexionen der Eindrücke und Gefühle in den Beobachtungsprotokollen zu vermerken und sich im Sinne eines abduktiven Vorgehens zu überlegen, an welchen Stellen während der Beobachtung oder während des Schreibens und aufgrund von welchen beobachteten Phänomenen man bestimmte Gefühle, Ideen etc. hatte.

Die Rückführung der Einschätzungen auf die beobachteten Phänomene bzw. die Konzentration der Beobachtung auf das konkrete Verhalten der beobachteten Personen, vor allem auf die Interaktion zwischen ihnen und insbesondere auf das nonverbale Verhalten, gehört für uns zu den zentralen Bestandteilen eines Beobachtungstrainings. Um für die Wahrnehmung des nonverbalen Verhaltens zu sensibilisieren, setzen wir u.a. auch die Beobachtung von Videoaufnahmen ohne Ton ein. Ein weiterer Bestandteil der Schulung ist die Konzentration der Beobachtung auf Interaktionsabläufe und deren Berücksichtigung in den Beobachtungsprotokollen. Nach unseren Erfahrungen tendieren ungeübte BeobachterInnen dazu, sich auf einzelne Personen zu konzentrieren und diese als singuläre Wesen zu beschreiben, anstatt deren Handeln in den Interaktionsablauf einzubetten. Statt darauf zu achten, wie die InteraktionspartnerInnen auf bestimmte Handlungseinheiten einer Person reagieren und sich damit interaktiv die Bedeutung dieser Handlungen herstellt, reagieren die Beobachtenden mit einer Zuschreibung von Bedeutung auf die Handlungseinheit. Die Frage, die sich bei der Beobachtung stellt, ist also nicht (nur), wie auf mich als Beobachterin das Verhalten und Handeln einer Person wirkt, sondern wie sich dies auf die mit dieser Person interagierenden anderen Personen auswirkt bzw. wie diese sich verhalten und handeln. Dazu ein Beispiel aus einem Beobachtungsprotokoll, das sich auf die Beobachtung von Jugendlichen auf dem Parkplatz eines Elektrohandels neben McDonalds in Northeim an einem Samstagabend in der Zeit von ca. 20.30 bis 22.00h bezieht:[6]

„Ein Jugendlicher steigt zusammen mit dem Beifahrer aus dem Auto aus und startet noch einmal das Signalhorn. Dann wendet er sich der Straße zu. Sein Gesichtsausdruck und seine Körpersprache deuten auf einen bewusst provokativen Ausdruck hin. Seine Arme sind auf die Hüften ge-

---

6 Dieses Protokoll wurde von Jan Mielenhausen im Rahmen eines Seminars zur Beobachtung von Jugendlichen im kleinstädtischen Milieu im Sommersemester 2002 an der Georg-August-Universität Göttingen verfasst.

stützt, das Kinn ist vorgestreckt und er hat einen herausfordernden Blick. In dieser Position verweilt er einige Sekunden und dreht sich dann um, lässt die Arme sinken und geht auf die Gruppe zu. Er streckt zweien der männlichen Jugendlichen locker die rechte Hand entgegen, und nickt dem dritten zu. Zu den beiden Mädchen/Frauen beugt er sich ein wenig vor und küsst beide erst auf die rechte Wange ..."

In diesem Abschnitt des Protokolls haben wir zwar in schöner Weise das Kriterium einer detaillierten Beschreibung nonverbaler Verhaltensabläufe erfüllt, doch in dieser Sequenz des Protokolls beschränkt sich die Darstellung auf einen Jugendlichen. Es fehlen die Handlungen der anderen Jugendlichen und die Reaktionen auf ihn. „Der Jugendliche geht auf die Gruppe zu", schreibt der Protokollant und es stellt sich die Frage: Wie wendet sich die Gruppe ihm zu bzw. wie verhält sich die Gruppe? „Er streckt zwei der männlichen Jugendlichen locker die rechte Hand entgegen", heißt es im Protokoll weiter, doch wir erfahren nichts darüber, wie diese beiden Jugendlichen reagieren.

Aus dem restlichen Protokoll wird auf mehrere Weise deutlich, weshalb sich der Protokollant in seiner Beobachtung auf die Person A konzentrierte und weshalb die anderen Jugendlichen aus seinem Blick gerieten. Detailliert beschreibt der Beobachter, wie dieser Jugendliche A, der mit seinem auffällig gestylten VW-Golf (u.a. mit einer Deutschland-Fahne im hinteren Seitenfenster) mit aufheulendem Motor und wiederholtem Ertönen eines „Signaltons" auf dem Parkplatz gefahren war, auf dem sich die anderen Jugendlichen und die Beobachter seit bereits 30 Minuten aufhielten. Die Inszenierung von A auf dieser Bühne war dann auch insofern erfolgreich, als Unruhe bei der Gruppe der bereits anwesenden Jugendlichen aufkam. Diese Inszenierung beeindruckte jedoch auch den Beobachter, für den nun dieser Jugendliche im Fokus seiner Aufmerksamkeit stand und die anderen Jugendlichen damit aus seiner Perspektive verschwanden. Die Perspektivität des Beobachters wird durch diese detaillierte Beschreibung deutlich. Seine selektive Wahrnehmung wurde ihm auch selbst bewusst. So schreibt der Beobachter: „Dadurch, dass mit dem Erscheinen des Golfs eine Unruhe in die Gruppe gebracht wurde, geriet dieser Fahrer in meinen Beobachtungsfokus."

Während derselben Beobachtungseinheit geriet bei einem anderen Beobachter[7] ebenfalls dieser Jugendliche A in den Mittelpunkt seiner Beobachtung und dann auch der Darstellung des Geschehens in seinem Protokoll. Der zweite Beobachter konzentriert sich dabei jedoch auf die Interaktion von A mit einer jungen Frau. Während der erste Beobachter nur einen Beifahrer von A erwähnte, wird hier noch eine Beifahrerin eingeführt. Aus die-

---

7 Das zweite Protokoll stammt von Kai Hasse.

sem Protokoll erfahren wir nun etwas über den interaktiven Ablauf. Die besonders detailliert beschriebene Szene in diesem Protokoll ist Folgende:

„Nach etwa einer viertel Stunde redet er (A) oft mit der jungen Frau, die mit ihm in seinem Wagen auf den Parkplatz gekommen ist. Nachdem er zum dritten Mal die Musik geändert hat, gibt er beim Zurückkehren der jungen Frau einen Klaps auf den Po. Sie dreht sich um. Beide lächeln. Sie versucht jedoch, ihn zu schlagen. Er weicht mit dem Kopf aus und schafft es, ihre Handgelenke fest zu halten. Nach wenigen Sekunden Rangelei lassen sich beide wieder los. Die nächsten Minuten ist er in ihrer Nähe. Ein weiteres Mal fuchtelt er mit einer für mich nicht weiter identifizierbaren Schachtel vor ihrem Gesicht herum. Es scheint, dass er sie ihr vor die Stirn schlägt. Aber offenbar trifft er sie nie wirklich, sondern bremst seinen Schlag kurz vor ihr ab. Dabei klopft er mit der anderen Hand gegen die Schachtel, dass es einen pochenden Laut gibt. Sie redet auf ihn ein, ihre Stimme ist lauter als zuvor."

Die Beschreibung dieser Interaktionsszene ist detailliert genug, um daran eine sequenzielle Feinanalyse durchzuführen. Bevor ich auf die Möglichkeiten und Beschränkungen von Sequenzanalysen bei Beobachtungsprotokollen eingehe, nochmals zusammengefasst die Regeln für die Form der Protokollierung von Beobachtungen, die Voraussetzung für diese Form der Auswertung sind:

Leitlinien zur Protokollierung von teilnehmender Beobachtung

1. Angabe der wesentlichen „objektiven" Daten zu dem Ort, den anwesenden Personen, dem Zeitablauf und gegebenenfalls zur Organisation, in der die Beobachtung durchgeführt wurde.

2. Informationen über den Zugang zum Feld.

3. Grobe Niederschrift des Gesamtablaufs in der Abfolge des Geschehens. Da nicht alles erfasst und vor allem nicht memoriert werden kann, gilt die Bevorzugung der Fokussierung auf einzelne Interaktionsszenen und damit:

4. *Detaillierte Beschreibung von ca. zwei beobachteten Situationen* in der zeitlichen Abfolge des Geschehens und deren Einbettung in den Ablauf der Gesamtbeobachtung. Dies stellt den zentralen Teil des Protokolls dar.

5. Soweit möglich sollte zwischen beobachteten Handlungsabläufen und Interpretationen unterschieden werden. Einschätzungen sollten nach Möglichkeit anhand von Beobachtungen belegt werden. Diese Regel bedeutet jedoch keine Zurückhaltung bei der Niederschrift von Interpretationen!

6. Niederschrift und Reflexion der eigenen Position im Feld: der Gefühle, der Eindrücke und der Assoziationen während der Beobachtung (eingebettet in den Ablauf der erlebten Situationen), danach sowie beim Schreiben des Protokolls.

7. Notieren von Überlegungen für weitere mögliche Beobachtungen.

4.4.2 Sequenzielle Auswertung der Beobachtungsprotokolle

Die oben zitierte Beobachtungssequenz der Interaktion zwischen einem jungen Mann und einer jungen Frau wurde im Kontext des Seminars, in dem diese Beobachtung durchgeführt worden war, in Anlehnung an das Vorgehen der Objektiven Hermeneutik feinanalytisch ausgewertet. Dabei wurde zunächst der äußere Kontext eingeklammert und Sinneinheit für Sinneinheit (getrennt nach einzelnen Handlungssequenzen) entsprechend dem abduktiv und sequenziell vorgehenden Verfahren (vgl. Kap. 2.5) interpretiert. Begonnen wurde mit der Einheit: „Nach etwa einer viertel Stunde redet er (A) oft mit der jungen Frau, die mit ihm in seinem Wagen auf den Parkplatz gekommen ist." Was dieser Textstelle vorausging, wurde bis zum Abschluss der Feinanalyse ebenfalls nicht zur Kenntnis genommen. Die beiden Beobachter waren während dieses Auswertungsschritts angewiesen, keinerlei weitere Informationen einzuführen. Von Sinneinheit zu Sinneinheit verdichtete sich die Hypothese, dass es sich hier um eine Inszenierung oder um ein Eindrucksmanagement von beiden Personen handelt, das weiterer Zuschauer bedarf bzw. um einen Handlungsablauf, der für Zuschauer zur Schau gestellt wird. Unsere gedankenexperimentell entworfenen Kontexte, in die diese Sequenz pragmatisch passen könnte, bezogen sich also zunehmend auf Situationen, in denen noch andere Personen anwesend waren, die sich von dieser Inszenierung einer „gespielten Gewaltszene" beeindrucken ließen. Am Ende dieser protokollierten Szene erfahren wir dann auch etwas, was dieser Lesart weitere Plausibilität verleiht: „Viele der Freunde sind in der Nähe, lächeln aber genau wie A (der im Fokus stehende Jugendliche)."

Gegen diese Feinanalyse könnte man nun einwenden, dass wir vom Bedarf der Selbstinszenierung des Jugendlichen A und dessen Wirkung bereits im ersten Protokoll erfahren haben; diese sequenzielle Feinanalyse könne also keine weiteren Erkenntnisse bringen. Dagegen ist einzuwenden, dass wir a) mit dieser Analyse einen weiteren Beleg für die Plausibilität dieser Interpretationen haben und b) aufzeigen können, mit welchen Mitteln diese Inszenierung in der Interaktion mit der jungen Frau praktisch hergestellt und nur durch die gemeinsame Herstellung überhaupt wirksam wird. Des Weiteren verdichtete sich bei der Auswertung noch eine weitere Lesart, und zwar, dass sich hinter dieser Inszenierung mehr an Aggression verberge, als es auf der Oberfläche erscheinen mag, diese Inszenierung also dem spielerischen Umgang mit vorhandenen Aggressionen geschuldet sei. Es bedürfte nun weiterer feinanalytischer Auswertungen von anderen Sequenzen, um diese Lesart überprüfen zu können.

Die Auswertung dieser Sequenz ging auch in eine andere Richtung als die Interpretation des Beobachters, die er weiter unten im Protokoll anmerkt:

> „Interpretation: Die Rangeleien sowie das ‚Schachtelboxen' sind offenbar zärtlich gemeint und nicht ernst. Er will sie vermutlich etwas ärgern,

Körperkontakt auf spielerische Weise herstellen und ihre Aufmerksamkeit erregen ..."

Interessant an dieser Interpretation ist, dass sie wiederum auf den Jugendlichen A konzentriert ist. Man gewinnt den Eindruck, als habe A allein den Ablauf der Sequenz initiiert und als ob allein seine Intentionen (die „zärtlich und nicht ernst gemeint" sind) die Bedeutung dieser Szene herstellen würden. Bei der Auswertung dieser Sequenz mit den Studierenden wurden die zitierte Interpretation des Beobachters und Protokollanten sowie seine Vernachlässigung der Perspektive und Intentionen der beobachteten Frau – insbesondere von den Studentinnen der Auswertungsgruppe – auf die geschlechtsspezifische Selektivität eines männlichen Beobachters zurückgeführt. Diese Erklärung konnte der Protokollant – aufgrund der erfolgten Feinanalyse – dann auch ohne weitere „Überzeugungsargumente" akzeptieren.

Für die Planung einer weiteren Beobachtung dieser Gruppe von Jugendlichen wären aus dieser Auswertung Konsequenzen zu ziehen. So wäre es beim nächsten Aufenthalt im Feld geboten, sich bei den Beobachtungen auch auf die Handlungen der anderen Jugendlichen und vor allem auch auf dieses Mädchen zu konzentrieren. Wenn die Möglichkeit besteht, diese Gruppe von Jugendlichen mehrmalig zu beobachten, eventuell auch Gespräche mit den Jugendlichen zu führen und damit auch aus der beobachtenden Rolle in eine stärker teilnehmende Rolle zu kommen, können die bei der Auswertung der Protokolle entwickelten Hypothesen immer wieder im Feld überprüft und zu diesem Zweck gezielt weitere Beobachtungen durchgeführt werden. Damit sei jedoch nicht empfohlen, erneute Feldaufenthalte im Sinne eines induktiven Vorgehens nur zur Suche nach Indizien für oder gegen einmal formulierte Hypothesen zu nutzen. Vielmehr bedarf es im gesamten Beobachtungszeitraum immer wieder der Zurückstellung von Hypothesen und einer bewusst eingenommenen Haltung zur Offenheit für die mögliche Entdeckung von neuen Hypothesen.

Diese wiederholten Feldaufenthalte, die durch Phasen des Schreibens von Beobachtungsprotokollen und deren Auswertung unterbrochen werden, und bei denen die erneuten Beobachtungen zur Überprüfung von Hypothesen dienen, unterscheiden sich von einem Vorgehen, bei dem nur Interviews geführt werden, da sich hier die Phasen von Erhebung und Auswertung nicht so häufig wiederholen. Auch wenn es bei einer Erhebung mittels Interviews möglich ist, mehrere Gespräche mit einer Person zu führen, so wird in der Regel die Auswertung anhand des vorliegenden, gesamten Textmaterials durchgeführt und abgeschlossen und es werden keine weiteren Interviews zum Hypothesentest mit derselben Person geführt. Bei einem auf Tonband oder Video aufgenommenen Interview von längerer Dauer erfolgt der Hypothesentest anhand des bereits erhobenen Materials und bedarf in der Regel – vorausgesetzt die Interviews sind gut geführt – keiner weiteren Feldaufenthalte. Während ein aufgenommenes Interview viel weniger

lückenhaft und viel weniger an die Perspektive des Transkribierenden gebunden ist, können die Schwächen von Beobachtungsprotokollen dagegen
durch mehrmalige und längere Feldaufenthalte kompensiert, die vorhandenen Informationslücken geschlossen und die noch wenig überprüften
Hypothesen bestätigt oder widerlegt werden.

Bei der Auswertung der Protokolle dürfen jedoch sowohl deren Lückenhaf-
tigkeit als auch die möglichen Fehler bei der Beschreibung der sequenziellen Gestalt einer beobachteten Szene nicht unterschätzt werden. So haben
wir in der protokollierten Szene z.B. keine Informationen darüber, wie die
junge Frau körperlich mit dem „Schachtelboxen" umgeht, sondern wir wissen nur, dass sie beginnt, lauter auf A einzureden. So zeigt der Vergleich
von Protokollen verschiedener BeobachterInnen zur selben Szene oder auch
der Vergleich von Protokollen mit Videoaufnahmen derselben Szene, wie
unterschiedlich die Reihenfolge der beschriebenen Handlungseinheiten memoriert werden kann. Die Art und Weise, wie der Beobachter eine Szene
erlebt, hat auch wesentlichen Einfluss auf die Rekonstruktion der Hand-
lungsabfolgen. So ist es z.B. durchaus denkbar, dass in der oben geschilderten Szene die junge Frau zuerst anfing lauter zu sprechen und erst daraufhin
der junge Mann mit dem „Schachtelboxen" begann.

Gerald Schneider (1987: 100) verdeutlicht, dass bei Protokollen „die se-
quentielle Ablaufstruktur allen Handelns tendenziell beschädigt wird, zumindest aber Lücken gerissen werden" und dass dies im Unterschied zur
Auswertung der Transkriptionen aufgenommener Gespräche zum Anwachsen von Lesarten führt: „Die Auslassungen, denen subjektive Relevanzsetzungen zu Grunde liegen, führen bei der Interpretation später teilweise zu
einem Anwachsen der Menge der Lesarten, zwischen denen dann mitunter
nicht mehr entschieden werden kann. Dass eine fehlende Information eine
ganze Szeneninterpretation umstürzen kann, ist hypothetisch denkbar, aber
praktisch ein eher unwahrscheinlicher Fall."

Das Anwachsen der Menge der Lesarten bzw. der im Unterschied zur Analyse von Ton- oder Videoaufzeichnungen weitaus längere Prozess, der zum
Ausschluss von Lesarten und zur zunehmenden Bestätigung anderer Lesarten führt, entspricht auch meinen eigenen Erfahrungen. Im Unterschied zur
Auswertung von Aufzeichnungen bedarf es bei der Analyse von Beobachtungsprotokollen einer größeren Anzahl feinanalytisch ausgewerteter Textsequenzen oder erneuter Überprüfungen in einer erneuten Beobachtung, bis
eine empirische Bestätigung der formulierten Annahmen als erreicht angesehen werden kann. Des Weiteren erweisen sich die unabhängige Protokollierung von zwei BeobachterInnen und der spätere Austausch darüber als
sehr effiziente Möglichkeiten zur Vervollständigung der Ereignisabfolgen
und zur Reflexion des unterschiedlichen Erlebens der Situation, das durchaus auch das unterschiedliche Erleben mehrerer beobachteter Personen repräsentieren kann. Die Wahrnehmung der oben zitierten Situation als „zärt-

lich und nicht ernst gemeint" repräsentiert vermutlich einen Wahrneh-mungstypus, der auch auf die auf dem Parkplatz anwesenden Jugendlichen oder einen Teil von ihnen zutrifft. Insofern gilt es, die Perspektiven der Be-obachterInnen nicht nur hinsichtlich der Reflexion von deren selektiver Wahrnehmung in die Analyse mit einzubeziehen, sondern auch diese als weitere Anhaltspunkte bei der Hypothesengenerierung zu verwenden. Ohne hier im psychoanalytischen Sinne von Gegenübertragung und deren Chan-cen für die Analyse zu sprechen, versteht es sich m.E. in allen Untersu-chungs-Settings von selbst, dass wir unser Erleben und unsere Empfindun-gen in den unterschiedlichen Phasen der Forschung als Schlüssel zur Auf-deckung der zu untersuchenden Fallstruktur verwenden können. Damit meine ich nicht eine Reflexion im Sinne „… was hat es mit mir zu tun, dass ich ..." hier z.B. „… so wütend reagiere?" Diese Art der Fragestellung ge-hört im Grundsatz oder schwerpunktmäßig eher in eine Forschungssupervi-sion, also zu einem anderen Teil des Forschungsprozesses. Bei der Auswer-tung geht es vielmehr vor allem um die Frage: „Was sagt es mir über den Fall aus, dass ich hier so wütend reagiere?" Selbst- und Fremdverstehen sind zwar im Prinzip nicht voneinander zu trennen, doch m.E. erfordert ein Forschungsprozess in getrennten Kontexten die bewusste Fokussierung auf die eine oder andere Seite dieser dialektischen Wechselbeziehung.

Bisher bin ich nur auf *sequenzielle Feinanalysen* einzelner Segmente ein-gegangen. Neben diesem Schritt der Auswertung können auch hier, wie bei der Auswertung von anderem Datenmaterial, entsprechend dem Vorgehen der Objektiven Hermeneutik (vgl. Oevermann u.a. 1980), die *„objektiven Daten"* bzw. die Ereignisdaten hinsichtlich der potenziellen Handlungs-möglichkeiten ausgelegt werden, die den beobachtenden Personen bzw. dem beobachtenden Interaktionssystem offen stehen (vgl. Kap. 6.2.2). So können zu den objektiven Rahmendaten des beobachteten Settings – Ju-gendliche auf einem Parkplatz an einem Samstagabend – Hypothesen da-rüber formuliert werden, welche Möglichkeiten diese Jugendlichen für die Gestaltung dieser Situation hatten. Zielt unsere Beobachtung dagegen auf ein länger bestehendes Interaktionssystem ab, von dem wir schon einige historische Daten kennen – im vorliegenden Beispiel über die Geschichte dieser Clique von Jugendlichen –, könnten wir vor der Analyse einer Beo-bachtungseinheit – wie hier der Samstagabend auf dem Parkplatz – diese Daten sequenziell auswerten. Ist die Fallebene eine Organisation oder eine Teileinheit einer Organisation – wie z.B. die Intensivstation eines Kranken-hauses – bietet sich ebenfalls an, a) die objektiven Rahmendaten zur Situa-tion dieser Station (Anzahl der ÄrztInnen, des Pflegepersonals, die Betten-kapazität, die Räumlichkeiten) auf die Handlungsmöglichkeiten der unter-schiedlichen Akteure hin auszulegen und gegebenenfalls, d.h. je nach Fra-gestellung der Untersuchung, auch b) die historischen Daten dieser Station (welche Personen wann in die Station „eingetreten" sind, welche Verände-rungen wann durchgeführt wurden etc.) sequenziell zu interpretieren. Bei der Fallebene – Patient/in und die Gruppe des ihn betreuenden Pflegepersonals –, wie sie z.B. Schneider für seine Studie definiert, wären dies Daten, die auf die jeweiligen Patienten und Patientinnen bezogen sind (wann kam sie/er auf die Station, in welcher Abfolge wurde sie/er von wem behandelt und betreut, in welcher Abfolge erhielt sie/er welche Behandlungen etc.).

Bei der Auswertung der einzelnen Beobachtungseinheiten, für die jeweils ein Protokoll geschrieben wird, führen wir zunächst eine sequenzielle Analyse der „objektiven" Daten zum faktischen Geschehen durch.

Im gegebenen Fall wäre das erste auszulegende Datum die Ausgangssituation der Beobachtung, die ich aus den beiden vorliegenden Protokollen entnehme:

„5 Jugendliche stehen mit zwei Pkws auf einem Parkplatz, aus einem Pkw dringt laute Hip-Hop-Musik, die drei männlichen Jugendlichen trinken Bier aus Dosen, die zwei Mädchen Sekt. Etwa 150 Meter vom Parkplatz entfernt steht an der Straßenecke vor McDonalds eine weitere Gruppe von Jugendlichen (4 männliche und 3 weibliche). Auf dem Parkplatz kommt nun das Auto der beiden Beobachter hinzu, die aus ihrem Auto aussteigen."

Bei einer Analyse werden hier Hypothesen über den weiteren Fortgang formuliert, d.h. über die unterschiedlichen Möglichkeiten der Kontaktaufnahme zwischen den beiden bzw. den drei Gruppen (Jugendliche auf dem Parkplatz, Jugendliche an der Straßenecke und Beobachter). So ist es sowohl denkbar, dass die beiden Beobachter argwöhnisch beobachtet oder angemacht, als auch, dass sie ignoriert werden.

Folgende weitere Daten zur Vorgeschichte der zitierten, bereits feinanalytisch ausgewerteten Szene sind den zwei vorliegenden Protokollen zu entnehmen:

Die anwesenden Jugendlichen auf dem Parkplatz unterhalten sich, ein Jugendlicher telefoniert häufig mit seinem Handy.

- Ein Jugendlicher von der Gruppe an der Ecke von McDonalds kommt auf den Parkplatz und begrüßt die Jugendlichen dort – die Männer mit Handschlag, die Frauen mit Kuss auf die Wange.
- Dieser Jugendliche unterhält sich kurz und geht dann wieder zu „seiner" Gruppe zurück.
- Es fahren immer wieder Jugendliche in ihren Autos am Parkplatz vorbei und beschleunigen stark vor dem Parkplatz.
- Ca. nach einer halben Stunde fährt ein Wagen (A und zwei Begleiter) auf den Parkplatz ... (Beschreibung des Wagens und der Anfahrt).

Ohne hier nun die unterschiedlichen Hypothesen vorzustellen, wird vermutlich deutlich, dass dieser Analyseschritt in viel stärkerem Ausmaß, als es zunächst bei der Feinanalyse der Fall war, die zwei Beobachter in das Geschehen und damit in die Hypothesenbildung darüber einbeziehen würde. Aus dem beschriebenen Ablauf ergibt sich z.b. die Hypothese, dass die drei neu hinzukommenden Jugendlichen von jenem Jugendlichen, der öfters mit seinem Handy telefoniert, herbeitelefoniert wurden und dies vielleicht im Zusammenhang mit den anwesenden „fremden" Beobachtern steht.[8]

Die Einbettung der feinanalytisch ausgewerteten Szene über die Interaktion zwischen dem jungen Mann und der jungen Frau in diesen Kontext des faktischen Gesamtablaufs davor und deren bereits erfolgte Auslegung führt dann zu weiteren Annahmen über die mögliche Bedeutung des „Schachtelboxens" als Inszenierung für die zwei „fremden" Männer auf dem Parkplatz oder als aufgrund der anwesenden Fremden „gehemmte Aggression", etc.

Ein Vorgehen, das darauf bedacht ist, die sequenzielle Struktur sozialen Handelns zu beachten und Phänomene in der Abfolge ihrer Entstehung zu rekonstruieren, wird dieses Prinzip neben der sequenziellen Analyse der Ereignisdaten zum faktischen Geschehen während einer Beobachtungseinheit, auch auf das gesamte Textmaterial zu einem Fall bzw. auf eine Teilmenge im Sinne einer zweiten theoretischen Stichprobe (vgl. Kap. 3) anwenden. Damit meine ich nicht nur die sequenzielle Auswertung eines Protokolls, sondern auch die aller oder mehrer Protokolle bezogen auf einen Fall – sowie auch anderer Materialien über den Fall – in der Abfolge ihrer Entstehung bzw. in der Abfolge der Beobachtungen (vgl. Köttig 2004: 85ff.). Bei einer längeren Feldforschung und einer großen Anzahl von Beobachtungsprotokollen kann eine sorgfältige Form der Auswertung sicherlich nicht bei allen Protokollen Anwendung finden. Hier empfiehlt sich vielmehr nach einer Globalanalyse der Protokolle eine gezielte zweite Stichprobenziehung von ausgewählten Protokollen aus unterschiedlichen Phasen des gesamten Feldaufenthalts.

In der Logik eines sequenziellen Vorgehens bietet es sich darüber hinaus an, nach der Auswertung eines Protokolls Hypothesen darüber zu formulieren, wie es in dem beobachteten Setting entsprechend den bisher formulierten Hypothesen weitergehen könnte bzw. welcher Fortgang die bisherigen Hypothesen belegen oder widerlegen könnte. Dabei geht es nicht nur um eine Hypothesenbildung im Sinne einer fortdauernden Reproduktion des beobachteten Settings oder sozialen Systems, sondern vielmehr auch um das Formulieren von Hypothesen darüber, was im vorliegenden Fall geschehen müsste, damit sich eine Strukturveränderung desselben ergeben könnte. Die bei einer Sequenzanalyse formulierten Prognosen sollten insbesondere zur Vermeidung von statischen Zuschreibungen bzw. mechanisch-

---

8 Die Beobachter waren mit einer weißen Passat-Limousine auf dem Parkplatz. Jan Mielenhausen vermerkt in seinem Protokoll, „dieser PKW-Typ wird zumindest nach meinen Erfahrungen in Göttingen häufig als Zivilstreife genutzt", und er vermutet, „dass wir von den Jugendlichen als Zivilfahnder der Polizei wahrgenommen wurden".

deterministischen Fehldeutungen des Falles immer auch Ereigniskonstellationen angeben, unter denen grundlegende Transformationen möglich sein könnten.

Mit dem Verfahren einer sequenziellen Auswertung von protokollierten Beobachtungseinheiten in ihrer zeitlichen Abfolgeordnung wird es auch möglich, die sich im Lauf der Beobachtungen verändernde Perspektive des Beobachters und damit die Wandlungsprozesse von einem fremden zu einem mehr und mehr vertrauten Teilnehmer an der erforschten Lebenswelt zu rekonstruieren. Also dadurch, dass der Beobachtungsprozess selbst als ein strukturierter Prozess betrachtet wird, lässt sich der Tendenz entgegenwirken, dass die Selbstreflexion des Beobachters lediglich zu einer generalisierten Infragestellung von Forschungsergebnissen und einem forschungspraktisch sterilen Relativismus führt.

Ich plädiere bei der teilnehmenden Beobachtung ebenso wie Gerald Schneider oder Bruno Hildenbrand (1994) für eine am Einzelfall orientierte Vorgehensweise. Dabei gilt zunächst zu definieren, was der Fall bzw. die Fallebene ist (vgl. Kap. 6.3). Es muss vor der Analyse der Protokolle bestimmt werden, ob der Fall der einzelne Jugendliche ist oder die Gruppe der Jugendlichen oder – wie bei unserer Untersuchung im Berliner Jugendaufbauwerk – eine Werkstatt, zu der ein Meister und die darin auszubildenden Jugendlichen gehören, oder eine Organisation wie ein Krankenhaus oder eine „kleine Lebenswelt" wie die nächtlichen Besucher eines Parkplatzes. Schneider definierte bei seiner Untersuchung über die Interaktion auf einer Intensivstation die Fallebene wie folgt: „Dabei wird ein Fall jeweils durch einen Patienten und die Gruppe des ihn betreuenden Pflegepersonals gebildet" (1987: 94). Der Autor musste dann jedoch eingestehen, dass er anhand der aus einem größeren Forschungskontext[9] stammenden Protokolle gewissen Einschränkungen unterlag, da meist nicht genügend Beobachtungen auf einen bestimmten Patienten bzw. eine bestimmte Patientin bezogen vorlagen. Damit konnte die Analyse nicht „konsequent auf den Entwicklungsprozess einiger Fälle" (ebenda: 95) fokussiert werden. Es ist deshalb dringend erforderlich, vorab festzulegen „was der Fall sein soll" oder sich dafür zu entscheiden, dass die Definition der Fallebene selbst in den Entdeckungsprozess einbezogen werden soll, die Frage nach dem Fall also im Verlauf der Beobachtung zu beantworten ist. Eine solche Offenheit für die Klärung der Fallebene im Forschungsprozess könnte sich z.B. für die Beobachtungen auf jenem Parkplatz bei McDonalds in Northeim anbieten, der bei der „Suche" nach Jugendlichen auf öffentlichen Plätzen in Northeim „entdeckt" wurde. Vermutlich würde sich langfristig die „Bühne" dieses Parkplatzes, dessen „kleine Lebenswelt", als Fall anbieten oder die hier be-

---

9 Die Protokolle entstanden im Rahmen des von Elmar Weingarten geleiteten Forschungsprojekts „Patientenorientierte Intensivtherapie und medizinische Technologie".

obachtete Gruppe von Jugendlichen, die im Weiteren auch in anderen Settings beobachtet werden würde.

Leitlinien zur sequenziellen Auswertung der Beobachtungsprotokolle

A Vor der Auswertung der Protokolle zu einem Fall
Analyse der „objektiven" Rahmendaten und – je nach Fragestellung – sequenzielle Analyse der historischen Daten zum Fall

B Auswertung des Protokolls zu einer Beobachtungseinheit
1. Sequenzielle Analyse der „objektiven" Daten zum faktischen Geschehen, d.h. mit Bezug auf die zeitlich aufeinander folgenden einzelnen Phasen des Gesamtablaufs
2. Feinanalytische Auswertung der detailliert geschilderten Szenen
3. Einbettung der Szenen in den Gesamtablauf der Beobachtungseinheit und den Gesamtkontext des Falles (vgl. A)
4. Auf der Basis der bisherigen Hypothesen: Formulierung von Folgehypothesen über den weiteren Fortgang im Feld
5. Überlegungen zum Design von weiteren möglichen Beobachtungen anhand der Auswertung

C Auswertung von ausgewählten Protokollen (zweite theoretische Stichprobe) gemäß der zeitlichen Abfolge der Beobachtungseinheiten

---

5. Vom offenen Leitfadeninterview zum narrativen Interview

5.1 Einleitung

Qualitative oder offene Interviews, die (wie im letzten Kapitel verdeutlicht) auch eine wichtige Rolle in der Feldforschung[1] spielen, sind sowohl international als auch in den unterschiedlichen sozialwissenschaftlichen Disziplinen die am häufigsten verwendete Form der sozialwissenschaftlichen Erhebung. So schätzte Charles Briggs bereits 1986, dass 90% aller sozialwissenschaftlichen Untersuchungen auf Interviews beruhen. David Silverman spricht (1993: 19) von einer "interview society", in der Interviews eine zentrale Bedeutung in unserem Leben einzunehmen scheinen. In den unterschiedlichsten Bereichen der Gesellschaft und der Medien werden Informationen mit Hilfe von Befragungen eingeholt, Interviews zur Unterhaltung in Talkshows geführt und bekannte Persönlichkeiten befragt. So haben wohl die meisten Menschen in den modernen Gesellschaften verhältnismäßig differenzierte Vorstellungen darüber, wie Interviews geführt werden können, was daran angenehm und was eher unangenehm ist.

Für die Sozialwissenschaftlerin ist das Interview im Unterschied zur Beobachtung mit weit weniger zeitlichem, aber auch emotionalem Aufwand verbunden. InterviewerInnen gehen nur für kurze Zeit ins Feld, aus dem sie sich nach Abschluss der jeweiligen Befragung wieder zurückziehen können. Darüber hinaus ermöglicht das Interview mit Hilfe von Tonband- oder auch Videoaufnahmen recht unkompliziert die registrierende Konservierung (vgl. Bergmann 1985).

Während in der traditionellen Sozialforschung offene Interviews mit explorativem Anliegen im Rahmen von Pilotstudien mit dem Ziel einer späteren Fragebogenkonstruktion oder zusätzlich zu anderen Erhebungsformen eingesetzt werden, z.B. mit ExpertInnen, die über ein Fachwissen im Bereich des zu untersuchenden Feldes verfügen (s.w.u.), nehmen sie in der interpretativen Sozialforschung eine zentrale Rolle ein. Die Entscheidung, eine Form des offen geführten Interviews bei einer Untersuchung anzuwenden, ist hier dem Ziel geschuldet, das zu untersuchende Thema aus der Perspektive der Interviewten zu erfassen und darüber hinaus verstehen und erklären

---

1 Zum ethnographischen Interview in der Feldforschung siehe insbesondere Spradley 1979.

zu können, weshalb eine bestimmte Perspektive eingenommen wird, wie sich diese im Laufe des Lebens entwickelt hat oder auch wie diese im Interviewkontext erzeugt wird.

In der Bundesrepublik sind die verschiedenen Verfahren des offenen Interviews verbunden mit der in den 1970er Jahren verstärkt beginnenden Rückbesinnung auf die methodologischen Implikationen einer verstehenden oder interpretativen Soziologie. Neben den damals vorgestellten methodologischen und empirischen Arbeiten im Kontext der „Arbeitsgruppe Bielefelder Soziologen" wurden zu dieser Zeit u.a. von Christel Hopf (1978) und Martin Kohli (1976; 1978) wichtige Plädoyers für offene Interviews und eine konsequente Umsetzung eines offenen Vorgehens in der soziologischen Community gehalten, die weithin diskutiert wurden. Mit dem narrativen Interview stellte Fritz Schütze, ein Mitglied der Arbeitsgruppe Bielefelder Soziologen, ebenfalls Mitte der 70er Jahre eine dezidierte und ausgefeilte Technik der offenen Interviewführung vor. Das narrative Interview hat sich mittlerweile in Deutschland und auch international – insbesondere in der soziologischen Biographieforschung – als Instrument in der interpretativen Sozialforschung etabliert und wird weit über Schützes MitarbeiterInnenkreis hinaus angewandt. Es handelt sich dabei um eine Technik, bei der das „Prinzip der Offenheit" sowohl in der Gesprächsführung als auch bei den Möglichkeiten der Auswertung am konsequentesten umgesetzt wird. Des Weiteren lässt sich die narrative Gesprächsführung leicht auch auf andere Formen des Interviews – wie z.B. das fokussierte Interview – übertragen. Daher werde ich auf diese Interviewtechnik im Zusammenhang sowohl der Biographieforschung als auch mit anderen Forschungskontexten, wie z.B. bei Interviews mit ExpertInnen, später recht ausführlich eingehen (Kap. 5.3). Zunächst jedoch einige Ausführungen dazu, was unter dem Begriff „offen" bei einem Interview zu verstehen ist und welche verschiedenen Interviewformen in diesem Bereich anzutreffen sind.

5.2 Zum Ringen mit einem am jeweiligen Gesprächspartner orientierten offenen Vorgehen

Ein als offen bezeichnetes Interview zeichnet sich dadurch aus, dass im Unterschied zu einem Fragebogen oder einem standardisierten Interview dem Interviewten eine aktive Rolle im Gesprächsablauf ermöglicht wird. Während beim standardisierten Interview die vorformulierten Fragen eines Interviewleitfadens in einer spezifischen Reihenfolge gestellt werden, geht es beim offenen Interview um einen an den Äußerungen des Interviewten orientierten Gesprächsverlauf. Ganz im Unterschied zu einem standardisierten Vorgehen wird in der interpretativen Sozialforschung die Interaktion zwischen Interviewtem und Interviewer nicht als Störung angesehen, sondern selbst als ein wesentlicher Bestandteil des Forschungsprozesses (vgl. Kap. 2.2.). Auf der Grundlage einer konstruktivistischen Perspektive wird das

Interview nicht als eine Form verstanden, in der einfach Informationen abgeholt werden, sondern als eine Form der gemeinsamen sozialen Produktion sozialer Wirklichkeit durch Interviewer und Befragten. James A. Holstein und Jaber F. Gubrium (1995) sprechen in diesem Zusammenhang vom „active interview", in dem gemeinsam in der Interaktion Bedeutung hergestellt wird. Sie machen deutlich, dass das Interview nicht als „Pipeline" für einen dank „richtigen" Fragens unverfälschten Abfluss von bestehendem Wissen betrachtet werden kann, da in jedem Interview eine Form der sozialen Beziehung zwischen dem Interviewer und dem Befragten hergestellt wird. Das offene oder aktive Interview ermöglicht uns vielmehr, die interaktiven Prozesse der Herstellung von Bedeutung und Wissen aufzuzeigen (ebenda: 3). Je offener ein Interview geführt wird, umso größer ist die Chance, diese Prozesse transparent werden zu lassen. Als Regel für die Interviewführung kann gelten: Je niedriger der Grad der Standardisierung, je weniger starr also die vom Interviewer oder der Interviewerin vorgegebene Struktur des Gesprächs ist, umso mehr werden die Befragten ihre Perspektive entfalten können und umso mehr werden die interaktiven Prozesse der Situationsdefinition bzw. Rahmung deutlich werden. Christel Hopf bringt die Chancen der offenen Interviewführung komprimiert zum Ausdruck: „Durch die Möglichkeit, Situationsdeutungen und Handlungsmotive in offener Form zu erfragen, Alltagstheorien und Selbstinterpretationen differenziert und offen zu erheben, und durch die Möglichkeit der diskursiven Verständigung über Interpretationen sind mit offenen und teilstandardisierten Interviews wichtige Chancen einer empirischen Umsetzung handlungstheoretischer Konzeptionen in Soziologie und Psychologie gegeben" (Hopf 2000a:350).

Was mit einer offenen Gesprächsführung genau gemeint ist bzw. wie weit diese Offenheit gehen kann, darüber gibt es eine lange und meiner Ansicht nach mittlerweile in Bezug auf ein *hypothesengenerierendes* Vorgehen überholte Auseinandersetzung. Bei Interviews, die im Unterschied zum narrativen Interview mit vorab formulierten Interviewleitfäden arbeiten, stellen sich z.B. folgende Fragen:

- Wie weit sollen die Interviewfragen in einem Leitfaden bereits ausformuliert sein?
- Soll nur eine Liste mit Stichpunkten zu einzelnen Themenbereichen formuliert werden, die im Lauf des Gesprächs behandelt werden sollen?
- Sollen die Fragen immer in der gleichen Reihenfolge gestellt werden?
- Müssen bei allen Interviewten alle Fragen aus dem Leitfaden gestellt werden?

Bei diesen Fragen zur Gestaltung eines Interviewleitfadens wird deutlich, dass sie sich noch an den Qualitätskriterien einer standardisierten Interviewführung und an der Überprüfung vorab formulierter Annahmen bzw.

anders formuliert, dem Testen von Hypothesen orientieren. Ein Themenkatalog für einen Leitfaden kann demnach nur dann erstellt werden, wenn die SozialforscherInnen über Annahmen verfügen, welche Themen bei einem bestimmten Themenfeld relevant sein könnten. Die Entscheidung zu einem Leitfaden-Interview setzt damit bereits sowohl eine Kenntnis des zu untersuchenden Feldes als auch theoretische Vorüberlegungen voraus. Zugespitzt wird dies von Barbara Friebertshäuser wie folgt formuliert: „Erst auf der Basis fundierter, theoretischer oder empirischer Kenntnisse lassen sich Leitfaden-Fragen formulieren" (1997a:376).

Bei einem *hypothesenüberprüfenden* Vorgehen, das noch einen gewissen Raum zur Modifikation der Hypothesen geben soll, bietet sich ein Vorgehen mit einem Leitfaden an. Meist sind jedoch Überlegungen zur Gestaltung des Leitfadens in einem „offeneren" Untersuchungsdesign mit der Vorstellung verbunden, es sei zur Vergleichbarkeit der Interviews notwendig, allen Interviewten die gleichen Fragen und diese auch in der gleichen Reihenfolge zu stellen, da ihnen die gleichen Anreize gegeben werden müssten. Voraussetzung für diese Überlegung ist die Annahme, dass gleichgestellte Fragen gleiche Anreize für die Interviewten bedeuten, bzw. dass Menschen die Sprachsymbole, wenn sie richtig formuliert sind, mehr oder weniger einheitlich interpretieren. Die Zuschreibung von Bedeutungen wird jedoch erzeugt durch die subjektiven Perspektiven, die sowohl im lebensgeschichtlichen Prozess als auch in der Interviewsituation auf interaktive Weise entstanden sind (vgl. Kap.2.2). Fragen mit gleichem Wortlaut können also sowohl für verschiedene Interviewte als auch für die selbe Person in verschiedenen Lebens- und Interviewkontexten völlig Unterschiedliches bedeuten. Aron Cicourel setzte sich mit diesem Problem in seiner für die Methodendiskussion in den 1970er Jahren so wichtigen Schrift „Methode und Messung in der Soziologie"[2] ausführlich auseinander. Er kommt zu der Folgerung, dass wir Konstanz nur dadurch erreichen können, wenn wir den Befragten verschiedene „Stimuli" anbieten, denen die gleiche Bedeutung zugeordnet wird:

> „... die gleichen Stimuli, die benutzt werden, um die Erfahrung und Bewusstwerdung irgendeines Objekts in einem Subjekt hervorzubringen, bringen nicht notwendig die gleiche Erfahrung und Bewusstwerdung in einem anderen Subjekt hervor. Deshalb offenbart eine Verteilung von Antworten auf identische Stimuli nicht notwendig die Natur von Objektkonstanz. Gleichwohl kann Konstanz erreicht, können die gleichen Bedeutungen zugeordnet werden, wenn verschiedenen Versuchspersonen verschiedene Stimuli angeboten werden." (Cicourel 1974: 310f.)

Konsequent offen geführte Interviews bedeuten, dass wir uns in unseren Fragen an den Sprachcodes der Interviewten und am Gesprächsverlauf ori-

---

2 Die englische Originalausgabe erschien bereits 1964 und die deutsche Erstausgabe 1970.

entieren. Damit bedarf es dann auch nicht wie bei einem Fragebogen oder standardisierten Interview Überlegungen darüber, wie bestimmte Phänomene sprachlich in konstanter Form gefasst werden können. Spricht zum Beispiel ein Zeitzeuge des Zweiten Weltkrieges vom „Zusammenbruch 1945", der andere vom „Kriegsende" und ein weiterer von „Befreiung", so kann ich als Interviewerin bei meinen weiteren Fragen diese mit ganz unterschiedlichen Konnotationen dieser historischen Phase verbundenen Formulierungen übernehmen. Die Strukturierung des Gesprächsverlaufs durch den Befragten im Unterschied zum Abhaken meiner vorab überlegten Themenbereiche bedeutet, sich auch auf die vom Interviewten gesetzte Themenabfolge und dessen temporale und thematische Sprünge einzulassen, auch wenn mir dies als Interviewerin zunächst nicht als plausibel erscheint. Wenn z.B. eine aus dem Libanon stammende Befragte in einem Interview zum Erleben des 11. Septembers 2001 von der Beschreibung der einstürzenden Twin Towers in New York, die sie im Fernsehen gesehen hat, direkt auf ihr Kriegserleben im Libanon zu sprechen kommt, würde eine offene Gesprächsführung ein Eingehen auf dieses Kriegserleben und Fragen dazu bedeuten, während in einem anderen Interview eigene Kriegs- oder Gewalterfahrungen überhaupt kein Thema zu sein bräuchten.

Je stärker jedoch ein Interviewleitfaden ausformuliert ist, umso beschwerlicher wird es für die InterviewerInnen, sich davon zu lösen und die mühsam vorab entwickelten Formulierungen nicht einzusetzen oder all die für wichtig erhaltenen Themenbereiche nicht anzusprechen. Christel Hopf (1978) spricht in diesem Zusammenhang von Leitfadenbürokratie und verdeutlicht, dass der Leitfaden die Gefahr mit sich bringt, dass die InterviewerInnen sich gedrängt fühlen, alle Themenbereiche abzuhaken und damit Vertiefungsfragen zu unterlassen. Sie fordert dagegen von den InterviewerInnen die Flexibilität, gegebenenfalls vom Leitfaden abzuweichen und je nach Gesprächsverlauf eventuell Themen aufzunehmen, die nicht im Leitfaden enthalten sind. Meiner Ansicht nach sollte im Kontext eines Hypothesen und gegenstandsbezogene Theorien entdeckenden Vorgehens auf die *Ausformulierung* eines Leitfadens überhaupt verzichtet und eine Interviewform gewählt werden, die mit möglichst wenig vorab formulierten Fragen oder Themenbereichen auskommt und sich dagegen vor allem an dem durch die Interviewten selbst strukturierten Gesprächsverlauf orientiert. Die Aufgabe des Interviewers oder der Interviewerin ist, zu versuchen, die Bedeutungszuschreibungen, die Relevanzen und die Erfahrungen der Befragten transparent werden zu lassen. Hierzu ist es hilfreich, wenn sich der Interviewer in die Position eines Fremden begibt, der auch bei Antworten bzw. Themenentwicklungen, die ihm plausibel erscheinen, nicht vorschnell zu verstehen meint, sondern vielmehr durch Vertiefungsfragen die jeweiligen Bedeutungen von Aussagen aufzuklären versucht oder teilweise nur durch weiteres Zuhören und durch nonverbale Gesten den Interviewten zu weiteren Ausführungen motiviert.

Wir brauchen also eine Gesprächsführung, die es ermöglicht, „die Perspektiven der an dem Interview Beteiligten und die Kontextbedingungen möglichst deutlich sichtbar zu machen bzw. sichtbar werden zu lassen, damit sie in der Dateninterpretation gebührend in Rechnung gestellt werden können, d.h. abgeschätzt werden kann, was das Interview jeweils repräsentiert", schreibt Martin Kohli (1978: 6). Betrachtet man die Literatur zu offenen Interviews bzw. die empirischen Studien, die mit offenen Interviews arbeiten, dann fällt auf, dass, abgesehen vom narrativen Interview und der aus therapeutischen Settings entlehnten klientenzentrierten (Rogers 1951) oder psychoanalytisch orientierten Gesprächsführung, kaum systematisch oder theoretisch begründete Frage- bzw. Gesprächstechniken vorliegen. Überlegungen darüber, dass Fragen nicht zu umständlich oder zu lang formuliert werden und sich an der Alltagssprache der Interviewten orientieren sollten, sind keinen theoretischen Überlegungen und auch keiner bestimmten Gesprächsführung geschuldet. Auch gibt uns die Forderung nach offenen Fragen, die im Unterschied zu geschlossenen kein Antwortschema wie: „Ich bin für oder gegen die Todesstrafe" vorgeben (vgl. Lamnek 1995, Bd. II: 58f.), noch keine Hinweise darauf, nach welchen Überlegungen offene Fragen formuliert werden sollen. Siegfried Lamnek formuliert im Zusammenhang mit diesem Beispiel die Frage „Was halten Sie von der Todesstrafe?" (ebenda) und versteht dies als eine offene Frage. In seinen Ausführungen wird zwar leicht nachvollziehbar, wie geschlossene Fragen formuliert sein müssen, seine Hinweise für eine offene Gesprächsführung bleiben jedoch vage und – wie mit der zitierten „offenen" Frage deutlich wird – sie sind auch nicht überzeugend, da diese Frage wohl kaum zu einer längeren autonom strukturierten Antwort einlädt. Mit einem Leitfaden, der ähnlich „offene" Frageformulierungen wie die zitierte enthielte, wären wir bei Vertiefungsfragen – z.B. auf eine Antwort wie: „recht wenig" – dann auf unsere Alltagskompetenzen verwiesen.

Wenn bei einer empirischen Studie der Anspruch erhoben wird, dass mit offenen Interviews oder einem „offenen Leitfaden" gearbeitet wurde, ist damit auch noch keinerlei Hinweis auf die Gesprächstechnik gegeben und oft ist der Gesprächsverlauf von den impliziten Alltagstechniken der InterviewerInnen, ihren jeweiligen akademischen Schwerpunkten und Disziplinen bestimmt. Wie wenig die InterviewerInnen sich selbst über ihre Techniken bewusst sind bzw. überhaupt ahnen, dass sie immer wieder ganz bestimmte Frageformen oder -richtungen einsetzen, ist mir in meinen seit vielen Jahren in unterschiedlichen Kontexten durchgeführten Schulungen zur Interview- und Gesprächsführung sehr deutlich geworden. Tendieren z.B. HistorikerInnen bei oralgeschichtlichen Interviews zu Fragen nach den „Fakten", wie dem Zeitpunkt des Geschehens („Wann war das") oder dem Namen des Ortes, in dem etwas erlebt wurde, richten sich die Fragen von PsychologInnen stärker auf die Gefühlsebene („Was haben Sie damals gefühlt?") und die der SoziologInnen auf die Ebene der Kognitionen („Warum haben Sie sich dazu entschieden?" oder „Weshalb haben Sie so gehandelt?").

5.3 Verschiedene Varianten eines halb offenen Vorgehens

Die unterschiedlichen Formen des offenen Interviews, die z.b. Christel Hopf (2000a) in ihrem Handbuchartikel vorstellt[3], unterscheiden sich in erster Linie danach, mit welchen Vorgaben das Gespräch begonnen wird. Neben dem narrativen Interview, das mit einer eine Erzählung generierenden Eingangsfrage operiert und dem klinischen Interview, das je nach therapeutischer Richtung unterschiedlich geführt wird, diskutiert Christel Hopf das fokussierte Interview, bei dem ein bestimmter Gesprächsgegenstand vorgegeben wird, und das Struktur- oder Dilemma-Interview mit der Vorlage einer moralischen Konfliktsituation. Mit solchen Vorgaben ist es möglich, dass der weitere Gesprächsverlauf durch die Befragten bestimmt werden kann und dass auch andere Gesprächstechniken als von den Begründern dieser Verfahren geplant, wie z.B. die narrative, im Verlauf des Interviews eingesetzt werden könnten. Darüber hinaus können diese Interviewformen mit einem narrativen Interview oder der narrativen Gesprächsführung verbunden werden. Bevor ich auf das narrative Interview und die narrative Gesprächsführung eingehe, einige Ausführungen zum fokussierten Interview, zum Struktur- oder Dilemma-Interview sowie zu ExpertInneninterviews, die sich ebenfalls mit einer narrativen Gesprächsführung verbinden lassen.

Das fokussierte Interview. Diese Interviewform wurde in den 1940er Jahren von Robert Merton und Patricia Kendall (vgl. Merton & Kendall 1979; Merton u.a. 1956) im Rahmen von Kommunikationsforschung und Propagandaanalysen entwickelt. Die Besonderheiten dieses Vorgehens, das zunächst in Gruppeninterviews angewandt wurde, jedoch ebenso in Einzelinterviews möglich ist, sind nach Merton und Kendall (1979: 171), dass alle Befragten „eine ganz konkrete Situation erlebt haben". Damit ist gemeint, dass sie entweder einen Film gesehen, einen bestimmten Zeitungsartikel oder anderen Text gelesen oder eine bestimmte Radiosendung gehört haben. Das fokussierte Interview zielt also darauf ab, die Reaktionen und Interpretationen auf ein von allen erlebtes soziales Phänomen mit einem ansatzweise offenen Vorgehen zu erheben. Für Merton und Kendall (1979: 171) war von Bedeutung, dass diese Gesprächsvorgaben zunächst eine inhaltsanalytische Auswertung ermöglichten, die „zu einer Reihe von Hypothesen über die Bedeutung und die Wirkungen bestimmter Aspekte dieser Situation" führt. Diese Hypothesen dienen dann zur Formulierung eines Interviewleitfadens. Mit dem Versuch einer dennoch relativ offenen Ge-

---

3 Weitere und ähnliche Überblicke finden sich bei Flick (1995: 94ff.); Friebertshäuser (1997a) oder Lamnek (1995, Bd. II: 35ff.).

sprächsführung, die auch das Sprechen über nicht vorgegebene Sachverhalte ermöglichen kann, zielt dieses Verfahren auf die Möglichkeit, „nicht antizipierte Reaktionen auf die Situation festzustellen und sie zum Anlass für die Bildung neuer Hypothesen zu nehmen" (ebenda: 172). Merton und Kendall setzten sowohl „unstrukturierte Fragen" ein, die den Interviewten die Möglichkeit geben sollten, sich auf alle möglichen Aspekte der vorgegebenen „Stimuli" beziehen zu können, als auch halbstrukturierte und strukturierte Fragen. Beispiele für unstrukturierte Fragen sind: „Was beeindruckte Sie an diesem Film am meisten?" oder „Was fiel Ihnen an diesem Film besonders auf?" (ebenda: 180). Ein Beispiel für eine strukturierte Frage dagegen ist: „Finden Sie, wenn Sie nach dem Film urteilen, dass die deutsche Kampfausrüstung besser, gleich gut oder schlechter war als die der Amerikaner?" (ebenda: 181).

Es wird deutlich, dass es sich bei Mertons und Kendalls Verfahren um einen Balanceakt zwischen einem *hypothesentestenden* und einem *hypothesengenerierenden* Verfahren handelt. So problematisieren die Autoren zwar, dass der Leitfaden möglicherweise wie eine Zwangsjacke wirken könne, meinen dann jedoch, dass er für die Vergleichbarkeit der Interviews notwendig sei, damit die „gleichen Bezugspunkte berührt werden" (ebenda: 184).

Das fokussierte Interview wird heutzutage in unterschiedlichen Forschungsbereichen, wie z.B. in der Medien- und Leseforschung (vgl. Pette 2001), und in Kombination mit einem jeweils mehr oder weniger konsequent offenen Vorgehen angewandt. Heide Appelsmeyer (1996), die eine vergleichende Analyse biographischer und literarischer Konstruktionen älterer Frauen durchführte, legte bei einem zweiten Gesprächstermin, der auf ein biographisch-narratives Interview folgte, den Frauen einen literarischen Text – „Zwei Frauen im Spiegel" von Gabriele Wohnmann – vor. Über ihr Vorgehen schreibt sie: „Eröffnet wurde das Gespräch im Allgemeinen durch die Frage: ‚Frau X, wie ist es Ihnen mit dem Text ergangen?', die verschiedene Erlebensqualitäten im Umgang mit dem Text ansprechen sollte" (Appelsmeyer 1996: 126).

Christel Hopf und ihre Mitarbeiter setzten das fokussierte Interview in einem Projekt zur „subjektiven Bedeutung filmischer Gewaltdarstellungen für Jugendliche" ein (Hopf 2000a; 2001). Sie zeigten den Jugendlichen den „Spielfilm ‚Romper-Stomper', in dem es um eine gewaltorientierte Gruppe rechtsextremer Skinheads in Australien ging, und unmittelbar nach dem Betrachten des Films wurden die Befragten zu ihrem Filmerleben befragt" (Hopf 2001: 153). Die offene Gesprächsführung ermöglichte es dann auch, dass die Jugendlichen über eigene Gewalterfahrungen berichteten. Außerdem wurden bei einem zweiten Termin biographische Interviews mit „flexibel zu handhabenden Leitfäden" (ebenda) zur Medienbiographie der Jugendlichen geführt.

Struktur- oder Dilemma-Interview. Ein ganz ähnliches Vorgehen im Hinblick auf eine gemeinsame Gesprächsvorgabe findet sich beim Strukturoder Dilemma-Interview, bei dem den Interviewten Geschichten über moralische Konfliktsituationen vorgelesen oder vorgelegt und sie aufgefordert werden, dazu Stellung zu beziehen, ihre Urteile zu begründen oder auch auszuführen, wie sie sich in einer ähnlichen Situation verhalten würden.

Während dieses in der Piaget-Kohlberg-Tradition entwickelte Verfahren noch oft mit einem relativ stark standardisierten Leitfaden zur Erfassung moralischer Urteile angewandt wird (vgl. Kohlberg 1976), können solche Interviews auch weit offener geführt und auf andere Fragestellungen übertragen werden (vgl. Aufenanger 1991; Döbert/Nunner-Winkler 1983; Hopf u.a. 1995; Litvak-Hirsch u.a. 2003; Nunner-Winkler 1989; Schuhler 1979). Vor allem können dabei ohne weiteres auch Konfliktsituationen aus dem Alltag der Interviewten vorgegeben werden, anstelle der in dieser Forschungstradition früher üblichen alltagsfernen Dilemmata – wie: „Heinz bricht in eine Apotheke ein und stiehlt für seine krebskranke Frau ein für ihn unbezahlbares Medikament" (Eckensberger u.a. 1975). So verwendeten Christel Hopf und ihre MitarbeiterInnen (1995) in ihrer Studie zur rechtsextremen Orientierung junger Männer Geschichten, in denen es um die Einhaltung moralischer Normen im Alltag von Jugendlichen geht. Stefan Aufenanger (1991) arbeitete in seinen Interviews mit LehrerInnen mit Situationen aus dem schulischen Alltag. Tal Litvak-Hirsch u.a. (2003) legten in Interviews mit jüdischen und palästinensischen Israelis moralische Dilemmata zum Konflikt zwischen beiden Gruppen vor. Petra Schuhler und Gabriele Rosenthal arbeiteten in ihrer Untersuchung zu altruistischem Verhalten bei SchülerInnen mit einer Situation aus dem Schulalltag eines Schülers oder einer Schülerin (Schuhler 1979; Rosenthal 1981). In der zuletzt genannten Untersuchung formulierten wir nach einer Phase offener Interviews, in der wir SchülerInnen nach von ihnen erlebten Konfliktsituationen in der Schule befragten, ein Dilemma in der Form, dass wir die SchülerInnen dazu aufforderten, sich selbst in folgende Situation und den damit verbundenen Entscheidungskonflikt hineinzuversetzen. Die Vorgabe lautete wie folgt:

„Stell dir vor: Einer deiner Klassenkameraden ist in Mathematik ein sehr schlechter Schüler. Er sitzt bei der letzten Klassenarbeit vor der Versetzung neben dir und bittet dich, bei dir abschreiben zu können. Du gehst darauf ein und lässt ihn bei dir abschreiben. Nun schreibt er aber einige Zahlen falsch ab, so dass er falsche Zwischenergebnisse, aber dennoch ein richtiges Endergebnis hat. Daraus schließt nun der Lehrer, dass dein Mitschüler abgeschrieben hat und gibt ihm eine Sechs. Damit ist sein Schicksal besiegelt; dein Klassenkamerad wird sitzen bleiben. Als letzter Ausweg fällt ihm ein, dich zu bitten, zum Lehrer zu gehen und diesem auf Ehrwort zu versichern, du habest ihn nicht bei dir abschreiben lassen und du wüsstest, dass er seine Aufgaben allein gemacht hat." (Rosenthal 1981: 336)

Eingangsfragen für das folgende Gespräch waren dann: „Was hältst du von dieser Geschichte?" und „Was würdest du in dieser Situation tun?" Des Weiteren wurden die SchülerInnen immer wieder aufgefordert, ihre Entscheidungen zu begründen.

ExpertInneninterviews. Ein einheitliches Verständnis von Interviews mit ExpertInnen oder gar ein einheitliches methodisches Vorgehen lässt sich in der Methodenliteratur nicht vorfinden. Auch sind die Überlegungen darüber, wer denn nun als Experte oder als Expertin zu gelten habe, recht divergent. Die Formen der Interviewführung reichen in diesem Bereich von einer geschlossenen bis hin zu dezidiert offenen oder gar narrativen Verfahren. In der Diskussion qualitativer Methoden spielt das ExpertInneninterview auch eine recht untergeordnete Rolle, obwohl es insbesondere im Rahmen industrie-, organisations- und bildungssoziologischer Arbeiten häufig angewandt wird. Meist nimmt es in diesen Kontexten jedoch einen eher explorativen Status ein, mit dem Ziel eine erste Orientierung und erste Hypothesen über das zu untersuchende Feld zu erhalten (Bogner/Menz 2002: 33). Einen zentralen Status im Untersuchungsdesign hat hingegen das offene ExpertInneninterview bei in dem in der Bundesrepublik prominenten Ansatz von Michael Meuser und Ulrike Nagel (1991). Alexander Bogner und Wolfgang Menz sprechen in diesem Zusammenhang vom theoriegenerierenden ExpertInneninterview und grenzen dies sowohl vom explorativen als auch vom systematisierenden Interview ab. Während das systematisierende ExpertInneninterview zur Informationsgewinnung dient, die von informierten ExpertInnen, die über Fachwissen verfügen, erfragt wird, wird das theoriegenerierende Interview zur Analyse von expliziten und impliziten Wissensbeständen und Deutungsmustern eingesetzt, „welche die Experten in ihrer Tätigkeit entwickeln und die konstitutiv sind für das Funktionieren von sozialen Systemen" (Bogner/Menz 2002: 38).

Meuser und Nagel (1991: 443) konzentrierten sich in ihren Forschungsfeldern auf diejenigen ExpertInnen, „die selbst Teil des Handlungsfeldes sind, das den Forschungsgegenstand ausmacht". Ausgehend von Überlegungen dazu, „wer in irgendeiner Weise Verantwortung trägt für den Entwurf, die Implementierung oder die Kontrolle einer Problemlösung" oder „wer über einen privilegierten Zugang zu Informationen über Personengruppen oder Entscheidungsprozesse verfügt" (ebenda: 443), wird in diesem Ansatz der Status des Experten von den ForscherInnen an bestimmte Personen verliehen. Bogner und Menz (2002: 41) problematisieren diese Vorab-Definition und empfehlen, entsprechend einem wissenssoziologischen Zugang, vielmehr empirisch zu rekonstruieren, wer in dem zu untersuchenden Interaktionsfeld „in irgendeiner Weise Verantwortung trägt" und wer und wie über die „privilegierten Zugänge" verfügt. Sie definieren die ExpertInnen nicht nur über ihr spezifisches ExpertInnenwissen, sondern auch durch ihre Wirkungsmächtigkeit bzw. durch die Machtchancen, über die sie aufgrund ihres Wissens oder ihrer Positionen in einem sozialen Feld verfügen. Untersuchen wir ein bestimmtes Interaktionsfeld zum ersten Mal, verfügen wir in der Regel nicht über dieses Wissen. Von daher ist es geradezu Ziel einer interpretativen Studie, zu rekonstruieren, wer im Feld über welche Wissensbestände verfügt und oft deshalb mehr Machtchancen als andere hat, mehr Möglichkeiten, sich im Konfliktfalle durchzusetzen.

Ulrike Froschauer und Manfred Lueger (2002) unterscheiden zwischen feldinternen Expertisen, bei denen die Befragten im Untersuchungsfeld als AkteurInnen auftreten, und feldexternen Expertisen, die sich auf eine Gruppe beziehen, die „über fundiertes theoretisches Wissen über den Gegenstandsbereich (verfügt), den sie, gestützt auf Sekundärerfahrungen und Beobachtungen zweiter Ordnung, von verschiedenen Seiten und in verschiedensten (intra- und interdisziplinären) Facetten beleuchten kann" (ebenda: 228). Diese Differenzierung bedeutet des Weiteren, dass bei feldinternen Expertisen vorrangig das nur begrenzt explizierbare Wissen von Interesse ist, während bei den feldexternen Expertisen das formulierbare explizite Wissen im Vordergrund steht. Damit sind für Froschauer und Lueger dann auch folgerichtig unterschiedliche Verfahren der Interviewführung und Auswertung verbunden. Während sie für die feldinternen Expertisen eine erzählgenerierende Gesprächsführung und eine rekonstruktiv und sequenziell vorgehende Interpretation vorschlagen, bietet es sich bei den externen an, mit offenen Leitfadeninterviews und dementsprechend mit Verfahren einer qualitativen Inhaltsanalyse (vgl. Kap. 7.2) zu arbeiten.

Meuser und Nagel grenzen sich, obwohl sich ihre Untersuchungen insbesondere auf feldinterne Expertisen beziehen, vehement gegen ein fallrekonstruktives und auch sequenzielles Vorgehen bei der Auswertung von ExpertInneninterviews ab und nutzen auch nicht die Chancen einer narrativen Gesprächsführung. Während Fritz Schütze im Kontext einer Untersuchung über Gemeindezusammenlegungen in den 1970er Jahren narrative ExpertInneninterviews mit verantwortlichen Gemeindepolitikern im Kontext dieser Interaktionsfeldstudie durchführte und diskutierte, ziehen Meuser und Nagel offene Leitfadeninterviews und eine, wie sie beanspruchen, an Glaser und Strauss orientierte Form der Inhaltsanalyse vor, bei der die Äußerungen der ExpertInnen themenbezogen miteinander verglichen werden. Sie begründen ihr Vorgehen damit, dass sich das ExpertInneninterview von anderen Formen offener Interviews dadurch unterscheide, dass hier nur der spezifische institutionelle oder organisatorische Zusammenhang, in dem sich der Befragte bewegt, von Interesse sei und nicht sein gesamter Erfahrungsraum. Gegenstand der Analyse sei, wie Meuser und Nagel es formulieren, nicht die „Gesamtperson". Vielmehr sind nach ihrer Vorstellung die mit der Funktion des Experten „verknüpften Zuständigkeiten, Aufgaben, Tätigkeiten und die aus diesen gewonnenen exklusiven Erfahrungen und Wissensbestände" die Gegenstände des ExpertInneninterviews (ebenda 1991: 444). Aufgrund dieser Überlegungen interessiere, so meinen sie, in diesem Ansatz nicht der Einzelfall, sondern das von den ExpertInnen gemeinsam geteilte Wissen. Meuser und Nagel folgern daraufhin weiter, dass es damit keiner sequenziellen Analysen und auch keiner detaillierten Transkription des Interviews bedarf. Sie nehmen vielmehr eine thematische Gliederung des Interviews vor: „Anders als bei der einzelfallinteressierten Interpretation orientiert sich die Auswertung von ExpertInneninterviews an thematischen Einheiten, an inhaltlich zusammengehörigen, über die Texte verstreuten Passagen – nicht an der Sequenzialität von Äußerungen je Interview" (ebenda: 453). Doch wie entscheidet der Interpret oder die Interpretin, „was inhaltlich zusammengehört"? Die Autoren implizieren bei ihren Ausführungen, dass bei Äußerungen von ExpertInnen vom Interpreten bestimmt werden kann, welche Passagen zu welchen Themen gehören bzw. was überhaupt die Themen sind. Provokant formuliert: Sie gehen davon aus, dass zur Entschlüsselung der Bedeutungen von ExpertInnenaussagen die Regeln eines hermeneutischen Verstehens nicht eingehalten werden müssen. Auch wenn der Anspruch nachvollziehbar ist, dass weder die Gesamtbiographie der ExpertInnen von Interesse ist, noch der einzelne Experte hier die Fallebene ausmacht, sondern der Fall vielmehr das zu untersuchende Interaktionsfeld ist, handelt es sich hierbei um eine vorschnelle Zurückweisung eines rekonstruktiven und vor allem sequenziellen Vorgehens. Mauser und Nagel schaffen m.E. mit dieser Zurückweisung die fragwürdige Voraussetzung, dass a) das hier interessierende ExpertInnenwissen kein an die konkrete Person gebundenes Wissen sei und b) Personen und ihre konkreten Qualitäten nicht zu den wesentlichen Komponenten des relevanten Interaktionsfeldes zählen. Diese beiden Annahmen sind aus der Sicht des interpretativen Paradigmas in Frage zu stellen (man denke an die Rolle von Betriebswissen, Dienstwissen, „Charisma", informellen persönlichen Beziehungen und ähnlichen an die konkrete Person gebundenen Qualitäten). Auch die Aussagen von ExpertInnen sind an deren individuelle Perspektiven gebunden, die es – um sie vor allem auch in ihren latenten Gehalten verstehen zu können – zu rekonstruieren gilt. Ebenso erschließen sich die Bedeutungen der Aussagen von ExpertInnen – will man sie nicht vorschnell unter bestehende Kategorien subsumieren, sondern ihre Bedeutung im Entstehungskontext erschließen – wie bei anderen Texten durch die Gesamtgestalt des Textes sowie durch dessen sequenzielle Aufschichtung. Auch wenn es in ExpertInneninterviews nicht um die Gesamtbiographie der ExpertInnen geht, beruhen ihre Perspektiven über das zu untersuchende Feld ebenso wie ihre Handlungsmuster in diesem Bereich auf ihren individuellen Erfahrungen inner- und außerhalb des Interaktionsfeldes, welches das Untersuchungsthema bildet. Gerade wenn Meuser und Nagel selbst den Anspruch vertreten, „die entsprechenden Wissens- und Handlungsstrukturen, Einstellungen und Prinzipien theoretisch zu generalisieren", setzt dies doch zunächst den verstehenden Nachvollzug derselben im Erfahrungskontext des befragten Experten ebenso wie im Artikulationskontext des Interviews voraus. Auch für die Rekonstruktion der Erfahrungen von ExpertInnen bietet sich daher, ebenso wie in anderen Forschungskontexten, die narrative

Gesprächsführung an, die zur Erzählung eigenerlebter Erfahrungen zu motivieren versucht und darüber hinaus vor allem die Chance bietet, implizite Wissensbestände aufzudecken, die nicht direkt abgefragt werden können (vgl. Froschauer/Lueger 2002).

Wie ich im Folgenden diskutieren werde, bieten uns Erzählungen eigenerlebter Erfahrungen vor allem die Möglichkeit, handlungsorientierende Wissensbestände und Einstellungen sowie deren Genese rekonstruieren zu können. Deshalb plädiere ich auch bei Interviews mit ExpertInnen, die im zu untersuchenden Feld selbst als Handelnde auftreten, und Untersuchungen, bei denen die Fallebene nicht die einzelne Biographie, sondern ein bestimmtes Interaktionsfeld bzw. ein bestimmter institutioneller Zusammenhang ist, sowohl für eine an den Regeln des narrativen Interviews entsprechenden Eingangsfrage, die zur Erzählung einer Lebensphase im zu untersuchenden Feld auffordert (s.w.u.), als auch für eine Gesprächsführung, die auch später immer wieder zur Erzählung selbst erlebter Ereignisse einlädt.

5.4 Narratives Interview und narrative Gesprächsführung

5.4.1 Zur Grundidee des narrativen Interviews

Das narrative Interview zielt auf die Hervorlockung und Aufrechterhaltung von längeren Erzählungen oder allgemeiner formuliert zu autonom gestalteten Präsentationen einer bestimmten Thematik – wie der Ortszusammenlegung oder der Geschichte eines Vereins – oder zur Lebensgeschichte, die zunächst ohne weitere Interventionen von Seiten der InterviewerInnen produziert werden können. Erst im zweiten Teil des Interviews, dem Nachfrageteil, wird gezielt zu weiteren Erzählungen zu bereits angesprochenen Themen aufgefordert. In der letzten Phase des Interviews wird dann zur Erzählung noch nicht erwähnter, die ForscherInnen jedoch interessierender Themen motiviert. Die ForscherInnen verzichten entsprechend dem Prinzip der Offenheit konsequent auf eine hypothesengeleitete Datenerhebung und orientieren sich zunächst an den Relevanzen der GesprächspartnerInnen und deren alltagsweltlichen Konstruktionen. Die narrative Gesprächsführung bietet den Interviewten damit einen größtmöglichen Raum zur Selbstgestaltung der Präsentation ihrer Erfahrungen und bei der Entwicklung ihrer Perspektive auf das angesprochene Thema bzw. auf ihre Biographie. Des Weiteren zielt das Hervorlocken von Erzählungen auf den möglichen Nachvollzug von Handlungsabläufen ab.

Da Erfahrungen sich am überzeugendsten in Erzählungen, der Textform für die Vermittlung selbst erlebter Ereignisse, darstellen lassen, griff Fritz Schütze (1976; 1977) Anregungen der Erzählforschung und Linguistik – insbesondere von William Labov und Joshua Waletzky (1973) – auf und entwickelte in den 1970er Jahren im Kontext einer Studie über Gemeindezusammenlegungen das Instrument des narrativen Interviews. Er plädiert dafür, bei derartigen Interaktionsfeldstudien die Technik des narrativen Interviews mit dem Ziel eines „ereignisspezifischen Kreuzvergleichs" zwischen den verschiedenen Erzählungen zu einem Handlungszusammenhang, an dem die zu interviewenden Personen beteiligt waren, anzuwenden. Im Unterschied zu Meuser und Nagel geht es hier zunächst nicht um einen Vergleich von Themen, sondern um die Rekonstruktion des Erlebens von Ereignissen, die alle Befragten selbst miterlebt haben. Schützes Vorschlag ist es, zur Erzählung des Verlaufs einer Ereigniskonstellation aufzufordern. Im Kontext der genannten Studie war es „die Geschichte des Ortsnamensstreites" in der Gemeinde der befragten Politiker. Die narrativ formulierte Erzählaufforderung lautete:

> „Wir sind an unantizipierten Problemen interessiert, die auf den Kommunalpolitiker bei Gemeindezusammenlegungen zukommen. Wir haben festgestellt, dass ein ganz zentrales und typisches Problem bei Gemeindezusammenlegungen das der Namensgebung ist und haben deshalb dieses spezielle Problem in den Vordergrund unseres Interesses gestellt. Wir möchten Sie bitten, ihre Erzählung so anzulegen, dass der Namensstreit im Zentrum steht bzw. sozusagen den Höhepunkt bildet. Natürlich interessiert uns auch, wie es überhaupt zum Namensstreit kommen konnte und wie er sich ausgewirkt hat ..." (Schütze 1977: 27)

Diese Eingangsfrage, die nicht ganz allgemein zur Erzählung der Geschichte der Namensgebung auffordert, sondern angibt, dass der Namensstreit den Höhepunkt bilden soll, ließe sich auch weit offener formulieren. So könnten die PolitikerInnen dazu aufgefordert werden, zu erzählen, was sie persönlich im Zusammenhang mit der Gemeindezusammenlegung, von dem Zeitpunkt, als sie damit zum ersten Mal konfrontiert wurden, bis in die Gegenwart erlebt haben. Diese offenere Form der Erzählaufforderung, die dem – ebenfalls durch Fritz Schütze initiierten – mittlerweile methodologisch und methodisch weiterentwickelten Verfahren des narrativen Interviews entspräche, würde verdeutlichen, welche Ereignisabfolgen von den meisten Politikern und welche nur von bestimmten Personen erzählt werden. Zur Erzählung bestimmter in der Eingangserzählung nicht genannter Ereignisabfolgen – wie des Verlaufs der Namensgebung – könnte im so genannten externen Nachfrageteil des Interviews (s.w.u.) aufgefordert werden.

Schütze (1983) entwickelte in späteren Jahren das narrative Interview innerhalb der Biographieforschung weiter und schlug vor, unabhängig vom thematischen Schwerpunkt der empirischen Untersuchung, zur Erzählung der gesamten Lebensgeschichte aufzufordern. Damit wird es möglich, einzelne Lebensbereiche oder -phasen im Gesamtzusammenhang des Lebens und in ihrer Genese betrachten zu können (vgl. Kap. 6.1). Mittlerweile hat sich diese Interviewform über Schützes Mitarbeiterkreis (etwa Heinemeier u.a. 1981; Hermanns u.a. 1984; Riemann 1987; Inowlocki 1992; 2000) hinaus in der Soziologie und insbesondere in der Biographieforschung über die Fachgrenzen hinweg als Erhebungsmethode etabliert und wurde im Hinblick auf die Erweiterung der Nachfragetechniken weiterentwickelt (Rosenthal 1995: 186-207; Rosenthal 2002, Loch/Rosenthal 2002).

Eine biographisch-narrative Gesprächsführung erfordert – wenn möglich in zwei Begegnungen – eine jeweils mehrstündige Gesprächsdauer. Meist biete te ich – insbesondere bei traumatisierten Menschen – ein zweites Gespräch an. Damit wird es u.a. möglich, einen Einblick in die Wirkung des ersten Gesprächs zu gewinnen.

5.4.2 Zum Vorteil von längeren Erzählungen

Weshalb eignen sich nun *Erzählungen* besonders für eine Handlungs- und Erfahrungsanalyse? Wie Fritz Schütze in Weiterführung der linguistischen Erzählanalyse (vgl. Labov/Waletzky 1973) verdeutlicht, sind Erzählungen eigenerlebter Erfahrungen im Gegensatz zu Beschreibungen und Argumentationen, "diejenigen vom thematisch interessierenden faktischen Handeln abgehobenen sprachlichen Texte, die diesem am nächsten stehen und die Orientierungsstrukturen des faktischen Handelns auch unter der Perspektive der Erfahrungsrekapitulation in beträchtlichem Maße rekonstruieren ..." (Schütze 1977: 1). Erzählungen beziehen sich auf die Abfolge von tatsächlichen, in der Vergangenheit liegenden oder von fiktiven Ereignissen, die in einer Beziehung zeitlicher Abfolge oder des kausalen Zusammenhangs zueinander stehen. Während ein *Bericht* eine geraffte, dem Telegrammstil ähnliche Erzählung darstellt, beziehen sich *Geschichten* dagegen auf herausragende Ereignisse innerhalb einer größeren Erzählung; sie weisen den höchsten Indexikalitäts- und Detaillierungsgrad auf (vgl. Kallmeyer/Schütze 1977). Mit Indexikalität ist die Kontextgebundenheit, die Bezugnahme auf eine konkrete Situation gemeint. Erzählungen sind gebunden an eine bestimmte Zeit, einen bestimmten Ort und an eine bestimmte Person. *Argumentationen*, die sowohl innerhalb als auch außerhalb von Erzählungen als theoriehaltige Textelemente, als allgemeine Vorstellungen und Überlegungen des Sprechers oder der Sprecherin auftreten, sind viel stärker an das Hier und Jetzt des Sprechens gebunden und weit mehr von den Erlebnissen abgehoben als die in Erzählungen eingebetteten Darstellungen von handlungsleitenden Motivationen. Beim Argumentieren orientiert man sich weit stärker als bei Erzählungen aus dem Stegreif, d.h. bei unvorbereiteten Erzählungen, am Zuhörenden, den man von etwas überzeugen will, an seiner eigenen Gegenwartsperspektive, unter der man sich selbst etwas erklären möchte, und an Gesichtspunkten der sozialen Erwünschtheit.

Eine weitere Textsorte ist die Beschreibung. *Beschreibungen* beziehen sich im Unterschied zur Erzählung nicht auf singuläre Ereignisse, sondern stellen statische Strukturen dar. „Der Vorgangscharakter der dargestellten Sachverhalte wird ‚eingefroren'" (Kallmeyer/Schütze 1977: 201). Häufig erlebte Ereignisse werden oft auf eine Situation komprimiert dargestellt und es werden die sich wiederholenden Elemente dieser Ereignisse *beschrieben*. Diese Form der Beschreibung wird als *„verdichtete Situation"* bezeichnet. Während es bei Beschreibungen und Argumentationen für die Sprechenden leicht möglich ist, sich selbst als handelnde Person nicht einzuführen, gelingt dies bei einer Erzählung über selbst erlebte Situationen weniger leicht. Bei einer Auslassung steht für die Zuhörenden rasch die Frage im Raum: „Wie hast du dann reagiert?"

Erfahrungen können in allen Darstellungsformen, d.h. in allen Textsorten präsentiert werden, wie ich es an einem Beispiel verdeutlichen möchte. Bei der folgenden in einem Interview geäußerten Sequenz handelt es sich um eine Argumentation:

> „Meine Großmutter, d.h. die Mutter meines Vaters, spielt in unserer Familie keine große Rolle, wir haben uns mal zu Weihnachten und Geburtstag gesehn, ansonsten ist diese Frau für mich relativ uninteressant."

Diese seltenen Besuche der Großmutter könnten auch in einer verdichteten Situation beschrieben werden:

> „Wenn meine Großmutter uns dann mal besuchen kommt, dann sind dies immer recht langweilige Situationen. Sie spricht dann viel, erzählt irgendetwas von Bekannten, die keiner kennt, meine Mutter verzieht sich in die Küche und mein Vater verschanzt sich hinter dem Fernseher."

In einer Erzählung könnte dieser Besuch wie folgt präsentiert werden:

> „Letzte Weihnachten war meine Großmutter wieder zu Besuch. Meine Mutter hat sich meist in der Küche aufgehalten, mein Vater saß vor der Kiste und schaute sich alles Mögliche an. Und was machte die Großmutter, sie lief meist mir hinterher und quasselte auf mich ein ..."

Dies könnte nun noch detaillierter auf die Erzählung einer Geschichte bzw. einer Situation hinauslaufen:

> „da stand sie dann in meinem Zimmer, ich versuchte gerade was zu lesen, und fing an, über die Kindheit meines Vaters zu erzählen, über die Probleme mit ihm, als mein Großvater im Krieg war und überhaupt dieses ganze Gefasel über den Zweiten Weltkrieg. Da habe ich sie dann angebrüllt, sie solle mit dem uninteressanten Gerede mal aufhören. Da hättest du sie mal sehen sollen, da hat sie ..."

Die Erzählung über die mit der Großmutter erlebte Situation bietet den Vorteil, dass wir damit einen Einblick in die konkreten Handlungszusammenhänge des Enkels mit ihr, in sein Erleben und vor allem sein eigenes Handeln in dieser Situation und in die Genese seiner Einstellung zur Großmutter erhalten können. Dies bedeutet nun aber keineswegs, dass in einem narrativen Interview die Argumentationen über die Großmutter oder die Beschreibungen über sie und ihre Handlungsweisen nicht von Interesse wären. Um Argumentationen und Beschreibungen zu erhalten, bedürfen wir jedoch keiner bestimmten Fragetechniken, da diese entsprechend den Alltagserwartungen auch unaufgefordert verwendet werden. Ziel der Analyse des Interviews wird dann sein, die Differenzen in der Darstellung – hier im Sprechen über die Großmutter – je nach Textsorte zu analysieren (vgl. Kap. 6.2).

Wenn wir uns nicht damit zufrieden geben wollen, nur etwas über die übersituativen Einstellungen und Alltagstheorien der Befragten zu erfahren, die von den Erlebnissen und Erinnerungen abgehoben sind, und wenn wir nicht den sozialwissenschaftlich verbreiteten Dualismus von Denken und Handeln vertiefen wollen, sondern wenn wir rekonstruieren wollen, was Menschen im Laufe ihres Lebens erlebt haben, und wie dieses Erleben ihre gegenwärtigen Perspektiven und Handlungsorientierungen konstituiert, dann empfiehlt es sich, *Erinnerungsprozesse* und deren sprachliche Übersetzung in *Erzählungen* hervorzurufen. Abgesehen von der Reinszenierung vergangener Situationen im Spiel, ermöglicht nur die Erzählung einer Geschichte die Annäherung an eine ganzheitliche Reproduktion des damaligen Handlungsablaufs oder der damaligen Erlebnisgestalt. Die in Erzählungen von eigenerlebten Situationen eingebetteten Kognitionen und Gefühle sind denen in den damaligen Situationen *näher* als die vom vergangenen Handlungskontext abgehobenen Argumente im Hier und Jetzt der Gesprächssituation.[4]

Mit den auch in offenen Interviews typischen Meinungs- und Begründungsfragen („Weshalb haben Sie ...?"; „Warum haben Sie damals ...?"; „Wieso sind Sie nicht ...?") werden meist keine Erzählungen stimuliert, sondern es wird damit viel eher zu Argumentationen angeregt. Diese Fragetechnik führt des Weiteren zu einer Frage-Antwort-Struktur, d.h. mit ihr gelingt es kaum, die Interviewten zu längeren, selbst gesteuerten Passagen zu motivieren. Gelingt es dagegen, die Interviewten zum Erzählen zu motivieren, dann werden die so genannten *Zugzwänge des Erzählens* in Kraft gesetzt, die zum einen dazu führen, dass die Erzählenden mehr erzählen als sie zunächst vor der Erzählung vielleicht beabsichtigen, dass ihnen im Erzählvorgang auch mehr und mehr einfällt, und zum anderen, dass sie ihre Erzählungen aber auch beschränken müssen, um sich nicht völlig in allen möglichen Details zu verfangen. Die Zugzwänge des Erzählens lassen sich nach Schütze unterscheiden in den Zwang zur Gestaltschließung, zur Detaillierung und zur Kondensierung. Beginnen wir eine Geschichte zu erzählen, dann wird von uns erwartet, dass wir sie auch zu Ende erzählen. Damit unsere Erzählung für die ZuhörerInnen nachvollziehbar wird, ist nahe liegend oder erforderlich, dass der „Gesamtzusammenhang mit allen wichtigen Teilzu-

---

4 Zum dialektischen Verhältnis von Erleben, Erinnern und Erzählen vgl. Rosenthal (1995).

sammenhängen" von uns auch dargestellt wird (Schütze 1976: 224). Dieser „Gestaltschließungszwang" treibt die Erzählenden dazu, wie es Kallmeyer und Schütze (1977: 188) formulieren, „begonnene kognitive Strukturen" abzuschließen. Bei unvorbereiteten Stegreiferzählungen führt dies im Unterschied zu Anekdoten meist dazu, dass mehr erzählt wird, als es vom Erzählenden zunächst beabsichtigt war. Des Weiteren bedarf es für Zuhörerinnen, die beim Geschehen nicht anwesend waren, des Erzählens von genügend Details, um die Geschichte auch verstehen bzw. den Handlungsvorgang nachvollziehen zu können. Peter Alheit (1995: 4) beschreibt diesen *Detaillierungszwang* sehr nachvollziehbar: „Um in die ‚Welt' des Erzählers versetzt zu werden, braucht der Zuhörer jedoch mehr als das dürftige Gerippe des damaligen Geschehens. Er muss die Szene kennen, die Zeiträume, die durchlaufen wurden. Er muss sich Mitakteure und Kontrahenten vorstellen können. Er muss sich ein ‚Bild' machen von der Situation, auf die sich der Erzähler bezieht. Dazu sind Einzelheiten notwendig". Bei allen Details bedarf es jedoch einer Beschränkung. Zum einen steht dem Erzählenden nicht unbegrenzt Zeit und die unbegrenzte Aufmerksamkeit der ZuhörerInnen zur Verfügung und zum anderen würde die Sinnhaftigkeit einer Erzählung bedroht, wenn sich der Erzählende in für die Geschichte unwichtigen Details verlieren würde. Aufgrund dieses *Kondensierungszwangs* versucht der oder die Erzählende, das Geschehen auf die für den Nachvollzug der Geschichte wesentlichen Momente zu reduzieren. Was für das Geschehen als relevant erachtet wird und was nicht, steht dabei im Zusammenhang mit dem Relevanzsystem des oder der Erzählenden. Kondensierungen geben damit Hinweise darauf, was ihm oder ihr persönlich wichtig erscheint, und (implizit) auf die Kriterien, nach denen etwas als wichtig oder unwichtig betrachtet wird.

Mit der Einladung zu einer längeren Erzählung zu Beginn des Interviews und mit der Vermeidung von Zwischenfragen bzw. deren Verschiebung auf den Nachfrageteil des Interviews wirken diese Erzählzwänge in narrativen Interviews weit stärker als in Interviews, die stärker durch Fragen des Interviewers strukturiert werden. Darüber hinaus lässt sich bei längeren und ununterbrochenen Erzählungen von selbst erlebten Ereignissen deutlich beobachten, wie die Erzählenden zunehmend in einen Erzählfluss und damit auch Erinnerungsfluss gleiten, während die Erzählungen immer detaillierter und auch leibliche Erinnerungen aktiviert werden. Während die Erzählenden vielleicht am Anfang des Interviews noch überlegen, über welche Bereiche sie sprechen wollen, lässt mit einsetzendem Erzählfluss dieses Bemühen deutlich nach, die zur Sprache kommenden Themen zu beschränken und zu kontrollieren. Im Erinnerungs- und Erzählfluss tauchen zunehmend Eindrücke, Gefühle, Bilder, sinnliche und leibliche Empfindungen und Komponenten der erinnerten Situation auf, die zum Teil nicht in deren Gegenwartsperspektive passen und an die die ErzählerInnen schon lange nicht mehr gedacht haben. Dadurch ergibt sich bei den Erzählungen eine während des Erzählflusses zunehmende Nähe zur Vergangenheit und es zeigen sich ganz andere Sichtweisen als die Gegenwartsperspektive, die in den Argumentationsteilen oder auch in erzählten Anekdoten dominiert und deutlich wird. Mit dem ungehinderten Erzählen und Erinnern geht einher, dass die Erzählenden immer mehr aus der Interaktion mit den Zuhörenden heraustreten und immer mehr „bei sich" sind. Dies manifestiert sich u.a. in dem nachlassenden Blickkontakt oder auch im plötzlichen Innehalten und Gewahrwerden, was und wem man etwas erzählt. Es fallen dann Bemerkungen, wie „Was erzähle ich denn nun alles, interessiert Sie dies überhaupt?" oder: „Jetzt habe ich ganz vergessen, dass Sie eine Westdeutsche sind."

Die Chance zu solchen Prozessen wird vertan, wenn InterviewerInnen mit Zwischenfragen den Erinnerungsfluss unterbrechen und damit wieder zu einer Orientierung an ihren Relevanzen auffordern. Mit Detaillierungsfragen, wie „Wann war das?" oder „Was haben Sie damals gefühlt?" wird der Erzählende in die Interaktion mit dem Interviewer zurück- und aus dem Erinnerungsvorgang herausgeholt. Er wird aufgefordert, darüber nachzudenken, wann das Erlebte geschehen ist oder was er damals wohl gefühlt haben mag. Während im Erzählvorgang Gefühle oder auch Gedanken wieder gegenwärtig werden können, regen direkte Nachfragen zur Konstruktion aus der Perspektive der Gegenwart an, die sich prinzipiell von der in den vergangenen Situationen unterscheidet. Dies soll nicht bedeuten, dass keine Detaillierungs- oder Klärungsfragen gestellt werden können. Die Empfehlung bei einer narrativen Gesprächsführung lautet nur, dass man diese Art der Fragen zunächst – vor allem während der Haupterzählung – zurückstellt. Wie der Ablauf eines narrativen Interviews idealerweise vom Interviewer oder der Interviewerin gestaltet werden kann, soll im Folgenden detaillierter diskutiert werden.

5.4.3 Zur Technik des narrativen Interviews und den Regeln der Gesprächsführung

Wie bereits erwähnt, lässt sich ein narratives Interview in folgende Phasen einteilen:

---

1. Phase
Die Erzählaufforderung
Die autonom gestaltete Haupterzählung oder Selbstpräsentation
2. Phase
Erzählgenerierendes Nachfragen:
     a) internes Nachfragen anhand der in Phase 1 notierten Stichpunkte;
      b) externes Nachfragen
Interviewabschluss

Zur Konstruktion der Erzählaufforderung. Die Erzählaufforderungen sind je nach Forschungskontext und je nach Fallebene unterschiedlich – also je nachdem, ob wir an der einzelnen Biographie oder der Geschichte eines Milieus oder einer Organisation interessiert sind. Beginnen wir zunächst mit der geschlossensten Form einer Erzählaufforderung, die sich auf einen bestimmten Zeitabschnitt und einen bestimmten institutionellen Kontext oder eine bestimmte Thematik konzentriert. Würden wir z.B. – ähnlich wie Meuser und Nagel – eine Untersuchung zur Umsetzung von Gleichstellungsplänen an Universitäten mit Hilfe von Interviews mit ExpertInnen – wie z.B. Frauenbeauftragten – durchführen, könnte eine solche Erzählaufforderung wie folgt formuliert werden:

„Wir sind an Ihren persönlichen Erfahrungen mit der Gleichstellungspolitik an dieser Universität/Fakultät interessiert. Vielleicht können Sie einmal erzählen, wie Sie zum ersten Mal in diesem Bereich tätig wurden und was Sie bis zum heutigen Tage damit erlebt haben."

Bei allen Formen der Erzählaufforderung wird des Weiteren eine Regieanmerkung gegeben, die in etwa so lautet:

„Sie können all die Erlebnisse erzählen, die Ihnen dazu einfallen. Sie können sich dazu so viel Zeit nehmen, wie Sie möchten. Ich werde Sie erst einmal nicht unterbrechen, mir nur einige Notizen machen und später noch darauf zurückkommen."

Entscheidend bei dieser Art der Erzählaufforderung ist es, dass wir einen zeitlichen Anfangspunkt für das Erzählte vorgeben und zur Erzählung des danach folgenden Ablaufs des Geschehens auffordern. Mit dieser temporalen Strukturierung, die bei der Aufforderung zur Erzählung der Lebensgeschichte implizit gegeben ist, helfen wir den Interviewten, in einen Fluss des Erinnerns zu gelangen. Er oder sie kann sich damit am zeitlichen Ablauf orientieren und muss sich nicht lange überlegen, welche Situationen erwähnenswert sind und welche nicht.

Da Erzählungen im Verlauf zunehmend detaillierter werden, sollte der vorgeschlagene Beginn sorgfältig geplant werden. Im genannten Beispiel wäre zu überlegen, ob dieser nicht weit früher liegen und auch offener formuliert werden könnte, z.B.: ... wie Sie zum ersten Mal von der Gleichstellung gehört haben, wie sie dann selbst in diesem Bereich aktiv wurden und ..."

Eine ähnlich eingeschränkte Erzählaufforderung ist in Kurzinterviews möglich, die zu bestimmten Themenbereichen sinnvoll oder erforderlich sein können. So führten StudentInnen eines von mir angebotenen Seminars im Herbst 2001 Interviews mit arabischen Frauen und Männern zum Erleben des 11. September. Die Erzählaufforderung lautete – hier zitiert aus einem der Interviews – wie folgt:

„Wir sind eine Gruppe von Studierenden, die im Rahmen eines Seminars Interviews zum Erleben des 11. September durchführen. Wir interessieren uns für die ganz persönlichen Erlebnisse der Menschen im Zusammenhang mit den Angriffen auf New York, welche Erfahrungen sie damit gemacht haben. Wir haben uns das so vorgestellt, dass Sie erst einmal von der Situation erzählen, als Sie zum ersten Mal davon erfahren haben, was Sie da und in der folgenden Zeit erlebt haben und das so im Zeitraum bis heute, welche Erfahrungen sie da konkret, ja welche konkreten Erfahrungen Sie da halt gemacht haben."

In einem *biographisch-narrativen Interview* (bzw. einem Interview zu einem biographisch relevanten Themenbereich und der Fallebene der einzelnen Biographie) lässt man sich meist die gesamte Lebensgeschichte erzählen (vgl. Kap. 6.1). Die Erzählaufforderung kann dabei wie folgt formuliert werden:

„Ich möchte Sie bitten, mir Ihre (Familien- und Ihre) Lebensgeschichte zu erzählen, all die Erlebnisse, die Ihnen einfallen. Sie können sich dazu so viel Zeit nehmen, wie Sie möchten. Ich werde Sie erst einmal nicht unterbrechen, mir nur einige Notizen machen und später noch darauf zurückkommen. Sollten wir heute nicht genügend Zeit haben, dann können wir auch gerne noch ein zweites Gespräch führen."

Hierbei handelt es sich um die offenste Form der Aufforderung zur Erzählung der Lebensgeschichte, die jede Themenbeschränkung vermeidet. Eine etwas geschlossenere Form der Erzählaufforderung verknüpft die Aufforderung zur Erzählung der Lebensgeschichte mit einem thematischen Schwerpunkt. Sie lautet in etwa:

„Wir sind an der Lebensgeschichte von Menschen interessiert, die als Flüchtlinge nach Deutschland kamen (oder: die an einer chronischen Krankheit leiden). Ich möchte Sie bitten, mir Ihre Lebensgeschichte zu erzählen, also nicht nur von ihrer Flucht (nicht nur über ihre Krankheit), sondern über ihre gesamte Lebensgeschichte. ... (Regieanmerkung)"

Diese Erzählaufforderung eignet sich vor allem für Forschungskontexte, in denen wir aufgefordert sind, unser spezifisches Forschungsinteresse zu bekunden, und es nicht genügt, einfach nur auf unser Interesse an Lebensgeschichten hinzuweisen. Doch meist geschieht dies bereits bei der Kontaktaufnahme und muss zu Beginn des Interviews nicht unbedingt nochmals benannt werden. Im Gegenteil gilt es in manchen Kontexten, z.B. in Interviews mit Verfolgten und auch generell mit MigrantInnen, zu betonen, dass wir an der gesamten Lebensgeschichte interessiert sind. Menschen, die verfolgt und traumatisiert wurden, neigen dazu, ihre Biographie auf die Verfolgungszeit zu beschränken (vgl. Rosenthal 1995: 120ff.) und MigrantInnen beginnen ihre Erzählungen häufig mit der Migration (vgl. Benecker 2002). Bei traumatisierten Menschen würden wir die ihr Leben belastende

Reduktion ihres Lebens auf das Verfolgtsein weiter verstärken, wenn wir uns von den anderen Lebensphasen nicht auch erzählen ließen.

Ist nun bei bestimmten Personengruppen bzw. bei biographisch nicht allzu relevanten Themen zu befürchten, dass diese Themen bei einer ganz offenen Erzählaufforderung nicht angesprochen werden, können wir mit dem Hinweis auf unsere spezielle Thematik sicherstellen, dass die ErzählerInnen darauf eingehen. Dennoch lassen wir mit dieser Form der Erzählaufforderung, im Unterschied zur Aufforderung, z.B. nur die Berufsbiographie oder nur die Krankheitsgeschichte zu erzählen, immer noch genügend Raum zur Erzählung anderer biographischer Stränge. Die darauf antwortende Erzählung könnte verdeutlichen, welchen Stellenwert der Beruf (oder die Krankheit) im Leben der Biographen einnimmt, an welchen Stellen sie ihn (sie) mit anderen biographischen Strängen verknüpfen und wo sie versuchen, lebensgeschichtlich den Beginn z.B. ihrer Berufslaufbahn oder Krankheit zu lokalisieren. Dennoch gibt es Gründe, wenn möglich, auch hier die offenste Form zu wählen. So sind gerade Lebenserzählungen von chronisch Kranken, die zunächst nicht direkt auf ihre Krankheit angesprochen wurden und die diese Krankheit in ihrer Haupterzählung nicht thematisierten, von theoretischem Interesse. Dies kann u.a. Ausdruck davon sein, dass sie ihre Krankheit nicht in die Biographie integrieren. Diese Problematik zeigte sich auch in Interviews mit chronisch Kranken, die auf das Forschungsthema „Lebensgeschichten von chronisch Kranken"[5] hingewiesen wurden. Einige reagierten darauf mit der Frage: „Über was soll ich nun erzählen, über meine Krankheit oder über meine Lebensgeschichte?"

Haupterzählung oder autonom strukturierte Selbstpräsentation[6]. Die auf die Erzählaufforderung folgende Phase wird nicht durch Detaillierungsfragen unterbrochen, sondern sie wird nur durch parasprachliche Bekundungen wie „mhm" oder, bei Stockungen in der Erzählung, durch motivierende Aufforderungen zum Weitererzählen wie „Und wie ging es dann weiter?", durch Blickkontakt und andere leibliche Aufmerksamkeitsbekundungen unterstützt. Nach der Aufforderung, über ein bestimmtes Thema oder die Lebensgeschichte zu erzählen, wird also nicht versucht, die Darstellung des Befragten durch weitere Interventionen zu steuern. Vielmehr gilt es, den Interviewten Raum zur Gestaltentwicklung zu geben – es ihnen zu überlassen, wie und mit welchen Themen sie sich präsentieren bzw. wie sie auf eine thematisch fokussierte Erzählaufforderung reagieren. Ganz unabhängig

---

5 Die Interviews wurden im Rahmen eines von mir geleiteten Seminars im Sommersemester 2004 mit Frauen und Männern geführt, die nach ihrer Selbstdefinition an einer chronischen Krankheit leiden.

6 Es ist auch durchaus möglich, dass die auf die Eingangsfrage folgende Sequenz verhältnismäßig knapp ist und erst später im Interview eine längere Erzählung folgt. Ebenso kann in dieser Phase des Interviews in erster Linie die Argumentation oder Beschreibung als Darstellungsform gewählt werden. In diesen Fällen kann von autonom strukturierter Präsentation gesprochen werden.

von der spezifischen Forschungsfrage und den die SozialforscherIn interessierenden Themen wird die Regie bei der Gestaltung in dieser Phase des Interviews den Befragten selbst überlassen. Die zweite Phase des Interviews eröffnet noch genügend Gelegenheit zu Fragen, die darauf Bezug nehmen. Folgen wir der Annahme, dass einzelne Sequenzen einer Präsentation, ob diese Sequenz nun die Erzählung einer Geschichte oder eine argumentative Sequenz ist, in ihrer manifesten und latenten Bedeutung für den Sprechenden durch ihre Verweisungen auf das sie umgebende thematische Feld (vgl. Kap. 6.2) erfasst werden können, müssen wir die Möglichkeit zur Gestaltung dieses Feldes geben. Die Bedeutung einzelner präsentierter Erlebnisse wird im *Wie* ihrer Positionierung rekonstruierbar. Durch Zwischenfragen würde die Darstellung der Erzählenden vom Interviewer und seinen Relevanzen mitstrukturiert und damit die Chance vergeben, zu sehen, ob, wie und an welchen Stellen die Interviewten von sich aus bestimmte Erlebnisse, Themen oder Details einführen.

Zu den Notizen. Während dieser vom Interviewten autonom gestalteten Präsentation, die in nur wenigen Minuten oder aber auch in mehreren Stunden erfolgen kann, hören wir aufmerksam zu und machen uns knappe Notizen (meist nur in Stichworten) zu den angesprochen Erlebnissen und Themen. Damit entwickeln wir einen fallspezifischen, am Erleben und den Relevanzen des Interviewten orientierten Leitfaden für den Nachfrageteil des Interviews. Eine wichtige Hilfe für die Formulierung für spätere erzählgenerierende Fragen ist, dass die Notizen in der Sprache des Interviewten und nicht in unserer Sprache oder gar bereits vermischt mit Interpretationen vorgenommen werden. Erwähnt eine Interviewte z.B. zu Beginn ihrer Präsentation: „Ich hatte keine Geschwister", wird dies auch so notiert und nicht übersetzt in „Einzelkind" oder gar mit einer Interpretation verbundenen Frage, wie „Fühlte sie sich einsam?" vermerkt.

Notizen für spätere Fragen sind bei langen Zuhörsequenzen unbedingt vonnöten, da man sich beim aufmerksamen Zuhören weniger auf Erlebnisinhalte als auf ihre Bedeutung und die in der Gegenwart des Erzählens wieder aktualisierten Gefühle konzentriert. Versuche ich emotional nachzuvollziehen, was mir gerade erzählt wird, bin ich in einer völlig anderen Aufmerksamkeitshaltung als wenn ich versuche, das Angesprochene zu memorieren. So vergisst man im Laufe des Gesprächs vieles, was für die Klärung seiner Bedeutung noch nachgefragt werden müsste. Außerdem lassen wir uns beim nachvollziehenden Zuhören auch auf die Abwehr unserer Interviewten ein und übersehen damit die Relevanz von manchem nur am Rande Erwähnten. Und so geschieht es nicht allzu selten, dass mir erst nach einem Interview auffällt, dass ich zu entscheidenden Details der Biographie keine Nachfrage gestellt habe. Deshalb ist es auch von großem Vorteil, wenn wir die Gelegenheit zu einem weiteren Gespräch haben. Im Interview jedenfalls helfen uns hierfür in erheblichem Maße unsere Notizen. Auch bei einer nur wenige Minuten dauernden Selbstpräsentation in der Form eines gerafften

Berichtes sind sie für den Nachfrageteil wichtig. Wir können all die angesprochenen Daten oder Ereignisse nochmals in der Reihenfolge der Darstellung aufgreifen und den Interviewpartner erneut zu Erzählungen auffordern.

Erzählgenerierende Nachfragen. Der Nachfrageteil des narrativen Interviews ist von erheblicher, aber häufig unterschätzter Bedeutung. Zum einen vermitteln wir den Interviewten damit unser Interesse und unterstützen sie bei weiteren, auch für sie bedeutsamen Klärungen des bereits Erwähnten.[7] Zum anderen sind bei der Auswertung die Ausführungen auf Nachfragen häufig notwendig, um Hypothesen zu Sequenzen der Haupterzählung bestätigen, widerlegen oder auch erweitern zu können.

Signalisieren die Interviewten, dass sie mit ihren Ausführungen zunächst zu Ende sind – typischerweise, wenn sie mit ihrer Erzählung in der Gegenwart angelangt sind –, wird die zweite Phase des Interviews eingeleitet, zunächst mit erzählinternen Nachfragen zu bereits Angesprochenem. An dieser Stelle des Gesprächs bedanke ich mich zunächst für die bisherigen Ausführungen und erläutere den weiteren Fortgang des Interviews ungefähr wie folgt:

> „Ich habe mir, wie Sie ja gesehen haben, einige Notizen gemacht, zu denen ich noch gerne Fragen stellen möchte. Wenn es Ihnen recht ist, dann möchte ich ganz vorne, d.h. mit meiner ersten Notiz beginnen. So habe ich mir notiert, dass Sie erwähnten ... Können Sie darüber noch etwas detaillierter erzählen?

Entsprechend der Reihenfolge unserer während der Haupterzählung notierten Stichpunkte gehen wir nun auch im Nachfrageteil vor und orientieren uns damit in gewisser Weise wieder an dem vom Interviewten gestalteten thematischen Aufbau. Dies hat vor allem den Vorteil, dass ErzählerInnen sich oft mit der Beantwortung einer Frage wieder in die sequenzielle Gestalt ihrer Haupterzählung begeben und sich damit meist Fragen zu einigen weiteren Notizen erübrigen. Zunächst beschränken wir uns auf Fragen zu bereits Erwähntem. Wir verstehen diese von den Befragten eingeführten Themen bzw. biographischen Erlebnisse als eine Einladung zu Vertiefungsfragen und zensieren dabei nicht, ob es vielleicht zu peinlich oder zu schwierig sei, diese oder jene Stelle nochmals zu thematisieren. Handelt es sich dabei um schwierige Lebensbereiche, stellen wir unsere Fragen meistens im Konjunktiv wie: „Vielleicht könnten Sie über ... noch etwas genauer erzählen?" oder „Darf ich Sie nach dieser Zeit, in der Sie ..., fragen?"

Erst nachdem wir unsere Stichpunkte abgearbeitet haben, beginnen wir mit den externen Nachfragen zu uns interessierenden Themenbereichen, die bisher noch nicht erwähnt wurden.

---

7 Zu den unterstützenden bis eventuell heilenden Wirkungen der narrativen Gesprächsführung vgl. Rosenthal (2002).

In allen Teilen des Nachfrageteils geht es darum, erzählgenerierende Fragen zu stellen und Meinungs- oder Begründungsfragen (z.B. „Weshalb haben Sie ...?", „Warum haben sie das getan?", „Wieso wollten Sie ...?") zu vermeiden. Nach vielen Jahren der Erfahrung und des Experimentierens mit dem narrativen Interview wurde für mich deutlich, dass sich grundsätzlich alle Themen oder zu interessierenden Aspekte narrativ erfragen lassen, indem wir sie – wie z.B. Vorstellungen über die Zukunft oder tradierte oder phantasierte Erlebnisse – mit den Handlungssituationen verknüpfen, in denen darüber nachgedacht oder gesprochen wurde. Man denkt in einer ganz bestimmten und nicht beliebigen Situation über seine berufliche Zukunft nach, tradierte Erfahrungen werden in konkreten Interaktionssituationen vermittelt und Phantasien z.B. über die nur fragmentarisch vermittelte Familienvergangenheit werden in ganz bestimmten Situationen ausgelöst. Die Wirkung von tradierten Erfahrungen ist auch nicht einfach nur an deren Inhalte gebunden, sondern daran, wann im Leben, in welcher konkreten Interaktionssituation und wie sie vermittelt wurden. Erzählt z.B. eine Mutter ihrer schwangeren und sich vor der Geburtssituation fürchtenden Tochter über die lebensgefährliche Situation bei ihrer Geburt, wirkt diese Erzählung völlig anders als in einer anderen Lebensphase der Tochter.

Folgende Fragetypen lassen sich unterscheiden:

1. *Ansteuern einer Lebensphase*
   Können Sie mir über diese Zeit (Ihre Kindheit, Berufsausbildung, etc.) noch etwas mehr erzählen?

2. *Eröffnung eines temporalen Rahmens bei scheinbar statischen Themen*
   Sie erwähnten Ihre Mutter (Ihren Chef), können Sie einmal von ihren frühsten Erinnerungen an sie (als Sie ihn kennen lernten) erzählen und was Sie mit Ihrer Mutter (ihm) im Laufe Ihres Lebens (bis heute) erlebt haben?

3. *Ansteuern einer benannten Situation*
   Sie erwähnten vorhin die Situation x, können Sie mir diese noch einmal genauer erzählen?

4. *Ansteuern einer Erzählung zu einem Argument*
   Können Sie sich noch an eine Situation erinnern, in der Sie sich in Ihrem Beruf unbefriedigt fühlten (in der Sie gegen die Namensgebung argumentierten)?

5. *Ansteuern von Tradiertem bzw. Fremderlebtem*
   Können Sie sich noch an eine Situation erinnern, als Ihnen davon erzählt wurde, wie Ihr Vater gestorben ist (welche Konflikte es vor Ihrer Einstellung im Betrieb gegeben hat)?

6. *Ansteuern von Zukunftsvorstellungen oder von Phantasien*
   Können Sie sich noch an eine Situation erinnern, in der Sie sich vorgestellt haben, dass Sie aus dem Betrieb ausscheiden möchten? (was Ihr Großvater im KZ erlebt hat?)

Weitere Gesprächstechniken. Neben diesen erzählgenerierenden Fragen arbeite ich bei schwierigen Passagen im Gespräch, bei denen von schmerzhaften und noch immer sehr belastenden Erfahrungen erzählt wird, in denen heftige Gefühle reaktiviert werden, die Erzählenden weinen, tief betroffen oder wütend sind, auch mit der Technik des *„aktiven Zuhörens"* aus der klientenzentrierten Gesprächsführung (Gordon 1977; Rogers 1951). Diese Technik ist gerade dann eine große Hilfe, wenn eine erzählgenerierende Frage nicht passend wäre und uns unsere „Alltagskompetenz" im Umgang mit anderen Menschen leicht zum Beschwichtigen, Trösten oder Ablenken neigen lässt. Thomas Gordon spricht im Zusammenhang solcher Techniken von „Straßensperren", die nicht zum weiteren Sprechen einladen, sondern mit denen versucht wird, die schwierige Passage im Gespräch zu beenden. Erzählt z.B. jemand, dass er seine Mutter in der Wohnung tot aufgefunden habe und beginnt zu weinen, können wir ja nicht mit der Aufforderung reagieren, dies genauer zu erzählen. Ebenso wäre ein Themenwechsel verfehlt, da wir damit vermitteln würden, dass wir nicht weiter über diese schwierige Situation und die damit zusammenhängenden Gefühle sprechen möchten. Mit dem „Verbalisieren von emotionalen Erlebnisinhalten", die der Zuhörende aus dem Gesagten zu entschlüsseln versucht, wird mit diesen von Gordon als „Türöffner" bezeichneten Rückmeldungen das Bemühen um Verstehen und das Einlassen auf die Gefühle des anderen signalisiert. Dabei können wir entweder auf die Gefühle in der Gegenwart eingehen, z.B. mit der Bemerkung „Das berührt Sie heute noch sehr", oder auf die Gefühle in der damaligen Situation, zum Beispiel mit „Sie fühlten sich damals hilflos". Gegebenenfalls setze ich diese Technik auch in Passagen der Haupterzählung ein, in denen die Erzählenden sehr stark bewegt sind oder es zu Erzählblockaden kommt, um ihnen Akzeptanz für das Verbalisieren ihrer Gefühle wie auch für die Erzählung von schwierigen Erlebnissen zu vermitteln. Menschen, die sehr schwierige oder traumatisierende Situationen erlebt haben, meinen sehr oft, sie dürften die Zuhörenden mit der Erzählung dieser Situationen nicht belasten. Gerade hier verhilft das aktive Zuhören zum Abbau dieser Scheu im Gespräch.

Interviewabschluss. Eine wesentliche Regel für den Abschluss eines Gesprächs ist, es nicht bei einer schwierigen Phase oder bei einem belastenden Bereich des Lebens zu beenden. Vielmehr bedarf es genügend Zeit dafür, dass sich die Erzählenden aus der schwierigen Phase oder dem schwierigen Bereich herauserzählen und wir noch über sie aufbauende und sie stärkende Lebensbereiche sprechen können. Bei einem Interview, in dem es um sehr schwierige Phasen ging, suchen wir am Ende des Gesprächs gemeinsam mit ihnen durch unsere Nachfragen „sichere Orte" in ihrem Leben auf und lassen uns darüber erzählen (vgl. Rosenthal 2002)[8]. Nach einer längeren bio-

---

8 Dieses Vorgehen hat eine gewisse Ähnlichkeit mit den von Luise Reddemann und Ulrich Sachsse eingesetzten Techniken zur Etablierung eines sicheren inneren Ortes. „Die meisten Patientinnen berichten, dass sie als Kinder entweder an konkrete, ihnen

graphischen Erzählung besitzen wir in aller Regel etliche Hinweise darauf, in welchen Phasen oder Bereichen die Erzählenden sich sicher und stabil fühlen.

Um einen derartigen Abschluss zu gewährleisten, ist ein kompetentes Zeitmanagement in der Gesprächsführung von großer Bedeutung. Für mich gilt dabei als Regel, dass ich mindestens eine halbe Stunde für den Gesprächsabschluss zur Verfügung haben möchte. Bei biographischen Interviews biete ich meist bereits zu Beginn des Gesprächs einen möglichen zweiten Termin an, auf den ich dann einige Zeit vor Beendigung des Gesprächs hinweisen und anbieten kann, dass wir auf bestimmte Bereiche im nächsten Gespräch nochmals eingehen können.

Einen möglichen Abschluss des Gesprächs ermöglichen folgende Fragen: „Gibt es noch irgendetwas, das Sie mir (heute) gerne noch erzählen möchten?" Als gute „Abrundungen" haben sich bei biographischen Interviews folgende Fragen bewährt: „Wenn Sie auf Ihr bisheriges Leben zurückblicken, was, würden Sie sagen, war Ihr schwierigstes Erlebnis oder Ihre schwierigste Lebensphase?" Daran anschließend folgt eine Frage zu den schönsten Erlebnissen, um auch hier wieder in eine unbelastete Zeit überzuführen. Die Beantwortung dieser Fragen führt nach unserer Erfahrung immer wieder zu Erzählungen von sehr wichtigen, aber bisher nicht erwähnten Erlebnissen. Anschließend gehe ich zum Ende eines Interviews immer darauf ein, wie das Gespräch von den Interviewten empfunden wurde und ob sie noch Fragen an mich haben.

Diese Art der Interviewführung, d.h. überhaupt die Aufforderung zur Erzählung einer Lebensgeschichte oder auch nur einer Lebensphase, ist eine erhebliche Intervention, ob wir dies nun wollen oder nicht. Von daher bedarf es m.E. auch einer Ausbildung in der Gesprächs- und Interviewführung sowie der Reflexion über unterstützende im Unterschied zu blockierenden Interventionen.

Zur Verknüpfung mit anderen Verfahren. Vor Abschluss eines narrativen Interviews bzw. bei einem zweiten Gesprächstermin ist es durchaus denkbar, noch andere Verfahren einzusetzen. In den Forschungszusammenhängen, in denen es auch um die Beziehungen in der Familie und familiale Überlieferungen geht, setzen meine KollegInnen und ich (Rosenthal 1997; Loch 2004; Völter 2003) eine für Einzelgespräche geeignete Modifikation der Familienskulptur ein, wie sie in der systemischen Familientherapie ent-

---

sicher *erscheinende* Orte gegangen sind (z.B. in den Wald oder auf eine bestimmte Wiese), oder daß sie innerlich an einen Ort gegangen sind, an dem sie sich sicher fühlten. Diese Fähigkeit wird in der Therapie reaktiviert" (Reddemann/Sachsse 1996: 172). Sachsse versucht, auch Erinnerungen an gute und Sicherheit gebende Erfahrungen wachzurufen (Sachsse 1999: 60). Bei diesem Vergleich muss jedoch betont werden, dass Reddemann und Sachsse etliche Sitzungen zur Etablierung dieser sicheren Orte verwenden.

wickelt wurde (vgl. Simon 1972). Dazu legen wir den Gesprächspartner-Innen Klebepunkte in unterschiedlichen Farben vor und bitten sie, sich selbst und ihre Familienangehörigen (eventuell auch Freunde) aus ihrer Perspektive entsprechend der emotionalen Nähe oder Ferne zueinander zu gruppieren. Daran anschließend stellen wir an die Familientherapie angelehnte Fragen. Ebenso in Anlehnung an die Familientherapie (McGoldrick/ Gerson 2000) wird in manchen Kontexten (vgl. Loch 2004) auch gemeinsam mit den Interviewten ein Genogramm erstellt, d.h. eine graphische Darstellung von Familiendaten nach Art eines Stammbaums.

Wie schon erwähnt, ist es denkbar, das narrative Vorgehen mit dem fokussierten Interview oder dem Einsatz von Dilemmata zu verknüpfen. So führten 1995 im Auftrag des Hamburger Instituts für Sozialforschung unter meiner Projektleitung Sabrina Böhmer, Angelika Heider und Christine Müller ähnlich dem fokussierten Interview, Interviews mit BesucherInnen der Ausstellung „Vernichtungskrieg. Verbrechen der Wehrmacht 1941 bis 1944" unmittelbar im Anschluss an den Besuch der Ausstellung. Das Interview wurde mit einer narrativen Eingangsfrage eröffnet, die zur Erzählung darüber aufforderte, wie man von der Ausstellung erfahren, sich zum Besuch entschieden und die Ausstellung erlebt hat. Der Nachfrageteil orientierte sich auch hier zunächst an den während der Haupterzählung notierten Stichpunkten. Des Weiteren ging es bei den Frauen und Männern, die den Zweiten Weltkrieg selbst erlebt hatten, immer wieder um die Frage, ob ihnen zu den angesprochenen Materialien der Ausstellung eigene oder erzählte Erlebnisse einfallen, ob sie Situationen, wie die auf den Photographien festgehaltenen selbst erlebt haben oder ob ihnen darüber erzählt wurde. Die jüngeren BesucherInnen wurden zu Erzählungen über Situationen aufgefordert, in denen ihnen über diese Zeit der Kollektiv- und Familiengeschichte etwas vermittelt wurde.

5.5 Zur Notwendigkeit von Vertiefungsfragen

5.5.1 Verstehensprozesse in der Interviewsituation

Unter interpretativen SozialforscherInnen ist es eine gängige Vorstellung, man könne „offene Interviews" ohne eine besondere Technik und vor allem ohne eine Ausbildung in Gesprächs- oder Interviewführung durchführen. Über die Problematik von Leitfadeninterviews ist weit mehr geschrieben, reflektiert und gesprochen worden als über die Schwierigkeit, ein gutes offenes oder narratives Interview zu führen. Die mangelnde Reflexion und vor allem die so gut wie nicht vorhandene praktische Ausbildung bei narrativ oder ohne Leitfaden operierenden InterviewerInnen hat mit der häufig anzutreffenden Einstellung zu tun, man müsse das Gespräch einfach laufen lassen, dann würde die Fallstruktur sich schon erhellen. Selbst narrative Interviews werden oft mit der naiven Einstellung geführt, man könne – ohne weitere Anstrengung durch den Interviewer oder die Interviewerin – die befragten Personen „einfach erzählen" lassen. Narrativ arbeitende Interviewer vertreten häufig die Ansicht: Formulieren wir eine erzählgenerierende Eingangsfrage oder lassen uns z.b. einfach die Lebensgeschichte erzählen, ohne zu steuern, dann haben wir ein gutes Interview. Man fühlt sich in der Gewissheit, dem Anspruch der so genannten Offenheit gerecht geworden zu sein, wenn wir mit einer Haupterzählung – sagen wir einmal von 30 oder 90 Minuten – einen von den GesprächspartnerInnen selbst strukturierten Text haben, der ohne unsere Intervention entstanden ist. Voller Glück kommt die Interviewerin aus dem Interview und denkt: „Mir wurde ja so viel erzählt, ich musste kaum Fragen stellen." Die Konsequenz dieser fragwürdigen Vorstellung ist, dass der Verstehensprozess auf die Phase der Auswertung verschoben wird. Nicht selten kommen die Fragen erst bei der Auswertung. Selbst bei einer mehrstündigen Erzählung haben wir immer wieder das Problem, dass wir zwar eine Reihe von Hypothesen aufstellen können, der Text jedoch keine zuverlässige Überprüfung zulässt. Anstatt bereits im Gespräch Verständnisprozesse durch aktives Zuhören und darauf aufbauende Vertiefungsfragen abzusichern, wird man sich dann bei der Auswertung bemühen herauszufinden, was der oder die Befragte mit bestimmten Äußerungen wohl gemeint haben mag. Bei der Auswertung bleibt uns aber, wenn der Text keine weitere Auskunft erteilt, auch bei aller hermeneutischen Kompetenz nur ein vermeintliches Verstehen, bei dem wir die Aussagen in unsere eigenen Sinnhorizonte einordnen. Weit problematischer noch als die nicht am Text zu falsifizierenden oder zu verifizierenden Hypothesen ist das vorschnelle Verstehen. Es führt dazu, dass erst gar keine Hypothesen zu unterschiedlichen Bedeutungen aufgestellt und teilweise interpretative Fehlschlüsse gezogen werden. Während bei einem Leitfadeninterview meist eine inhaltsanalytische Auswertung folgt, die zum Ziel hat, über die einzelnen Interviews hinweg bestimmte Passagen von verschiedenen Interviewpersonen miteinander zu vergleichen und zu verbinden, dienen narrative Interviews in der Regel einer Auswertung, die zunächst auf den Einzelfall und die Rekonstruktion seiner Gesamtgestalt zentriert ist. Einmal unabhängig davon, mit welchem Verfahren ausgewertet wird, besteht hier der Anspruch, die Bedeutung einzelner Aussagen aus dem Gesamtzusammenhang des Textes zu erschließen, bei biographischen Fallstrukturen zudem aus der Gesamtgestalt der erlebten Lebensgeschichte, und eben nicht durch die Subsumtion unter generelle Kategorien und auch nicht durch einen Vergleich mit Aussagen aus anderen Interviews.

In meiner alltäglichen Praxis in der Methodenberatung werden mir immer wieder Transkripte von so genannten biographisch-narrativen Interviews mit der Frage nach den Möglichkeiten der Auswertung vorgelegt. Diese Interviews sind häufig dergestalt, dass zwar Hypothesen zu bestimmten Aussagen, biographischen Daten oder auch zu nicht thematisierten Lebensphasen formuliert werden können, doch aufgrund einer unzureichenden Interviewführung können diese Annahmen oft nicht am vorliegenden Interviewtext überprüft werden. Die Frage an die InterviewerInnen: „Weshalb haben Sie zu diesem Themenbereich, zu dieser Aussage, zu dieser biographischen Phase etc. nicht weiter nachgefragt", wird dann immer wieder mit sehr ähnlichen Einwänden beantwortet. Die wohl häufigste Erwiderung ist: „Weil dies nichts mit meiner Fragestellung zu tun hat." Eine andere Antwort lautet: „Der oder die Interviewte hat mir dazu doch schon deutlich eine Antwort gegeben" bzw. „Ich dachte, ich hätte den Sinn der Aussage verstanden." Und nicht selten kommt der Einwand: „Das war mir zu heikel, zu intim oder zu traumatisch" oder „Eine Frage zu diesem Thema ist zu eingreifend." Dabei wird dann der Anspruch hochgehalten, dass wir mit unseren Interviews keine Interventionen machen sollten oder dürften. Ich möchte auf diese Einwände eingehen und zunächst einen Gegeneinwand formulieren: Begnügen wir uns mit vorschnellen, der Alltagskommunikation folgenden Verstehensprozessen, im Sinne von: „Ich als Interviewerin habe schon verstanden, um was es geht", bleibt uns bei der Fallauswertung nichts anderes übrig, als per Subsumtionslogik zu verfahren. Und so schleicht sich durch die Hintertür wieder etwas ein, das wir mit der Entscheidung für eine rekonstruktive Analyse doch vermeiden wollten.

Ich vertrete also den Anspruch, dass wir eine sorgfältige Interviewführung benötigen, bei der wir im Nachfrageteil – also nach der Haupterzählung im Sinne des narrativen Interviews – Fragen stellen, die bereits eine erste Überprüfung möglicher Hypothesen zur Haupterzählung ermöglichen. Wir müssen beim Zuhören auf die Vagheiten, Inkonsistenzen und Lücken achten, d.h. sensibel dafür sein, an welcher Stelle mit Vertiefungsfragen ein weiteres Verständnis abgesichert werden muss. Es bedarf einer Interviewführung, bei der Verstehen immer wieder überprüft wird und bei der durch Fragen bereits eine erste Hypothesenüberprüfung (am konkreten Einzelfall) vorgenommen wird. Dabei geht es mir nicht nur um den manifesten Gehalt von Aussagen, sondern gerade auch um Bedeutungen, die den Interviewten selbst nicht zugänglich sind. Um diese latenten Bedeutungen zu erfassen, bedarf es einer kompetenten Interviewführung, die durch erzählgenerierende Fragen, aber auch durch daran anschließende Vertiefungs- und Detaillierungsfragen Einblick in die Handlungs- und Deutungsstrukturen unserer GesprächspartnerInnen gibt. Dies erfordert, dass wir während der Gesprächsführung zunächst unsere Forschungsfrage einklammern und uns erst einmal unabhängig von ihr auf die Lebenserzählung einlassen, bevor wir Fragen stellen, die gezielt an unserem eigenen Relevanzsystem orientiert sind. Dazu ist es auch notwendig, sich nicht mit dem Nennen von Ereignissen oder Fakten zufrieden zu geben, sondern zu versuchen, mit Erzählaufforderungen Einblick in die damaligen Situationen und die Handlungsabläufe zu erhalten. Eine weitere Regel ist, schwierige Lebensbereiche und Erlebnisse nicht zu übergehen, die von den BiographInnen selbst in das Gespräch eingeführt und uns damit zum Nachfragen angeboten werden. Gehen wir auf schwierige und traumatische Erfahrungen nicht ein, die der Interviewte angedeutet hat, sondern ignorieren diese vielmehr, indem wir keine Fragen dazu stellen, geben wir damit unseren Gesprächspartnern das Gefühl, dass sie uns mit solchen Erlebnissen belasten, dass uns dies unangenehm ist und dass sie besser darüber schweigen sollen. Gerade bei traumatischen Erlebnissen kann das Abblocken eines Gesprächs zu einer Verstärkung der Traumatisierung bzw. zu einer sekundären Traumatisierung führen. Damit wird auch deutlich, inwiefern das Gebot, man solle nicht intervenieren, im Sinne einer schlechten Intervention eingehalten werden kann. Würden wir dieses Gebot konsequent vertreten, dürften wir überhaupt keine Gespräche führen, da sowohl das Fragen als auch das Nicht-Fragen Einfluss auf den Interviewpartner hat.

5.5.2 *Empirisches Beispiel: Welche Bedeutung hat der Tod der Mutter für unterschiedliche Forschungsfragen?*

Anhand eines Beispiels aus einem Interview sollen im Folgenden die Möglichkeiten eines sorgfältigen Eingehens auf eine Befragte verdeutlicht werden. Dieses Interview mit einer 1921 geborenen Frau aus Ostdeutschland wurde von Bettina Völter und mir im Kontext unserer Untersuchung zu Drei-Generationen-Familien (Rosenthal 1997) geführt. Frau Liebig, wie wir sie nennen, wurde 1949 geschieden. Gedankenexperimentell gehen wir einmal davon aus, wir hätten dieses Interview im Kontext einer Untersuchung über Scheidungsverläufe geführt. Ein weiterer Forschungskontext, in dem man dieses Interview verwenden könnte, wäre das Kriegserleben im Zweiten Weltkrieg. Ganz unabhängig von diesen beiden Forschungskontexten würde ich jedoch a) mit einer offenen biographisch-narrativen Erzählaufforderung das Interview führen, b) beim erzählinternen Nachfrageteil meine Forschungsfrage einklammern und auf all die genannten Themenbereiche und biographischen Erlebnisse eingehen. Erst der erzählexterne Nachfrageteil könnte noch andere gezielte Fragen im Zusammenhang meiner Forschungsfrage enthalten, die nicht von der Befragten selbst thematisiert wurden.

Elisabeth Liebig wurde von uns aufgefordert, ihre Familien- und Lebensgeschichte zu erzählen. Sie beginnt ihre Lebenserzählung wie folgt: „Nichts ist so, wie man sich's vorgestellt hat. Alles ist anders gekommen. Die große Jugendliebe mit 15 den Mann kennen gelernt, mit achtzehn verlobt und mit zwanzig geheiratet und mit 21 kam mein Sohn ((lachend)) das war denn schon das Jahr 42, als dann, schon Krieg war ..." Danach spricht sie über ihre Ehe und ihr Leben während der Kriegsjahre, die Nachkriegszeit, die Rückkehr des Mannes aus der Kriegsgefangenschaft, ihre Probleme mit ihrem Mann, die Scheidung, ihre darauf folgende eigene Berufskarriere und spannt dann den Bogen bis in die Gegenwart. Nach ca. 15 Minuten beendet sie diese selbst strukturierte Präsentation und holt den Interviewerinnen erstmal Kaffee aus der Küche.

Wie kann es nun im Gespräch weitergehen? Bei den genannten Fragestellungen könnten wir nun einwenden, dass sowohl Interviewerinnen im Forschungskontext Scheidungsverläufe und auch jene mit der Thematik Kriegserleben ganz zufrieden mit dieser Eingangserzählung sein könnten und nun mit Vertiefungsfragen beginnen und entsprechend ihrer Fragestellung mit erzählexternen Fragen zum Scheidungsverlauf oder zum Kriegserleben fortfahren könnten. Bei der Interpretation dieser Haupterzählung oder biographischen Selbstpräsentation müssten wir uns allerdings fragen, weshalb Frau Liebig mit der großen Jugendliebe beginnt und weshalb sie die gesamte Lebenszeit davor gar nicht erwähnt. Hier lassen sich zunächst verschiedene Hypothesen formulieren, wie z.B.: Die Ehe und die Scheidung sind biographisch so relevant, dass sie in der biographischen Selbstpräsentation andere Themen in den Hintergrund drängen. Eine weitere mögliche Hypothese ist, dass die Lebenszeit vor dem Kennenlernen des Ehepartners der Erzählerin peinlich oder unangenehm ist. Würde im weiteren Interviewverlauf jedoch auf die Zeit vor dem 15. Lebensjahr nicht wieder eingegangen, könnten wir diese Hypothesen kaum überprüfen. Am Text ließe sich gerade mal belegen, dass die von Frau Liebig als „gescheitert" erlebte Ehe zentral für ihre Biographie war und ist. Doch ob diese hohe biographische Relevanz der gescheiterten Ehe bis hin zur Bedeutung der Jugendliebe mit 15 etwas mit der Vorgeschichte zu tun hat oder ob es da Bereiche gibt, die ihr unangenehm sind und vielleicht für die Fallstruktur bestimmender sind als die gescheiterte Ehe, könnte nicht überprüft werden.

Um es vorwegzunehmen, die Bedeutung der Lebensgeschichte bis zum 15. Lebensjahr wird erst nach vier weiteren Interviewfragen deutlich. Zunächst, also nach der Kaffeepause, fragt eine der beiden Interviewerinnen Frau Liebig, ob sie auch noch etwas auf ihre Familiengeschichte eingehen könnte. Der darauf folgende Text mit Berichten über die Großeltern und vielen Beschreibungen zur Familiengeschichte ist bereits länger als die Eingangspräsentation. Diese zweite Haupterzählung enthält auch ein wichtiges biographisches Datum. Frau Liebig vermerkt gleich zu Beginn dieses Abschnittes, dass ihre Mutter an Multipler Sklerose litt, mehrere Selbsttötungsversuche unternahm, bis schließlich der letzte ihren Tod herbeiführte: „1933 ist ihr das gelungen, da war ich 12 Jahre alt." Die Erzählerin führt ohne Innehalten fort: „aber meine Ferien hab ich oft unten bei der Tante verbracht", und beschreibt des Weiteren (13 Zeilen) ihre schönen Ferien bei der Tante. Anhand dieser Sequenz lassen sich nun mehrere Hypothesen formulieren. So können wir u.a. annehmen, dass Frau Liebig die emotionale Bedeutung des Suizids ihrer Mutter nicht nur in der Gegenwart des Interviews, sondern bereits als 12-jähriges Mädchen abwehren musste, weil dieses Erlebnis für sie viel zu belastend und zu bedrohlich war. Wir können allerdings die heutige und damalige Bedeutung dieses Ereignisses keineswegs aus dieser Sequenz entschlüsseln. Zwar ist anzunehmen, dass die Selbsttötung einer Mutter bei einem 12-jährigen Mädchen ein einschneidendes Erlebnis mit erheblichen Folgen für die weitere Biographie ist und Einfluss auf weitere Beziehungen haben wird, wie auch auf das spätere Erleben von Trennungen oder Scheidungen. Wie sich dieses biographische Ereignis jedoch auf das Leben von Frau Liebig auswirkte, lässt sich auf der Grundlage des bisherigen Textes nur mutmaßen. Das Studium einschlägiger Literatur zu den Folgen des Todes eines Elternteils in der Frühadoleszenz (vgl. Bowlby 1980) könnte uns den Hinweis geben, dass es bei den Folgen sehr auf die genauen Umstände des Todes, auf die Beziehung zur Mutter sowie auf die Familienkonstellation nach dem Tod der Mutter ankommt. Doch darüber wissen wir bisher noch nichts. Die LeserInnen mögen nun einwenden, dass dieses Wissen für die Interpretation des Erlebens der Scheidung und ihres Verlaufs womöglich hilfreich sein könnte, eine Interviewführung bei dieser Thematik auch generell auf Trennungs- und Verlusterfahrungen einzugehen habe, dieses Wissen jedoch für die Rekonstruktion des Kriegserlebens irrelevant sei.

Im Interview mit Frau Liebig orientierte sich die nächste Frage jedoch an der Regel, die Forschungsfrage zunächst einzuklammern und sich erst einmal auf die Lebenserzählung einzulassen und zu versuchen, die Geschichte der Befragten zu verstehen. Dazu ist es notwendig, sich nicht mit dem Nennen von Ereignissen wie die „Selbsttötung der Mutter im Jahre 1933" zufrieden zu geben, sondern zu versuchen, mit Erzählaufforderungen Einblick in die damaligen Situationen und Handlungsabläufe zu erhalten. Des Weiteren gilt es für eine kompetente, die Befragten unterstützende Gesprächsführung, schwierige, von den Interviewten in das Gespräch eingeführte Lebensbereiche nicht zu übergehen. Die Frage in diesem Interview lautete: „Vielleicht können Sie noch ein bisschen über ihre Mutter erzählen, was da für Situationen noch so in Erinnerung sind." Frau Liebig bleibt noch im Berichtstil und zählt einzelne biographische Details zu ihrer Mutter auf: dass sie ihren ersten Mann im Ersten Weltkrieg verloren habe, ein Kind aus dieser Ehe hatte, das ganz jung starb, 1919 dann den Vater kennen lernte und danach an MS erkrankte. Frau Liebig geht wieder auf die wiederholten Suizidversuche ihrer Mutter ein, berichtet, dass ihre Mutter einmal versucht habe, sich zu erhängen, die Polizei und die Feuerwehr zu Hause waren. Ein weiteres Mal habe der Vater einen Versuch verhindern können. Nach diesem Bericht wird Frau Liebig zur Krankheit ihrer Mutter gefragt. Es folgt jetzt – nach ca. einer halben Stunde Interview – die erste Erzählung einer Geschichte. Frau Liebig erzählt über ihre Einschulung ins Lyzeum, zu der sie allein gehen musste, weil die Mutter nur noch schlecht laufen konnte. Die Interviewerin geht daraufhin auf die Suizidversuche der Mutter ein und fragt: „Können Sie sich noch an einen dieser Selbstmordversuche erinnern?"

Bevor ich die Antwort von Frau Liebig berichte, möchte ich an dieser Stelle auf den möglichen und immer wieder formulierten Einwand eingehen, dass eine derartige Frage viel zu sehr auf einem traumatischen Bereich insistiere, wir nicht wissen können, was wir mit einer solchen Frage auslösen und die Erzählerin vielleicht in eine Krise bringen. Dazu ist zu vermerken, dass die Selbstmordversuche von Frau Liebig selbst als Thema wiederholt ins Gespräch eingeführt wurden. Gehen wir solchen Hinweisen auf belastende Erlebnisse in einem Gespräch nicht nach, sondern ignorieren sie vielmehr, indem wir keine weiteren Fragen dazu stellen, geben wir unseren GesprächspartnerInnen das Gefühl, dass sie uns mit diesen Hinweisen belasten, diese uns unangenehm sind und sie besser darüber schweigen sollten.

Frau Liebig reagiert nun auf die Frage mit einer ausführlichen Erzählung (30 Zeilen im Transkript) über jenen Tag, als ihre Mutter starb. Diese Erzählung ist weit detaillierter als die erste im Zusammenhang der Frage nach der Krankheit der Mutter. Diese Textstruktur verdeutlicht die Erzählbereitschaft oder den Erzählbedarf der Biographin zu diesem Thema. Der Inhalt der Geschichte verweist auf eine sehr schwierige biographische Konstellation. Es war im Frühjahr 1933 und Frau Liebig erzählt, sie sei an jenem Tag „verspätet nach Hause gekommen", weil sie nach der Schule noch mit einer Freundin ins Kino gegangen sei. Sie habe gleich das Gas gerochen und die Mutter tot in der Küche aufgefunden. Sie habe den Gashahn zugedreht und ihren Vater von der Arbeit geholt. Die Textstelle verdeutlicht, dass Frau Liebig sich auf der manifesten Ebene als kompetentes Mädchen präsentiert. Auf der latenten Ebene wird dagegen ein abgewehrtes Schuldgefühl deutlich. Das zwölfjährige Mädchen fühlte sich schuldig am Tod der Mutter, weil es nicht rechtzeitig aus der Schule kam. Des Weiteren verdeutlicht die feinanalytische Auswertung dieser Textstelle, dass sich das Mädchen nach dem Tod der Mutter schuldig dafür fühlte, eine distanzierte Beziehung zur Mutter gehabt zu haben. Auffallend an dieser Erzählung ist, dass die Erzählerin ohne emotionale Beteiligung über dieses Erlebnis spricht. Die darauf folgende Interviewsequenz lässt vermuten, dass Frau Liebig bereits als zwölfjähriges Kind den Suizid ihrer Mutter anscheinend damit verarbeitete, indem sie ihre Gefühle abspaltete. Auf die Bemerkung – gemäß der Technik des aktiven Zuhörens – von Seiten der Interviewerin, dass es für Frau Liebig sehr schwer gewesen sein muss, als kleines Mädchen die Mutter tot aufzufinden, folgt die Antwort: „Na ja bloß, also einmal hab ich mehr an meinem Vater gehangen, das weiß ich *hinterher* und diese ganze Misere zuhause is ja alles sowieso nich schön ja und ich bin mit neun Jahren in den Turnverein." Ging die Erzählerin in einer früheren Sequenz unmittelbar nach dem Sprechen über den Suizid der Mutter auf die Ferien bei der Tante ein, leitet sie nun ebenso umstandslos zum Turnverein über. Die biographische Relevanz des Turnvereins wird im Gesamttext des Interviews und vor allem im Zusammenhang mit ihrem Ehemann sehr deutlich. Als sie mit 15 Jahren ihre große Jugendliebe, ihren späteren Mann, kennen lernte, war dieser ebenfalls begeisterter Sportler und Teilnehmer der Olympischen Spiele. Darüber hinaus versuchte auch er, ebenso wie Frau Liebig, seine Gefühle des Verlassenwordenseins durch sportliche Aktivitäten im Kontext einer Vereinsgemeinschaft biographisch zu bearbeiten. Die Auswertung des gesamten Interviews verdeutlichte, dass diese Biographin den Verlust der Mutter und ihre unbewussten Schuldgefühle stellvertretend am Thema ihrer gescheiterten Ehe bearbeitet. Dies zeigt sich u.a. daran, dass sie in ihrer biographischen Haupterzählung einen ausführlichen Argumentationsteil über die Gründe für ihre Scheidung einfügt.

Immer noch mag sich die Leserin fragen, wozu man diese Interpretationen über die Bedeutung des Suizids der Mutter benötigte, wenn dieses Interview im Kontext einer Forschung zum Kriegserleben durchgeführt worden wäre. Zunächst ganz allgemein formuliert: Bevor wir im Interview nicht verstanden haben, welche Bedeutung eine Aussage oder ein biographisches Erlebnis in diesem konkreten Einzelfall haben kann, können wir auch nicht darüber urteilen, ob diese Aussage oder dieses Erlebnis in irgendeinem Zusammenhang mit unserer Fragestellung steht. Wir können diesen Zusammenhang nur losgelöst vom konkreten Fall konstruieren und stehen damit in der Gefahr, den Text unter dem Gesichtspunkt möglicher Zusammenhänge oder möglicher getrennter Lebensbereiche zu interpretieren und die im konkreten Einzelfall miteinander interagierenden Lebensbereiche – und somit auch die Fallstruktur – zu verfehlen. Die grundsätzliche Forderung an eine rekonstruktive Auswertung ist jedoch, mögliche Zusammenhänge zwischen zwei Komponenten – wie Kriegserleben und Suizid der Mutter – am konkreten Einzelfall zu erschließen. Die Auswertung des Interviews mit Frau Liebig zeigte, dass sie in allen schweren Lebenslagen, so auch in den Kriegsjahren, ihre Gefühle abwehrt und dass Sport und Arbeit im Kontext einer Gemeinschaft für sie biographische Strategien sind, um mit ihrem Gefühl, allein gelassen worden zu sein, und ihrer abgewehrten Trauer darüber besser leben zu können.

Wie wenig ihr selbst die Bedeutung des Verlusts der Mutter bewusst ist und wie sie dies stellvertretend mit dem Thema Kriegserleben und vor allem dem der gescheiterten Ehe bearbeitet, wird u.a. deutlich bei der Antwort auf eine abschließende Frage im Interview: „Wenn Sie auf Ihr Leben zurückschauen, was würden Sie denn da sagen warn die *schlimmsten* und *schwierigsten* Zeiten für Sie?" Frau Liebig antwortet, dies seien die Kriegsjahre gewesen, und führt weiter aus: „**Zu schaffen** jemacht hat mir **wirklich** die, **jescheiterte Ehe** und dass ich an=un=für=sich mein Mann **so jeliebt** habe dass ich jahrlin- jahrelang nich davon **losjekommen** bin,/ nich also, det wirklich. bald **zwanzich Jahre** jedauert hat bis ich die **Scheidung überwunden habe ooch, ooch** innerlich, nech das is natürlich nich **schön**."[9]

Auf der Ebene der bewussten Selbstinterpretation sehen wir, dass für diese Biographin die gescheiterte Ehe und die Kriegsjahre zentrale und belasten-

---

9 Zu den Transkriptionszeichen vgl. Kap. 3.2.3.

de Phasen sind. Dies zeigt sich bereits in ihrer Eingangserzählung. Hätten die Interviewerinnen keine Frage über die Zeit vor der Ehe gestellt, hätten sie vermutlich auch bei der Auswertung die latente Struktur dieses Falles verfehlt, d.h. dass die Umstände des Todes ihrer Mutter für die Biographin biographisch sehr entscheidend waren, ihre frühe Partnerwahl und das Erleben der Scheidung mitbestimmten, und die von ihr in diesem Zusammenhang erworbenen biographischen Strategien zur Abspaltung von Gefühlen auch in anderen Lebensbereichen wirksam waren. Vermutlich hätten die Interpretinnen auch die im Interview auffallend gefühllosen Erzählungen über den Krieg und besonders über das Leiden anderer Menschen falsch interpretiert und damit Frau Liebig die Empathie verweigert, die sich selbst gegenüber als Kind mit einer kranken und sie dann auch noch verlassenden Mutter kein Mitgefühl aufbringen kann.

6. Biographieforschung und Fallrekonstruktionen[1]

Vorbemerkung. Was ist das Anliegen biographischer Forschung und welche grundlagentheoretischen und methodologischen Annahmen liegen ihr zugrunde? Das soll im Folgenden (Kap. 6.1) diskutiert werden, bevor ich die Methode der biographischen Fallrekonstruktion erläutere und anhand der Auswertung eines Interviews vorstelle (Kap. 6.2). Zum Abschluss (Kap. 6.3) werde ich noch auf die Übertragbarkeit des methodischen Vorgehens auf Fallrekonstruktionen auf anderen Fallebenen wie z.b. der von Familien oder der von Organisationen eingehen.

6.1 Biographieforschung und ihre theoretischen Grundlagen

Geschichte der Biographieforschung.[2] Der Beginn der universitär verankerten Biographieforschung verlief in der Psychologie und der Soziologie zeitlich ungefähr parallel, d.h. in den 1920er Jahren. In der Psychologie ist vor den biographischen Forschungen an den Universitäten zunächst die Psychoanalyse zu nennen. Nicht nur, dass das psychoanalytische Gespräch ein biographisches Verfahren darstellt, darüber hinaus hat Sigmund Freud mit seinen Interpretationen biographischer Quellen von und über historische Persönlichkeiten (wie z.B. Moses oder auch Leonardo da Vinci) lebensgeschichtliche Analysen vorgelegt. Diese Arbeiten haben jedoch nicht so sehr den gesamten Lebenslauf im Blick, sondern messen vor allem biographisch relevanten Erlebnissen in der Kindheit und Jugend entscheidende Bedeutung bei (vgl. Erikson 1966).

Einen Höhepunkt erreichte die akademische Biographieforschung in den 20er und 30er Jahren des vergangenen Jahrhunderts im Umkreis von Charlotte und Karl Bühler am Psychologischen Institut der Universität Wien. Basierend auf empirischen Studien zu Kindheit und Jugend forderte Charlotte Bühler (1933) in ihrem bekannten Werk „Der menschliche Lebenslauf als psychologisches Problem" die Analyse einzelner Handlungen im Gesamtrahmen der jeweiligen Lebensphase und vor allem eine Ausweitung der Entwicklungspsychologie auf die gesamte Lebensspanne. Sie schreibt:

---

1 Dieses Kapitel ist eine überarbeitete Fassung von zwei früheren Aufsätzen (Rosenthal 2002b; 2004).
2 Vgl. die ausführliche Darstellung bei Fuchs-Heinritz (2000).

„Vielmehr erschien mir unbedingt erforderlich, aus dem Ganzen und vor allem vom Ende des menschlichen Lebenslaufs her zu erfassen, was Menschen eigentlich letztlich im Leben wollen, wie ihre Ziele bis zu diesem Letzten gestaffelt sind" (Bühler 1933, S. VII).

Als Beginn der soziologischen Biographieforschung wird die Migrationsstudie „The Polish Peasant in Europe and America" von William Isaac Thomas und Florian Znaniecki (1918-1920) an der University of Chicago angesehen. Neben Dokumentenanalysen zum Migrationsprozess enthält das voluminöse Werk nur *eine* – auf Bestellung der Autoren geschriebene – Biographie eines polnischen Migranten. Die beiden Autoren waren, wie sie selbst schreiben, „sicher, dass persönliche Lebensberichte – so vollständig wie möglich – den perfekten Typ von soziologischem Material darstellen" (Thomas/Znaniecki 1958, II 1832f.). Nach ihrer Ansicht ermöglichen autobiographische Quellen den Zugang zu den subjektiven Erfahrungen und Einstellungen, und sie erreichen, wie sie schreiben, „die volle lebendige und aktive soziale Wirklichkeit unterhalb der formalen Organisation der sozialen Institutionen oder hinter den statistisch tabellierten Massenphänomenen" (ebenda: 1835). Inspiriert durch diese Studie blühte in den 1920er Jahren in Chicago am dortigen soziologischen Department dank der Initiative von Ernest W. Burgess und Robert E. Park die biographische Methode auf (vgl. Kap. 1.3). Dabei wurden nicht nur die Vorteile der biographischen Fallstudie zur Erfassung der subjektiven Perspektive und des sozialen Handelns von Mitgliedern unterschiedlicher Milieus und von deren Entstehungsgeschichte, sondern auch jene zur Rekonstruktion sozialer Lebenswelten überhaupt und deren Nützlichkeit für Anregungen für die soziale Praxis erkannt.

Die in der Soziologie ab den 1970er Jahren einsetzende Rückbesinnung auf die Arbeiten der Chicago School führte zu einem regelrechten Boom der interpretativen Biographieforschung – vor allem in der deutschsprachigen, aber auch der internationalen Soziologie. Der erste Sammelband zur Biographieforschung wurde unter dem Titel „Soziologie des Lebenslaufs" 1978 von Martin Kohli herausgegeben. 1981 publizierte der französische Soziologe Daniel Bertaux den Reader „Biography & Society" und von Joachim Matthes, Arno Pfeifenberger und Manfred Stosberg erschien ein Tagungsband zum Thema „Biographie in handlungswissenschaftlicher Perspektive." 1984 folgte, herausgegeben von Martin Kohli und Günter Robert, ein weiterer Band mit dem Titel „Biographie und soziale Wirklichkeit." Im selben Jahr publizierte Werner Fuchs seine Einführung in die Biographieforschung, die in überarbeiteter Fassung 2000 erschien.

Martin Kohli trug mit seinen programmatischen und empirischen Schriften wesentlich zur Institutionalisierung der Biographieforschung in der deutschen Soziologie bei (vgl. Kohli 1985 sowie Fischer/Kohli 1987). Mittlerweile erstreckt sich die Biographieforschung auf viele Bereiche der Soziologie. Einige Beispiele seien an dieser Stelle genannt: Es liegen Arbeiten zu berufsbiographischen Verläufen (Alheit/Dausien 1985; Brose 1986), zu Migrationsverläufen (Apitzsch 1999; Breckner 2005; Lutz 2000), zu Krankheit und Biographie (Fischer 1986; Hanses 1996; Hildenbrand 1983; Riemann 1988), zu Religion und Biographie (Wohlrab-Sahr 1995), zu Biographie und Geschlecht (Dausien 1996; 1999), zur politischen Sozialisation von rechtsextremen Jugendlichen (Inowlocki 2000; Köttig 2004) und schließlich zur biographischen Bedeutung des Nationalsozialismus oder des politischen Systems in der DDR (Alheit u.a. 2004; Miethe 1999; Rosenthal 1997; Völter 2003) vor.

Bis heute expandiert diese Forschungsrichtung auch in den anderen sozial- und humanwissenschaftlichen Fachdisziplinen. In den Erziehungswissenschaften (Alheit 1994; Krüger/Marotzki 1999) hat sie sich ebenfalls mittlerweile zu einer Teildisziplin mit einem allgemeinen theoretischen Anspruch etabliert. In den Geschichtswissenschaften hat die Oral History, deren VertreterInnen biographische Interviews als weitere Quelle bei der Untersuchung jüngerer historischer Epochen nutzen und meist auch mit narrativ-interpretativen Methoden arbeiten (vgl. Bornat 2004; Sieder 1999; Thomson 1992; v. Plato 1998), ebenfalls erhebliche Bedeutung.

Auch die Psychologie entdeckt in den letzten Jahren das Biographiekonzept neu. In der Bundesrepublik sind insbesondere die Arbeiten von Gerd Jüttemann zu nennen, der zusammen mit Hans Thomae zwei Sammelbände herausgab (1987; 1998). Jüttemann (1998) fordert mit seinem Konzept der komparativen Kasuistik, psychologische Phänomene in ihrer Entwicklung zu untersuchen und sie in ihrem Entstehungs- und Verursachungszusammenhang zu verstehen und zu erklären. Auf internationaler Ebene haben die Arbeiten von Jerome Bruner (1990), George C. Rosenwald und Richard L. Ochberg (1992) oder Dan McAdams (1993) – um nur einige zu nennen – zu einer Rückbesinnung auf eine verstehende Psychologie und vor allem zu einer mit narrativen Methoden arbeitenden Biographieforschung geführt. Die amerikanische Psychologin Ruthellen Josselson und die israelische Psychologin Amia Lieblich gaben von 1993-1999 das Jahrbuch „The Narrative Study of Lives" heraus, das Arbeiten der narrativen biographischen Forschung in der akademischen Psychologie vorstellt. Zu den wenigen Vertretern in Deutschland gehört Jürgen Straub (1993).

Theoretische Vorannahmen. Die VertreterInnen der interpretativen Biographieforschung verwenden biographische Methoden nicht nur bei bestimmten Fragestellungen, die offensichtlich auf die Lebensgeschichte von Menschen bezogen sind, sondern sie formulieren vielmehr unterschiedlich bereichsspezifische Fragestellungen in biographischer Form. Dies beruht auf bestimmten grundlagentheoretischen Vorannahmen, die ich im Folgenden verdeutlichen werde. Dazu möchte ich in der Form eines Gedankenexperiments zwei unterschiedliche empirische Forschungsprojekte durchspielen.

Nehmen wir einmal an, wir wollten das Krankheits- und das Gesundheitserleben von Menschen erforschen, die an Multipler Sklerose (MS) leiden. Ein weiteres Projekt hätte das Ziel, die Erfahrungen von sozial benachteiligten Jugendlichen in berufsvorbereitenden Bildungsmaßnahmen[3] zu rekonstruieren. In beiden Fällen könnte man sich bei der Erhebung und Auswertung auf die jeweiligen Fragestellungen konzentrieren und die uns interessierenden Phänomene in den Mittelpunkt der Aufmerksamkeit rücken. So könnten wir uns in beiden Fällen für Leitfadeninterviews entscheiden. In einem Fall könnten wir gezielt Fragen zum Gesundheits- und Krankheitserleben stellen oder uns – bereits in Anlehnung an die Methode des narrativen Interviews – die Geschichte der Erkrankung von der ersten Diagnose bis zur Gegenwart erzählen lassen. Im anderen Fall könnten wir Fragen zu den Erfahrungen in den jeweiligen Bildungsmaßnahmen stellen und dies vielleicht mit einer teilnehmenden Beobachtung des Ausbildungsalltags verbinden. Dagegen würde ich in beiden Forschungsprojekten einen biographietheoretischen Zugang bevorzugen – mit den entsprechenden Methoden der Erhebung, wie dem biographisch-narrativen Interview, und der Auswertung, der biographischen Fallrekonstruktion. So würde ich mir sowohl von den Personen, die an MS erkrankt sind, als auch von den Jugendlichen die gesamte Lebensgeschichte erzählen lassen und diese zunächst in ihrer Gesamtheit zu rekonstruieren versuchen. In beiden Fällen könnte dies auch bei einem biographietheoretischen Vorgehen durchaus mit einer teilnehmenden Beobachtung kombiniert werden. Ich würde mich nur darum bemühen, den beobachteten Alltag der Jugendlichen in der jeweiligen Maßnahme vor dem lebensgeschichtlichen Hintergrund der jeweiligen Jugendlichen zu interpretieren.

Diese methodischen Entscheidungen sind nun nicht einfach darin begründet, dass ich Biographieforscherin bin und ein Interesse an den Lebensgeschichten von Menschen habe. Sie beruht vielmehr auf grundlagentheoretischen Vorannahmen. Diese Vorannahmen führen dazu, dass bei sozialwissenschaftlichen oder historischen Fragestellungen, die sich auf soziale Phänomene beziehen, die an die Erfahrungen von Menschen gebunden sind und für diese eine biographische Bedeutung haben, die Bedeutung dieser Phänomene im Gesamtzusammenhang ihrer Lebensgeschichte interpretiert wird. Die Notwendigkeit der Rekonstruktion sowohl von biographischen Verläufen als auch von gegenwärtigen biographischen Konstruktionen sehe ich, wie viele KollegInnen in der Biographieforschung, sowohl bei der Untersuchung von Gesundheits- und Krankheitserleben als auch bei der Erforschung des Erlebens der Ausbildungs- und Berufswelt ebenso wie bei der Analyse von Einstellungen zum Gesundheitssystem oder zum Ausbildungssystem.

---

3 Eine derartige Studie wird gegenwärtig unter meiner Leitung von Michaela Köttig und Nicole Witte im Auftrag der Stiftung Jugendmarke durchgeführt.

Die grundlagentheoretischen Vorannahmen, die diese Notwendigkeit begründen, sind im Einzelnen:

1. Um soziale oder psychische Phänomene verstehen und erklären[4] zu können, müssen wir ihre *Genese* – den Prozess ihrer Entstehung, Aufrechterhaltung und Veränderung – rekonstruieren.

2. Um das Handeln von Menschen verstehen und erklären zu können, ist es notwendig, sowohl die Perspektive der Handelnden als auch die *Handlungsabläufe* selbst kennen zu lernen. Wir wollen erfahren, was sie konkret erlebt haben, welche Bedeutung sie ihren Handlungen damals gaben und heute zuweisen und in welchen biographisch konstituierten Sinnzusammenhang sie ihre Erlebnisse und Handlungen stellen.

3. Um die Aussagen eines Interviewten/Biographen über bestimmte Themenbereiche und Erlebnisse seiner Vergangenheit verstehen und erklären zu können, ist es notwendig, sie eingebettet in den *Gesamtzusammenhang seines gegenwärtigen Lebens* und in seine daraus resultierende Gegenwarts- und Zukunftsperspektive zu interpretieren.

Was bedeuten diese Vorannahmen für unsere möglichen Forschungsfragen? Um ein gegenwärtiges oder vergangenes Phänomen wie das Leiden an Multipler Sklerose, die Situation der Mitteilung der medizinischen Diagnose oder den Alltag eines Jugendlichen in einer Bildungsmaßnahme verstehen und erklären zu können, benötigen wir Einblick in die Geschichte der Personen, in ihre Biographie. Wir fragen danach, welche Erfahrungen den uns interessierenden Phänomenen in welcher Reihenfolge vorausgingen und welche diesen folgten. Es geht darum, das uns interessierende Phänomen, wie etwa das Krankheitserleben, im Prozess des Werdens zu rekonstruieren. Das betrifft sowohl Prozesse der Entstehung und der Reproduktion von etablierten Strukturen als auch Prozesse der Veränderung. Daher rekonstruieren wir die Genese eines Phänomens nicht nur bei der Interpretation des *gegenwärtigen* Erlebens einer Krankheit oder eines Berufsalltags bis in die Gegenwart des Erzählens, sondern auch bei der Frage nach dem Erleben einer Diagnose oder einer Ausbildung in der Vergangenheit. Die Erzählungen oder Argumentationen über die Diagnose oder die Bildungskarriere konstituieren sich ebenso wie der Erinnerungsprozess aus der Gegenwart des Sprechens in einer konkreten Interaktionssituation. Diese Gegenwart wiederum wurde geschaffen sowohl durch die Vergangenheit während der Diagnosestellung oder Ausbildung als auch durch die biographischen Prozesse und Erfahrungen in der Zeit danach. Biographische Fallrekonstruktionen können uns nicht zuletzt entscheidende Wendepunkte verdeutlichen – so genannte Interpretationspunkte (Fischer

---

4 Verstehen und Erklären werden hier im Sinne Max Webers verstanden. Wie bei Weber besteht die Aufgabe der Forscherin oder des Forschers darin, zunächst den subjektiv gemeinten Sinn des Handelnden (m.a.W., seine Situationsinterpretationen und Handlungsintentionen) zu verstehen und dadurch sein Handeln und die Folgen seines Handelns in der Interdependenz mit dem Handeln anderer zu erklären.

1978) – die zu einer Reinterpretation der Vergangenheit und Gegenwart, aber auch der Zukunft führten. Diese Interpretationspunkte können sowohl durch den öffentlichen Diskurs und die gesellschaftliche Entwicklung als auch durch Veränderungen im Familiensystem oder biographische Wendepunkte hervorgerufen werden. Sie mögen beispielsweise durch Wandlungen der öffentlichen Diskussion über die Ursachen und Heilungschancen von MS oder über die Auswirkungen der Zusammenlegung von Sozial- und Arbeitslosenhilfe oder auch durch den Tod eines Elternteils, durch eine schwere Krankheit der Schwester oder durch das Kennenlernen eines neuen Lebenspartners ausgelöst werden.

In der soziologischen Biographieforschung nehmen daher – vor allem in der Bundesrepublik – die meisten VertreterInnen die gesamte Lebensgeschichte sowohl in ihrer *Genese* als auch in ihrer *Konstruktion* aus der Gegenwart des Erzählenden in den Blick. Daher wird zunächst bei der Erhebung und Auswertung erzählter Lebensgeschichten keine Einschränkung auf Teilaspekte oder einzelne Phasen der Biographie vorgenommen. Die Analyse einzelner Lebensbereiche oder einzelner Lebensphasen – wie das Erleben des Arbeitsalltags oder der Prozess der Migration – soll erst dann erfolgen, wenn die Struktur bzw. die Gestalt der gesamten Lebensgeschichte und der gesamten Lebenserzählung erfasst worden ist.

Erlebtes – Erinnertes – Erzähltes. Doch wie lassen sich nun Aussagen über die Vergangenheit machen, erhalten wir unsere Informationen über sie doch aus Erzählungen in der Gegenwart? Die Beantwortung dieser Frage bedarf einiger theoretischer Überlegungen zum Verhältnis zwischen Erleben, Erinnern und Erzählen. Auf der Basis der phänomenologischen Diskussion über die Gestalttheorie von Aron Gurwitsch (1974) habe ich versucht, diesem Verhältnis in seiner Dialektik nachzugehen (Rosenthal 1995: 27-98).

Erzählungen über die Vergangenheit sind an die Gegenwart des Erzählens gebunden. Die gegenwärtige Lebenssituation bestimmt den Rückblick auf die Vergangenheit bzw. erzeugt eine jeweils spezifische erinnerte Vergangenheit. Werde ich z.B. unerwartet von meinem behandelnden Arzt mit der Diagnose einer chronischen Krankheit wie der Multiplen Sklerose konfrontiert, verändert sich die Art und Weise, wie ich auf meine Vergangenheit blicke. Ich beginne verstärkt über das Thema Gesundheit und Krankheit nachzudenken; dieses Thema wird nun dominant und ich wende mich in meiner Erinnerung ganz anderen Erlebnissen als in der Zeit vor der Diagnose zu. Durch diesen Akt der Zuwendung – den Edmund Husserl als *Noesis* bezeichnet – werden jedoch nicht nur andere Erlebnisse aus dem Gedächtnis vorstellig, sie bieten sich mir auch anders dar. Es entsteht damit ein anderes *Erinnerungsnoema*, wie Husserl das sich in der Erinnerung Darbietende nennt.[5] Plötzlich sehe ich zurückliegende Alltagssituationen, in denen

---

5 Das sich dem Bewusstsein Darbietende – ob nun in der unmittelbaren Wahrnehmung, in der Erinnerung oder der Vorstellung – bezeichnet Husserl als Noema. Dement-

mir etwas aus der Hand fiel, nicht mehr als kleine Ungeschicklichkeiten an, sondern als erste Anzeichen meiner Krankheit. Ich bette diese Erlebnisse in einen anderen Sinnzusammenhang ein und damit sind andere Erlebnisse als zuvor kopräsent. Das Thema des Erlebens hat sich verändert und damit – wie Gurwitsch es formuliert – auch das *thematische Feld.* Das Erlebnis ist nicht mehr eingebettet in das thematische Feld „Ungeschicklichkeiten", sondern in das Feld „Symptome meiner Krankheit". Vielleicht fallen mir, nachdem ich mich über die unterschiedlichen Symptome meiner Krankheit informiert habe, nun auch Situationen ein, in denen ich den Eindruck hatte, schlechter sehen zu können. Ich sehe nun diese mit Sehschwierigkeiten verknüpften Situationen in einem Zusammenhang mit denen, die ich bisher als Situationen ungeschickten Verhaltens interpretiert habe, und sehe sie aus der Gegenwartsperspektive meiner Erkrankung als nun miteinander verknüpfte Bestandteile des thematischen Feldes „Symptome meiner Krankheit".

Die Gegenwartsperspektive bedingt also die Auswahl der Erinnerungen, die temporalen und thematischen Verknüpfungen von Erinnerungen und die Art der Darbietung der erinnerten Erlebnisse. Das beruht darauf, dass die Bedeutung des Erlebten wie jede Bedeutung von einem Kontext oder mehreren Kontexten abhängig ist, und es bedeutet, dass im Verlauf des Lebens mit seinen Interpretationspunkten jeweils neue erinnerte Vergangenheiten entstehen. Diese Konstruktion der Vergangenheit aus der Gegenwart ist jedoch nicht als eine jeweils von der erlebten Vergangenheit losgelöste Konstruktion zu verstehen. Vielmehr sind die auf Erinnerungen beruhenden Erzählungen eigenerlebter Erfahrungen durch das Erleben in der Vergangenheit mit konstituiert. Das sich in der Gegenwart der Erzählung aus der Erinnerung Darbietende hat sein Erinnertes und jedes Erinnerungsnoema verweist auf andere mögliche Noemata desselben noematischen Systems. Dies bedeutet, bei jedem Erinnerungsnoema sind auch andere mögliche Darbietungen mitgegeben, mit denen zusammen es einen zusammenhängenden umfassenderen Komplex möglicher oder nahe liegender, miteinander verknüpfter thematischer Verbindungen bildet. In dieser Grundrelation zwischen Noema und noematischem System, d.h. zwischen Teil und Ganzem, reproduziert sich das Verhältnis von Erinnerungsnoema und Erlebnis. Erinnere ich mich z.B. daran, dass mir vor einigen Wochen beim Frühstück völlig unerwartet meine volle Kaffeetasse aus der Hand glitt und sehe dies nun

---

sprechend unterscheidet Husserl zwischen Wahrnehmungsnoema, Erlebnisnoema und Erinnerungsnoema. Während es bei der Noesis um das Wie der Zuwendung zu Etwas geht, geht es beim Noema um das Wie der Darbietung von Etwas. Unter dem Noema ist nicht der Gegenstand (oder das Geschehen) schlechthin gemeint, sondern der „Gegenstand im Wie seines Vermeintseins, de(r) Gegenstand so – genauso, aber nur so – wie er in dem in Rede stehenden Akt des Bewusstseins sich darstellt, wie er in diesem Akt aufgefasst und intendiert ist, den Gegenstand in genau der Perspektive, Orientierung, Beleuchtung und Rolle, in der er sich darbietet" (Gurwitsch 1959: 426).

als Symptom von Multipler Sklerose, ist dies eine Möglichkeit, wie ich mich dem Geschehen zuwenden kann (Noesis) und wie sich mir dieses Geschehen dann entsprechend darstellen kann (Noema). Es handelt sich dabei um ein Erinnerungsnoema unter anderen möglichen. Dieses Erinnerungs-noema bezieht sich ebenso auf das Erlebnis wie die vormalige Darbietung dieses Erlebnisses (Erlebnisnoema) als eine meiner alltäglichen Unge-schicklichkeiten. Indem sich das jeweilige Erinnerungsnoema auf ein ver-gangenes Erlebnis bezieht und auf das noematische Gesamtsystem ver-weist, also auch auf das Erlebnisnoema, wirkt die Vergangenheit auf die Gegenwart ein. So kann es auch durchaus möglich sein, dass sich das Er-lebnis bei erneuter Zuwendung in der Erinnerung anders als bisher, und möglicherweise „näher" am damals Erlebten, darbietet. Bei der Zuwendung zum Erleben der umgeschütteten Kaffeetasse wird mir vielleicht nun auch wieder gegenwärtig, dass ich in der Situation zunächst recht irritiert war und das Gefühl hatte, meine Hand nicht koordinieren zu können. Schnell hatte ich mich in der Situation des Erlebens wie bisher auch in der Erinne-rung an diese Situation jedoch mit der Interpretation einer alltäglichen Un-geschicklichkeit beruhigt. Erst mit der erneuten Zuwendung zu dieser Situa-tion aus der Gegenwartsperspektive einer Diagnose von Multipler Sklerose wird mir dieser Bestandteil des Erlebens wieder vorstellig bzw. nun in den Fokus meiner Erinnerung gestellt.

Die dialektische Beziehung zwischen Erleben, Erinnern und Erzählen be-deutet also unter anderem: Die in der Vergangenheit liegenden Erlebnisse können sich dem Biographen in der Gegenwart des Erinnerns und Erzäh-lens nicht darbieten, wie sie erlebt wurden, sondern nur im Wie ihrer Dar-bietung, d.h. nur im Wechselverhältnis zwischen dem sich in der Gegen-wart der Erzählung Darbietenden und dem Gemeinten. Doch nicht nur die Erzählsituation konstituiert die im Erzähl- und Erinnerungsprozess vorstel-lig werdende Erfahrung, sondern auch das aus dem Gedächtnis vorstellig werdende Erinnerungsnoema gibt bereits eine Strukturiertheit vor.

Erzählungen eigenerlebter Erfahrungen verweisen also sowohl auf das heu-tige Leben mit dieser Vergangenheit als auch auf das damalige Erleben. Ebenso wie sich das Vergangene aus der Gegenwart und der antizipierten Zukunft konstituiert, entsteht die Gegenwart aus dem Vergangenen und dem avisierten Zukünftigen. Und so geben biographische Erzählungen so-wohl Auskunft über die Gegenwart der/des Erzählenden als auch über de-ren/dessen Vergangenheit und deren/dessen Zukunftsperspektive. Selbst fiktive Erzählungen, also erfundene Geschichten, die dazu dienen, Erlebnis-se zu verdecken bzw. die eigene Biographie umzuschreiben, haben ihren Realitätsgehalt in dem Sinne, dass sie einerseits an der Erschaffung der ge-genwärtigen Wirklichkeit mitwirken und dass sie andererseits Spuren der geleugneten Wirklichkeit bzw. Vergangenheit enthalten (vgl. Rosenthal 2002a). Sie verweisen in ihrem Versuch, erlebte Realität zu negieren, in ih-rem Inhalt und in ihrer Struktur auf das zu Negierende. „Denn auch in der

Negation orientiert man sich grundlegend am Negierten und lässt sich un-
gewollt durch es bestimmen" (Mannheim 1928: 181).

Das Allgemeine im individuellen Fall. In der interpretativen Biographieforschung strebt man keine numerischen, sondern theoretische Verallgemeinerungen am Einzelfall an, wie ich bereits ausführlich erörtert habe (vgl. Kap.
2.5.5; 2.5.6). In der Soziologie vollzog sich bereits Anfang der 1980er Jahre
eine Trennung zwischen der mit quantitativen Methoden arbeitenden Lebensverlaufsforschung und einer mit qualitativen Methoden arbeitenden
Biographieforschung. Während sich die Lebensverlaufsforschung mit den
„faktischen" Ereignissen im Lebenslauf beschäftigt, fragt die Biographieforschung nach den Sinnsetzungsakten und den biographischen Konstruktionen der AutobiographInnen (im Folgenden BiographInnen) selbst. Es wird
nicht gezielt nach vorab definierten Lebensereignissen gefragt – wie z.B. in
der Life-Event-Forschung –, sondern aus dem Gesamtzusammenhang der
erzählten Lebensgeschichte wird rekonstruiert, welche Erlebnisse für die
Befragten selbst biographisch relevant sind, wie sie diese Erlebnisse damals
und heute deuten und wie sie versuchen, ihr Leben in einen Sinnzusammenhang einzubetten, d.h. in ein Konstrukt, das wir Biographie nennen.
Biographie wird hier als eine Konstruktionsleistung des Subjekts verstanden (vgl. Alheit 1993; Fischer/Kohli 1987; Rosenthal 1995). Die Biographieforschung konzentriert sich dabei notwendigerweise zunächst auf das
Verstehen und Erklären einzelner Biographien und verwendet daher interpretative Verfahren.

Die Konzentration der Biographieforschung auf den einzelnen Fall und dessen Geschichte hat immer wieder dazu geführt, dass ihr Vorgehen mit dem
der Psychoanalyse verglichen wird. Daher einige Anmerkungen zu den Unterschieden. Einmal abgesehen davon, dass sich die Fragestellungen und die
durch sie bestimmten Konzeptbildungen in der soziologischen Biographieforschung von der Theoriebildung in der Psychoanalyse unterscheiden, die
auf die Psychodynamik des Individuums abzielt, gibt es auch gewisse Unterschiede beim Verstehen des einzelnen Falles. Andreas Hanses, der eine
biographieanalytische Untersuchung über Menschen durchführte, die an
Epilepsie erkrankt sind, diskutiert den Unterschied zwischen einem psychoanalytischen und einem biographietheoretischen Vorgehen. Hanses geht
davon aus, dass in der Psychoanalyse der Zusammenhang von Lebensgeschichte und Krankheit als die Verbindung von „zwei punktförmigen Ereignissen" formuliert wird: Das Auftauchen eines Krankheitssymptoms im
„Hier" „steht in Beziehung mit einem ‚Dort' der früh angelegten Konflikt-
verarbeitung in der Kindheit. ... Die Frage drängt sich allerdings auf, wie
die Zeit zwischen der Strukturbildung in der Kindheit und dem Ausbruch
der Krankheit zu interpretieren ist" (Hanses 1996: 83). Ich denke, diese
Vorstellung psychoanalytischer Diagnostik ist etwas überpointiert und
deckt sich nicht mit dem Selbstverständnis jener PsychoanalytikerInnen, die
vor allem nach dem in der Realität Erlebten fragen (wie das auch in der

Biographieforschung geschieht) und die sich nicht nur auf die Ebene der Phantasien konzentrieren. Dennoch können wir davon ausgehen, dass biographische Forschung im Unterschied zur psychoanalytischen Diagnostik gezielt den ständig fortschreitenden Prozess des Werdens bestimmter Phänomene – wie Krankheit und Gesundheit – untersucht und dabei eine Einbettung dieser Phänomene in die Gesamtbiographie anstrebt, die ihrerseits in einer wechselseitigen Konstitutionsbeziehung von Individuum und Gesellschaft zu verstehen ist. Dabei ist der Forscher oder die Forscherin bemüht, den Gebrauch pathologischer Kategorien so lange wie möglich zu vermeiden und stattdessen die Rationalität bestimmter Phänomene zu rekonstruieren. Ein weiterer wesentlicher Unterschied besteht darin, dass man sich bei biographischen Analysen auf die Rekonstruktion der *Bedeutung* von einzelnen Phänomenen *in ihrem Entstehungszusammenhang* konzentriert. Dagegen neigt die psychoanalytische Diagnostik viel stärker dazu, Phänomene selektiv nach den Kriterien ihrer Theorie wahrzunehmen und unter deren vorgeprägte Begriffe zu subsumieren.

Die Rekonstruktion des gesamtbiographischen Prozesses des Werdens, der Aufrechterhaltung und der Transformation bestimmter Phänomene bedeutet nun z.B. bei der Analyse der Erkrankung an Multipler Sklerose, neben der Rekonstruktion des Krankheitsverlaufs sowohl das Erleben von Gesundheit als auch die Rekonstruktion der Reinterpretationen des bisherigen Gesundheits- und Krankheitserlebens nach der Diagnosestellung und nach weiterer Erfahrungen mit Krankheit und Gesundheit zu analysieren. Ebenso rekonstruiert die Biographieforscherin bei Biographien von sozial auffallenden Jugendlichen mit einer gescheiterten Bildungskarriere die Prozesse dieser Karrieren genauso wie die alltägliche Aufrechterhaltung bzw. die immer wieder erneute handlungspraktische Herstellung des So-Seins als sozial auffallender Jugendlicher; und sie ist darum bemüht, diese als Teile in dem gesamtbiographischen Zusammenhang zu begreifen. Dabei folgen wir nicht dem der klassischen Mechanik entlehnten Modell von Kausalzusammenhängen bzw. einer Beziehung zwischen Ursache und Wirkung, sondern wählen „einen historisch-rekonstruktiven Ansatz vom Typ einer ‚Wie es dazu kam, dass'-Erzählung" (Dausien 1999: 228). Wir suchen nach der Wechselwirkung zwischen biographischen Erfahrungen und ihrer Konfiguration in der biographischen Konstruktion (Rosenthal 1995).

Bei biographischen Analysen geht es zudem nicht nur um eine Betrachtung der biographischen Selbstdefinitionen von Individuen, sondern auch um die Analyse von Zuschreibungen, die von anderen Personen ausgehen. Im Falle eines Jugendlichen in der Ausbildung ist z.B. zu fragen, welchen Zuschreibungen durch andere Menschen er im institutionellen Zusammenhang der Ausbildung und in anderen Lebensbereichen ausgesetzt ist und wie sich diese sowohl auf seine Handlungen als auch auf seine biographischen Konstruktionen auswirken. Oder nehmen wir das Beispiel von Krankheitsverläufen: Hier stellt sich nicht nur die Frage, was man selbst als krank oder gesund definiert, sondern auch, wie man von anderen definiert wird und wie sich der öffentliche bzw. dominante Diskurs über Krankheit und Gesundheit im Lauf des individuellen Lebens verändert hat. Biographische Forschung löst also konsequent den Anspruch einer interaktionistischen Sozialisationstheorie ein, die Wechselwirkung zwischen Fremddefinition und Selbstdefinition oder allgemeiner zwischen Allgemeinem und Individuellem und die Auswirkungen dieser Wechselbeziehung, z.B. auf den Verlauf einer Krankheit, zu erfassen (vgl. Hurrelmann 2000: 69f.). Sie wird damit im Unterschied zu vielen sozialisationstheoretischen Ansätzen der Annahme einer lebenslangen Sozialisation des Individuums im Wechselverhältnis zwischen Sozialem und Individuellem (vgl. Hurrelmann 1998) empirisch gerecht.

Biographische Erlebnisse sind ebenso wie die Kommunikation über diese Erlebnisse in unterschiedliche soziale Rahmungen eingebettet. So können wir unterscheiden zwischen den Rahmungen in alltagsweltlich milieuhaften Zusammenhängen, wie einer Familie oder einem Freundeskreis, und den Rahmungen in formal organisierten oder institutionsabhängigen Kontexten, wie z.B. einer Parteiversammlung oder eines Gesprächs im kirchlichen Bereich oder eines therapeutischen Gesprächs im medizinischen Bereich (vgl. Fischer-Rosenthal 1999: 37). Diese sozialen Rahmungen sind in modernen Gesellschaften verknüpft mit funktionalen Teilbereichen der Gesellschaft wie z.B. dem Rechtssystem, dem Gesundheitssystem, dem Ausbildungssystem oder der Wissenschaft. Welche Bedeutung biographischen Erlebnissen seinerzeit zugeschrieben wurde, wie sie in den Erfahrungsvorrat der Biographin oder des Biographen eingeordnet wurden, ist ebenso wie deren Präsentation in der Gegenwart des Erzählens von diesen sozialen Rahmungen und den damit zusammenhängenden kulturellen Regeln abhängig. Bei der Analyse sozialwissenschaftlicher Interviews gilt es zu berücksichtigen, dass die jeweiligen Rahmungen Regeln für die Artikulation biographischer Erlebnisse vorgeben und dieser Umstand – vermittelt über die je subjektive Definition der Situation – das Thematisierte wie das Nichtthematisierte in einem Interview mitbestimmt. Die Definition der Situation kann sich von Interviewtem zu Interviewtem erheblich unterscheiden. Definieren die einen das Interview in erster Linie im wissenschaftlichen Kontext, so definieren es andere als ein therapeutisches Gespräch oder als Klatsch oder auch im Kontext von Interviews in den Massenmedien.

Gesellschaftliche, institutionelle und familiale Regeln bzw. die Regeln unterschiedlicher Diskurse[6] geben vor, *was, wie, wann* und in welchen Kon-

---

6 Diskurs sei hier verstanden im Sinne Michel Foucaults (1969/1988: 156), der darunter „Praktiken" des Sprechens und Schreibens versteht, „die systematisch die Gegenstände bilden, von denen sie sprechen". Diese Praktiken umfassen die Ermächtigung wie auch den Ausschluss von SprecherInnen, und sie geben Regeln darüber vor, was und in welchem Kontext gesprochen oder geschrieben werden darf und was nicht. Zur Diskursanalyse vgl. Kap. 7.4.

texten thematisiert werden darf und was nicht. Der für die jeweilige Ausbildungseinrichtung spezifische Diskurs, aber auch der öffentliche Diskurs über Jugendliche und ihre Chancen auf dem Arbeitsmarkt in der weiteren Gesellschaft wird wesentlichen Einfluss auf die Lebenserzählung eines Jugendlichen in der Ausbildung haben. Das Gleiche gilt für die divergenten und sich ebenfalls im Lauf des Lebens verändernden medizinischen Diskurse in Bezug auf die Lebenserzählung eines an Multipler Sklerose erkrankten Menschen. So ist zum Beispiel zu beachten, dass MS in der Zeit des Nationalsozialismus als eine Erbkrankheit angesehen und geächtet wurde. Für eine Biographieforschung, die dem Wechselverhältnis zwischen Individuen und Gesellschaft gerecht werden will, gilt es, die hinter dem Rücken der Akteure wirksamen Regeln der Diskurse und deren Wandel in den Lebenserzählungen aufzuspüren. Biographieanalyse ist in diesem Sinn immer auch eine Form von Diskursanalyse.[7] Einerseits werden je nach Fragestellung sequenzielle Analysen von Texten in Tagebüchern, Briefen, Printmedien u.a. vorgenommen und andererseits macht der kontrastive Vergleich von Lebenserzählungen den spezifischen Diskurs in der befragten Gruppe von Personen oder in ihrer Generation[8] deutlich. Über den kontrastiven Vergleich wird sichtbar, über welche Themen gesprochen werden darf, über welche Erfahrungen man berichten kann und über welche nicht, wie man diese Erfahrungen zu interpretieren hat und welche Argumentationsfiguren sich etabliert haben. Mit zusätzlich durchgeführten Gruppendiskussionen können diese Ergebnisse noch weiter empirisch fundiert werden (vgl. z.B. Miethe 1999).

Die soziologische Rekonstruktion biographischer Arbeit im Sinne des „*Erleben(s) und der Interpretation* des gelebten Lebens seitens des psychischen Systems" (Fischer-Rosenthal 1999: 36) verdeutlicht damit nicht nur die Besonderheit des Falles, sondern zeigt vielmehr Gesellschaftliches in seiner Wirkung und Entstehung im Handlungsvollzug auf. Mittels der erzählten Lebensgeschichte wird es möglich, dass Sozial- und HumanwissenschaftlerInnen das Wechselverhältnis zwischen Individuen und Gesellschaft sowie die gegenwärtige Relevanz kollektiver Vergangenheiten nicht aus den Augen verlieren. Die individuelle Geschichte eines Menschen und die kollektive Geschichte, die subjektiven und die kollektiven Wirklichkeiten, durchdringen sich wechselseitig. Die Lebensgeschichte ist sowohl in ihrer Entwicklung als auch im gegenwärtigen deutenden Rückblick der BiographInnen immer beides zugleich: ein individuelles und ein soziales Produkt.

---

7 Zur Verknüpfung von Diskurs- und Biographieanalyse vgl. Völter (2003: 34ff.); Schäfer/Völter (2005).

8 Diese Diskurse stellen neben den konstitutiven Erfahrungen einer Generation eine wesentliche Komponente für eine empirisch geerdete Rekonstruktion von sozialen Generationen dar (vgl. Rosenthal 1997).

6.2 Biographische Fallrekonstruktionen am Beispiel

6.2.1 Erlebte und erzählte Lebensgeschichte

Aus den bisher diskutierten theoretischen Vorannahmen folgen bestimmte Erfordernisse an die Methoden der Erhebung und der Auswertung. Sie sollten einen Einblick in die Genese und die sequenzielle Gestalt der Lebensgeschichte und die Rekonstruktion von Handlungsabläufen in der Vergangenheit und dem damaligen Erleben ermöglichen und eben nicht nur die Deutungen der untersuchten Personen in der Gegenwart offen legen. *Das biographisch-narrative Interview* wird, wie ich in Kapitel 5.4 verdeutlicht habe, diesen Erfordernissen in besonderem Maße gerecht und von den meisten BiographieforscherInnen in der Bundesrepublik bei der Erhebung eingesetzt. Das von mir vorgestellte Verfahren biographischer Fallrekonstruktionen (Rosenthal 1987; 1995) setzt diese Art der Erhebung für die Auswertung voraus. Es ist vor allem dem Anliegen geschuldet, in analytisch getrennten Auswertungsschritten sowohl die Gegenwartsperspektive als auch die Perspektiven des Handelnden in der Vergangenheit zu rekonstruieren.

Dieses Verfahren stellt eine Verknüpfung der von Fritz Schütze (1983) vorgestellten Textanalyse mit der strukturalen Hermeneutik von Ulrich Oevermann (Oevermann u.a. 1979) und der thematischen Feldanalyse (Fischer 1982, angeregt durch Gurwitsch 1974) dar. Mit einer Verbindung von Textanalyse und Objektiver Hermeneutik arbeiten auch etliche andere KollegInnen (vgl. Hildenbrand 1991a; Wohlrab-Sahr 1995).

Gemeinsam ist den verschiedenen Verfahren ihr rekonstruktives und sequenzielles Vorgehen. Mit „rekonstruktiv" ist gemeint, dass nicht, wie etwa bei der Inhaltsanalyse, mit vorab definierten Kategorien an den Text herangegangen wird, sondern dass vielmehr die Bedeutung einzelner Passagen aus dem Gesamtzusammenhang des Interviews erschlossen wird. Unter „sequenziell" wird hier ein Vorgehen verstanden, bei dem der Text bzw. kleine Texteinheiten entsprechend ihrer sequenziellen Gestalt, also in der Abfolge ihres Entstehens, interpretiert werden (vgl. Kap. 2.5). Das von mir vorgestellte Verfahren biographischer Fallrekonstruktionen zeichnet sich durch ein sequenzielles Vorgehen aus, bei dem die zeitliche Struktur sowohl von *erzählter* als auch von *erlebter* Lebensgeschichte analysiert wird. Dies bedeutet: Es werden nicht nur einzelne Textstellen sequenziell feinanalytisch nach dem Verfahren der Objektiven Hermeneutik (Oevermann u.a. 1979) sowie die gesamte Haupterzählung nach dem Verfahren der thematischen Feldanalyse in ihrer sequenziellen Gestalt analysiert, sondern auch die erlebte Lebensgeschichte. Neben der Frage, in welcher Reihenfolge und in welcher Textsorte die BiographInnen ihre biographisch relevanten Erlebnisse oder ihre Lebenserzählung präsentieren, wird auch untersucht, wie sich die einzelnen biographischen Erfahrungen in der erlebten Lebensgeschichte chronologisch aufgeschichtet haben. Bei der Rekonstruktion der Fallgeschichte versuchen wir also, die Genese der erlebten Lebensgeschichte zu klären und bei der Analyse der biographischen Selbstpräsentation die Genese der Darstellung in der Gegenwart zu entschlüsseln, die in ihren thematischen und temporalen Verknüpfungen prinzipiell von der Chronologie der Erlebnisse differiert.

Somit wird sowohl die sequenzielle Gestalt der erzählten als auch der erlebten Lebensgeschichte rekonstruiert. Dabei ist es entscheidend, zunächst in getrennten Analyseschritten den beiden Ebenen der erzählten und der erlebten Lebensgeschichte nachzugehen. Das heißt: Ziel der Rekonstruktion ist sowohl die biographische Bedeutung des in der Vergangenheit Erlebten als auch die Bedeutung der Selbstpräsentation in der Gegenwart. Wird bei der Rekonstruktion der Fallgeschichte nach der biographischen Bedeutung einer Erfahrung zur damaligen Zeit gefragt, so stellt sich bei der Rekonstruktion der Lebenserzählung, bei der so genannten Text- und thematischen Feldanalyse, die Frage nach der Funktion der Darstellung des Erlebens für die interviewte Person in ihrem gegenwärtigen sozialen Kontext.

Entscheidend bei diesem Vorgehen, wie generell bei einem Verfahren in der Tradition der Objektiven Hermeneutik, ist die vorläufige Zurückstellung der Forschungsfrage, die je nach Disziplin der ForscherInnen in unterschiedliche Richtungen der Verallgemeinerung und Modellbildung weist. Die einen rekonstruieren eine Biographie mit dem Ziel einer Modellbildung unterschiedlicher politischer Generationen, die anderen für einen Vergleich unterschiedlicher Perspektiven zu historischen Ereignissen und wiederum andere, um Spätfolgen von Traumatisierungsprozessen zu erforschen. Zunächst geht es jedoch um die Rekonstruktion der Fallstruktur (vgl. Kap. 2.5) und damit wird es möglich, dass VertreterInnen unterschiedlicher Disziplinen zunächst gemeinsam ein Interview mit der gleichen Vorgehensweise auswerten können. Gerade die interdisziplinäre Zusammenarbeit bei Fallrekonstruktionen schützt uns vor einseitigen Betrachtungen und Fehldeutungen.

Die aufeinander folgenden *Auswertungsschritte* bei den Fallrekonstruktionen sind:

Biographische Fallrekonstruktionen
1. Analyse der biographischen Daten (Ereignisdaten)
2. Text- und thematische Feldanalyse (Analyse der Textsegmente – Selbstpräsentation/erzähltes Leben)
3. Rekonstruktion der Fallgeschichte (erlebtes Leben)
4. Feinanalyse einzelner Textstellen (kann jederzeit erfolgen)
5. Kontrastierung der erzählten mit der erlebten Lebensgeschichte
6. Typenbildung

Im Folgenden werde ich diese einzelnen Schritte zunächst beschreiben und dann ansatzweise anhand eines empirischen Beispiels das Vorgehen demonstrieren. Ich werde mich hierbei auf das Interview mit Galina, wie ich sie nenne, beziehen. Es handelt sich dabei um eine 1968 in Sibirien geborene Frau, die zum Zeitpunkt des Interviews 1992 als sozialwissenschaftliche Mitarbeiterin an der historischen Fakultät einer Universität in Russland arbeitete (vgl. Rosenthal 2000).

6.2.2 Sequenzielle Analyse der biographischen Daten

Bei der *sequenziellen Analyse der objektiven oder biographischen Daten* (vgl. Oevermann u.a. 1980) werden zunächst die kaum an die Interpretation der Biographin gebundenen Daten (z.B. Geburt, Anzahl der Geschwister, Ausbildungsdaten, Familiengründung, Wohnortswechsel, Krankheitsereignisse etc.) in der zeitlichen Abfolge der Ereignisse im Lebenslauf analysiert. Diese Daten werden aus dem transkribierten Interview wie aus allen anderen zur Verfügung stehenden Quellen (Archivmaterial, Interviews mit anderen Familienmitgliedern, Arztberichten, behördlichen Akten, z.B. Gerichtsakten) entnommen. Historische bzw. gesellschaftspolitische Daten, die für den vorliegenden Fall relevant sein könnten, werden ebenso in diese Liste der Daten aufgenommen wie die biographischen Daten in den jeweiligen historischen Kontext eingebettet. So war z.B. beim Interview mit Galina die Entwicklung der Liberalisierung in der Sowjetunion, der Verlauf der Perestroika, mit zu berücksichtigen. Neben der historischen Kontextualisierung bestimmter biographischer Erlebnisse gilt es des Weiteren, die jeweilige Lebensphase im sozialisationstheoretischen bzw. entwicklungspsychologischen Kontext zu betrachten. So hatte die Perestroika für eine Studentin der Geschichtswissenschaften im Unterschied zu einem Kind im Vorschulalter nicht nur eine ganz andere Auswirkung auf den Lebensalltag, sondern wurde von ihr aufgrund ihrer unterschiedlichen kognitiven und emotionalen Entwicklung auch anderes erlebt. Für die Hypothesenbildung ist es daher auch im heuristischen Sinne erforderlich, jeweils gegenstandsbezogenes theoretisches und empirisch fundiertes Wissen über die Auswirkungen bestimmter Lebensereignisse auf ein bestimmtes Lebensalter mit einzubeziehen.

Jedes einzelne biographische Datum wird zunächst noch unabhängig vom Wissen über die Selbstdeutungen und Erzählungen der Interviewten zu diesem Datum wie auch unter Ausblendung unseres Wissens über den weiteren biographischen Verlauf ausgelegt. Der Kontext für ein Ereignis, mit dem der Biograph oder die Biographin konfrontiert war, wird rekonstruiert, die Handlungsprobleme, die daraus resultieren, sowie die Alternativen, die ihnen in der Situation zur Verfügung standen, werden gedankenexperimentell entworfen. Es wird danach gefragt, welche Handlungsmöglichkeiten der Biograph oder die Biographin in einer bestimmten Situation hatte, oder wie

Ulrich Oevermann und seine KollegInnen (1980: 23) es formulieren, was eine Person „vernünftigerweise, d.h. nach Geltung des unterstellten Regelsystems ... in einem spezifizierten Kontext bei Konfrontation mit einem spezifizierten Handlungsproblem tun könnte oder tun sollte". Bei der Auslegung eines jeden Datums werden entsprechend dem abduktiven Vorgehen immer wieder Folgehypothesen über den möglichen, anschlussfähigen Fortgang entworfen. Entscheidend hierbei ist, dass dabei auch überlegt wird, was im Leben des Biographen oder der Biographin geschehen könnte, damit Veränderungen für diese möglich werden. Die Prognosen über den weiteren Verlauf beziehen sich also nicht nur auf Reproduktionen der sich in der Analyse bereits andeutenden oder hypothetisch entworfenen Strukturen, sondern auch auf Möglichkeiten für Transformationen. Es wird also gezielt darauf geachtet, nicht von einer frühen und unveränderbaren Determination des Individuums oder seiner Lebensgeschichte auszugehen, sondern vielmehr mögliche Veränderungen zu entwerfen.

Auf die Auslegung eines Datums folgt die Auslegung des nächsten, das den InterpretInnen angibt, welchen Weg die BiographInnen tatsächlich eingeschlagen haben. Wiederum werden gedankenexperimentell Prognosen entworfen, die sich aus der dadurch erzeugten neuen Lebenskonstellation ergeben. Während sich zu Beginn der Analyse noch ein großer Horizont der Möglichkeiten eröffnet, wird mit Fortschreiten der Analyse dieser Horizont meist immer enger, so dass bei Abschluss der Analyse nur noch einige Hypothesen zur Verlaufsstruktur der jeweiligen Biographie als wahrscheinliche übrig bleiben, die dann für die weitere Interpretation als fallspezifische Fragen dienen. Das vorläufige Ergebnis dieses Auswertungsschrittes, der *nur* zur Vorbereitung der späteren Analyse dient, ist von Fall zu Fall jedoch sehr unterschiedlich und auch abhängig von der Dichte der vorhandenen Daten. Manchmal weisen die Daten bereits deutlich auf eine bestimmte Verlaufsstruktur hin, d.h. auf die systematische, immer ähnlich erscheinende Wahl aus Handlungsmöglichkeiten, während man bei anderen Fällen am Ende der Analyse eher vor einer noch nicht in eine Struktur zu bringende Anzahl von weiterhin als plausibel erscheinenden Hypothesen und auch Fragen steht. Wichtig ist mir zu betonen, dass wir ohne den Text, d.h. ohne die Selbstaussagen unserer Interviewten, nur erste Hypothesen gewonnen haben, der „Fall" damit jedoch noch nicht erschlossen ist und die weitere Analyse häufig noch zu etlichen Entdeckungen führt.

Dieses sequenzielle und abduktive Vorgehen bedarf – wie auch bei den weiteren Auswertungsschritten – einiger methodischer Disziplin; d.h. wir müssen unser Wissen über den Fall ständig einklammern. Dies wird von Kritikern immer wieder als uneinlösbar zurückgewiesen. Die Erfahrung zeigt jedoch, dass dies nicht nur möglich ist, sondern wir in der Regel weder die genaue Abfolge der Daten noch die dazugehörigen Interviewausschnitte im Detail memorieren können. Oft gewinnen biographische Daten erst durch die begonnene Analyse an Bedeutung und befinden sich von daher bei der Auslegung der ersten Daten meist noch überhaupt nicht im Horizont der Aufmerksamkeit bzw. werden in ihrer Bedeutsamkeit noch nicht wahrgenommen. Dennoch ist bei dieser Vorgehensweise die Interpretation in Gruppen, in denen die MitinterpretInnen den Text des Interviews nicht kennen, von großem Vorteil. Insbesondere bei diesem Analyseschritt, bei dem wir die jeweiligen gesellschaftlichen Kontexte recherchieren oder uns psychologisches Fachwissen zu bestimmten Lebensereignissen aneignen müssen, ist eine interdisziplinäre Zusammensetzung der Auswertungsgruppen von großem Vorteil.

Eine weitere kritische Frage an dieses Verfahren lautet: Weshalb sollen wir uns denn alle möglichen Lesarten zu einem Datum überlegen, wenn die Interviewte oder der Interviewte doch selbst dazu Aussagen macht und damit die Bedeutung erschlossen werden kann? Hier kann entgegnet werden: Zum einen konstituieren sich die Selbstdeutungen der Interviewten aus deren Gegenwart und dagegen versuchen wir auch, die Bedeutungen in der Vergangenheit zu erfassen. Zum anderen streben wir als SozialwissenschaftlerInnen insbesondere die Rekonstruktion von latenten Sinnstrukturen an, also der Bedeutungsgehalte, die den Befragten selbst nicht zugänglich sind. Gerade hierzu ist es von großem Vorteil, sich zunächst (noch) nicht auf die Selbstdeutungen der Befragten und deren Plausibilität einzulassen, sondern zuallererst auch andere mögliche Bedeutungen zu entwerfen. Wenden wir uns mit diesen möglichen Bedeutungshorizonten in dem späteren dritten Auswertungsschritt der *Rekonstruktion der erlebten Lebensgeschichte* dem Text zu, werden uns weit mehr zwischen den Zeilen liegende Bedeutungsmöglichkeiten zugänglich sein.

Die Analyse der biographischen Daten dient damit einer Vorbereitung für diesen dritten Analyseschritt, bei dem wir unsere Hypothesen zu den einzelnen biographischen Daten mit den dazu vorliegenden Aussagen des Biographen kontrastieren. Vor diesem Analyseschritt, der weiterhin zur Rekonstruktion der Perspektiven in der Vergangenheit dient, macht es in einem Auswertungsschritt dazwischen Sinn, sich zunächst auf die Rekonstruktion der Gegenwartsperspektive des Befragten zu konzentrieren. Dieser Analyseschritt der Text- und thematischen Feldanalyse soll uns zu einem quellenkritischen Blick verhelfen, damit wir nicht die Befriedigung eines bestimmten Darstellungsbedarfs in der Gegenwart oder die durch die Gegenwart neu konstituierte Perspektive auf die Vergangenheit naiv als Abbildung des Erlebens in der Vergangenheit verstehen. Wissen wir z.B. am Ende der Text- und thematischen Feldanalyse, dass die vermutlich hinter dem Rücken der Biographin wirksam werdende Gestaltung einer biographischen Selbstpräsentation im thematischen Feld „Ich lebe ein von meiner Familie unabhängiges und autonomes Leben" dazu dient, die Bindung an die Familie und das Leiden an ihr nicht thematisieren zu müssen, oder aber vielleicht auch Ausdruck einer sozial eingeforderten Selbstdarstellung ist, sind wir offen für andere Lesarten auf der Ebene der erlebten Lebensgeschichte.

Die Analyse der biographischen Daten *vor* der Text- und thematischen Feldanalyse dient dagegen als Kontrastfolie für die Analyse der biographischen Selbstpräsentation. So können wir sehen, welche biographischen Daten bzw. Lebensbereiche und -phasen, in der Haupterzählung erzählerisch ausgebaut werden, welche überhaupt nicht erwähnt werden und in welcher temporalen Abfolge sie präsentiert werden.

Bevor ich auf diesen weiteren Auswertungsschritt eingehe, möchte ich zunächst, wenigstens in Ansätzen, das Vorgehen bei der Analyse der biographischen Daten demonstrieren. Ich beziehe mich dabei auf das Interview mit Galina, das ich 1992 in englischer Sprache geführt habe. Galina führte danach selbst biographisch-narrative Interviews mit ihrer Großmutter väterlicherseits und ihren Eltern. Die Transkriptionen dieser Interviews liegen mir übersetzt vor.

Das erste Datum, das bei der Analyse ausgelegt wird, ist das Datum der Geburt und der dazugehörende gesellschaftliche und familiale Kontext. All die familienbezogenen und gesellschaftlichen Daten, die uns Aufschluss über das soziale Setting geben, in das die Biographen hineingeboren wurden, werden bei der Hypothesenbildung mit berücksichtigt. In Galinas Fall sind dies – komprimiert – folgende Informationen:

Erstes Datum

1.

Galina wird 1968 in einem kleinen Ort nahe Krasnojarsk in Sibirien geboren. Sie lebt mit Olga, ihrer Großmutter väterlicherseits, und mit Vera, der Mutter Olgas, zusammen. Vera und Olga sprechen mit Galina ukrainisch, die Eltern vermutlich russisch. In dieser Zeit arbeiten und leben Galinas Eltern, nach ihrem abgeschlossenen Hochschulstudium, in Krasnojarsk. Die Mutter stammt aus dem mittleren Wolgagebiet, wo ihre Eltern und die meisten ihrer Familienangehörigen leben. Die Familie von Galinas Vater kommt aus der Ukraine. Olga, eine überzeugte ukrainische Nationalistin, war bis 1943 in der Ukraine als Lehrerin für Ukrainische Sprache und Literatur beschäftigt, somit auch während der deutschen Okkupationszeit ab 1941. Als die Rote Armee 1943 die Ukraine zurück eroberte, wurde Olga verhaftet und wegen Kollaboration mit den Nationalsozialisten des Hochverrats nach Artikel 58 des damaligen Strafgesetzbuches der Russischen Sozialistischen Föderativen Sowjet-Republiken angeklagt und zu zehn Jahren Gefängnis mit anschließender Verbannung nach Sibirien verurteilt. Nach diesem Artikel wurden in der Sowjetunion damals Menschen recht willkürlich verurteilt. Ihr Sohn Wassili, Galinas Vater, war damals ungefähr fünf Jahre alt. Zunächst lebte er bei seiner Großmutter Vera, nach dem Krieg zog er mit ihr zu seinen Großeltern väterlicherseits in das mittlere Wolgagebiet. Sein Vater blieb als Soldat vermisst. Erst nach 1956, als Wassili die Schule abgeschlossen hatte und zu studieren begann, folgte die Familie Olga nach

Sibirien. 1956 war auch das Jahr, in dem Olga rehabilitiert wurde; dies stand vermutlich im Kontext der vielen Rehabilitierungen, die während der politisch liberaleren Periode nach dem Zwanzigsten Parteitag der KPdSU im Februar 1956 und Chruschtschows Geheimrede erfolgten.

Auf der Basis dieser hier konzentriert auf die Familie väterlicherseits knapp dargestellten, familiengeschichtlichen Daten, die nicht nur aus dem Interview mit Galina stammen, bilden wir nun alle möglichen Hypothesen darüber, in welche Familienkonstellation Galina 1968 hineingeboren wurde und wie sich dies auf sie und auf ihr weiteres Leben auswirken könnte. Von den einzelnen Hypothesen folgern wir dann auf einen familien- und vor allem lebensgeschichtlichen Verlauf, der die jeweilige Hypothese überprüfbar bzw. weiter plausibel machen könnte.

Bei der Hypothesenbildung in diesem konkreten Fall gilt zu berücksichtigen, dass Olgas Vergangenheit auch noch 1968 im sozialen Diskurs in der Sowjetunion massiv tabuisiert war. Je nachdem, wie offen die Familie mit dieser Vergangenheit umgeht, wird dieser Umstand sehr unterschiedliche Auswirkungen auf die Biographie der Enkelin haben. In meiner stark gekürzten Darstellung will ich vorwegnehmen, dass Galina in ihrer Kindheit auf der manifesten Ebene über die Vergangenheit der Großmutter nichts mitgeteilt wurde. Es kann jedoch überlegt werden, wann Galina anfangen wird, sich oder ihre Familie zu fragen, woher die Familie kommt bzw. weshalb ihre ukrainische Großmutter und ihre Urgroßmutter in Sibirien leben etc. Stellt Galina diese Frage nicht explizit an ihre Familienangehörigen, deutet dies darauf hin, dass sie gelernt hat, dieses Tabuthema nicht anzusprechen.

Es würde den Rahmen dieses Kapitels sprengen, wenn ich alle Hypothesen vorstellen würde, die ich bei diesem Auswertungsschritt formuliert habe. Ich konzentriere mich daher hier auf zwei Hypothesen zur Frage nach Galinas Beziehung zur Großmutter und zu deren Vergangenheit:

1.1
Da Galina bei der Großmutter und Urgroßmutter aufwächst, wird sie zu diesen beiden Frauen eine stärkere Bindung aufbauen als zu ihren Eltern. Vermutlich wird Olga ihr gegenüber die Mutterrolle einnehmen. Von daher wird deren Vergangenheit, auch wenn sie nur latent an die Enkelin tradiert wird, von erheblicher biographischer Relevanz für Galina sein und zunehmend in ihrem Leben an Bedeutung gewinnen. Es muss hier auch die Vorgeschichte von Olga und Vera bezüglich ihrer ab 1943 veränderten Rollen als Bezugspersonen für Olgas Sohn Wassili bedacht werden. So ist es möglich, dass es zwischen den beiden Frauen hinsichtlich der elterlichen Bezugsrolle gegenüber Galina Kompetenzstreitigkeiten gibt.

Auf der Basis dieser Hypothese können wir nun mehrere Folgehypothesen darüber ableiten, wie sich dies auf den weiteren Lebenslauf von Galina auswirken kann:

1.1.a

Wenn sich Galina in erster Linie mit ihrer Großmutter identifiziert, wird sie sich in ihrem späteren Leben, wenn sie etwas von deren Verurteilung erfährt, mit deren Vergangenheit auseinander setzen und dabei auf die Phasen des Leidens ihrer Großmutter und weniger mit deren Lebenszeit vor der Verhaftung und der Zeit während der deutschen Okkupation konzentrieren.

1.1.b

Aufgrund ihrer Identifikation mit der Großmutter wird sie eine distanzierte Haltung zum Sozialismus einnehmen und z.B. versuchen, sich der staatlichen Jugendorganisation (ab dem 9. Lebensjahr bei den Pionieren, ab dem 14. Lebensjahr bei der Komsomol) so weit wie möglich zu entziehen.

1.1.c

Galina wird in ihrem späteren Leben versuchen, diese Familienvergangenheit durch ihre biographischen Wahlentscheidungen – z.B. in ihrer Berufs- oder Partnerwahl – zu bearbeiten. Diese Hypothese beruht auf empirischen Befunden bei ähnlichen Fällen in früheren Untersuchungen (vgl. Rosenthal 1987).

Als Gegenhypothese könnte man formulieren:

1.2

Galina wächst – vielleicht u.a. verursacht durch Spannungen zwischen Vera und Olga – mit der Sehnsucht nach der Mutter oder den Eltern auf und träumt von einem schöneren Leben bei ihnen in der Stadt. Sie entwickelt zunehmend eine Aversion gegen das dörfliche Leben mit Olga und Vera.

Hier sind wiederum mehrere Folgehypothesen möglich. So zum Beispiel:

1.2.a

Galina versucht mit allen Mitteln, die Aufmerksamkeit der Eltern auf sich zu ziehen. Möglichkeiten hierfür könnten häufige Erkrankungen oder später erhebliche Probleme in der Schule bieten.

1.2.b

Sie wird versuchen, so bald wie möglich aus dem Haus der Großmutter auszuziehen.

1.2.c

Da sie auf Distanz zur Großmutter geht, wird sie sich in ihrem erwachsenen Leben, wenn sie von deren Verurteilung Kenntnis erhält, eher mit deren Zeit vor der Verhaftung auseinander setzen und sie vielleicht auch wegen des Verdachts der Kollaboration mit den Deutschen ablehnen. In diesem Zusammenhang könnte sie sich auch – in Abgrenzung zur Großmutter – ab ihrem Schuleintritt zunehmend mit dem Sozialismus identifizieren und sich bei den staatlichen Jugendorganisationen engagieren. Dies könnte auch dazu führen, dass sie die Rechtmäßigkeit der Verurteilung Olgas zunächst nicht anzweifeln wird.

Nach der Bildung aller möglichen Hypothesen zu den möglichen Auswirkungen dieser Familienkonstellation auf die Lebensgeschichte von Galina, mit dem Versuch, dabei die Folgehypothesen auch auf mögliche weitere überprüfbare biographische Daten zu beziehen (wie z.B. einem Engagement in der Jugendorganisation) wenden wir uns dem nächsten Datum zu und sehen, wie es in Galinas Lebensgeschichte weitergeht. Ich füge hier, aufgrund der gebotenen Kürze, zwei Daten zusammen:

Zweites Datum:
2.
Als Galina fünf Jahre alt ist, zieht sie gemeinsam mit ihrer Urgroßmutter und ihrer Großmutter in die Region von Bataisk, und zwar in die Nähe der ukrainischen Grenze. Eine Rückkehr in die Ukraine wurde ihnen aufgrund gesetzlicher Regelungen verwehrt. Die Eltern beabsichtigen nachzukommen und folgen ein Jahr später. Die vier Generationen leben nun zusammen in einem Haushalt. Die Eltern sprechen russisch mit Galina. Dies ist auch die Zeit, in der Galina 1974 in die Schule kommt.

Wieder bilden wir alle uns möglichen Hypothesen und folgern dann auf die weitere Entwicklung des Familiensystems, auf deren Auswirkungen auf das Erleben von Galina und ihre weitere Lebensgeschichte. Bei diesem Datum sei zunächst daran erinnert, dass Galina nun in dem Alter ist, das dem Alter ihres Vaters zu der Zeit entspricht, als ihre Großmutter die Entwicklung ihres Sohnes nicht weiter miterleben und sie ihn für viele Jahre nicht sehen konnte. Aus der Perspektive des Vaters formuliert ist Galina nun in dem Alter, in dem ihm die Mutter für viele Jahre genommen wurde und zudem sein eigener Vater als vermisst galt. Wir können vermuten, dass diese Phase der Familienvergangenheit – auch durch die geographische Nähe zur Ukraine, die ja vermutlich nicht zufällig gewählt wurde – jetzt in der Familie wieder virulenter wird. Es ist auch zu vermuten, dass das Zusammenleben der vier Generationen in einer völlig veränderten Umgebung nicht völlig konfliktfrei verlief. Für Galina veränderte sich jedenfalls in diesem Jahr sehr viel.

Vereinfacht formuliert können u.a. folgende Hypothesen formuliert werden:

2.1
Galina kommt in einen erheblichen Loyalitätskonflikt. Sie wird sich fragen müssen: Wer ist nun meine „Mutter", d.h. meine wichtigste weibliche oder mütterliche Bezugsperson, an wem orientiere ich mich? Hier

gibt es entsprechend der Überlegungen zum ersten Datum verschiedene Möglichkeiten:

2.1.1
Aufgrund der bisherigen Nähe zur Großmuter (vgl. 1.1) wird sie die Mutter ablehnen und sich weiterhin an Olga orientieren. Eine Auswirkung davon könnte sein, dass sie sich, auch verstärkt durch Erfahrungen im außerfamilialen Kontext, etwa in der Schule, mit der Position einer Außenseiterin zu identifizieren beginnt.

2.1.2
Sie wird glücklich sein, die Mutter endlich bei sich zu haben (vgl. 1.2) und wird sich dieser nun verstärkt zuwenden. Dies kann auch mit der im Schulalter zu erwartenden zunehmenden Orientierung an Gleichaltrigen und dem sich verstärkenden Bedürfnis nach sozialer Anerkennung einhergehen.

2.1.3
Sie versucht, sich dem Loyalitätskonflikt zu entziehen, und orientiert sich mehr am Vater oder auch an der Urgroßmutter oder sie beginnt, sich mehr und mehr in sich selbst zurückzuziehen und sich an Personen außerhalb der Familie zu orientieren.

Des Weiteren lässt sich bei diesem Datum die Hypothese (2.2) formulieren, dass Galina aufgrund des Umzugs und dann auch mit Beginn ihrer Schulzeit anfangen wird, nach der Familiengeschichte zu fragen. Wie sich diese Hinwendung oder vermehrte Aufmerksamkeit gegenüber der politischen Vergangenheit Olgas gestaltet, wird wiederum abhängig davon sein, welche von den zuvor gedankenexperimentell entworfenen Möglichkeiten sich realisieren.

Ich überspringe die Daten ihrer schulischen Karriere und ihrer Laufbahn bei den Pionieren, wo sie „Führerin" wird, und betrachte zum Abschluss ein sehr wichtiges Datum im Zusammenhang der Familiengeschichte. Bis zum Alter von 13 Jahren hat Galina auf der manifesten Ebene kein Wissen über die Verurteilung ihrer Großmutter. Mit 13, also 1981, findet sie ein Dokument, aus dem hervorgeht, dass ihre Großmutter 1943 zu zehn Jahren Haft verurteilt und 1956 rehabilitiert wurde.

Selbst wenn wir nur diese Information betrachten, können wir bereits davon ausgehen, dass dieses Erlebnis für Galina eine beträchtliche biographische Bedeutung hat. Zum einen ist mit dieser Entdeckung die Frage im Raum, was wohl die konkreten Umstände und Gründe für die Verurteilung waren und zum anderen die Frage nach der Rechtmäßigkeit dieser Verurteilung. Des Weiteren ist für Galina mit der Entdeckung die Frage verbunden, weshalb ihr diese Vergangenheit, die ja auch ihren Vater in erheblicher Weise betrifft, bisher verheimlicht wurde. Je nachdem, welche Beziehung Galina zur Großmutter hat und auch in welchem Verhältnis sie zur sowjetsozialistischen Gesellschaft steht, wird diese Entdeckung von ihr sehr unterschiedlich erlebt werden. So greifen wir hier wieder auf die eingangs formulierten Hypothesen (1.1a, 1.1b und 1.2) zurück. Es stellt sich somit die Frage, ob sie eher empathisch oder eher kritisch auf die Verfolgungsvergangenheit der Großmutter reagiert oder ambivalent zwischen beiden Möglichkeiten pendelt oder auch jedes Nachdenken darüber abwehrt und ob sie sich für diese Familienvergangenheit vielleicht schämt und sie zu verleugnen versucht.

Galina hat nach Abschluss der Schule ab 1986 Geschichte studiert und war zum Zeitpunkt des Interviews Assistentin an der historischen Fakultät einer Universität. Der Beginn ihres Studiums fiel damit zeitlich mit dem Beginn der Perestroika zusammen, die mit dem 25. Parteitag der KPdSU 1986 und Gorbatschows Programm einer politischen und ökonomischen Umstrukturierung der Sowjetunion einsetzte. Galina forschte im Bereich der „Oral History" und führte Interviews mit Menschen, die in den früheren Jahren der ehemaligen Sowjetunion verfolgt wurden. Hier können wir die Annahme formulieren, dass dies u.a. einer stellvertretenden Bearbeitung der Familienvergangenheit diente. Auch bei der späteren Partnerwahl lässt sich die Hypothese einer biographischen Bearbeitung verfolgen. Circa ein Jahr nach unserem Interview lernte sie ihren späteren Mann kennen. Er ist ein US-Amerikaner und stammt aus einer jüdischen Familie aus der Ukraine.

6.2.3 Text- und thematische Feldanalyse

Ich überspringe nun die weitere Arbeit an diesem ersten Auswertungsschritt und komme zur *Text- und thematischen Feldanalyse.* Bei diesem Analyseschritt habe ich versucht, die theoretischen Ausführungen von Aron Gurwitsch (1964) zur thematischen Feldanalyse und deren methodische Umsetzung durch Wolfram Fischer (1982) sowie die von Fritz Schütze (1983) ausgearbeitete Methode der Textanalyse in die Logik eines sequenziellen und abduktiven Vorgehens zu übersetzen (siehe ausführlich Rosenthal 1995). Das Ziel dieses Analyseschrittes ist es, die Regeln für die Genese der in der Gegenwart des Interviews präsentierten biographischen Erzählung bzw. allgemeiner, der Selbstpräsentation, herauszufinden. Im Unterschied zur Analyse der biographischen Daten und zur späteren Rekonstruktion der erlebten Lebensgeschichte, bei der die im ersten Schritt gewonnenen Hypothesen mit den Selbstaussagen der BiographInnen verglichen werden, wird hier nicht nach dem Erleben zum Zeitpunkt eines Ereignisses gefragt. Vielmehr konzentriert sich die Analyse in diesem Schritt auf die Frage, weshalb sich ein Biograph oder eine Biographin – ob nun bewusst intendiert oder latent gesteuert – so und nicht anders darstellt. Würde z.B. Galina das Interview mit einer ausführlichen Erzählung über die Entdeckung des Geheimnisses ihrer Großmutter beginnen, würden wir Hypothesen darüber formulieren, weshalb sie damit in der Gegenwart des Interviews ihre

Selbstpräsentation beginnt, welche Funktion dieser Anfang hat, welches Image sie damit vermitteln will und weshalb sie diesen Bestandteil ihrer Biographie ausführlich erzählt. Es geht bei diesem Analyseschritt also darum, herauszufinden, welche Mechanismen die Auswahl der präsentierten Themen und deren Gestaltung, die temporalen und thematischen Verknüpfungen der einzelnen Teile der erzählten Lebensgeschichte oder auch einer niedergeschrieben Autobiographie steuern. Wie empirische Analysen immer wieder zeigen (vgl. Rosenthal 1995) können wir davon ausgehen, dass die erzählte Lebensgeschichte nicht aus einer unverbundenen Ansammlung einzelner Teile besteht, sondern dass die einzelnen Sequenzen in irgendeiner Weise miteinander in Beziehung stehen. Offener formuliert heißt dies, wir stellen hier, wie auch bei allen anderen Arten von längeren, vom Produzenten selbst gestalteten Textpassagen, die Frage an den Text, ob die einzelnen Sequenzen im Sinne einer Gestalt angeordnet sind, in der die einzelnen Teile in einem Beziehungszusammenhang stehen, oder ob es sich hierbei um eine beliebige Anhäufung einzelner Teile handelt. In Anlehnung an Aron Gurwitschs thematische Feldanalyse geht es um die Frage, ob die einzelnen Bestandteile eines von einem Autor oder einer Autorin selbst gestalteten Textes Elemente eines oder mehrerer thematischer Felder sind. Gurwitsch diskutiert in seiner gestalttheoretischen Betrachtung und Weiterentwicklung der Analysen von Edmund Husserl die dialektische Beziehung zwischen Thema und thematischem Feld. Unter Thema versteht er das, was uns in einem gegebenen Augenblick beschäftigt und im Zentrum unserer Aufmerksamkeit steht. Themen sind jeweils in ein thematisches Feld eingebettet. Das thematische Feld definiert Gurwitsch (1974: 4) als „die Gesamtheit der mit dem Thema kopräsenten Gegebenheiten, die als sachlich mit dem Thema zusammenhängend erfahren werden und den Hintergrund oder Horizont bilden, von dem sich das Thema als Zentrum abhebt". Die nur zeitlich kopräsenten Gegebenheiten gehören dagegen in dieser Terminologie zum Rand. Das thematische Feld ist nun keine beliebige Anhäufung von Beständen, sondern diese sind in einer bestimmten Anordnung gegeben und stehen in einer sachlichen Beziehung zum Thema. Die Verbindung der Themen ist eine Gestaltverbindung. Diese bedeutet: Das Feld bestimmt das Thema und das Thema das Feld. Mit dem Wechsel eines Themas von einem Feld in ein anderes modifiziert sich das Thema, ebenso wie sich mit der Einbettung eines Themas in ein spezifisches Feld dieses Feld modifiziert. Mit diesen Überlegungen geht einher, dass sich die Bedeutung der einzelnen Bestände einer biographischen Präsentation in deren Gesamtgestalt erschließt und dabei auch die temporale Abfolge eine nicht unbedeutende Rolle spielt. Würde zum Beispiel auf die Erzählung über die Entdeckung des Geheimnisses eine Sequenz über das Studium der Geschichte von stalinistischen Verfolgungen folgen, würde die erste Sequenz in einem anderen Feld verortet sein, also „in einem anderen Licht erscheinen", als wenn z.B. eine Sequenz über die gute Beziehung zur Urgroßmutter folgen würde. Bei jeder Sequenz geht es damit um das Auffinden der inhärenten

Verweisungen auf mögliche thematische Felder und um den hypothetischen Entwurf der jeweils anschlussfähigen weiteren Sequenzen. Im Fortgang der Analyse zeigt sich dann, welche thematischen Felder vom Biographen ausgestaltet werden, welche sich potenziell anbietenden Bestände dieser Felder nicht entwickelt bzw. nur andeutend thematisiert werden, und ebenso wird klar, welche Felder vermieden werden. Es wird deutlich, a) welche Themen nicht thematisiert werden, obwohl sie kopräsent sind – und zwar unabhängig von den Selbstdeutungen der Autobiographen, und b) wie der Autobiograph seine Erlebnisse systematisch nur in spezifische Felder einbettet und mögliche andere, den Erlebnissen inhärente Rahmungen vermeidet.

Bei der Formulierung von Hypothesen über die jeweilige Bedeutung der einzelnen Textsequenzen wird die jeweilige Textsorte mit berücksichtigt, in der die BiographInnen ihre Erlebnisse präsentieren (vgl. Kap. 5.4). Diese Überlegungen gehen auf Fritz Schütze zurück (1983). Ausgehend von der Annahme, dass die Wahl einer bestimmten Textsorte für die kommunikative Darstellung einer Erfahrung nicht zufällig ist und Erfahrungen sowohl mit einer ausführlichen Erzählung oder einem knappen Bericht oder in der Form einer Beschreibung oder einer Argumentation präsentiert werden können, lassen sich am je konkreten Fall Hypothesen über deren Funktion formulieren. So wird danach gefragt: Weshalb wählte die Biographin für diese Sequenz und dieses Thema diese Textsorte? Dabei gehen wir von der Arbeitshypothese aus, dass die Wahl der Textsorte sowohl etwas mit der Interaktion zwischen Interviewer und Interviewtem als auch mit der jeweiligen biographischen Erfahrung zu tun hat. Es ist gerade bei diesem Analyseschritt gezielt darauf zu achten, inwiefern die Wahl sowohl der Textsorte als auch der präsentierten Inhalte bzw. Themen dem Interaktionsprozess zwischen Interviewten und Interviewer geschuldet ist. So wird von Sequenz zu Sequenz der Frage nachgegangen, ob sich die Interviewten mehr an dem Relevanzsystem orientieren, das sie den InterviewerInnen zuschreiben, oder mehr an ihren eigenen Relevanzen.

Zur Vorbereitung der Analyse wird der gesamte Interviewtext gemäß seiner zeitlichen Abfolge in der Form eines stichwortartigen Überblicks sequenziert, d.h. in Analyseeinheiten gegliedert. Kriterien für die Sequenzierung, d.h. für die Definition, wann eine Sequenz beginnt und wann sie endet, sind: Redewechsel, Änderungen der Textsorte und inhaltliche Modifikationen. Es wird vermerkt, an welchen Stellen im Interview, bei welchen Inhaltsbereichen und biographischen Zeitpunkten der Biograph argumentiert, beschreibt oder erzählt.

Betrachten wir die ersten Sequenzen des Interviews mit Galina:

Sequenzierung des Interviews mit Galina		
1/1[9]	Eingangsfrage:	Familiengeschichte – eigene Lebensgeschichte
1/7	Beschreibung:	Urgroßmutter – von Vaters Seite: Ukrainerin, war 92, als sie starb
1/16	Argumentation:	Sie hatte eine tragische Geschichte Ihre glückliche Kindheit wurde durch irgendetwas unterbrochen; sie liebte es, die Familiengeschichte zu erzählen
1/23	Bericht über die nicht selbst erlebte Familiengeschichte	Schwester des Großvaters erzählte die Geschichte Großvater wurde vermisst Großmutter kam nach der Besetzung ins Gefängnis Sie war zehn Jahre im Lager, erzählte es aber nie
1/37	Argumentation:	Mutter erzählte über ihre Familie nicht viel Galina lernte ihre Großeltern mütterlicherseits erst kennen, als sie in der dritten Klasse war.
1/43	Beschreibung:	Lebte mit der Urgroßmutter und der Großmutter Ihre erste Sprache ist Ukrainisch in einem kleinen Ort in der Nähe der Stadt, in der ihre Eltern lebten
1/51	verdichtete Situation:	*„Wenn ich mich weigerte zu essen"* Großmutter erzählte von Situationen mit Galinas Vater, in denen er als Kind nicht essen wollte, nein, es muss über den Großvater gewesen sein, da der Vater als Kind im Krieg nie genug zu essen hatte. Sie erzählte auch lustige Geschichte darüber, dass der Vater es liebte, Worte zu erfinden ...
	Evaluation	*„Ich habe diese Geschichten sehr geliebt"*
2/18	Argumentation:	Vergangenheit der Großmutter ist nicht klar, dies produziert eine psychologische Barriere
2/29	nonverbale Aufforderung zum Sprecherwechsel	
2/30	Interviewerin:	komm zu deiner eigenen Lebensgeschichte
2/33	biographische Globalevaluation: Beschreibung	*sie ist sehr lang und sie ist sehr kurz* geboren in Krasnojarsk in Sibirien Eltern lebten da, Vater war in der Ukraine geboren, Mutter kam aus dem mittleren Wolgagebiet. Großmutter lebte im Exil. Mutter kam wegen ihrem Studium nach Sibirien
Ende der Haupterzählung auf Seite 13 des Transkripts		

Diese Sequenzierung, die bei der späteren Analyse auch als eine Art Inhaltsverzeichnis verwendet wird, wird nun wiederum einer sequenziellen Analyse unterzogen. Wie bereits erläutert, geht es bei diesem Arbeitsschritt um die Frage, weshalb etwas so und nicht anders präsentiert wird. Wir orientieren uns bei der Hypothesenbildung dabei an folgenden Unterfragen:

---

9 Die erste Ziffer bezieht sich auf die Seite des Transkripts und die zweite auf die Zeile.

1. Weshalb wird dieser Inhalt an dieser Stelle eingeführt?
2. Weshalb wird dieser Inhalt in dieser Textsorte präsentiert?
3. Weshalb wird dieser Inhalt in dieser Ausführlichkeit oder Kürze dargestellt?
4. Was könnte das Thema dieses Inhalts sein bzw. was sind die möglichen
5. thematischen Felder, in die sich dieses Thema einfügt?
6. Welche Lebensbereiche und welche Lebensphasen werden angesprochen und welche nicht?
7. Über welche Lebensbereiche und Lebensphasen erfahren wir erst im Nachfrage teil und weshalb wurden diese nicht während der Haupterzählung eingeführt?

Betrachten wir die erste Sequenz in Galinas Interview. Auf die Aufforderung, ihre Familien- und Lebensgeschichte zu erzählen, beginnt Galina eine Beschreibung über die Urgroßmutter mit dem Hinweis auf deren ethnische Herkunft und Lebensalter. Wir können uns hier fragen: Weshalb dieser Beginn? Haben Alter und vor allem ethnische Herkunft für Galina vielleicht heute – nachdem die Ukraine gerade ein Jahr vor dem Interview unabhängig geworden ist – eine hohe Relevanz? Träfe diese Hypothese (1.1) zu, würden wir im weiteren Fortgang erwarten, dass diese beiden oder eines der beiden Themen auch später immer wieder genannt werden bzw. konstitutive Themen für das thematische Feld dieser Haupterzählung sind. Auch hier formulieren wir also Folgehypothesen über mögliche Versionen für einen passungsfähigen Fortgang des Textes.

Ebenso ist zu überlegen, ob Galina vielleicht deshalb mit der ethnischen Herkunft der Familie beginnt, weil sie annimmt, dies könnte die deutsche Interviewerin besonders interessieren (1.2). Eine weitere Hypothese (1.3) ist: Die Urgroßmutter ist für Galina von hoher biographischer Relevanz und sie wird im Folgenden noch sehr viel über sie erzählen. Eine ganz andere Hypothese (1.4) könnte sein: Galina beginnt mit einem Familienmitglied, das nicht so sehr mit Tabuthemen behaftet ist. Zum Beispiel könnte sie die Urgroßmutter für den Anfang ihrer Präsentation der Familiengeschichte wählen, weil sie die Vergangenheit der Großmutter nicht thematisieren möchte.

Wie wir sehen, ist auch die zweite Sequenz der Urgroßmutter gewidmet. Sie wird unter Verwendung der Textsorte Argumentation mit ihrer Leidensgeschichte eingeführt. Man kann sich fragen, ob hier ein Legitimationsbedarf besteht und u.a. die Hypothese (2.1) formulieren: Galina hat den Bedarf, ihre Familiengeschichte als Leidens- oder Opfergeschichte zu präsentieren, vielleicht um damit andere Anteile an der Familiengeschichte zu rechtfertigen. Wenn diese Hypothese zutrifft, wird sie dann auch die Großmutter Olga in diesem thematischen Feld einführen? Es folgt ein knapper Bericht von 15 Zeilen. Galina gibt die wesentlichen Informationen über die

Geschichte der Großeltern väterlicherseits: Der Großvater blieb nach dem Zweiten Weltkrieg vermisst und die Großmutter wurde für zehn Jahre inhaftiert. Dies habe sie von der Schwester des Großvaters erfahren, während ihre Großmutter nie darüber gesprochen habe.

Bisher werden die schwierigen Anteile der Familiengeschichte eingeführt (vgl. 2.1). Neben der Leidensgeschichte deutet sich in dieser Sequenz jedoch auch das Thema an: „Wer hat über die Familiengeschichte gesprochen und wer nicht?" Diese Thematik wird in der folgenden Argumentation noch deutlicher, der zufolge die Mutter wenig über ihre Familie erzählt habe. Nach einer nur 4-zeiligen Beschreibung über ihr Leben mit der Großmutter und der Urgroßmutter folgt eine längere Sequenz von 24 Zeilen. Es handelt sich dabei um eine verdichtete Situation, d.h. um eine Beschreibung einer immer wieder erlebten Situation. Bei dieser Sequenz verwechselt Galina die Generationen. Zunächst meint sie, dass in Situationen, in denen sie nicht essen wollte, ihre Großmutter von der Kindheit ihres Vaters und seiner wiederholten Verweigerung der Nahrungsaufnahme erzählte. Sie muss sich korrigieren und meint, der Vater hätte wegen des Krieges nie genug zu essen gehabt. Sie folgert daraufhin, dass dies wohl Erzählungen über den Großvater als Kind gewesen sein müssen. Trifft dies zu, dann wird wohl eher die Urgroßmutter als die Großmutter darüber erzählt haben. Diese Sequenz ist für den nächsten Auswertungsschritt der Rekonstruktion der erlebten Lebensgeschichte von erheblicher Bedeutung, da es dann wieder um die Frage nach der wichtigsten elterlichen Bezugsperson bzw. der Trägerin der Mutterrolle in Galinas ersten fünf Lebensjahren geht. Darauf komme ich später zurück. An dieser Stelle bleibe ich zunächst noch beim Auswertungsschritt der thematischen Feldanalyse. Des Weiteren führt Galina ein, dass ihr die Großmutter lustige Geschichten über den Vater erzählt habe, der es als Kind liebte, Wörter zu erfinden. Diese Sequenz gibt einen weiteren Hinweis darauf, dass das thematische Feld dieser biographischen Selbstpräsentation etwas damit zu tun hat, wer was über die Vergangenheit erzählt hat und wer nicht. Dazu passt dann auch die nächste Sequenz, in der Galina argumentiert, dass die unaufgeklärte und verschwiegene Vergangenheit der Großmutter eine „psychologische Barriere" zwischen ihnen produziert habe. Damit klagt sie indirekt die Großmutter für deren Schweigen und damit für den Aufbau dieser Barriere zwischen ihnen an. Auffallend ist an dieser Passage, dass Galina nach dieser Erläuterung der Unterstützung von Seiten der Interviewerin bedarf. So kann man die Annahme formulieren, dass das verschwiegene Thema über die Vergangenheit der Großmutter auch eine Barriere in der weiteren Textgestaltung bzw. für die weitere Erzählung der eigenen Lebensgeschichte produziert. Im weiteren Verlauf zeigt die Analyse bei diesem Auswertungsschritt dann deutlich: Die biographische Selbstpräsentation von Galina ist durch zwei Themen bestimmt: „Die unklare und verschwiegene Vergangenheit meiner Großmutter" und „Mein eigenes Leben". Diese zwei miteinander konkurrierenden Themen machen es Galina schwer, ihre eigene Lebensgeschichte zu erzählen, und bestimmen damit das thematische Feld, das man ungefähr wie folgt formulieren kann: "Mein eigenes Lebens ist belastet und behindert durch die unbekannte Vergangenheit meiner Großmutter." Dieses thematische Feld verdeutlicht die latente biographische Gesamtsicht von Galina; sie ist sich darüber selbst nicht bewusst. Dieses Feld manifestiert sich ganz deutlich in der Textstruktur der autonom gestalteten Präsentation. Galina benötigt mehrmals die Unterstützung der Interviewerin, um von der Familiengeschichte zu ihrer eigenen Biographie überleiten zu können. Galinas Gegenwart und ihr Zukunftshorizont sind bestimmt von ihrem Bedürfnis, sich selbst von der belastenden Familienvergangenheit und der damit verbundenen Familiendynamik zu befreien. In den Interviewpassagen, in denen sie über ihre Lebensgeschichte erzählen kann, konzentriert sie sich ganz auf ihre Schul- und Ausbildungskarriere. Die Analyse verdeutlicht, dass in Galinas Selbstpräsentation das Bedürfnis, ein eigenes Leben zu führen, das dominante Thema ist.

6.2.4 Rekonstruktion der erlebten Lebensgeschichte und sequenzielle Feinanalysen

Doch weshalb hat Galina dieses Bedürfnis bzw. welche biographischen Erfahrungen haben dieses Bedürfnis so bestimmend werden lassen? Dies setzt offenbar eine immer noch bestehende starke Bindung an die Familiengeschichte und überhaupt an die Familie voraus. Es stellt sich somit die Frage, auf welche Art und Weise Galina an die Familienvergangenheit gebunden ist. Darauf kann uns der weitere Analyseschritt der *Rekonstruktion der erlebten Lebensgeschichte* eine Antwort geben. Bei diesem Analyseschritt wenden wir uns nun wieder der biographischen Bedeutung einzelner Erlebnisse in der Vergangenheit und vor allem wieder der sequenziellen Struktur der erlebten Lebensgeschichte, ihrer temporalen Gestalt zu. Wir greifen dabei auf die Analyse der biographischen Daten zurück und kontrastieren diese mit den Selbstaussagen der Biographin. Haben wir uns bei der Text- und thematischen Feldanalyse dem Text mit der Frage zugewandt: „Weshalb präsentiert die Biographin dies in der Gegenwart des Interviews so und nicht anders?", befragen wir den Text nun wieder nach den Spuren der Perspektiven in der Vergangenheit der jeweiligen Erlebnisse. Die im ersten Analyseschritt aufgestellten Hypothesen werden dabei anhand der Analyse des Interviewtextes falsifiziert oder belegt oder es werden weitere und neue Lesarten gewonnen. Um das Vorgehen nochmals deutlich zu beschreiben: Wir gehen in der Logik der sequenziellen Analyse in der Chronologie der erlebten Lebensgeschichte von biographischem Erlebnis zu Erlebnis und betrachten dabei jeweils die Interviewpassagen, in denen die Biographin darüber spricht. Dabei werden wir auch im Text weitere biographische Erlebnisse auffinden, die wir bei der Analyse der biographischen Daten noch nicht berücksichtigt hatten.

Beim Analyseschritt der Rekonstruktion der erlebten Lebensgeschichte zeigte sich bei Galina: Bis zum sechsten Lebensjahr hatte sie eine sehr enge Beziehung zu ihrer Urgroßmutter Vera und nicht so sehr zu ihrer Großmutter Olga. Das Interview verdeutlicht, dass Galina sich ab dem sechsten Lebensjahr zunehmend an der Mutter und auch am Vater orientierte. Beim Zusammenziehen mit den Eltern geriet das Mädchen verstärkt in Loyalitätskonflikte, vor allem weil ihre Mutter und ihre Großmutter sich nicht besonders gut verstanden. Die Rolle der Urgroßmutter in dieser Konstellation, die noch bis zum 16. Lebensjahr von Galina lebte, kann nur erahnt werden. Wahrscheinlich bezog sie nicht Position für Olga.

Galina erlebte in den Konflikten ihre Mutter als die Schwächere und begann, sich zunehmend auf ihre Seite zu stellen. In der Gegenwart des Interviews meint sie, dass sich damals die psychologische Barriere zwischen ihr und ihrer Großmutter zu entwickeln begann. Hier zeigt sich, dass die in der Gegenwart präsentierte Begründung für diese Barriere – also die im Dunkeln liegende Vergangenheit der Großmutter – nicht die einzig mögliche ist bzw. es vermutlich in der Vergangenheit noch andere Gründe dafür gab. So deutet sich in Galinas Erzählungen auch an, dass diese Entwicklung im Bindungsverhalten von Galina etwas mit der Zeit vor dem sechsten Lebensjahr und mit einer konfliktreichen Beziehung zwischen Olga und Vera zu tun hat, in der sich das Kind bereits mit Vera gegen Olga verbündet hatte. Dafür gibt es im Text und im familiengeschichtlichen Hintergrund etliche Belege. Des Weiteren erzählt Galina, dass sich die Großmutter in Sibirien in einem Kreis, der hauptsächlich aus ebenfalls verbannten Deutschen und Litauern bestand, viel wohler gefühlt hatte und dass es ihr nach der Umsiedlung in die Region von Bataisk psychisch sehr schlecht ging und sie mit Suizidabsichten spielte. Als Grund für die Umsiedlung wurde Galina von ihrer Familie vermittelt, dies sei aufgrund von Galinas schwachem Gesundheitszustand geschehen. Hier eröffnet sich z.B. eine in der Familie vermittelte Deutung, die mir bei der Analyse der biographischen Daten nicht in den Sinn gekommen war. Aufgrund der Präsentation von Galina, dass sie ihren Eltern viele Probleme gemacht habe, weil sie oft kränkelte, könnte man diese Begründung nun vorschnell als die wesentliche Motivation für den Umzug annehmen. Wir können jedoch auch die Hypothese bei der weiteren Auswertung verfolgen, dass mit dieser Begründung eine mit der Familienvergangenheit verknüpfte Motivation verdeckt wurde. Jedenfalls führte die Begründung gegenüber dem Kind zu einer recht problematischen Dynamik für dieses. Galina fühlte sich, wie die Analyse zeigte, sowohl für die Probleme der Großmutter als auch für die der Mutter, die nach dem Umzug mit Olga zusammenleben musste, mitverantwortlich und schuldig. Wenden wir uns nun der Entdeckung des gut gehüteten Familiengeheimnisses zu und sehen, wie die damals dreizehnjährige Galina diese erlebte. Hier sei vermerkt, dass die Erzählung darüber erst im Nachfrageteil erfolgte. Und dies, obwohl sich diese Erzählung sehr gut als Bestandteil in das thematische Feld, wer was über die Vergangenheit erzählte und wer nicht, einfügt. Die Erzählung fügt sich allerdings nur auf den ersten Blick in das Feld „die unklare Vergangenheit der Großmutter" ein; da gerade in der erzählten Situation wichtige Momente der verheimlichten Vergangenheit der Großmutter „klar" wurden, die sie in ihrer Gegenwart als Historikerin noch weiter aufklären könnte. Doch dazu später.

Zu jener Zeit der Entdeckung war sie bereits eine Verbündete ihrer Mutter. Und so können wir auch entsprechend unserer Lesarten bei der Analyse der biographischen Daten annehmen, dass sie mit dem Einblick in die Vergangenheit der Großmutter nicht nur Empathie für deren Verfolgungsgeschichte entwickelt, sondern diese auch aus kritischer Perspektive zu sehen beginnt. Betrachten wir die genauen Umstände der Entdeckung: Galina lernte in der Schule Englisch und wollte etwas in dem zu Hause stehenden Russisch-Englisch-Wörterbuch nachschlagen. Dabei fand sie im Einband des Buches versteckt die Rehabilitationsurkunde der Großmutter, in der nur stand, dass Olga aufgrund des „Paragraphen 58" verurteilt worden war und nun rehabilitiert sei. Galina liest dies und ist mit der Frage beschäftigt, was dieser Paragraph wohl zu bedeuten habe:

> "I was very surprised and I couldn't understand. Why? How? My grandma? I know her and she was convicted of ... what crime? It was so strange because there was only the number of the article. And with this sheet of paper I ran to my father" (Galina, 1992: 19).

Mit der Hilfe der Interviewerin, die Galina im szenischen Erinnern unterstützt, erinnert sie sich, welche Phantasien über die „Taten" der Großmutter ihr damals beim Lesen in den Sinn kamen. Sie meint: "When I read this number I connected her guilt with her second husband" (Galina, 1992: 21). Sie hatte die Phantasie, dass ihre Großmutter ihren zweiten Ehemann ermordet habe, obwohl Galina diesen Mann kannte und wusste, dass er noch lebte. Die Großmutter hatte sich noch vor Galinas Geburt von ihm scheiden lassen; doch manchmal besuchte er Olga noch , als sie noch in Sibirien lebten. Wie läst sich diese Phantasie interpretieren? Zunächst zeigt sich, dass Galina dazu neigt, ihre Großmutter anzuklagen. Um jedoch die konkrete Phantasie besser interpretieren zu können, bedarf es an dieser Stelle einer Feinanalyse der Textstelle, in der sie über diesen Mann spricht. Wir betrachten den Text – wieder in der sequenziellen Abfolge – in seinen kleinen Einheiten genauer. Galina fürchtete sich in ihrer Kindheit vor diesem Mann. Sie beginnt ihre Aussage über ihn wie folgt[10]:

> "It is one of the most— er (4) — frightening recollections from earliest childhood ..."

Hier kann man sich fragen, welche beängstigenden Erlebnisse Galina wohl mit diesem Mann gehabt hat. Die Formulierung „it is one of the most ..."

---

10 Zu den Transkriptionsregeln vgl. Kap. 3.2.3.

lässt vermuten, dass sie diese Erlebnisse heute noch ängstigen und ihre Angst sich vielleicht in den vier Sekunden Pause wieder aktualisiert. Wenn diese Hypothese zutrifft, dürfte es im Folgenden Hinweise – vermutlich auf parasprachlicher Ebene – für diese Aktualisierung geben. Sehen wir, wie der Text weitergeht:

"it's-, he is-, he is coming-, he is coming"

Galina beginnt zu stottern, spricht im Präsens und man gewinnt geradezu den Eindruck, sie geht wieder in die Szene zurück. Die Hypothese, dass es noch heutzutage für Galina beängstigend ist, gewinnt weitere Plausibilität. Sie fährt fort:

"and his voice and his- his presence in our home (3) I don't know"

Dieser Mann ist in der Erinnerung Galinas wieder im Haus präsent. Doch hier kommt sie ins Stocken und bricht ab, meint, „I don't know". Eine mögliche Lesart hierzu ist, dass das Wiedererleben dieser äußerst beängstigenden Erinnerung zu bedrohlich ist und von Galina nun abgewehrt wird. Die Interviewerin geht nun auf sie ein und fragt:

"When you go back in this situation, he is coming to your home and he is crying loud (3) what can you see"

Galina antwortet:

"Ah- I can't say that eh (2) I (2) I'm lying in my bed in my room and eh, I eh, I am seeing the same low table and that cross and white (2) walls and I just, hear his eh-, very angry voice, very loud" (Galina, 1992: 22).

Auf der manifesten Ebene des Textes erzählt Galina hier und im Weiteren davon, dass sie sich vor den Besuchen des Exehemanns ihrer Großmutter und deren Streitereien fürchtete. Doch der Text gibt auch die Möglichkeit zu weiteren Lesarten. So kann man sich fragen, ob das kleine Mädchen, verängstigt im Bett liegend, zur hörenden Zeugin von Gewaltszenen zwischen der Großmutter und ihrem Exmann wurde. Ebenso deutet der Text auf die Möglichkeit hin, dass sie vielleicht selbst zum Opfer der Gewalt dieses Mannes wurde oder andere Gewalterlebnisse mit diesen Situationen assoziiert. Die Hypothese von selbst erlittener Gewalt in der Kindheit gewinnt anhand anderer Textstellen weiter an Plausibilität. Auch wenn wir dies anhand dieser Textstelle nicht belegen können, so können wir zumindest annehmen, dass Galinas Phantasie von ihrer Großmutter als Mörderin dieses Mannes auf einen unerfüllten Wunsch zurückgeht und sie sich als Kind manchmal wünschte, dass die Großmutter sie und sich selbst vor diesem Mann beschützen würde.

Gehen wir zurück zur Situation, als sie das Dokument entdeckte. Sie läuft zu ihrem Vater, der ihr das Dokument aus der Hand reißt. Galina will wissen, was dieses Dokument zu bedeuten habe und ihr Vater antwortet: "It is about Grandma, it shouldn't be talked about." Sie greift ihn am Arm, will ihm das Dokument wieder abnehmen und er schreit sie an: "It's none of your business; don't ask." Galina ist völlig überrascht über diese heftige Reaktion:

> "I was so surprised because I had a very close relationship with my parents, and I discovered that there is something he wants to hide, and I asked my Ma and she was just as surprised as I, she said that she didn't know" (Galina, 1992: 24).

Es stellte sich nun heraus, dass auch Galinas Mutter, wie diese später auch selbst in einem mit ihr geführten Interview erzählte, nichts von der Verurteilung ihrer Schwiegermutter und damit auch nichts von der Kindheit ihres Mannes wusste. Durch dieses Erlebnis und die Konstellation, dass Mutter und Tochter aus dem Geheimnismanagement der Familie ausgeschlossen waren, verstärkte sich auf dramatische Weise die Bindung zwischen Galina und ihrer Mutter. Damit geht einher, dass Galina sich der Verfolgungsvergangenheit ihrer Großmutter nicht empathisch nähern kann.

Das Ergebnis der Entdeckung von Galina war, dass sie sich von da an selbst mit Fragen quälte, die sie der Großmutter nicht zu stellen wagte. Damit wuchs die psychologische Barriere immer weiter an und bestimmt auch noch ihre Gegenwart zur Zeit des Interviews. So meint sie im Interview:

> "The story of my Grandma is not clear to me. I know only the plot ... and it is a big problem for me that I can't ask."

Es wird jedoch auch deutlich, dass Galina sich selbst vor einer Aufklärung der Vergangenheit ihrer Großmutter fürchtet. Als ausgebildete Historikerin und in der Gegenwart eines sich öffnenden öffentlichen Diskurses über den Artikel 58 hat sie bisher niemals versucht herauszufinden, was der Paragraph 58 überhaupt bedeutet. Wir können einerseits davon ausgehen, dass die Aufklärung dieser Vergangenheit für sie im Jahre 1992 immer noch zu bedrohlich war und sie auch unbewusst die mögliche Rehabilitation ihrer Großmutter vermeidet. Diese Abwehr zeigt sich dann auch in dem Interview, das Galina einige Monate nach unserem Gespräch mit der Großmutter führte.

Der hier am Beispiel eingeführte Auswertungsschritt der *sequenziellen Feinanalyse einzelner Textsequenzen* orientiert sich ebenfalls am Vorgehen der Objektiven Hermeneutik (Oevermann 1983). Einige Textstellen werden einer detaillierten sequenziellen Analyse unterzogen. Ziel ist dabei, insbesondere die latenten Sinnstrukturen des Textes zu entschlüsseln. Ein wesentliches Kriterium für die Auswahl von Textstellen sind parasprachliche Auffälligkeiten, wie lange Pausen, Versprecher und Abbrüche, sowie generell der Eindruck, dass die Textstelle mehr Sinn enthält, als beim ersten Lesen ersichtlich ist. Dieser Schritt der Analyse dient auch der Überprüfung und Erweiterung von aus den bisherigen Auswertungsschritten gewonnenen

Hypothesen. Das bedeutet allerdings nicht, dass die Feinanalyse einer Textstelle mit einer bereits formulierten Hypothese begonnen wird. Auch hier müssen die bisherigen Interpretationen wieder zurückgestellt werden und entsprechend dem abduktiven und sequenziellen Verfahren ausgehend von einem empirischen Phänomen – hier der einzelnen Texteinheit – alle möglichen Hypothesen entworfen und deren Folgehypothesen abgeleitet werden.

6.2.5 Vergleich von erzählter und erlebter Lebensgeschichte und Typenbildung

Beim *kontrastiven Vergleich der erzählten mit der erlebten Lebensgeschichte* geht es zum Abschluss um mögliche Erklärungen für die Differenz zwischen diesen beiden Ebenen, d.h. zwischen Vergangenheits- und Gegenwartsperspektive und um den damit verbundenen Unterschied in der Temporalität und den thematischen Relevanzen von erzählter und erlebter Lebensgeschichte. M.a.W. verhilft die Kontrastierung dazu, die Regeln der Differenz von Erzähltem und Erlebtem aufzufinden. Dabei gilt es auch danach zu fragen, welche biographischen Erfahrungen zu einer bestimmten Präsentation in der Gegenwart geführt haben.

Bei Galina zeigt sich auf der Ebene der erlebten Lebensgeschichte eine sich im Laufe der Jahre verstärkende Bindung an die Mutter, eine zunehmende Anklagehaltung der Großmutter gegenüber (die vermutlich auf frühen Kindheitserlebnissen beruht, in denen sie sich von ihr nicht genügend geschützt fühlte) und ein damit einhergehendes zunehmendes Schuldgefühl. In der Gegenwart wird dies dagegen auf der bewussten Ebene in den Zusammenhang mit der politischen Vergangenheit der Großmutter und deren Schweigen darüber gestellt. Diese familiengeschichtliche Konstellation führte zu einer erheblichen Bindung an die Herkunftsfamilie. Galina versucht sich mit dem Image einer von der Familiengeschichte losgelösten Lebensführung zu präsentieren. Wir können annehmen, dass das Bedürfnis nach einer Loslösung von der Familie gerade deshalb so stark ist, weil sie immer noch erheblich an die Familie und deren Vergangenheit gebunden ist.

Nach abgeschlossener Fallrekonstruktion können wir uns nun wieder unserer Forschungsfrage und der Erklärung der mit ihr zusammenhängenden sozialen und psychischen Phänomene zuwenden. Damit wird es nach dem Abschluss der Analyse nun auch möglich, auf der Basis dieses einen Falles bereits einen Typus zu formulieren (vgl. Kap. 2.5.5; 2.5.6). Da sich die Frage nach den transgenerationellen Folgen einer belastenden Familienvergangenheit, die mich hier zuallererst interessierte, in diesem Fall geradezu aufdrängt, möchte ich die Bildung eines Typus am Beispiel eines möglichen anderen Forschungsinteresses verdeutlichen. Nehmen wir an, das Interview würde im Kontext eines Projektes zum Erleben des politischen Alltags in der ehemaligen Sowjetunion zur Zeit der Perestroika verwendet. Die abgeschlossene Fallrekonstruktion ermöglicht es, Aussagen der Befragten dazu im Kontext des gesamten Lebenszusammenhangs zu betrachten. In Galinas Fall zeigt sich dabei eine betonte Darstellung eines politischen Desinteresses und das Bedürfnis, "to separate my life from the life of the state", wie sie es selbst formuliert (vgl. Rosenthal 2000). Auf der anderen Seite wird jedoch in ihren Erzählungen entgegen dieser Selbstaussage ihr politisches Engagement insbesondere in ihrer beruflichen Arbeit deutlich. Auf der Grundlage der Fallrekonstruktion können wir nun entsprechend unserer Fragestellung und ausgehend von diesem einen Fall einen Typus konstruieren, der nicht nur die Oberflächenphänomene – wie eine unpolitische Haltung – beschreibt, sondern auch den biographischen Verlauf erklärt, der zu dieser Präsentation führt, bzw. die Regeln angibt, die diese Darstellung hervorbringen. So zeigt sich, dass Galinas Bedürfnis, ihr eigenes Leben vom Leben und der Vergangenheit ihrer Familie zu trennen, sich auch in ihrer Haltung zum politischen Alltag in Russland bekundet. Wir konnten sehen, wie sich das Muster eines Bedürfnisses zur Lösung von und einer gleichzeitigen Bindung an die Familiengeschichte, die in diesem Fall eng mit der Gesellschaftsgeschichte verknüpft ist, im Verlauf dieser Biographie konstituiert hat. Biographische Fallrekonstruktionen gestatten somit die Konstruktion von Verlaufstypen, die die Regeln des genetischen Prozesses angeben und diesen auch erklären können.

6.3 Fallrekonstruktionen auf einer anderen Fallebene

Fallrekonstruktionen können sich auch auf andere Fallebenen beziehungsweise, wie es Ulrich Oevermann (2000) formuliert, auf höher aggregierte soziale Gebilde als die einer einzelnen Biographie oder Person beziehen. Als Fall kann die soziale Einheit einer Familie (vgl. dazu die Auswertung des Familiengesprächs in Kap. 2.5.3) oder die einer Gruppe, einer Organisation, eines sozialen Milieus oder einer gesamten Staatsgesellschaft definiert werden. Grundsätzlich kann für eine Fallrekonstruktion jedes Datenmaterial herangezogen werden, wobei bei biographischen Fallrekonstruktionen lebensgeschichtliche Interviews oder schriftliche biographische Quellen im Zentrum der Analyse stehen. Interessieren uns hingegen Interaktionseinheiten, bietet sich zu diesem Zweck vor allem ein Datenmaterial an, bei dem die Interaktionen zwischen den zu dieser sozialen Einheit bzw. zu diesem Interaktionszusammenhang gehörenden Individuen elektronisch aufgenommen oder teilnehmend beobachtet wurden. Biographische Interviews können jedoch ebenfalls für die Rekonstruktion der Fallstruktur einer Familie, einer Gruppe oder einer Organisation dienen, der die interviewte Person angehört. Und umgekehrt kann ein Familiengespräch oder die Beobachtung einer Gruppe als Datenmaterial für die Rekonstruktion einer einzelnen Biographie herangezogen werden (vgl. zum Beispiel Köttig 2005). Für die Fallrekonstruktion ist es zunächst jedoch notwendig, dass definiert wird, was unser Fall ist. Ulrich Oevermann (2000: 106) verdeutlicht dies wie folgt:

„Ein transkribiertes Interview zum Beispiel repräsentiert sowohl den Interviewee als auch den Interviewer als Fall, darüber hinaus aber noch mehr: das Interview als pragmatisch spezifischen Gesprächstyp, die Milieus bzw. Lebenswelten, denen die beiden Beteiligten je angehören und noch viel mehr. Daher muss sich der Fallrekonstrukteur zu Beginn seiner Operation entscheiden, welche der im Text zum Ausdruck kommenden Fallstrukturen er analysieren will. Das ist wichtig, damit die Einbeziehung von Vorwissen über den zu analysierenden Fall auf jeden Fall vermieden wird. Der Einbezug eines Vorwissens über andere Fallstrukturen wäre für die Erschließungsprozedur nicht zirkulär."

Nach abgeschlossener Fallrekonstruktion ist es dann möglich, auf die Fallstruktur von anderen sozialen Einheiten zu schließen, zu denen der analysierte Fall gehört. So lassen sich z.B. ausgehend von der Rekonstruktion der Biographie Galinas durchaus Annahmen über die Fallstruktur ihrer Familie oder über die strukturbildenden Merkmale ihrer Generation ableiten. Interessiert mich der Fall der Generation von Galina, die ihre Jugend- und Ausbildungsphase während der Perestroika erlebte, könnte man die betont „unpolitische" Selbstpräsentation Galinas – wie sie auch in der Literatur für diese Generation als typisch beschrieben wird (vgl. Kon 1991: 31) – als Ausdruck eines generationstypischen Merkmals annehmen, nämlich des Bedarfs dieser Generation, ein von den in der Vergangenheit, aber auch noch in der Gegenwart herrschenden staatlichen Restriktionen befreites und unbelastetes Leben zu führen.[11] Mit Hilfe eines kontrastiven Vergleichs mit anderen Personen dieser Generation (die hinsichtlich der dazugehörenden Merkmale und Jahrgänge empirisch noch näher zu bestimmen wäre) könnte diese Hypothese weiter verfolgt werden. Interessiert mich dagegen die soziale Einheit „Familie", so könnte man in diesem Fall die Annahme formulieren, dass es sich bei der Familie von Galina – sehr ähnlich wie bei der Familie Seewald (Kap. 2.5.3) – um ein gebundenes Familiensystem handelt, in dem der intrafamiliale Dialog von Schuldgefühlen und Geheimnissen geprägt ist. Für diese Annahme gibt das Interview mit Galina bereits sehr deutliche Hinweise. Mit der Auswertung der Interviews von Galinas Eltern und ihrer Großmutter kann diese Annahme dahingehend erweitert werden, dass sich diese Struktur eines von Schuldgefühlen und Geheimnissen geprägten Familiendialogs bereits etliche Generationen früher etablierte und aufgrund der jeweiligen politischen Verfolgungs- und Stigmatisierungserfahrungen immer weiter reproduziert und damit auch verfestigt wurde. Die Urgroßeltern waren im Kontext der Kollektivierung als Großbauern bereits in den 1930er Jahren verfolgt und verbannt worden. Deren Tochter, d.h.

---

11 So meint Galina auf die Bemerkung der Interviewerin, dass sie nicht auf ihr Erleben der gesellschaftlichen Veränderungen eingegangen ist: „Ich kann sagen, das ist für mich nicht wichtig ... als diese Veränderungen in unserer Gesellschaft begannen, war es wichtig zu den Vorlesungen zu gehen und Filme zu sehen ... Doch heute versuche ich mein Leben absolut fern zu halten vom Leben des Staates."

Galinas Großmutter Olga, hatte ihre Herkunft verleugnet und ihre Mutter in ihrer sozialen Umwelt als eine entfernte Verwandte ausgegeben. Ihrem Sohn wiederum, Galinas Vater, war als Kind ebenfalls von seinen Familienangehörigen auferlegt worden, nicht über seine Mutter zu sprechen und sie als seine Tante auszugeben.

Diese Möglichkeit des Schließens auf Fälle auf anderen Ebenen bzw. anderer sozialer Einheiten setzt jedoch eine Fallrekonstruktion im Unterschied zu einer Fallbeschreibung voraus. Entscheidendes Kriterium für eine Fallrekonstruktion im Unterschied zu einer Fallbeschreibung ist nach Ulrich Oevermann (2000) die methodisch kontrollierte Bemühung, die Fallstruktur – und dies bedeutet immer auch sowohl die Regeln ihrer Reproduktion als auch der Transformation – zu erschließen. Fallbeschreibungen dienen dagegen nur für eine Illustration oder Plausibilisierung von vorab formulierten Konzepten, d.h. „vorweg selegierten und bereitgestellten klassifikatorischen Allgemeinbegriffen" (Oevermann 2000: 61). Im Unterschied zu einer Logik der Rekonstruktion dienen sie einem subsumtionslogischen Verfahren, d.h. der Fall wird vorab definierten Kategorien zugeordnet. Mit dem von Oevermann diskutierten Strukturbegriff geht in der Objektiven Hermeneutik die sequenzielle Analyse einher, die es ermöglicht, die sequenzielle Reproduktion und Transformation der Fallstruktur im interaktiven Prozess zu rekonstruieren (vgl. Kap. 2.5.4). Das methodische Instrument für diesen Zweck ist die sequenzielle Feinanalyse einzelner Textstellen. Ebenso kann entsprechend dem Verfahren der Text- und thematischen Feldanalyse die sequenzielle Gestalt der Grobstruktur von anderen Textmaterialien als der des narrativen Interviews, ob nun einer Gruppendiskussion, einer Videoaufnahme oder eines Zeitungsartikels, rekonstruiert werden. Für die Analyse der Gesamttextes ist es notwendig, entsprechend der Gestalt des Textes und der Fragestellung nach bestimmten Kriterien zu sequenzieren, d.h. den Text in einzelne Segmente einzuteilen und diese sequenziell zu interpretieren. Während bei einem narrativen Interview die Textsorten bzw. deren Wechsel das übergeordnete Kriterium für die Sequenzierung sind, bietet sich bei Texten, die stärker durch abwechselnde Redebeiträge strukturiert sind (wie bei einem Familiengespräch oder einer Gruppendiskussion) das Kriterium „Sprecherwechsel" als übergeordnetes Kriterium an. Bei einem Zeitungsartikel hingegen orientiere ich mich in der Regel an der Abfolge von Themen bzw. Inhalten.

Neben der sequenziellen Analyse der im Handlungsvollzug des Sprechens oder Schreibens immer wieder herzustellenden Struktur fordere ich bei der Rekonstruktion von Biographien auch die Analyse der sequenziellen Gestalt der erlebten Lebensgeschichte. Die zu Beginn einer jeden Fallrekonstruktion stehende sequenzielle Analyse der Ereignisdaten – ob nun auf längere oder kürze zeitliche Ereignisabfolgen bezogen – in der Tradition der Objektiven Hermeneutik ist hierfür ein wichtiger erster Auswertungsschritt, der sich leicht auf andere Fallebenen überträgen lässt (vgl. auch die sequenzielle Analyse der Ereignisdaten bei Beobachtungsprotokollen Kap. 4.4.2). Die historischen Daten einer Organisation oder einer Familiengeschichte können ebenso auf diese Weise analysiert werden. Für die Überprüfung der in diesem Vorgehen formulierten Hypothesen bedarf es dann wiederum auch der Selbstaussagen der in den jeweiligen Systemen handelnden Personen. Dafür sind auch bei anderen Fallebenen Erzählungen über die in der Vergangenheit liegenden selbst erlebten Ereignisse eine durchaus geeignete Datenebene. Beabsichtigen wir z.B. die Rekonstruktion der Geschichte einer Organisation und deren gegenwärtiger sozialer Wirklichkeit, so ist diese auch an die Perspektiven ihrer Mitglieder gebunden, die ein Produkt ihrer persönlichen Erfahrungen in dieser Organisation und generell ihrer lebensgeschichtlichen Erfahrungen sind. Ich würde also auch hier narrative Interviews neben anderen Erhebungsmethoden wie z.B. der Beobachtung einsetzen. Die Mitglieder könnten aufgefordert werden, über ihre Erfahrungen in der Organisation seit ihrem Eintritt in dieselbe bis in die Gegenwart zu erzählen (vgl. Kap. 5.4.3). Die Interviews würden zunächst nach der gleichen Logik wie biographische Fallrekonstruktionen ausgewertet und in einem weiteren Schritt in einem Vergleich der von den verschiedenen Mitgliedern präsentierten Versionen der Organisationsgeschichte und deren Perspektiven aufeinander bezogen werden.

Für die Analyse familiengeschichtlicher Daten ist die Erstellung eines Genogramms und dessen sequenzielle Auswertung ein wesentliches Hilfsmittel (Hildenbrand 1999a: 32ff.; Rosenthal 1997; Völter 2003: 48). Dieses aus der systemischen Familientherapie (McGoldrick/Gerson 1995) stammende Instrument ist eine graphische Form der Dokumentation von Familiendaten. Ähnlich einem Familienstammbaum werden die einzelnen Generationen – mindestens drei – in ihrer Abfolge und ihren verwandtschaftlichen Beziehungen zueinander dargestellt und die wichtigsten familiengeschichtlich relevanten Daten (Geburt, Heirat, Scheidung, Beruf, Krankheit, Tod etc.) vermerkt. Auch hier gehen wir bei der Interpretation sequenziell vor, indem mit den Daten zu der im Genogramm verzeichneten ältesten Generation begonnen wird, technisch gesprochen die Daten zu den folgenden Generationen verdeckt werden, Hypothesen zur Bedeutung der Daten der ersten Generation formuliert und Folgehypothesen zum möglichen weiteren Fortgang abgeleitet werden. Entsprechend dem abduktiven Vorgehen werden dann im dritten Schritt die Daten zur folgenden Generation „aufgedeckt" und mit unseren Hypothesen kontrastiert. In dieser Weise schreitet man bei der Analyse von Generation zu Generation fort.

7. Inhaltsanalyse – Kodieren in der Grounded Theory – Diskursanalysen

7.1 Einleitung

Da sowohl die qualitative Inhaltsanalyse, in der Bundesrepublik vor allem die von Philipp Mayring (1983; 2000) vorgestellten Verfahren, als auch das Kodieren entsprechend der Grounded Theory in vielen qualitativen Studien angewandt werden, und diese Verfahren für die erste „Durchsicht" von großen Materialmengen durchaus sinnvoll sein können, werde ich auch diese Verfahren knapp vorstellen. Dabei werde ich jedoch weniger auf das konkrete Vorgehen und die Anforderungen an ein Kategorienschema oder die Technik des Kodierens eingehen, als vielmehr die mit der Logik dieser Verfahren verbundene Problematik diskutieren. Diese Problematik resultiert aus dem Widerspruch zwischen dem Anspruch einer am Prinzip der Offenheit orientierten rekonstruktiven Analyse und einem klassifikatorisch vorgehenden Verfahren, das den Prinzipien der Rekonstruktion und Sequenzialität nur schwer gerecht werden kann (vgl. Kap. 2.5). Zentral für die Inhaltsanalyse ist die Konstruktion eines Systems von Kategorien, mit Hilfe dessen der Text neu gruppiert wird, indem Textabschnitte allgemeineren Kategorien zugeordnet werden. Mit Hilfe der Kategorien wird das Material in Einheiten zergliedert, die dann bearbeitet werden können.

Ganz unabhängig davon, ob die Kategorien vor der Analyse oder am vorliegenden Textkorpus entwickelt wurden, werden die Textsegmente, bevor die Gesamtgestalt des Textes rekonstruiert wurde, dabei aus ihrem Entstehungszusammenhang herausgenommen und unter von den ForscherInnen konstruierte Sinnzusammenhänge subsumiert. Der Text wird bei diesen Verfahren neu gegliedert und nicht in seiner sequenziellen Struktur rekonstruiert. Es wird damit mehr oder weniger von einer Bedeutungsäquivalenz der vom Inhaltsanalytiker verwendeten Kategorien und den Sinnstiftungen der Textproduzenten ausgegangen (vgl. Hitzler/Honer 1997: 23; Wohlrab-Sahr 1999: 490).

Es gilt abzuwägen, wie dieser Problematik begegnet werden kann, da m.E. bei großen Materialmengen durchaus ein Forschungsdesign denkbar ist, bei dem sich vor einer rekonstruktiven und sequenziellen Textauswertung zunächst eine inhaltsanalytische Vorauswertung des vorliegenden Gesamtkorpus an Texten anbietet. Diese Vorauswertung kann zur ersten Sichtung des Materials und zur Bildung einer theoretischen Stichprobe für eine weitere

Auswertung dienen. Eine Vorgehensweise, bei der das Textmaterial sowohl inhaltsanalytisch als auch rekonstruktiv und sequenziell ausgewertet wird, bietet sich bei Analysen an, die sich auf große Textmengen beziehen, z.B. bei Diskursanalysen anhand von massenmedialen Texten zu einer bestimmten Thematik.

Bei einer kleinen empirischen Untersuchung zum Thema „Antisemitismus im gegenwärtigen Österreich", die ich im Rahmen eines Seminars an der Universität Wien mit Studierenden durchführte, sahen wir zum Beispiel einige Ausgaben von politisch unterschiedlich orientierten österreichischen Tageszeitungen der letzten Wochen nach Artikeln durch, die in irgendeiner Weise etwas mit Juden und Israel zu tun hatten. Zum anderen führten wir narrative themenzentrierte Kurzinterviews, in denen wir die Befragten zu Erzählungen über ihre persönlichen Erfahrungen mit Juden aufforderten. Das vorliegende Textmaterial wurde zunächst nach auf der Oberfläche unterschiedlich erscheinenden Ausdrucksformen von Antisemitismus gesichtet, wie Philosemitismus, Schuldzuweisung des Völkermords an die Juden, Leugnung der Verbrechen etc. Diese Kategorisierungen bezogen sich jedoch jeweils auf die gesamte Einheit eines Interviews oder eines Zeitungsartikels; die Texte wurden also nicht neu nach Kategorien gegliedert. Sie konnten damit auch verschiedene Formen des Antisemitismus repräsentieren. Die Kategorisierung galt uns auch nur als eine sehr vorläufige Zuordnung, zumal sich Antisemitismus oft nur zwischen den Zeilen in recht widersprüchlichen Argumentationen und vor allem in vagen Andeutungen zeigt. Mit der späteren feinanalytischen Auswertung von exemplarisch ausgewählten Texten konnten diese ersten Kategorisierungen verworfen, verfeinert und vor allem in ihren Querverbindungen entschlüsselt werden.

7.2 Wie qualitativ kann eine Inhaltsanalyse sein?

Der in der Bundesrepublik prominenteste Vertreter der qualitativen Inhaltsanalyse ist Philipp Mayring. Er versteht die qualitative Inhaltsanalyse als ein systematisches, regelgeleitetes und theoriegeleitetes Verfahren zur Analyse von fixierter Kommunikation, „mit dem Ziel, *Rückschlüsse auf bestimmte Aspekte der Kommunikation* zu ziehen" (1983: 11). Hierfür wird „das Material zergliedert und schrittweise bearbeitet", und mit Hilfe des theoriegeleiteten, am Material entwickelten „Kategoriensystems werden diejenigen Aspekte festgelegt, die aus dem Material herausgefiltert werden sollen" (Mayring 1996: 91). Die „Kategorienbildung am Material" bei Mayring erfolgt nun keineswegs so offen, wie dies zunächst klingen mag. Vielmehr ist sie durch den Anspruch der Theoriegeleitetheit und der vorab vollzogenen genauen Klärung der Fragestellung erheblich vorherbestimmt. Das von Mayring vorgestellte Ablaufmodell für die von ihm so bezeichnete „induktive Kategorienbildung" erfordert vor dem Schritt der Kategorienbildung am Material die „allgemeine Kategoriendefinition, Festlegung des Selektionskriteriums und Abstraktionsniveaus für die Kategorienbildung" (2000: 472). Nach Mayring besteht „der Grundgedanke einer qualitativen Inhaltsanalyse ... nun darin, die Systematik ... der Inhaltsanalyse für qualitative Analyseschritte beizubehalten, ohne vorschnelle Quantifizierungen vorzunehmen" (Mayring 2000: 469). Weitere, quantifizierende Analyseschritte sollen möglich sein, und daher fordert er ein Verfahren, das sich an den Gütekriterien der quantitativen Forschung orientiert. Zum Beispiel werden dieser Logik gemäß Kategorien nur bei häufig auftretenden Phänomenen gebildet. Die Überprüfung von Hypothesen über Zusammenhänge zwischen den häufig auftretenden Kategorien soll nach dieser Vorstellung im quantitativen Sinne erfolgen. Bei einer Untersuchung zu arbeitslosen LehrerInnen in den neuen Bundesländern bildeten Mayring, König & Birk (1996) auf der Grundlage offener Biographiefragebögen zur Fragestellung, welches Berufsverständnis die Befragten in der DDR entwickelt hatten, induktiv Kategorien und formulierten aus den häufig aufgefundenen Kategorien zwei Oberkategorien, die sie wie folgt formulierten: „Lehrer aus Freude am Beruf selbst" und „Lehrer aus Engagement für den Sozialismus". In einem nächsten Schritt wurde untersucht, „ob diese unterschiedlichen Orientierungen einen Einfluss auf die Verarbeitung der Arbeitslosigkeitserfahrungen zeigen" (Mayring 2000: 473).

Es wird deutlich, dass Mayring mit seinem inhaltsanalytischen Vorgehen versucht, einerseits den Standards der quantitativen Sozialforschung gerecht zu werden und andererseits dennoch die Vorteile eines qualitativen Vorgehens – wie die im Forschungsprozess mögliche Modifikation des Kategoriensystems – in eingeschränkter Form nutzen möchte. Damit fällt er, wie ich im Folgenden mit einem Rückblick auf die Geschichte der Inhaltsanalyse zeigen möchte, hinter die von Siegfried Kracauer 1952 in die Diskussion gebrachten Forderungen an die qualitative Inhaltsanalyse zurück.

Zur Geschichte der Inhaltsanalyse. Die Inhaltsanalyse wurde in der ersten Hälfte des letzten Jahrhunderts im Zusammenhang mit der zunehmenden massenmedialen Kommunikation per Radio und Zeitung zur Erforschung der öffentlichen Meinung und insbesondere als Instrument der Ideologiekritik und Propagandaforschung entwickelt. Zunächst standen hier die Auswertung von großen Textmengen und die Häufigkeit bestimmter Merkmale von Texten im Vordergrund. Bereits „1910 gab Max Weber auf dem ersten Deutschen Soziologentag die Empfehlung, den Inhalt von Zeitungen mit ‚Schere und Kompass' zu durchforsten, um quantitativ fassbare Veränderungen der publizierten Inhalte im geschichtlichen Ablauf ermitteln zu können" (Ritsert 1972: 15). In den USA wurden um diese Zeit die ersten empirischen Untersuchungen von Zeitungsmaterial durchgeführt. Es war der Erste Weltkrieg, der sowohl während als auch nach dem Krieg zu einem besonderen Bedarf an Forschung im Bereich der Propaganda führte. So untersuchte Harold D. Lasswell (1927) die unterschiedlichen Propagandatechniken der Krieg führenden Mächte (USA, England, Frankreich und

Deutschland) und diskutierte Propaganda als eine Art des Krieges von Ideen gegen Ideen (1927: 12). Er verdeutlichte mit seiner Analyse, dass der moderne Krieg außer auf dem militärischen und ökonomischen Feld auch an der Front der Propaganda geführt wird (ebenda: 214). Ebenso war die sozialwissenschaftliche Forschung im Kontext des Zweiten Weltkrieges ein weiterer wichtiger Schritt in der Entwicklung der Inhaltsanalyse. US-amerikanische Sozialwissenschaftler analysierten im Dienste der US-Kriegsführung die Propaganda in anderen Ländern. Auch hier legte Lasswell, der damals Direktor der *Experimental Division for the Study of War-Time Communications* war, wichtige Analysen vor. Während Lasswell und seine Mitarbeiter sich hauptsächlich mit der sowjetischen Propaganda auseinander setzten, analysierten Kris und Speier (1944) die nationalsozialistische Propaganda im deutschen Rundfunk, vor allem mit dem Ziel, Prognosen über den weiteren Verlauf des Krieges ableiten zu können.

Einige der Studien Lasswells und seiner Mitarbeiter wurden in dem 1949 unter dem Titel „Language of Politics" herausgegebenen Band veröffentlicht, der auch eine methodische und theoretische Auseinandersetzung mit der Inhaltsanalyse enthielt. Die Autoren vertraten die Annahme, dass man die Sprache der Politik am besten mit Hilfe von quantitativen Methoden untersuche (ebenda: 40ff.). Die Konzentration lag dabei auf dem Auffinden von bestimmten Inhalten in dem zu untersuchenden Textmaterial, die entsprechend dem entwickelten Kategorienschema kodiert wurden, und auf der Auszählung der Häufigkeiten ihres Auftretens (vgl. Lisch 1978: 20).

Ein weiterer „Meilenstein" im Bereich der quantitativen Inhaltsanalyse und in gewisser Weise Auslöser für methodologische Reflexionen im Bereich der qualitativen Inhaltsanalyse war die Arbeit von Bernhard Berelson im Jahre 1952. Berelson, ein Schüler von Paul Lazarsfeld, publizierte eine systematische Zusammenstellung und methodische Diskussion der bisherigen inhaltsanalytischen Verfahren und forderte in Abgrenzung von qualitativen Verfahren ein quantitatives Vorgehen. Zunächst kritisierte er völlig zu Recht, dass die qualitativen Analysen meist „quasi-quantitativ" seien, da sie in vager Form ebenfalls quantifizierende Aussagen wie „selten", „häufig" oder „meist" machen (1952: 116f.). Diese Kritik trifft auch auf gegenwärtige qualitative inhaltsanalytische Untersuchungen zu und liegt m.E. in der Logik von Verfahren, die zu Annahmen über Zusammenhänge von Merkmalen durch die Häufigkeit des gemeinsamen Auftretens und nicht durch die Rekonstruktion des genetischen Wirkungszusammenhangs zu gelangen versuchen.

Noch polemischer jedoch waren Berelsons Ausführungen zum Anspruch einer qualitativen Inhaltsanalyse, „tiefere Phänomene" bzw. den latenten Inhalt mit „reichhaltigeren" Kategorien als bei quantitativen Verfahren zu erfassen. Seine Polemik richtete sich u.a. gegen Leo Löwenthal, einen prominenten Vertreter der Frankfurter Schule, der beispielsweise 1944 eine

Analyse von Biographien von Prominenten in populären Magazinen vorgelegt hatte, und gegen Siegfried Kracauer, der ebenfalls zum weiteren Umkreis der Frankfurter Schule zählte. Kracauer hatte 1942 eine qualitative Inhaltsanalyse von nationalsozialistischen Propagandafilmen vorgenommen und 1947 seine berühmte Studie über den deutschen Film, „From Caligari to Hitler", publiziert. Berelson argumentierte gegen diese qualitativen Studien, dass sie zeigen würden, "that the content descriptions are not particularly 'advanced'; it is the flavor of the *interpretation* of the content data that makes these analyses seem sophisticated and rich" (ebenda: 133). Diese Kritik beruht auf der Grundannahme, dass der manifeste Inhalt eines Textes von der Interpretation des Inhalts („interpretation of the content data") getrennt werden kann (s.w.u.). Berelson schlägt vor, statt „mit impressionistischen oder vieldeutigen Formulierungen eine Forschung zu beenden, sollten die Vertreter der qualitativen Analyse so präzise wie möglich die Indikatoren für einen bestimmten Inhalt von Kategorien angeben, die sie im Sinne haben" (1952: 133, Übersetzung G.R.). Mit der genauen Ausformulierung ihrer Hypothesen würden – so Berelson – an ihre Arbeiten anschließende quantitative Forschungen und damit eine konstruktive Integration von qualitativer und quantitativer Inhaltsanalyse ermöglicht. Damit verweist Berelson, in ähnlicher Weise wie heutzutage Mayring, die qualitative Inhaltsanalyse in den Bereich von Pilotstudien, deren Hypothesen später nach den Standards eines quantifizierenden Verfahrens getestet werden können.

Berelson setzte die Maßstäbe für die Ansprüche der quantitativen Inhaltsanalyse: „Die Inhaltsanalyse ist eine Forschungstechnik zur objektiven, systematischen und quantitativen Beschreibung des manifesten Inhalts von Kommunikation" (Berelson 1952: 18). Er fordert, dass die Analyse nach eindeutigen Regeln durchgeführt werden muss, um objektiv zu sein und systematisch insofern, als die Regeln für die Analyse vorab festgelegt werden und die Auswahl des Materials nach wohl begründeten Kriterien erfolgen muss (vgl. Herkner 1974: 158). Die Beschränkung auf den manifesten Inhalt in diesem Ansatz beruht auf der Grundannahme, dass es neben der latenten Bedeutung eines Textes eine mehr oder weniger stabile Bedeutung gibt, d.h. eine Bedeutung, die einem Wort oder einer Aussage üblicherweise in einem bestimmten Sprachmilieu beigemessen wird und jedem Leser oder jeder Leserin mehr oder weniger unmittelbar als Sinn erscheint, d.h. ganz unabhängig vom jeweiligen Kontext der Artikulation und den subjektiven Definitionen oder Rahmungen der beteiligten Personen (sowohl der Textproduzenten als auch der Rezipienten).

Siegfried Kracauer reagierte bereits 1952 auf Berelson und plädierte vehement für ein qualitatives Verfahren der Inhaltsanalyse. Kracauer ging zwar auch davon aus, dass die Kategorienbildung zentraler Bestandteil einer jeden Inhaltsanalyse ist, doch forderte er von einer qualitativen Inhaltsanalyse, sich nicht den Kriterien der quantitativen Inhaltsanalyse zu unterwerfen.

Er verlangte von den verwendeten Kategorien, dass sie der Struktur eines Textes als Ganzes gerecht werden, d.h. den manifesten und latenten Verbindungen, die aus den elementaren Einheiten des Textes eine „Gestalt" bilden: "... dealing with the structure of the text as a whole, i.e., the linkage, manifest or latent, which makes the atomistic units a Gestalt" (Kracauer 1952: 639). Sein Anliegen ist die Rekonstruktion von *Mustern* und die Vermeidung der isolierten Analyse einzelner Textelemente. Er formuliert für eine qualitative Inhaltsanalyse dezidiert folgende Anforderungen (vgl. Ritsert 1972: 14ff.):

1. Die Rekonstruktion des Kontextes, d.h. einzelne Textelemente im Gesamtzusammenhang des Textes zu betrachten (Kontext),
2. die Analyse der latenten Sinnstrukturen des Textes (Latenz),
3. die Berücksichtigung der Einzelfälle bzw. Besonderheiten (Singularität),
4. die Berücksichtigung der Interdependenz der Teile eines Textes, d.h. die Rekonstruktion seiner Gestalt (Gestalt).

Bei diesen Forderungen ist im Kontext gegenwärtiger inhaltsanalytischer Verfahren vor allem Kracauers Forderung ernst zu nehmen, dass bei der Analyse auch selten auftretende Phänomene oder Einzelfälle zu berücksichtigen seien. Wollen wir dem Anspruch einer ideologiekritischen oder diskursanalytischen Vorgehensweise gerecht werden und der Frage nachgehen, welche Themen in spezifischen Kontexten zugelassen werden und welche nicht bzw. welche Themen in bestimmten Diskursen abgewehrt oder geleugnet werden, dann ist eben nicht nur auf die Anwesenheit von bestimmten Inhalten oder Inhaltsmerkmalen zu achten, sondern vielmehr auch auf deren Abwesenheit. Diese gilt es zu interpretieren, wie es von George (1959: 10) für die qualitative Inhaltsanalyse dezidiert gefordert wurde. Wird nur die Anwesenheit von bestimmten Themen – ob nun in den Massenmedien oder in Forschungsinterviews – oder werden gar nur die häufig auftretenden Themen zum Bestandteil der Analyse, dann reproduziert die wissenschaftliche Forschung die in den jeweiligen Diskursen geltenden Regeln für das Verschweigen oder Leugnen von bestimmten Inhalten.

Nimmt man Kracauers Forderungen ernst – so wie sie auch Jürgen Ritsert (1972) später prominent aus der Perspektive der Kritischen Theorie verteidigte –, dann stellt sich die Frage, ob dies überhaupt noch auf ein inhaltsanalytisches Verfahren übertragbar ist, also auf ein Verfahren, das den Text entsprechend einem vorliegenden oder auch am Material erstellten Kategoriensystem neu strukturiert. M.E. führt die Umsetzung der von Kracauer formulierten Ansprüche zu einem rekonstruktiven und sequenziellen Verfahren, da es recht schwierig ist, einerseits die Textbestandteile nach Kategorien zu gruppieren und andererseits gestalttheoretisch oder ganzheitlich oder gar sequenziell vorzugehen[1]. Aus diesem Grund fallen auch die qualitativen Inhaltsanalysen – wie die von Mayring – in der Regel hinter die Forderungen Kracauers zurück. Da Philipp Mayring den Anspruch vertritt, im Laufe der Analyse zu quantifizieren, unterliegt auch sein Verfahren der Logik und den Kriterien eines quantifizierenden Vorgehens. So lässt sich m.E. auch erklären, dass Mayring (2000) bei seinen Ausführungen zu Siegfried Kracauer in einem Handbuchartikel zur Inhaltsanalyse dessen Kritik an der Vernachlässigung der Einzelfälle überhaupt nicht erwähnt.

7.3 Empirisches Beispiel: Zur Entschlüsselung von antisemitischen Statements

Die Bedeutung der Abwesenheit von bestimmten Inhalten zeigt sich besonders prägnant in lebensgeschichtlichen Interviews mit so genannten Zeitzeugen des Nationalsozialismus, in denen häufig das Thema „Nazi-Verbrechen und Völkermord" überhaupt nicht angesprochen wird. In den Nachfolgegenerationen können wir dann teilweise die völlige Meidung des Themas „Juden" beobachten bzw. es fällt in bestimmten thematischen Kontexten auf, dass geradezu vermieden wird, das Wort „Juden" überhaupt auszusprechen (Rosenthal 1997e: 345ff.). Würden wir bei der Auswertung dieses Phänomen nicht berücksichtigen, trügen wir dazu bei, auch im wissenschaftlichen Diskurs über den Nationalsozialismus diese Dethematisierung bzw. den in latenter Form kommunizierten Mythos zu wiederholen, dass Auschwitz auf einem anderen Planeten stattgefunden habe. Bei der Analyse muss der Frage nachgegangen werden, an welchen Stellen des Textes bestimmte Themen wie „Nazi-Verbrechen und Völkermord" kopräsent sind und mit welchen Strategien diese Themen vermieden werden.

Die Analyse der Abwesenheit von bestimmten Themen und der Strategien des Ausweichens bedarf ebenso wie die von Andeutungen, von vagen und diffusen Aussagen eines sequenziellen und feinanalytischen Vorgehens, wie es u.a. von Ulrich Oevermann vorgestellt wurde (vgl. Kap. 2.5.4; 6.2). Es sind gerade jene Stellen in einem Text, die sich *vor* einer gründlicheren Betrachtung und der Rekonstruktion des latenten Bedeutungsgehalts kaum Kategorien zuordnen lassen, die besonders aussagekräftig für die Struktur des Gesamttextes sind.

Die Schwierigkeit der Zuordnung einer Textstelle, auch wenn sie sich explizit auf den Holocaust bezieht, zu einer Kategorie und die Notwendigkeit einer sequenziellen Feinanalyse möchte ich anhand eines Artikels aus den österreichischen Printmedien mit der Überschrift *„Erinnerung an den Holocaust"* erläutern, bei dem sich insbesondere die erste Passage durch eine

---

1 Zum Versuch, sowohl inhaltsanalytisch als auch sequenziell und rekonstruktiv vorzugehen, vgl. die Arbeit von Anne Huber (2001).

Anhäufung von nebligen Andeutungen auszeichnet. Bevor ich Angaben über den äußeren Kontext des Textes, d.h. über die Zeitung mache, in der der Artikel erschien, werde ich zunächst nur den Text vorstellen. Betrachten wir die Überschrift. Hier sind recht unterschiedliche Kontexte, in denen der Text erschienen sein kann, wie auch unterschiedliche Inhalte des so betitelten Textes denkbar. Der Titel kann sich sowohl darauf beziehen, dass im folgenden Text der Holocaust in Erinnerung gerufen wird, als auch darauf, dass der Text von dem Gedenken an den Holocaust handelt. Es kann ein Text von einem Autor sein, der den Holocaust überlebt hat und der über seine Erinnerungen schreibt. Ebenso kann sich der folgende Text auf ein Ereignis beziehen, an das man sich kollektiv erinnert (z.B. die Befreiung von Auschwitz) oder bei dem an den Holocaust gedacht werden soll (z.B. den Gedenktag an den Holocaust in Israel). Bei der Überschrift fällt die Formulierung im Singular auf. Auch hierzu lassen sich unterschiedliche Hypothesen formulieren, wie zum Beispiel: Es geht um eine bestimmte Art und Weise der Erinnerung an den Holocaust, die als die „richtige" Form der Erinnerung definiert werden soll. Entsprechend dieser Hypothese erwarten wir im Folgenden eine Belehrung über die Art und Weise, wie man sich zu erinnern habe.

Der erste Satz des Artikels lautet: „Nächste Woche wird in Wien das Holocaust-Mahnmal auf dem Judenplatz eröffnet." Damit wird auf das Mahnmal in Wien verwiesen, das auf Initiative von Simon Wiesenthal von der Stadt Wien gestiftet und am 25. Oktober 2000 enthüllt wurde. Das Mahnmal dient dem Gedenken an die mehr als 65.000 österreichischen Juden, die zwischen 1938 und 1945 ermordet wurden. Bei dem zitierten Satz, der weder Datum noch Uhrzeit der Eröffnung enthält, stellt sich die Frage, ob der Autor über die Eröffnung oder eher über die (richtige) Erinnerung informieren will. Der darauf folgende Satz des Artikels macht einem nun das Verstehen schwer. Er lautet: „Es hält das unvorstellbare, mörderische Leid in Erinnerung, das die Nazis Juden, Zigeunern und anderen Menschen angetan haben, es zeigt aber auch, was Nationalsozialismus wirklich bedeutet hat und wie leichtfertig der Umgang mit der Nazi-Keule ist, die in der aktuellen Politik geschwungen wird." Dieser Satz ist ohne eine genauere Analyse wohl kaum einer abstrakten Kategorie zuordenbar, er zeichnet sich vielmehr durch seine Vieldeutigkeit aus. Mit jedem einzelnen Satzteil sind für die Leserinnen ganz unterschiedliche Möglichkeiten der Rezeption gegeben. Dieser Satz bedarf daher einer Analyse in kleinen Einheiten. Kondensiert und (aus der Perspektive der abgeschlossenen Analyse) ergebnisorientiert möchte ich einige zentrale Hypothesen zitieren, die von Studierenden im Kontext eines Seminars an der Universität Wien formuliert wurden. Betrachtet man die im Kontext von Mord sehr ungewöhnliche Formulierung „das unvorstellbare, mörderische Leid" näher, sind sehr unterschiedliche Rezeptionsweisen möglich. Zunächst hat diese Aussage die ‚manifeste' Bedeutung, dass das Mahnmal an das unvorstellbare Leid der im Holocaust ermordeten Menschen erinnert. Auf der latenten Ebene kann diese Formulierung aber auch anders gelesen werden, wie zum Beispiel: Wenn das Leid unvorstellbar ist, braucht es im folgenden Text und generell nicht thematisiert zu werden. Des Weiteren wirkt die gewöhnlich metaphorische Formulierung „mörderisches Leid" im Kontext der Ermordung von Menschen eher verwirrend. U.a. kann dies nach der wortwörtlichen Interpretation wie folgt gelesen werden: Es war das Leid, das die Opfer umgebracht hat und nicht die Gewaltakte der Täter. Oder gar: Die Mörder leiden, es geht also im folgenden Text um das Leiden der Mörder oder auch der Mitläufer. Eine weitere Lesart kann sein: Die Opfer sind mörderisch, weil sie den Mördern Leid zufügen.

Mit der Aufzählung „Juden, Zigeunern und anderen Menschen" wird nun entgegen der Bestimmung des Mahnmals die Gruppe der Opfer so weit ausgedehnt, dass sich jeder Österreicher und jede Österreicherin als zu diesen „anderen Menschen" gehörend verstehen kann. Diese Aufzählung gibt einen Hinweis darauf, dass es sich vermutlich nicht um einen Text eines jüdischen Überlebenden handelt, der Text wohl auch nicht in einem Presseorgan der jüdischen Gemeinde Wiens und vermutlich auch nicht einer der sozialdemokratischen Partei Österreichs nahe stehenden Zeitung erschienen ist. Vielmehr kann die Hypothese formuliert werden, dass dieser Text im Kontext jenes Diskurses über den Nationalsozialismus in Österreich steht bzw. diesen reproduziert, den man als apologetisch und nicht als kritisch bezeichnen könnte. Vermutlich – so die Hypothese – ist er dann in einem eher politisch rechtsorientierten Presseorgan erschienen. Der apologetische Diskurs über den Nationalsozialismus in Österreich zeichnet sich, ähnlich wie in Deutschland, durch den Mythos aus: „Wir sind alle Opfer des NS" (vgl. Wodak u.a. 1990) und darüber hinaus, unter Berufung auf die Moskauer Deklaration[2] von 1943, durch das Selbstverständnis Österreichs als des ersten Opfers des Faschismus bzw. Deutschlands (vgl. Uhl 2001). Im zitierten Satz werden zu diesem Kollektiv der Opfer neben den anderen Menschen „Juden" und in der abwertenden Begrifflichkeit auch „Zigeuner" gezählt. Auch diese Aufzählung, die z.B. die politisch Verfolgten nicht enthält, lässt sehr unterschiedliche Lesarten zu. Vermutlich handelt es sich beim Autor dieses Textes und bei den üblichen LeserInnen dieser Zeitung nicht um Sozialdemokraten oder Kommunisten. Das Mahnmal soll „aber auch" zeigen, so geht der Satz weiter, „was der Nationalsozialismus wirklich bedeutet hat". Dank der entgegensetzenden Konjunktion „aber" kann die bisherige Aussage dahingehend verstanden werden kann, dass die Erin-

---

2 Im Oktober 1943 beschlossen die Außenminister der USA, Großbritanniens und der Sowjetunion auf der Moskauer Konferenz die Fortsetzung des Krieges bis zur bedingungslosen Kapitulation Deutschlands und die künftige Gründung einer neuen Friedens- und Sicherheitsorganisation. Dabei wurde auch eine Erklärung über Österreich verfasst, in der Österreich als erstes Opfer der Angriffspolitik Hitlers bezeichnet und beschlossen wurde, dass Österreich von der deutschen Herrschaft befreit werden sollte.

nerung an das Leid, das die Nazis anderen zugefügt haben, nicht die wirkliche Bedeutung des Nationalsozialismus wiedergibt, sondern offenbar eine falsche, nicht „wirkliche" Bedeutung. Als Gegenlesart kann formuliert werden, dass das Mahnmal noch weit mehr als das Leid, das die Nazis den Opfern angetan haben, in der Erinnerung festhält, vielmehr in seiner Bedeutung noch darüber hinausgeht und weit umfassender zu interpretieren ist.

Der Text eröffnet den LeserInnen und Lesern mit diesen Formulierungen die Möglichkeit, ihre Vorstellungen zur „wirklichen" Bedeutung des NS zu assoziieren – wie z.B. das Senken der Arbeitslosigkeit oder den Bau der Autobahnen. Der Satz gibt jedenfalls einen weiteren Hinweis auf die Hypothese, dass der Autor von einer falschen und einer richtigen Form der Erinnerung ausgeht. Im nächsten Halbsatz wird diese wirkliche Bedeutung jedoch nicht explizit genannt, sondern es geht vielmehr um das „leichtfertige Schwingen der Nazi-Keule in der aktuellen Politik". Im Folgenden erfahren wir dann auch, wer nach Ansicht des Autors die Nazi-Keule schwingt: Es handelt sich um den Wiener Bürgermeister Häupl. Dazu die im Text nicht enthaltene Information: Michael Häupl ist Mitglied der sozialdemokratischen Partei (SPÖ) und wirkte bei der Eröffnung des Mahnmals mit. Hier deutet sich nun an, dass dieser Artikel wohl nicht in einem der SPÖ nahen Presseorgan publiziert wurde.

Bleiben wir im Bild einer schwingenden Nazi-Keule, dann macht der Bürgermeister andere, gegen die er leichtfertig die Keule schwingt, zu Opfern. Es wird vom Autor konstatiert, dass dem Wiener Bürgermeister Häupl „der angemessene Umgang mit der Vergangenheit" fehle. Häupl selbst wird wie folgt vom Autor zitiert: „Es ist ein Zeichen, dass der Antisemitismus in dieser Stadt älter ist und weiter zurückreicht als bis in die NS-Zeit. Niemand in dieser Stadt kann sich von Schuld freisprechen." Der Autor des Artikels setzt dem entgegen: „Pardon, Herr Bürgermeister, aber das ist jene Überzeichnung, die den falschen Reflex auslöst, die Ablehnung jeglicher Erinnerung. Denn natürlich sind Österreicher von heute nicht Schuld an Verbrechen gegen die Juden, da kann sich jeder freisprechen, es sei denn er wäre praktizierender Antisemit, aber dann landet er ohnehin vor Gericht."

Es geht also um die Zurückweisung von Schuld und um die Freisprechung der Österreicher von heute; sie sind keine praktizierenden Antisemiten. Schuldig sind entsprechend dieser Formulierung diejenigen, die den Antisemitismus praktizieren – wobei man sich darunter sehr Unterschiedliches vorstellen kann. Nach dieser für den apologetischen Diskurs über den Nationalsozialismus typischen Argumentationsfigur erstaunt es dann auch nicht, wie der Autor fortfährt. Er fordert eine ergänzende Tafel am Judenplatz, die auf den toleranten Kaiser Joseph II. hinweisen soll, der den „Juden die Zulassung zu Handwerk, Gewerbe, Industrie ... ermöglichte". Damit soll wohl der Beleg für den in Österreich nicht bestehenden „praktizierenden" Antisemitismus erbracht werden.

Während die mittlere Sequenz relativ einfach als ein Beispiel für die Entlastungsstrategie der „Zurückweisung von Schuld und Freisprechung der heute Lebenden" und die nächste Sequenz als Beleg für die Unterstützung von Juden und damit als Argument für einen nicht vorhandenen Antisemitismus kodiert werden könnte, zeichnet sich der Beginn des Textes durch seine Mehrdeutigkeit und damit durch seine zwischen den Zeilen liegenden latenten Bedeutungen aus, die auf der manifesten Ebene nicht mitgeteilt werden können. Der Text ermöglicht es, dass die Leserinnen und Leser ihn entsprechend der zitierten Hypothesen rezipieren können. Die Feinanalyse dieser Passage verdeutlicht, wie der Autor mit diffusen und vagen Andeutungen und mit Auslassungen – z.B. in Bezug auf die wahre Bedeutung des Nationalsozialismus – arbeitet und damit den LeserInnen Assoziationen ermöglicht, die öffentlich kaum geäußert werden können. Dies erinnert an antisemitische Äußerungen von Politikern der Freiheitlichen Partei (FPÖ) wie die von Jörg Haider insbesondere während des Wahlkampfs im Frühjahr 2001 benutzten Diffamierungen von politischen Gegnern, auch von Michael Häupl[3] (vgl. Wodak 2001). Mit der Vagheit, den Andeutungen und Auslassungen wird es möglich – wie dies auch bei Haider deutlich wird –, anschließend Vorwürfe über antisemitische Aussagen zurückzuweisen und zu versichern, man habe es so ja nicht gemeint.

Auch ist die Abfolge der einzelnen Sequenzen bei diesem Artikel, der mit dem Erinnern an das Leid der NS-Opfer beginnt, um danach einen SPÖ-Politiker zu kritisieren, nicht ohne Bedeutung. Subtil benützt der Autor das Gedenken an die ermordeten Juden, um sowohl von den Tätern als auch den Opfern abzulenken und andere – nämlich SPÖ-Politiker – als „Täter" zu diffamieren. Die rechten Politiker im Lande werden dabei durch „das leichtfertige Schwingen der Nazi-Keule" zu Opfern der Linken gemacht.

Es wird mittlerweile deutlich geworden sein, dass dieser Artikel wohl kaum in einem der SPÖ nahen Organ erschienen ist. Der österreichische Journalist Kurt Markaritzer publizierte ihn unter der Rubrik „Von Mensch zu Mensch" – in dem der rechtsorientierten Kronenzeitung nahen Organ der tA-online.

---

3 Haider machte u.a. am 23. Febr. 2001 in der Kurhalle Oberlaa folgende Aussage: „Der Häupl hat einen Wahlkampfstrategen, der heißt Greenberg (lautes Lachen im Saal). Den hat er sich von der Ostküste einfliegen lassen! Liebe Freunde, ihr habt die Wahl, zwischen dem Spindoctor Greenberg von der Ostküste oder dem Wienerherz zu entscheiden!" (zitiert nach Wodak 2001: 132). Haider wehrte Antisemitismus-Vorwürfe u.a. damit ab, dass er die antisemitische Konnotation der „Ostküste", die das Stereotyp einer mächtigen jüdischen Lobby in New York bedient, mit der Behauptung zurückwies, es handle sich dabei um eine wertfreie geographische Bezeichnung. Mit dem darauf folgenden Hinweis „und dort liegt das politische Zentrum in Amerika" (zitiert nach Wodak 2001: 134) ist es dann jedoch wiederum möglich, antisemitische Konnotationen zwischen den Zeilen lesen zu können.

Die sequenzielle Analyse solcher Artikel oder auch von themenzentrierten Interviews sowie die feinanalytische Auswertung einiger Passagen aus diesen Texten ermöglicht die Rekonstruktion des latenten Sinngehalts und der Merkmale bestimmter Argumentationsfiguren. Bei der Analyse ist dabei ganz entscheidend – im Unterschied zu einem inhaltsanalytischen Verfahren –, darauf zu achten, an welchen Stellen in einem Gesamttext bestimmte Inhalte formuliert oder auch vermieden und z.b. antisemitische Statements angedeutet oder geäußert werden. Die Analyse von thematisch breiter angelegten Texten bietet dabei noch weit mehr die Möglichkeit, die Funktion solcher Argumentationen für die Textproduzenten zu erschließen. Dies möchte ich an einem Beispiel aus einem lebensgeschichtlichen Interview verdeutlichen, in dem der Erzähler relativ deutlich seinen Antisemitismus zum Ausdruck bringt. Die Textstellen zu diesem offen geäußerten Antisemitismus sind relativ leicht zu kodieren. Für die Analyse entscheidender ist hingegen, an welchen Stellen im Interview sie erfolgten und welche funktionale Bedeutsamkeit sie daher in der Gesamtgestalt der biographischen Erzählung erhalten.

Eine Textstelle aus dem Interview mit Otto Sonntag[4], wie ich diesen in den 1920er Jahren geborenen Mann genannt habe, zeigt eine typische Argumentationsfigur, die den Juden die Schuld am Zweiten Weltkrieg zuschreibt:

> „Ich will jetzt nicht darauf gar nicht eingehen, es hat **GRÜNDE GEGEBEN**[5], dass man die Juden damals- insbesondere in Berlin, müssen Sie mal die Geschichte nachlesen, was die Juden in Berlin für eine Rolle gespielt haben, ‚die war nicht ganz sauber'. ... **Das** war- und jetzt kommt meine Nebenbemerkung, **dass** dieser – dieses unbewältigte Problem der Juden (2) hat eigentlich (2) zum Weltkrieg geführt ((pointiert)). Es klingt komisch, aber es **ist** so. Denn damit hat das internationale Judentum, das in Ehren überall saß im- vor allen Dingen in Amerika auch heute noch, die haben dann natürlich gesagt: So lassen wir uns nicht behandeln als Juden in Deutschland, da muss auch etwas passieren"

Diese Textstelle lässt sich recht leicht als eine Argumentationsfigur kodieren, die den Juden die Schuld am Zweiten Weltkrieg gibt und damit unausgesprochen deren Ermordung rechtfertigt. Doch welche Funktion hat diese Aussage für Otto Sonntag? Nehmen wir ein weiteres Merkmal dieses Falls – seine Beteiligung an den Nazi-Verbrechen – hinzu, lässt sich eine Annahme über die Funktion dieses Elements in seiner biographischen Darstellung formulieren. Otto Sonntag wurde nach 1945 wegen Verbrechen gegen die Menschlichkeit von den Alliierten inhaftiert und war vermutlich – wie die Auswertung seines lebensgeschichtlichen Interviews, unterstützt durch Archivrecherchen, nahe legt – als Architekt am Bau von Krematorien in

---

4 Zur ausführlichen Darstellung dieses Falls vgl. Rosenthal (1997d).
5 Die Hervorhebung durch Blockschrift und Fettdruck im Transkriptzitat bedeutet, dass diese Worte geschrieen wurden. Zu den Transkriptionsregeln vgl. Kap. 3.2.

Konzentrationslagern beteiligt. Als Hypothese kann formuliert werden: Aufgrund der eigenen Beteiligung an den Nazi-Verbrechen versucht sich dieser Mann mit der Strategie der Schuldzuweisung zu entlasten und entsprechende Vorwürfe abzuwehren. Die Schuldzuweisung an die Juden dient damit zur Rechtfertigung des eigenen Handelns.

Diese Interpretation könnte anhand anderer Fallbeispiele im numerischen Sinne überprüft werden, d.h. mit der Frage, ob Schuldzuweisungen an die Juden häufiger durch Menschen erfolgen, die an der Verfolgung und Ermordung von Juden beteiligt waren, als durch Menschen, die nicht daran beteiligt waren. Eine interpretative Analyse hat jedoch im Unterschied zu einem quantitativen Vorgehen den Anspruch, den Wirkungszusammenhang am konkreten Einzelfall aufzuzeigen.

Wenn wir in Betracht ziehen, an welcher Stelle in der biographischen Großerzählung und in welchem thematischen Kontext diese Sequenz von Otto Sonntag geäußert wird, dann erschließt sich dieser Zusammenhang. Auf die Aufforderung, seine Familien- und Lebensgeschichte zu erzählen[6], folgt in aller Ausführlichkeit und klar strukturiert die Erzählung seiner Lebensgeschichte bis ins Jahr 1939 (21 Seiten des Transkripts). Otto Sonntag gesteht dabei seine Begeisterung für den Nationalsozialismus und seine Mitgliedschaft in diversen nationalsozialistischen Verbänden offen ein. Danach spricht er einige Zeit (vier Seiten im Transkript) über das Thema „Kriegsschuld der Juden" und handelt erst danach – auf nur fünf Seiten, recht chaotisch, mit vielen Abbrüchen und temporalen Sprüngen – seine gesamte Lebenszeit von 1940 bis zu seiner Entlassung aus der Gefangenschaft 1946 ab.

Der textuelle Rahmen des Themas „Die Kriegsschuld der Juden" ist nun recht interessant. Bevor Otto Sonntag darauf zu sprechen kommt, berichtet er, dass er bis 1940 beim Heeresbauamt im Rahmen der Wiederaufrüstung im Bereich des Kasernenbaus tätig war. An dieser Stelle bricht die Linearität seiner Lebensgeschichte ab. Anstatt über seinen Einsatz nach der Arbeit beim Heeresbauamt und über seine aktive Teilnahme an bestimmten Aktionen in dieser Phase zu sprechen, argumentiert er mit der Schuld der Juden. Die darauf folgende Präsentation seiner Kriegs- und Gefangenschaftszeit ist somit eingebettet in die Erklärung, die Juden seien für das Geschehen dieser Jahre verantwortlich zu machen.

Mit dem Eingangsstatement „Kam also das Jahr 1938, 1939" eröffnet er die zitierte Sequenz über die Kriegsschuld der Juden. Inwiefern diese Schuldzuweisung der Vermeidung einer Erzählung über das eigene Handeln im Krieg dient, wird im Nachfrageteil des Interviews deutlich. Darum gebeten, noch einmal zu erzählen, wie er den Kriegsbeginn erlebt habe, antwortet

---

6 Otto Sonntag wurde von mir 1993 interviewt. Er stimmte einem Gespräch von knapp drei Stunden zu und lehnte ein weiteres Interview ab.

Herr Sonntag: „Ich sag es Ihnen immer wieder, das ist nichts anderes wie die Vergeltung des internationalen Judentums gewesen, die gesagt haben, **jetzt** haben wir sie und jetzt wird **nicht** nachgegeben."

Mit der Formulierung „**Jetzt** haben wir sie und jetzt wird **nicht** nachgegeben" wird der Vorwurf der Grausamkeit bzw. Erbarmungslosigkeit von den Tätern auf die Opfer umgelenkt.

Wie dieses Beispiel andeutet, ermöglichen lebensgeschichtliche Interviews, die biographische Funktion antisemitischer Deutungsmuster aufzuklären, darüber hinaus jedoch auch deren Genese und Wandlungen im Laufe der Lebens- und damit auch der Gesellschaftsgeschichte zu rekonstruieren. Die Analyse von biographischen Interviews mit so genannten Zeitzeugen des Dritten Reiches zeigte sehr deutlich die Wechselwirkung zwischen dem Verlauf der staatlichen Entrechtungs- und Vernichtungspolitik und dem Wandel der Einstellungen und des Verhaltens gegenüber den Juden in der nichtjüdischen deutschen Bevölkerung. Der allmähliche Prozess der zunehmenden Dehumanisierung der Juden vollzog sich nach meinen Analysen erzählter Lebensgeschichten schrittweise in aufeinander folgenden Phasen (1933-1935; 1935-1938; 1938-1945), die mit den Eskalationsphasen der staatlichen Maßnahmen gegen die jüdische Bevölkerung (Nürnberger Gesetze; Reichspogromnacht und Transporte) korrespondierten (Rosenthal 1992: 455ff.).

7.4 Kodieren in der Grounded Theory

Das Verfahren des Kodierens in der Grounded Theory nach Anselm Strauss und Juliet Corbin zeichnet sich dadurch aus, dass es einerseits gegenüber dem recht geschlossenen Verfahren der qualitativen Inhaltsanalyse nach Mayring stärker den Prinzipien der Offenheit und der Rekonstruktion gerecht wird. Andererseits birgt es jedoch die Gefahr, einer vorschnellen Subsumtionslogik zu folgen, und wird vor allem dem Prinzip der Sequenzialität nicht gerecht. Während bei Mayring der Gegenstand und die Fragestellung zu Beginn der Auswertung klar definiert sein müssen und sich damit schon vorab bestimmte Kategorien anbieten, zeichnet sich das Vorgehen in der Grounded Theory durch die Entdeckung und Entwicklung der Fragestellung und so auch der zur Kodierung benutzten Kategorien im Forschungsprozess aus. Gefordert wird hier eine in der Empirie geerdete ("grounded") Theoriebildung. Während man sich bei der qualitativen Inhaltsanalyse mehr oder weniger auf den manifesten Inhalt eines Textes beschränkt, wird beim offenen Kodieren (s.w.u.) in der Grounded Theory auch der latente Gehalt eines Textes analysiert. Die Analyse von Beziehungen zwischen den Kategorien erfolgt hier nicht im numerischen Sinne, mit Hilfe des Kriteriums der Häufigkeit gemeinsamen Auftretens, sondern über die Rekonstruktion von Wirkungszusammenhängen im untersuchten Kontext.

Strauss und Corbin (1990/1996) unterscheiden drei verschiedene Kodierungsformen, das offene, das axiale und das selektive Kodieren. Dabei handelt es sich zwar um getrennte analytische Vorgehensweisen, doch sie werden nicht strikt nacheinander und getrennt durchgeführt, sondern man wechselt insbesondere zwischen dem offenen und axialen Kodieren hin und her (ebenda: 77). Dabei ist das Ziel, ausgehend von den Daten und durch die Entdeckung der Beziehungen zwischen Kategorien eine Theorie zu entwickeln.

Zunächst erfolgt in diesem Verfahren noch ein konsequent offenes Kodieren; dem empirischen Material (in dieser Tradition meist Beobachtungsprotokolle und Interviews) werden Kodes bzw. Kategorien zugeordnet, die noch nah am Text und deskriptiv formuliert werden. Erst im Verlauf der Forschung wird die Kategorienbildung abstrakter, die Kodes werden zusammengefasst und es werden vor allem Beziehungen zwischen den Kategorien herausgearbeitet (vgl. Flick 1995: 197). Zum *offenen Kodieren* schreiben Strauss und Corbin (1996: 44):

„Offenes Kodieren ist der Analyseteil, der sich besonders auf das Benennen und Kategorisieren der Phänomene mittels einer eingehenden Untersuchung der Daten bezieht. Ohne diesen ersten grundlegenden analytischen Schritt könnten die weiterführende Analyse und die anschließende Kommunikation nicht stattfinden. Während des offenen Kodierens werden die Daten in einzelne Teile aufgebrochen, gründlich untersucht, auf Ähnlichkeiten und Unterschiede hin verglichen, und es werden Fragen über die Phänomene gestellt, die sich in den Daten widerspiegeln.“

Insbesondere zu Beginn der Analyse werden Textteile, ähnlich wie bei sequenziellen Feinanalysen, Zeile für Zeile analysiert. Erst im Laufe der Analyse wechselt dieses zunächst noch rekonstruktive Verfahren zu einem stärker subsumtionslogischen Vorgehen, in dem Texteinheiten den gebildeten Kategorien zugeordnet werden. Es handelt sich dabei jedoch um eine vorläufige Kodierung, die im nächsten Schritt überprüft wird.

Beim *axialen Kodieren* geht es um „das Erstellen von Verbindungen zwischen Kategorien“ und die Daten werden „nach dem offenen Kodieren auf neue Art zusammengesetzt“ (Strauss/Corbin 1996: 75). Mit diesem Vorgang soll die Datenmenge reduziert werden. Ziel ist es, „Rohdaten auf höhere Niveaus zu bringen, sodass sie sich auf mehr als einen Fall beziehen lassen“, schreibt Juliet Corbin (2003: 74) und verdeutlicht dies anhand einer Studie über Personen mit einer lebensbedrohlichen Krebserkrankung. Beim offenen Kodieren wurde hier die Kategorie „Reduktion der biographischen Bedrohung“ gebildet, die biographische Strategien im Umgang mit der ungewissen Zukunft umfasste. Das axiale Kodieren dient dann der Weiterentwicklung dieser Kategorie, indem weitere Fragen mit Hilfe des so genannten Kodierparadigmas gestellt werden. Die bisher gebildeten Kategorien werden befragt nach den Bedingungen, die das Phänomen verursachen, nach dem Kontext, in denen das Phänomen eingebettet ist, nach den Interaktionsstrategien, durch die es bewältigt wird, und nach den Konsequenzen dieser Strategien (Strauss/Corbin 1996: 76). Bei der Kategorie „Reduktion der biographischen Bedrohung" wurde z.B. danach gefragt, in welchen Kontexten bzw. unter welchen Bedingungen die bedrohungsmindernden Strategien gebraucht werden (Corbin 2003: 73f.). Übertragen auf die Argumentation zur „Kriegsschuld der Juden" würde also auch in diesem Verfahren danach gefragt, in welchen Kontexten so argumentiert wird, welche Funktion diese Argumentation hat und was sie bewirkt.

Das *selektive Kodieren* setzt dann das axiale Kodieren fort, indem die nach dem axialen Kodieren entwickelten Kategorien zu integrieren versucht werden. „Die Integration erfolgt um ein Hauptthema herum, um ein oder mehrere Konzepte, die das untersuchte Phänomen in seiner ‚breiteren Bedeutung' beschreiben" (Corbin 2003: 74). Dies kann auch eine bereits beim axialen Kodieren gebildete Kategorie sein, die sich durch „vielseitige Relationen zu allen anderen wichtigen Kategorien" auszeichnet und „eine zentrale Stellung im Begriffsnetz" hat (Böhm 2000: 482). Bei der biographischen Fragestellung von Juliet Corbin zur lebensbedrohlichen Krebserkrankung kann die bereits eingeführte Kategorie „Reduzierung der biographischen Bedrohung" oder auch „Leben lernen nach einem lebensbedrohlichen Ereignis" ein solches Hauptthema (auch „Kernkategorie" genannt) sein (Corbin 2003: 74).

Das Kodierparadigma war im gemeinsamen Ansatz der Grounded Theory von Glaser und Strauss (1967) noch nicht angelegt. Es wurde von Strauss erst 1987 vorgestellt und 1990/1996 mit Juliet Corbin verstärkt in die Diskussion gebracht. Barney Glaser (1992) reagierte in seinem Buch „Emergence vs. forcing: Basics of grounded theory" mit einer massiven Kritik am Kodierparadigma, warf Strauss vor, die Daten in eine bereits implizit bestehende Theorie zu zwingen und damit das Anliegen der Grounded Theory zu verfehlen. Jörg Strübing verdeutlicht die Inkonsistenz der Kritik Glasers, der im Unterschied zu Strauss theoretische Kodes an die Daten heranträgt: „Wo das Kodierparadigma bei Strauss und Corbin nur den Charakter einer pragmatischen Heuristik hat, zielt Glaser allerdings auf die Rahmung der Kodierperspektive durch die Vorgabe einer als weitgehend vollständig verstandenen Liste soziologischer Basiskonzepte" (Strübing 2004: 68).

Mag diese Kritik an Glaser zutreffen und mögen auch die empirischen Arbeiten von Strauss und Corbin auf einem offenen und rekonstruktiven Vorgehen beruhen, so begibt man sich m.E. sowohl beim offenen Kodieren und noch weit stärker beim axialen Kodieren in die Gefahr einer vorschnellen Zerstörung der Gestalt eines Textes und nimmt damit die typischen Nachteile eines subsumtionslogischen Vorgehens in Kauf. Auch bei diesem Verfahren fehlt wie bei qualitativen Inhaltsanalysen ein Auswertungsschritt zur Rekonstruktion der sequenziellen Gestalt des Gesamttextes, die – wie das Vorgehen bei der thematischen Feldanalyse deutlich zeigt (vgl. Kap. 6.2.3) – zur Aufschlüsselung der Bedeutung einzelner Textteile im Entstehungskontext erheblich beitragen kann.

7.5 Diskursanalysen

(Bettina Völter, Gabriele Rosenthal)

Immer wieder wurde in diesem Band auf Diskursanalysen in der qualitativen Sozialforschung hingewiesen. Zunächst ist zu vermerken, dass mit dem Begriff „Diskursanalyse" noch nichts Konkretes über einen theoretischen Ansatz und noch weniger über ein methodisches Vorgehen gesagt ist. Abgesehen davon wird der Begriff des Diskurses zunehmend inflationär verwandt. Schon deshalb muss die eigene Position geklärt werden, wenn man von Diskursanalyse spricht. Im Folgenden möchten wir kurz auf die unterschiedlichen wissenschaftlichen Denktraditionen hinweisen, die mit diesem Terminus verbunden sein können, dann vor allem die Grundideen der Diskurstheorie von Michel Foucault skizzieren und schließlich mit einem Ausblick auf eine mögliche methodische Umsetzung enden.

Diskursanalysen werden seit Mitte der 60er Jahre in verschiedenen Disziplinen angewandt, mit unterschiedlichen grundlagentheoretischen Bezügen und mit unterschiedlichen Methoden sowohl der Datenerhebung als auch der Auswertung (vgl. Keller 1997; Keller u.a. 2001). Vor allem in der (Sozio-)Linguistik, den Literaturwissenschaften und der Philosophie gibt es eine längere Tradition der Diskurstheorie und -analyse, aber auch in den Geschichts- und Politikwissenschaften sowie in der Psychologie, während erst in den 90er Jahren das Interesse daran auch in der Soziologie wuchs. Die grundlagentheoretischen Bezüge finden sich sowohl in (sozio-)linguistischen und ethnomethodologisch-konversationsanalytischen Kontexten als auch in den Ansätzen des Poststrukturalismus und der neueren Sprachphilosophie im Frankreich der 60er Jahre, im amerikanischen Pragmatismus, in der phänomenologischen Wissenssoziologie und nicht zuletzt in der Diskursethik von Jürgen Habermas[7]. Analysieren die einen vornehmlich publizierte Texte, so erheben andere Diskursanalytiker ihr Datenmaterial auch durch qualitative Interviews. Die Auswertungsmethoden umfassen quantitative und qualitative Forschungsmethoden. Innerhalb der qualitativen Sozialforschung reichen sie von sprachanalytischen Verfahren (Jäger 2001) über

---

7 Um Missverständnissen vorzubeugen, muss bemerkt werden, dass Habermas unter Diskurs etwas anderes versteht als den Begriffsgebrauch, auf den wir uns hier beziehen werden. Für Habermas ist „Diskurs" die Bezeichnung für argumentative Auseinandersetzungen, Diskussionsprozesse, die bestimmten Verfahrensprinzipien folgen und folgen sollten. Um eine Vermittlung des Diskursverständnisses der 'critical discourse analysis' mit der Diskursethik von Habermas bemüht sich etwa Ruth Wodak (1996).

Kodierverfahren entsprechend der Grounded Theory (Diaz-Bone 2002; Keller 2004) bis hin zu Analysen narrativer Strukturen (Viehöver 2003) und stärker sequenziell und rekonstruktiv vorgehenden Analysen (Keller 2004: 104-106; Völter 2003: 64-74). Insofern wird unter dem Begriff der „Diskursanalyse" keine einzelne spezifische Methode, sondern eher eine „Forschungsperspektive" verstanden (Keller 2004: 8).

Auf die unterschiedlichen Diskurstheorien und vor allem auf die unterschiedlichen Methoden können wir an dieser Stelle nicht detaillierter eingehen (vgl. dazu die Einführungen von Keller u.a. 2001; 2003; Keller 2004). Um den möglichen Ertrag einer Diskursanalyse zu verdeutlichen, möchten wir hier nur einige zentrale Aspekte der von Michel Foucault inspirierten Diskurstheorie und -analyse vorstellen sowie auf Möglichkeiten der Umsetzung der Prinzipien interpretativer Verfahren (vgl. Kap. 2) in diesem Bereich hinweisen.

Foucaults Diskurstheorie ist vielschichtig und inzwischen auch vielfach im Detail kritisiert und weiterentwickelt worden. Die nachhaltigsten Beiträge zur diskurstheoretischen Debatte bleiben jedoch seine Schriften ,Archäologie des Wissens' (1969) und ,Die Ordnung des Diskurses' (1972) sowie seine genealogischen Studien, wie etwa ,Wahnsinn und Gesellschaft' (1961), ,Überwachen und Strafen' (1975) oder ,Sexualität und Wahrheit' (1976), und deren zentrales Anliegen, die mit diskursiven Formationen verbundenen Machtwirkungen aufzudecken.

Diskurse sind nach Foucault Instrumente der Produktion oder Konstruktion gesellschaftlicher Wirklichkeit und gesellschaftlichen Wissens. Anders formuliert: Sowohl in die (geschriebene oder gesprochene) Sprache als auch in andere Symbolformen gesellschaftlicher Praktiken (wie Bilder, Architekturen, Archive etc.) sind (implizite) Wissensordnungen eingelassen, die in keiner Weise selbstverständlich sind. Foucault rekonstruiert in seinen Studien, wie ,Sexualität und Wahrheit' oder ,Die Geburt der Klinik', z.B. den Sexualitäts-Diskurs oder den medizinischen Diskurs und zeigt, dass diese sowohl kontingent als auch epistemologisch und politisch fragwürdig sind. Er will darauf aufmerksam machen, dass nicht allein umfassende Theorien oder Weltanschauungen ein Politikum mit weitreichenden Folgen für das Handeln sind, sondern vor allem die (alltägliche) *Art und Weise* der Rede oder der Darstellung von etwas. Als institutionalisiertes Wissen, das in Texten oder Visualisierungen, also beispielsweise in Zeitungsartikeln, Schulbüchern, Filmen, Parteidokumenten, biographischen Erzählungen, Denkmälern, Symboliken sowie in Interpretationen von Zeichen, in Schlussfolgerungen, Statistiken, Fragebögen zu „objektiver Faktizität" (Berger/Luckmann 1969: 20) geronnen ist, haben Diskurse eine materielle Existenz und wirken gesellschaftsgestaltend.

Foucault plädiert deshalb dafür, dass man Diskurse nicht nur als „Gesamtheiten von Zeichen (von bedeutungstragenden Elementen, die auf Inhalte

oder Repräsentationen verweisen)" anzusehen hat, „sondern als Praktiken" ...,
die systematisch die Gegenstände bilden, von denen sie sprechen" (Foucault 1969/1988: 74). Jede bestimmte Art und Weise die Welt zu „diskursivieren" hat zur Folge, dass gewisse Subjekte zum Sprechen ermächtigt und andere dabei ausgeschlossen werden. Diskursen wohnen Regeln darüber inne, was und in welchem Kontext wie formuliert oder nicht formuliert werden darf. Sie legen die Grenzen zwischen wahr und falsch fest. So wirkte z.b. der antifaschistische Diskurs in der DDR insofern staatslegitimierend, als er eine ‚natürliche' und ‚logische' Kontinuität von der antifaschistischen Widerstandsbewegung der Nazi-Zeit bis hin zur DDR beschrieb und sich dabei in erster Linie auf den kommunistischen Widerstand bzw. die Arbeiterbewegung bezog; andere Widerstandsgruppen wurden in diesem Diskurs ignoriert oder gar verunglimpft. Schon allein durch dessen Symboliken sowie dessen Denk- und Sprachweise wurden deren Vertreter als Sprecher ausgeschaltet; deren Perspektive auf die NS-Vergangenheit und die aktuelle Nachkriegspolitik der SED erschien als ‚falsch'. Die kommunistischen Widerstandskämpfer und ihre Erben wurden hingegen zu den ‚wahren Antifaschisten' stilisiert. Sie wurden legitimiert, ihre Geschichten zu erzählen oder andere DDR-Bürger politisch zu unterweisen, zumindest so lange, wie sie die politischen Wendungen der offiziellen DDR-Geschichtsschreibung (bis in ihre Biographien hinein) mitvollzogen (Völter 2003: 57-85).

Bei Diskursanalysen im Anschluss an Foucault geht es also ganz wesentlich darum, institutionalisierte Darstellungsweisen unter dem Aspekt der Macht zu betrachten, d.h. sichtbar zu machen, dass bzw. inwiefern Diskurse sowohl über ihre Subjekte als auch über ihre Adressaten Macht ausüben. Wobei unter Macht nicht vorwiegend ein repressiver Zwang verstanden wird, sondern eine produktive Macht, im Sinne einer Definitionsmacht bzw. Wirklichkeit konstituierenden Macht, die Wissen hervorbringt, ein Selbst-/ Subjekt- bzw. Weltverständnis und ein entsprechendes Handeln schafft. Diese Definitionsmacht kann natürlich in besonderen Fällen von politischen Repressionen begleitet sein, als Diskurs wirkt sie jedoch allein durch das Wort bzw. die Darstellung.

Foucaults Machtbegriff sowie weitere (post-)marxistische Hegemonietheorien, wie die von Louis Althusser, Ernesto Laclau und Chantal Mouffe, haben einen starken Einfluss auf die Entwicklung von Diskursanalysen mit sozial- bzw. ideologiekritischem Anspruch. So ist etwa das Ziel der „Kritischen Diskursanalyse", wie sie u.a. von Ruth Wodak und Norman Fairclough als Ansatz einer soziolinguistischen Diskursforschung vertreten wird[8], vor allem die Entlarvung von Praktiken der Diskurskontrolle bzw.

---

8 Eigenständige Ansätze von 'Kritischer Diskursanalyse' wurden in Deutschland von Jürgen Link und Ursula Link-Heer (1990) sowie von Siegfried und Margret Jäger (siehe zitierte Literatur im Text) entwickelt.

der Machtausübung: "The aim of Critical Discourse Analysis is to unmask ideologically permeated and often obscured structures of power, political control, and dominance, as well as strategies of discriminatory inclusion and exclusion in language use" (Wodak u.a. 1999: 8). Wie Foucault betrachten Fairclough und Wodak geschriebene oder gesprochene Diskurse als Formen sozialer Praxis und folgern daraus: "Describing discourse as social practice implies a dialectical relationship between a particular discursive event and the situation(s), institution(s) and social structure(s) which frame it. A dialectical relationship is a two-way relationship: the discursive event is shaped by situations, institutions and social structures, but it also shapes them (Fairclough/Wodak 1997; 258).

Diskurse sind zwar nicht an einzelne Subjekte gebunden, sondern entwickeln sich beispielsweise in Institutionen oder in politischen, wirtschaftlichen, kulturellen Praktiken bzw. Repräsentationen. Gleichwohl können sie bis in einzelne Lebens- und Handlungsgeschichten hinein Wirkungsmacht entfalten.[9] Sie sind häufig aber auch nicht allein *einer* Institution, *einer* wissenschaftlichen Disziplin etc. eingeschrieben, sondern können gleichsam quer zu deren Grenzen an vielen gesellschaftlichen Orten sichtbar gemacht werden. Diskurse können gesamtgesellschaftlicher, alltagskultureller Art sein, wie z.B der Einwanderungsdiskurs oder der Abtreibungsdiskurs. Sie lassen sich aber auch als „Spezialdiskurse" in spezifischen Feldern der Gesellschaft rekonstruieren, wie zum Beispiel in den Wissenschaften als „spezifische, gesellschaftlich ausdifferenzierte Formen der Wissensproduktion" (Keller 1997: 312), wie z.B. der Humangenetik-Diskurs oder der juristische Diskurs.

Diskurse sind u.E. als kommunikative Prozesse zu sehen. Sie können sich plötzlich formieren und dabei neue Bezugsobjekte hervorbringen, sie können aber auch rapide zerfallen. Sie lassen sich also in ihrem Prozess der Entstehung, Entwicklung und des Zerfalls beschreiben. Insofern ist ‚Diskurs' als ein prozessorientiertes theoretisches Konzept zu verstehen, das sich zur Verknüpfung mit anderen prozessorientierten Forschungskonzepten eignet (vgl. Völter 2003: 32-41).

Wie wir bereits andeuteten, können Diskursanalysen mit ganz unterschiedlichen Methoden durchgeführt werden. Abhängig von der Fragestellung und/oder dem zu analysierenden Material bieten sich Verfahren von der quantitativen und qualitativen Inhaltsanalyse, bis hin zu feinanalytischen Auswertungen ausgewählter Texte an. Wie Keller (2001:136) verdeutlicht, ist der Umfang des empirischen Materials abhängig von der Fragestellung. Einzelne Texte oder Textteile sind dabei nur als Fragmente von Diskursen (vgl. Jäger 1999) zu verstehen und „es wird – im Unterschied etwa zu den Grundannahmen der Objektiven Hermeneutik – nicht davon ausgegangen,

---

9 Zur Verbindung von Biographie- und Diskursanalyse vgl. Schäfer/Völter 2005.

dass in einem solchen Dokument nur ein einziger Diskurs, und dieser noch dazu vollständig repräsentiert ist" (Keller 2001: 136).

Ein zentrales Problem dabei ist die Zusammenstellung des zu untersuchenden Materials, die bereits einen wesentlichen Schritt im Analyseverfahren darstellt. Das Erstellen eines Materialkorpus kann sich am Vorgehen der theoretischen Stichprobe in der Grounded Theory orientieren (vgl. Keller 2004: 86). Dazu bedarf es der – zunächst groben und potenziell veränderbaren – Bestimmung eines „Diskursstrangs" (Jäger 2001), also eines diskursivierten Themas, sowie des Ortes, in Bezug auf welchen der Diskurs untersucht werden soll (z.B. bestimmte Printmedien oder ein Ausschnitt der Werbung, eine Comicserie, Bundestagsdebatten, Interviews etc.). Die Diskursfragmente werden zunächst nach dem Zufallsprinzip oder nach solchen dem Material äußerlichen Kriterien wie Erscheinungsort bzw. -datum eines Textes, zusammengestellt. Auf der Basis der Ergebnisse der Textanalysen werden dann weitere Diskursfragmente in zunehmendem Maße auf der Basis von empirisch gesättigten theoretischen Argumenten ausgewählt. Es gilt, ein möglichst facettenreiches Sample zu bilden, d.h. ein Sample, in dem sowohl minimale als auch maximale Kontrastierungen möglich sind.

Rekonstruktive Diskursanalyse. Eine rekonstruktiven Diskursanalyse, wie wir sie im Folgenden nur skizzieren können, orientiert sich an den Prinzipien der Offenheit, der Rekonstruktion sowie der Sequenzialität (vgl. Kap. 2). Dies bedeutet u.a., dass die Struktur eines Diskurses sowie dessen zentrale Stichworte bzw. Darstellungsmuster nicht ex ante, sondern erst im Verlauf der rekonstruktiven Analyse der Daten erschlossen werden können.

Sequenzierung und sequenzielle Analyse des gesamten Diskursfragments. Wir schlagen vor, die entsprechend den Kriterien eines theoretischen Samplings (vgl. Kap. 3.1) ausgewählten Diskursfragmente – seien es Textreihen (wie etwa eine Artikelserie oder eine Werbekampagne), Textteile oder nur wenige Sätze – zunächst sequenziell in ihrer Gesamtgestalt auszuwerten. Damit soll die Bedeutung spezifischer Begrifflichkeiten, Deutungsmuster sowie (narrativer) Schlüsselstrukturen *im Kontext* ermittelt werden. Zur Vorbereitung der Analyse wird das Material – sofern es sich um Texte handelt[10] – nach Inhalten, Textsortenwechsel, rhetorischem Stilmittelwechsel sowie z.B. bei Interviews ggf. auch nach Sprecherwechsel sequenziert. Um nicht unreflektiert der Logik der AutorInnen oder SetzerInnen zu folgen, orientiert sich die Sequenzierung nicht an den eventuell vorgegebenen Absätzen eines Textes.

Die nun folgende Analyse wird in Anlehnung an die Thematische Feldanalyse (vgl. Kap. 6.2.3) entlang der Sequenzierung des gesamten Dokumentes vorgenommen. Dabei wird das Dokument dekontextualisiert, d.h. es wird

---

10 Zur Segmentanalyse von Bildern vgl. Breckner 2003.

zunächst in der Analyse so behandelt, als seien Autor, Erscheinungsort, -zeit und Entstehungskontext nicht bekannt. Ziel dieses Analyseschrittes ist:

a) Vorhandene Argumentations- oder Deutungsmuster sowie narrative Strukturen und deren Bedeutung für den/die interessierenden Diskurs(e) in ihrer inneren Logik, in ihrer kontextuellen thematischen Einbettung sowie mit ihren (kopräsenten) Verweisen auf thematische Felder außerhalb des vorliegenden Dokumentes zu rekonstruieren,

b) die Menge, die Formen und die Themen der das Dokument kreuzenden und sich möglicherweise ineinander verschränkenden Diskurse[11] auszumachen und

c) die sprachlich-rhetorischen Mittel eines Diskursfragments (wie z.B. Metaphern, Redensarten, Komposition, Gliederungsschemata) zu orten und in ihrer Aufeinanderfolge, ihrer eventuellen Verdichtung sowie ihrer kontextuellen Einbettung zu entschlüsseln.[12]

Sequenzielle Feinanalysen. Diese sequenzielle Analyse des gesamten Diskursfragments kann an besonders komplexen oder unverständlichen Textstellen durch *sequenzielle Feinanalysen* ergänzt werden, die in Anlehnung an das Vorgehen in der Objektiven Hermeneutik (vgl. Kapitel 6.2.4) vorgenommen werden. Hierbei steht allerdings nicht die Idee eines Autors/einer Quelle und der ihm/ihr eigenen strukturellen Produktionslogik im Vordergrund, sondern vielmehr die Feinstruktur von sich verschränkenden Diskurssträngen bzw. Deutungsmustern sowie die Regeln und die sprachlichen Mittel ihrer Produktion.

Es empfiehlt sich, die Analyse von Bildern, die einen Text (etwa einen Zeitungsartikel) begleiten, entsprechend einer methodisch kontrollierten Triangulation[13] getrennt von der Analyse des Textes vorzunehmen und erst nach ihrem Abschluss mit dieser zu verbinden, um nicht vorschnell zu eindeutigen Lesarten verführt zu sein.

Zum Abschluss der Analyse wird das Diskursfragment wieder in seinen (Entstehungs- und Erscheinungs-)Kontext (Ort, Rolle sozialer Akteure, soziohistorischer Kontext) und in relevante gesellschaftliche Prozesse (politische, ökonomische, kulturelle Machtkonstellationen) sowie in die bisherigen Ergebnisse der Diskursanalyse eingebettet. Dabei können u.U. „diskursive Ereignisse" geortet oder dem Dokument zugeordnet werden, d.h. gesellschaftliche Ereignisse, die das Thema zum Thema werden ließen, die den Diskurs vorantrieben, ihn in mehrere Themen aufgliederten, die das

---

11 Margret Jäger (2001: 364-380) zeigt beispielsweise, wie es zur „Ethnisierung von Sexismus" kommt, wenn sich der Einwanderungsdiskurs mit dem Frauenrechtsdiskurs verschränkt.

12 Zum Beispiel in Anlehnung an die Vorschläge von Jäger (2001: 175-187) und Viehöver (2003).

13 Vgl. die Hinweise zur Triangulation von Köttig 2005.

vorliegende Dokument bekannt machten und zu seiner Verbreitung bzw. symbolischen Relevanz beitrugen etc.

Nach der rekonstruktiven Analyse eines Diskursfragments wird entsprechend den Regeln einer theoretischen Stichprobe auf der Basis der Ergebnisse bestimmt, welches weitere Dokument als möglicher Kontrastfall ausgewertet werden soll. In derlei minimalen und maximalen Vergleichen werden so nach und nach die Ergebnisse der einzelnen Diskursfragmentanalysen zu empirisch gesättigten theoretischen Aussagen über das gesamte Diskursfeld, seine Phänomene, Strukturen und seine Entstehungsgeschichte verdichtet: Die thematischen Verschränkungen einzelner Diskursstränge sowie die Gestalt und die Bedeutung einzelner diskursiver Ereignisse können bestimmt werden. Eine Diskursanalyse ist dann abgeschlossen, wenn sie Aussagen über die institutionell verfestigten Regeln der Diskursproduktion treffen sowie dessen Rezeption, seine Machtwirkungen und seine Folgen bestimmen kann.

Literatur

Alheit, P. (1993): Transitorische Bildungsprozesse: Das ‚biographische Paradigma' in der Weiterbildung. In: Mader, W. (Hrsg.): Weiterbildung und Gesellschaft. Grundlagen wissenschaftlicher und beruflicher Praxis in der Bundesrepublik Deutschland. 2. erw. Aufl. Bremen: Universität Bremen, 343–418

Alheit, P. (1994): Das narrative Interview. Eine Einführung (Reprint), (Voksenpaedagogisk Teoriudvikling. Arbeidstekster, nr. 11), Roskilde: Roskilde Universitetscenter

Alheit, P./Dausien, B. (1985): Arbeitsleben. Frankfurt a. M.: Campus

Ahlheit, P./Bast-Haider, K./Drauschke, P. (2004): Die zögernde Ankunft im Westen. Frankfurt a. M.: Campus

Amann, K./Hirschauer, St. (1977): Die Befremdung der eigenen Kultur. Ein Programm. In: Hirschauer, St./Amann, K. (Hrsg.): Die Befremdung der eigenen Kultur. Zur ethnographischen Herausforderung soziologischer Empirie. Frankfurt a. M.: Suhrkamp, 7–52

Anderson, N. (1923): The Hobo. The sociology of the Homeless Man. Chicago: University of Chicago Press

Apitzsch, U. (1999) (Hrsg.): Migration und Traditionsbildung. Opladen: Westdeutscher Verlag

Appelsmeyer, H. (1996): Stil und Typisierung in weiblichen Lebensentwürfen. Weinheim: Deutscher Studienverlag

Arbeitsgruppe Bielefelder Soziologen (1976): Kommunikative Sozialforschung. München: Fink

Atkinson, P./Coffey; A./Delamont, S./Lofland, L. (Eds.) (2001): Handbook of Ethnography. London: Sage

Aufenanger, S. (1991): Qualitative Analyse semi-struktureller Interviews – Ein Werkstattbericht. In: Graz, D./Kraimer, K. (Hrsg.): Qualitative-empirische Sozialforschung. Opladen: Westdeutscher Verlag, 35–61

Becker, D. (2000): Dealing with the Consequences of Organized Violence in Trauma Work. In: The Berghof Handbook for Conflict Transformation. Berghof Research Center for Constructive Conflict Management. Siehe: http://www.berghof-center.org/handbook/becker/index.htm

Becker, H. S. (1970): Sociological Work. Method & Substance. Chicago: Aldine

Benecker, H. (2002): „Liebe Erfahrungen..."- Erlebte und erzählte Lebensgeschichten von Migrantinnen in der Pflege. In: Schaeffer, D./Müller-Mundt, G. (Hrsg.): Qualitative Gesundheits- und Pflegeforschung. Bern: Hans Huber, 149–165

Berelson, B. (1952): Content analysis in communication research. Glencoe, Ill.: Free Press

Berger, P. L./Luckmann Th. (1969): Die gesellschaftliche Konstruktion der Wirklichkeit. Frankfurt a. M.: Fischer

Bergmann, J. R.(1976): Richtlinien und Symbole für die Anfertigung von Transkripten. Konstanz: unv. MS

Bergmann, J. R. (1985): Flüchtigkeit und methodische Fixierung sozialer Wirklichkeit. In: Soziale Welt, Sonderband 3, 299–320

Bergmann, J.R. (1988): Ethnomethodologie und Konversationsanalyse. Studienbrief der FernUniversität Hagen, FB Erziehungs-, Sozial- und Geisteswissen-
schaften, Kurseinheit 2

Bergmann, J.R. (1994): Ethnomethodologische Konversationsanalyse. In: Fritz, G./
Hundsnurscher, F. (Hrsg.): Handbuch der Dialoganalyse. Tübingen: Niemeyer,
3–16

Bergmann, J.R. (2000): Konversationsanalyse. In: Flick, U./Kardorff, E. v./Steinke,
I. (Hrsg.): Qualitative Sozialforschung. Reinbek bei Hamburg: Rowohlt, 524–
537

Bertraux, D. (1981) (Ed.): Biography and Society. Beverly Hills, CA: Sage

Blumer, H. (1939): An Appraisal of Thomas' and Znaniecki's The Polish Peasant in
Europe and America. With statements by William I. Thoma and Florian Znaniecki, a panel discussion, and summary and analysis by Red Bain. New York: Social Science Research Council

Böhm, A. (2000): Theoretisches Codieren: Textanalyse in der Grounded Theory.
In: Flick, U./Kardorff, E. v./Steinke, I. (Hrsg.): Qualitative Sozialforschung.
Reinbek bei Hamburg: rowohlt, 475–484

Bohnsack, R. (1997): Gruppendiskussionsverfahren und Milieuforschung. In: Friebertshäuser, B./Prengel, A. (Hrsg.), 492–502

Bohnsack, R. (1991/2003): Rekonstruktive Sozialforschung. Einführung in die Methodologie und Praxis qualitativer Forschung, Opladen: Leske & Budrich (neue
überarbeitete Auflage 2003)

Bogner, A./Menz, W. (2002): Das theoriegenerierende Experteninterview. Erkennt-
nisinteresse, Wissensformen, Interaktion. In: Bogner, A./Littig, B./Menz, W.
(Hrsg.): Das Experteninterview. Theorie, Methode, Anwendung. Opladen: Leske
& Budrich, 33–70

Bornat, J. (2004): Oral History. In: Seale, C./Gobo, G./Gubrium, J. F./Silverman, D.
(Eds.): Qualitative Research Practice. London: Sage, 34–47

Bowlby, J. (1980):Loss; Sadness and Depression. London: Hogarth Press

Breckner, R. (2003): Körper im Bild. Eine methodische Analyse am Beispiel einer
Fotografie von Helmut Newton. In: ZBBS. Zeitschrift für qualitative Bildungs-,
Beratungs- und Sozialforschung 1/2003, 33–60

Breckner, R. (2005): Migrationserfahrung – Fremdheit – Biographie. Leben in pola-
risierten Welten in Ost-West-Europa, Wiesbaden: Verlag für Sozialwissenschaften

Briggs, Ch. (1986): Learning how to ask. A sociolinguistic appraisal of the role of
the interview in social science research. Cambridge: Cambridge University Press

Brose, H.-G. (Hrsg.) (1986): Berufsbiographien im Wandel. Opladen: Westdeutscher Verlag.

Bruner, J. (1990): Acts of Meaning. Cambridge: Harvard University Press

Bude, H. (1987): Deutsche Karrieren. Lebenskonstruktionen sozialer Aufsteiger der
Flakhelfer-Generation. Frankfurt a. M.: Suhrkamp

Bude, H. (1988): Auflösung des Sozialen? Die Verflüssigung des soziologischen
„Gegenstands" im Fortgang der sozialen Theorie. In: Soziale Welt, 39, 4–17.

Bude, H. (2003): Fallrekonstruktion. In: Bohnsack, R./Marotzki, W./Meuser, M.
(Hrsg.): Hauptbegriffe Qualitativer Sozialforschung. Opladen: Leske & Budrich,
60–61

Bühler, Ch. (1933): Der menschliche Lebenslauf als psychologisches Problem.
Leipzig: von S. Hirzel.

Bulmer, M. (1984): The Chicago School of Sociology. Chicago: University of Chicago Press

Cicourel, A. (1970): Methode und Messung in der Soziologie. Frankfurt a. M.: Suhrkamp

Corbin J. (2003): Grounded Theory. In: Bohnsack, R./Marotzki W./Meuser, M. (Hrsg.): Hauptbegriffe Qualitativer Sozialforschung. Opladen: Leske & Budrich, 70–75

Dausien, B. (1996): Biographie und Geschlecht. Zur biographischen Konstruktion sozialer Wirklichkeit in Frauenlebensgeschichten. Bremen: Donat

Dausien, B. (1999): „Geschlechtsspezifische Sozialisation" – Konstruktiv(istisch)e Ideen zu Karriere und Kritik eines Konzepts. In: dies./Herrmann, M./Oechsle, M.: Erkenntnisprojekt Geschlecht. Opladen: Leske & Budrich, 217–246

Diaz-Bone, R. (2002): Kulturwelt, Diskurs und Lebensstil. Opladen: Leske & Budrich

Döbert, R./Nunner-Winkler, G. (1983): Moralisches Urteilsniveau und Verlässlichkeit. Die Familie als Lernumwelt für kognitive und motivationale Aspekte des moralischen Bewusstseins in der Adoleszenz. In. Lind, G./Hartmann, H./Wekenhut, R. (Hrsg.): Moralisches Urteilen und soziale Umwelt. Weinheim und Basel: Beltz, 95–122

Doyle, A.C. (1889/1975): The Sign of the Four. New York: Ballantine Books

Durkheim, E. (1895/1970) Regeln der soziologischen Methode. Neuwied/Berlin: Luchterhand

Eckensberger, L. H./Reinshagen, H./Eckensberger, U.S, (1975): Kohlbergs Interview zum Moralischen Urteil. Auswertungsmanual – Form A. Arbeit der Fachrichtung Psychologie Nr. 35, Universität des Saarlandes, 1975

Erikson, E. H. (1966): Identität und Lebenszyklus. Frankfurt a. M.: Suhrkamp

Fairclough, N./Wodak, R. (1997): Critical Discourse Analysis. In: Van Dijk, T. (Hrsg.): Discourse as social interaction. Discourse studies, Bd. 2. London, 258–284

Fann, K. T. (1970) Peirce's Theory of Abduction. The Hague: Nijhoff.

Fischer, H. (1988): Feldforschung. In ders. (Hrsg.): Ethnologie. Einführung und Überblick. Frankfurt a. M.: Dietrich Reimer, 61–81

Fischer, W. (1978): Struktur und Funktion erzählter Lebensgeschichten. In: Kohli, M. (Hrsg.): Soziologie des Lebenslaufs. Darmstadt/Neuwied: Luchterhand, 311–336

Fischer, W. (1982): Time and Chronic Illness. A Study on the Social Constitution of Temporality. Berkeley (Eigenverlag) – zugleich: Habilitationsschrift. Universität Bielefeld, Fakultät für Soziologie, 1982

Fischer, W. (1986): Alltagszeit und Lebenszeit in Lebensgeschichten von chronisch Kranken. In: K. Hurrelmann (Hrsg.): Lebenslage, Lebensalter, Lebenszeit. Weinheim/Basel: Beltz, S. 157–171

Fischer-Rosenthal, W (1991a): Florian Znaniecki/William I. Thomas: The Polish Peasant in Europe and America. In: Flick U. u.a. (Hrsg), 115–118

Fischer-Rosenthal, W. (1991b): Biographische Methoden in der Soziologie. In: Flick, U. u.a. (Hrsg.), 253–256

Fischer-Rosenthal, W. (1996): Strukturale Analyse biographischer Texte. In: Brähler, E./Adler, C. (Hrsg.): Quantitative Einzelfallanalysen und qualitative Verfahren. Gießen: Psychosozial Verlag, 147–208

Fischer-Rosenthal, W. (1999): Biographie und Leiblichkeit. Zur biographischen Arbeit und Artikulation des Körpers. In: Alheit, P./Dausien, B./Fischer-Rosenthal, W./Hanses, A./Keil, A. (Hrsg.): Biographie und Leib. Giessen: Psychosozial, 15–43

Fischer, W./Kohli, M. (1987): Biographieforschung. In: Voges, W. (Hrsg.): Methoden der Biographie- und Lebenslaufforschung. Opladen: Leske & Budrich, 25–49

Fischer-Rosenthal, W./Rosenthal, G. (1997): Narrationsanalyse biographischer Selbstpräsentationen. In: Hitzler, R/Honer A. (Hrsg.): Sozialwissenschaftliche Hermeneutik. Opladen: Leske & Budrich, 133–164

Flick, U. (1995): Qualitative Forschung. Reinbek bei Hamburg: Rowohlt

Flick, U./Kardorff, E. v./Keupp, H./Rosenstiel, L. v./Wolff, St. (1991) (Hrsg.): Handbuch Qualitative Sozialforschung. München: Beltz

Flick, U./Kardorff, E. v./Steinke, I. (Hrsg.) (2000): Qualitative Sozialforschung. Reinbek bei Hamburg: Rowohlt

Foucault, M. (1961): Wahnsinn und Gesellschaft. Frankfurt a. M.: Suhrkamp

Foucault, M. (1969/1988): Archäologie des Wissens. 3. Aufl. Frankfurt a. M.: Suhrkamp

Foucault, M. (1972/1997): Die Ordnung der Diskurse. Frankfurt a. M.: Fischer

Foucault, M. (1975): Überwachen und Strafen. Frankfurt a. M.: Suhrkamp

Foucault, M. (1976): Sexualität und Wahrheit. Frankfurt a. M.: Suhrkamp

Friebertshäuser, B. (1997a): Interviewtechniken – Ein Überblick. In: dies./Prengel, A. (Hrsg.), 373–395

Friebertshäuser, B. (1997b): Feldforschung und teilnehmende Beobachtung. In: dies./Prengel. A. (Hrsg.), 503–534

Friebertshäuser, B./Prengel, A. (Hrsg.) (1997): Handbuch Qualitative Forschungsmethoden in der Erziehungswissenschaft. München: Juventa

Froschauer, U./Lueger, M. (2002): ExpertInnengespräche in der interpretativen Organisationsforschung. In: Bogner, A./Littig, B./Menz, W. (Hrsg.): Das Experteninterview. Theorie, Methode, Anwendung. Opladen: Leske & Budrich, 223–240

Fuchs, W. (1984): Biographische Forschung. Opladen: Westdeutscher Verlag

Fuchs-Heinritz, W. (1998): Soziologische Biographieforschung: Überblick und Verhältnis zur Allgemeinen Soziologie. In: Jüttemann, G./Thomae, H. (Hrsg.) (1998): Biographische Methoden in den Humanwissenschaften. Weinheim: Beltz, 3–23

Garfinkel, H. (1986): Ethnomethodological Studies of Work. London/New York

Geertz, Clifford (1983): Dichte Beschreibung. Beiträge zum Verstehen kultureller Systeme. Frankfurt a. M.: Suhrkamp

George, A.L. (1959): Quantitative and qualitative approaches in content analysis. In: Pool, I. de Sola (Hrsg.): Trends in content analysis. Urbanda, III, 7–32

Glaser, B. G. (1992): Basics of Grounded Theory Analysis: Emergence vs. Forcing. Mill Valley, CA.: Sociology press

Glaser, B.G./Strauss, A.L. (1967): The Discovery of Grounded Theory. Chicago: Aldine

Glaser, B.G./Strauss, A.L. (1979): Die Entdeckung gegenstandsbezogener Theorie: eine Grundstrategie qualitativer Sozialforschung. In: Hopf, C./Weingarten, E. (Hrsg.), 91–114

Goffman, E. (1975): Stigma. Frankfurt a. M.: Suhrkamp

Goffman, E. (1977): Rahmen-Analyse. Frankfurt a. M.: Suhrkamp

Goffman, E. (1996): Über Feldforschung. In: Knoblauch, H. (Hrsg.): Kommunikative Lebenswelten. Konstanz: Univ.-Verlag, 261–269

Gordon, Th. (1977): Lehrer-Schüler-Konferenz. Hamburg: Hoffmann und Campe

Gurwitsch, A. (1959): Beitrag zur phänomenologischen Theorie der Wahrnehmung. In: Zeitschrift für Philosophische Forschung, 13, 419–437

Gurwitsch, A. (1964): The Field of Consciousness. Pittsburgh: Duquesne University Press

Gurwitsch, A. (1974): Das Bewusstseinsfeld. Berlin/New York: De Gruyter

Hamburger Institut für Sozialforschung (Hrsg.) (1998): Besucher einer Ausstellung. Hamburg: Hamburger Edition

Hammersley, M./Atkinson, P. (1983): Ethnography. Principles in Practice. London: Tavistock

Hanses, A. (1996): Epilepsie als biographische Konstruktion. Eine Analyse von Erkrankungs- und Gesundungsprozessen anfallserkrankter Menschen anhand erzählter Lebensgeschichten. Bremen: Donat.

Hauck, G. (1991): Soziologie als positive Wissenschaft. In: Kerber, H./Schmieder, A. (Hrsg.): Soziologie. Reinbek bei Hamburg: rororo, S. 444–472

Heinemeier, S. u.a. (1981): Arbeitslosigkeit und Biographie-Konstruktion: Bericht über ein laufendes Forschungsprojekt. In: Matthes, J. u.a. (Hrsg.), 169–189

Herkner, W. (1974): Inhaltsanalyse. In: Koolwijk, J. van/Wieken-Mayer, M. (Hrsg.): Techniken der empirischen Sozialforschung, Bd. 3, München/Wien 1974, 158–191

Hermanns, H./Tkocz, C./Winkler, H. (1984): Berufsverlauf von Ingenieuren. Biographieanalytische Auswertungen narrativer Interviews. Frankfurt a. M.: Campus

Hermanns, H. (1991): Narratives Interview. In: Flick, U. u.a., 182–185

Hermanns, H. (1992): Die Auswertung narrativer Interviews. Ein Beispiel für qualitative Verfahren. In: Hoffmeyer-Zlotnik, J.H.P. (Hrsg.): Analyse verbaler Daten. Über den Umgang mit qualitativen Daten. Opladen: Westdeutscher Verlag: 110–141

Hettlage, R. (1991): Rahmenanalyse – oder die innere Organisation unseres Wissens um die Ordnung der Wirklichkeit. In: Hettlage, R./Lenz, K. (Hrsg.): Erving Goffman – ein soziologischer Klassiker der zweiten Generation. München: Fink, 95–156

Hildenbrand, B. (1983): Alltag und Krankheit – Ethnographie einer Familie. Stuttgart: Klett-Cotta

Hildenbrand, B. (1991): Fallrekonstruktive Forschung. In: Flick, U. u.a. 256–259

Hildenbrand, B. (1994): Methodik der Einzelfallstudie. Theoretische Grundlagen, Erhebungen und Analyseverfahren, vorgeführt an Fallbeispielen. Studienbrief der Fernuniversität Hagen (2. überarbeitete Auflage): Hagen

Hildenbrand, B. (1999a): Fallrekonstruktive Familienforschung. Opladen: Leske & Budrich

Hildenbrand, B. (1999b): Was ist für wen der Fall?: Problemlagen bei der Weitergabe von Ergebnissen von Fallstudien an die Untersuchten und mögliche Lösungen. In: Psychotherapie und Sozialwissenschaft (1)4, 265–280

Hirschauer, S. (2001): Ethnographisches Schreiben und die Schweigsamkeit des Sozialen. In: Zeitschrift für Soziologie, 30 (6), 249–541

Hirschauer, S./Amann, K. (Hrsg.) (1997): Die Befremdung der eigenen Kultur. Zur ethnographischen Herausforderung soziologischer Empirie. Frankfurt a. M.: Suhrkamp

Hitzler, R./Honer, A. (1988): Der lebensweltliche Forschungsansatz. In: Neue Praxis, 6/88, 496–501

Hitzler, R./Honer, A. (1992): Hermeneutik als kultursoziologische Alternative. In: Kultursoziologie 2/92: 15–23; 3/92: 99–103

Hitzler, R./Honer, A. /Maeder, Chr. (Hrsg.1994): Expertenwissen. Die institutionalisierte Kompetenz zur Konstruktion von Wirklichkeit. Opladen: Westdeutscher Verlag

Hitzler, R./Honer, A. (1997) (Hrsg.): Sozialwissenschaftliche Hermeneutik. Opladen: Leske & Budrich 1997

Hitzler, R./Honer, A. (1997): Einleitung: Hermeneutik in der deutschsprachigen Soziologie heute. In: dies. (Hrsg.), 7–30

Hoffmann-Riem, Ch. (1980): Die Sozialforschung einer interpretativen Soziologie. In: KZfSS, 32 (2), 339–371

Holstein, J.A./Gubrium, J. (1995): The Active Interview. Thousand Oaks: Sage

Holstein, J. A./Gubrium, J. F. (2000): The self we live by. Narrative identity in a postmodern world. New York/Oxford: Oxford University Press

Honer, A. (1985): Beschreibung einer Lebens-Welt. In: Zeitschrift für Soziologie, 2, 131–139

Honer, A. (1989): Einige Probleme lebensweltlicher Ethnographie. In: Zeitschrift für Soziologie, 18, 297–312

Honer, A. (1991): Die Perspektive eines Heimwerkers. In: Graz, D./Kraimer, K. (Hrsg.) Qualitativ-empirische Sozialforschung. Opladen: Wesdeutscher Verlag, 319–341

Honer, A. (1994): Einige Probleme lebensweltlicher Ethnographie. In. Schröer, N. (Hrsg.): Interpretative Sozialforschung. Opladen: Westdeutscher Verlag, 85–106 ·

Hopf, Ch. (1978): Die Pseudo-Exploration – Überlegungen zur Technik qualitativer Interviews in der Sozialforschung. In: Zeitschrift für Soziologie, 7 (2), 97–115

Hopf, Ch. (1979): Einleitung. In: dies./Weingarten, E. (Hrsg.), 11–34

Hopf, Ch. (2000a): Qualitative Interviews – Ein Überblick. In: Flick, U. u.a. (Hrsg.), 349–360

Hopf, Ch. (2000b): Forschungsethik und qualitative Forschung. In: Flick, U. u.a. 589–600

Hopf, Ch. (2001): Gewalt, Biographie, Medien. Qualitative Analysen zur subjektiven Bedeutung filmischer Gewaltdarstellungen. In: Zeitschrift für Soziologie der Erziehung und Sozialisation (ZSE), 21, 2, 150–169

Hopf, Ch./Weingarten, E. (Hrsg.) (1979): Qualitative Sozialforschung. Stuttgart: Klett-Cotta

Hopf, Ch./Rieker, P./Sanden-Marcus, M./Schmidt, Chr. (1995): Familie und Rechtsextremismus. Weinheim/München: Juventa

Huber, A. (2001): Berufserfolg als individuelles Projekt. Berlin: Dr. Köster

Hurrelmann, K. (1998): Einführung in die Sozialisationstheorie. Weinheim: Beltz

Hurrelmann, K. (2000): Gesundheitssoziologie. Eine Einführung in sozialwissenschaftliche Theorien von Krankheitsprävention und Gesundheitsförderung. Weinheim/München: Juventa

Husserl, E. (1976): Ideen zu einer reinen Phänomenologie und Phänomenologischen Philosophie. Erstes Buch (Gesammelte Werke III, 1), Hrsg. von Karl Schuhmann. Den Haag: Nijhoff

Inowlocki, L. (2000): Sich in die Geschichte hineinreden. Biographische Fallanalysen rechtsextremer Gruppenzugehörigkeit; Frankfurt a. M.: Cooperative-Verlag

Jäger, M. (2001): Fatale Effekte. Die Kritik am Patriarchat im Einwanderungsdiskurs. Analyse einer Diskursverschränkung. In: Jäger, S., 364–380

Jäger, S. (2001): Kritische Diskursanalyse. Eine Einführung, 3. Auflage. Duisburg: DISS

Jahoda, M./Zeisel, H. (1932): Die Arbeitslosen von Marienthal. Leipzig

James, W. (1994): Was ist Pragmatismus? Weinheim: Beltz Athenäum

Joas, H. (1980): Praktische Intersubjektivität. Die Entwicklung des Werkes von G.H. Mead. Frankfurt a. M.: Suhrkamp

Josselson, R./Lieblich A. (Eds.) (1993–1999): The narrative study of lives. Sage: Thousand Oaks, Vol. 1–6

Jüttemann, G./Thomae, H. (Hrsg.) (1987): Biographie und Psychologie. Berlin/Heidelberg/New York: Springer

Jüttemann, G./Thomae, H. (Hrsg.) (1998): Biographische Methoden in den Humanwissenschaften. Weinheim: Beltz

Jüttemann, G. (1998): Genetische Psychologie und Komparative Kasuistik. In: Jüttemann, G./Thomae, H. (Hrsg.), S. 111–131

Kallmeyer, W./Schütze, F. (1977): Zur Konstitution von Kommunikationsschemata, in: Wegner, D. (Ed.): Gesprächsanalyse, Hamburg: Buske, 159–274

Kelle, U. (1994): Empirische begründete Theoriebildung. Zur Logik und Methodologie interpretativer Sozialforschung. Weinheim: Deutscher Studienverlag

Keller, R. (1997): Diskursanalyse. In: Hitzler, R./Honer, A. (Hrsg.): Sozialwissenschaftliche Hermeneutik. Opladen: Leske & Budrich, 309–333

Keller, R. (2001):Wissenssoziologische Diskursanalyse. In: Keller, R. u.a. (Hrsg.), 113–144

Keller, R. (2004): Diskursforschung. Eine Einführung für SozialwissenschaftlerInnen. Opladen: Leske & Budrich

Keller, R./Hirseland, A./Schneider, W., Viehöver, W. (2001): Zur Aktualität sozialwissenschaftlicher Diskursanalyse – Eine Einführung. In: dies. (Hrsg.), 7–27

Keller, R./Hirseland, A. /Schneider, W./Viehöver, W. (Hrsg.) (2001): Handbuch Sozialwissenschaftliche Diskursanalyse, Band 1: Theorien und Methoden. Opladen: Leske & Budrich

Keller, R./Hirseland, A./Schneider, W./Viehöver, W. (Hrsg.) (2003): Handbuch Sozialwissenschaftliche Diskursanalyse, Band 2: Forschungspraxis. Opladen: Leske & Budrich

Keppler, A. (1994): Tischgespräche. Über Formen kommunikativer Vergemeinschaftung am Beispiel der Konversation in Familien. Frankfurt a. M.: Suhrkamp

Kleining, G. (2001): Offenheit als Kennzeichen entdeckender Forschung. In: Kontrapunkt. Bd.1 Methodologie qualitativer Sozialforschung. Münster, 27–36

Knoblauch, H. (2001): Fokussierte Ethnographie. In: Sozialer Sinn, 1, 123–141

Köckeis-Stangl, E. (1980): Methoden der Sozialisationsforschung. In: Hurrelmann, K./Ulich, D. (Hrsg.): Handbuch der Sozialisationsforschung. Weinheim: Juventa, 322–369

Köttig, M. (2004): Lebensgeschichte rechtsextrem orientierter Mädchen und junger Frauen. Biographische Verläufe im Kontext der Familien- und Gruppendynamik. Giessen: Psychosozial Verlag

Köttig, M. (2005): Triangulation von Fallrekonstruktionen: Biographie- und Interaktionsanalysen. In: Völter, B., u. a. (Hrsg.), 65–83

Koffka, K. (1935/1963): Principles of Gestalt Psychology. New York: Harbinger

Kohlberg, L. (1976): Moral stage scoring manual. Part I. Introduction to interviewing and scoring. Center for Moral Education. Harvard, Cambridge Mass

Kohli, M. (Hrsg.) (1978): Soziologie des Lebenslaufs. Darmstadt/Neuwied: Luchterhand

Kohli, M. (1985): Die Institutionalisierung des Lebenslaufs. Historische Befunde und theoretische Argumente. In: Kölner Zeitschrift für Soziologie und Sozialpsychologie 37, 1–29

Kohli, M./Robert, G. (Hrsg.) (1984): Biographie und soziale Wirklichkeit. Stuttgart: Metzler

Kon, I. S. (1991) Universale und gesellschaftsspezifische Determinanten der Lebensphase Jugend in der Sowjetunion. In: Melzer, W./Heitmeyer, W./Liegle, L./Zinnecker, J. (Ed.): Osteuropäische Jugend im Wandel. Weinheim: Juventa, 28–35

Kracauer, S. (1942): Propaganda and the Nazi War Film. New York: Museum of Modern Art Film Library

Kracauer, S. (1947): From Caligari to Hitler. A Psychological History of the German Film. New York: Princeton University Press

Kracauer, S. (1952): The challenge of qualitative content analysis. In: Public Opinion Quarterly, 16, 631–642

Kris, E./Speier, H. (1944): German Radio Propaganda. London/New York: Oxford University Press

Krüger, H. H./Marotzki, W. (Hrsg.) (1999): Handbuch Biographieforschung. Opladen: Leske & Budrich

Labov, W./Waletzky (1973): Erzählanalyse: Mündliche Versionen persönlicher Erfahrung. In: Ihwe, J.: Literaturwissenschaft und Linguistik. Bd. 2, Frankfurt a. Main: Athenäum Fischer, 78–126

Lamnek, S. (1988/1995): Qualitative Sozialforschung. Bd. 1, München: Psychologie Verlag-Union

Lamnek, S. (1989/1995): Qualitative Sozialforschung. Bd. 2, München: Psychologie Verlag-Union

Lasswell, H. D. (1927): Propaganda Technique in the World War. London: Kegan Paul

Lasswell, H. D./Leites N. and Associates (1949): Languages of Politics. Studies in Quantitative Semantics. Cambridge, Mass.: M.I.T. Press

Lewin, K. (1930/31): Der Übergang von der aristotelischen zur galileischen Denkweise in Biologie und Psychologie. In: Erkenntnis, Bd. 1, 421–466

Lewin, K. (1927/1967): Gesetz und Experiment in der Psychologie. Darmstadt: Wissenschaftliche Buchgesellschaft

Lindner, R. (1990): Die Entdeckung der Stadtkultur. Soziologie aus der Erfahrung der Reportage. Frankfurt a. M.: Suhrkamp

Lindner, R. (2000): Robert E. Park (1864–1944). In: Kaesler, D. (Hrsg.): Klassiker der Soziologie. Bd. 1, 213–229

Link, J. (1983): Was ist und was bringt Diskurstaktik. In: kultuRRevolution 2, 60–66

Link, J. (1986): Noch einmal: Diskurs. Interdiskurs. Macht. In: kultuRRevolution 11, 4–7

Link, J./Link-Heer, U. (1990): Diskurs/Interdiskurs und Literaturanalyse. In: Zeitschrift für Linguistik und Literaturwissenschaft (LiLi) 77, 88–99

Lisch, R./Kriz, J. (1978): Grundlagen und Modelle der Inhaltsanalyse. Reinbek bei Hamburg: rororo

Lisch, R. (1978): Geschichte der Inhaltsanalyse. In: ders./Kriz, J., 15–28

Litvak-Hirsch, T./Bar-On, D./Chaitin, J. (2003): Whose House is This? Dilemmas of Identity construction in the Israeli-Paestinian Context. In: Peace and Conflict: Journal of Peace Psychology, 9 (2), 127–148

Loch, U. (2004): Sexualisierte Gewalt und Nationalsozialismus. Biographien von Töchtern aus nationalsozialistischen Täter- und Mitläuferfamilien. Universität Kassel, Fachbereich: Sozialwesen, unv. Dissertation.

Loch, U./Schulze, H. (2002): Biografische Fallrekonstruktionen im handlungstheoretischen Kontext der Sozialen Arbeit. In: Thole, W. (Hrsg.): Grundriss Soziale Arbeit. Ein einführendes Handbuch. Opladen: Leske & Budrich, 559–576

Löwenthal, L. (1944): Biographies in Popular Magazines. In: Lazarsfeld, P./Stanton, F. (Hrsg.): Radio Research, 1942–1943, New York: Duel, Sloan and Pearce, 507–548 (dt. in: Literatur und Gesellschaft. Das Buch in der Massenkultur, 1964, 196–238)

Lüders, Ch. (1994): Rahmenanalyse und der Umgang mit Wissen. Ein Versuch, das Konzept der Rahmenanalyse E. Goffmans für die sozialwissenschaftliche Textanalyse nutzbar zu machen. In: Schroer, N. (Hrsg.): Interpretative Sozialforschung. Opladen: Westdeutscher Verlag, 107–129

Lüders, Ch. (1995): Von der teilnehmenden Beobachtung zur ethnographischen Beschreibung. In: König, E./Zedler, P. (Hrsg.): Bilanz qualitativer Forschung. Band II: Methoden, Weinheim: Deutscher Studienverlag, 311–342

Lüders, Ch. (2000): Beobachten im Feld und Ethnographie. In: Flick, U. u.a., 384–401

Lutz, H. (2000): Biographisches Kapital als Ressource der Bewältigung von Migrationsprozessen. In: Gogolin, I./Nauck, B (Hrsg.): Migration, gesellschaftliche Differenzierung und Bildung. Opladen: Leske und Budrich, 179–210

McAdams, D. (1993): The stories we live by: Personal myths and the making of the self. London: The Gulford Press

McCall, G./Simmons, J.L. (Eds.) (1969): Issues in participant observation. Menlo Park: Addison-Wesley

McGoldrick, M./Gerson, R. (1995): Genogramme in der Familienberatung. Bern: Huber

Malinowski, B. (1973): Magie, Wissenschaft und Religion und andere Schriften. Frankfurt a. M.: Suhrkamp

Mangold, W. (1960): Gegenstand und Methode des Gruppendiskussionsverfahrens. Frankfurt a. M.: Europäische Verlagsanstalt

Mannheim, K. (1928): Das Problem der Generationen. In: Kölner Vierteljahreshefte für Soziologie, 7 (2), 157–185; (3) 309–330

Matthes, J./Pfeifenberger, A./Stosberg, M. (1981) (Hrsg.): Biographie in handlungswissenschaftlicher Perspektive. Nürnberg: Sozialwissenschaftliches Forschungszentrum

Mayring, Ph. (1983): Qualitative Inhaltsanalyse. Weinheim: Beltz

Mayring, Ph. (1996): Einführung in die qualitative Sozialforschung. Weinheim: Beltz

Mayring, Ph. (2000): Qualitative Inhaltsanalyse. In: Flick, U. u.a. (Hrsg), 468–475

Mayring, Ph,/König, J./Birk, N. (1996): Computerunterstützte Qualitative Inhalts-analyse von Berufsbiographien arbeitsloser LehrerInnen in den Neuen Bundes-länder. In: Bos, W./Tarnai, Ch. (Hrsg.): Computergestützte Inhaltsanalyse in der Empirischen Pädagogik, Psychologie und Soziologie. Münster: Waxmann, 105–120

Mead, G. H. (1968): Geist, Identität und Gesellschaft. Frankfurt a. M.: Campus

Meltzer, B. N./Petras, J. W./Reynolds, L. (1975): Symbolic Interactionism. London: Routledge

Merkens, H. (2000): Auswahlverfahren, Sampling, Fallkonstruktion. In: Flick, U./Kardoff, von E./Steinke, I. (Hrsg.): Qualitative Forschung. Reinbek bei Ham-burg: Rowohlt, 286–29

Merton, R.K./Kendall P.L. (1979): Das fokussierte Interview. In: Hopf, Ch./Wein-garten, E. (Hrsg.), 171—204. Englische Ersterscheinung: In: American Journal of Sociology, Bd. 51 (1945/46) 541–557

Meuser, M./Nagel, U. (1991): ExpertInneninterviews – vielfach erprobt, wenig be-dacht. Ein Beitrag zur qualitativen Methodendiskussion. In: Garz, D./Kraimer, K. (Hrsg.): Qualitativ-empirische Sozialforschung. Opladen: Westdeutscher Ver-lag, 441–471

Miethe, I. (1999): Frauen in der DDR-Opposition. Lebens- und kollektivgeschicht-liche Verläufe in einer Frauenfriedensgruppe. Opladen: Leske & Budrich

Miethe, I. (2003): Vom Ende der Parteilichkeit zur Parteilichkeit ohne Ende. For-schungsethische Probleme bei der Arbeit mit hermeneutischen Fallrekonstrukti-onen. In: Hilbig, A./Kajatin, C./Miethe, I. (Hrsg.): Frauen und Gewalt. Interdis-ziplinäre Untersuchungen zu geschlechtsgebundener Gewalt in Theorie und Pra-xis. Würzburg: Königshausen & Neumann, 231–248

Mikl-Horke, G. (1997): Soziologie. München/Wien: Oldenburg

Moore, Y. (1997): Der Familiendialog: Eine Familie, die nicht fragt. In: Rosenthal, G. (Hrsg.): 129–139

Nedelmann, B. (2002): Georg Simmel (1855–1918). In: Kaesler, D. (Hrsg.): Klas-siker der Soziologie. Bd. 1, München: Beck, 127–149

Nunner-Winkler, G. (1989): Wissen und Wollen. Ein Beitrag zur frühkindlichen Moralentwicklung. In: Honneth, A./McCarthy, Th./Offe, C./Wellmer, A. (Hrsg.): Zwischenbetrachtungen. Im Prozess der Aufklärung. Jürgen Habermas zum 60. Geburtstag. Frankfurt a. M: Suhrkamp, 574–600

Oevermann, U. (1980): Struktureigenschaften sozialisatorischer und therapeutischer Interaktion. Unv. MS. Frankfurt a. M.

Oevermann, U. (1983): Zur Sache: Die Bedeutung von Adornos methodologischem Selbstverständnis für die Begründung einer materialen soziologischen Struktur-analyse. In: Friedeburg, L.v./Habermas, J. (Hrsg.): Adorno-Konferenz 1983. Frankfurt a. M.: Suhrkamp, 234–289

Oevermann, U. (1988): Eine exemplarische Fallrekonstruktion zum Typus ver-sozialwissenschaftlicher Identitätsformation. In: Brose, H.-G./Hildenbrand, B. (Hrsg.): vom Ende des Individuums zur Individualität ohne Ende. Opladen: Leske & Budrich. 243–286

Oevermann, U. (2000): Die Methode der Fallrekonstruktion in der Grundlagenforschung sowie der klinischen und pädagogischen Praxis. In: Kraimer, K. (Hrsg.): Die Fallrekonstruktion. Sinnverstehen in der sozialwiss. Forschung. Frankfurt a. M.: Suhrkamp, 58–156

Oevermann, U./Allert, T./Gripp, H./Konau, E./Krambeck, J./Schütze, Y. (1975): Die Beobachtung innerfamilialer Interaktionen als Methode der Sozialisationsforschung. Unv. MS

Oevermann, U./Allert, T./Konau E./Krambeck, J. (1979): Die Methodologie einer objektiven Hermeneutik und ihre allgemeine forschungslogische Bedeutung in den Sozialwissenschaften. In: H.-G. Soeffner (Hrsg.): Interpretative Verfahren in den Sozial- und Textwissenschaften. Stuttgart: Metzler, 352–434

Oevermann, U./Alltert, T./Konau, E. (1980): Zur Logik der Interpretation von Interviewtexten. In: Heinze, Th./Klusemann, H.W./Soeffner, H.-G. (Hrsg.), Interpretationen einer Bildungsgeschichte. Bensheim: päd extra, 15–69

Oevermann, U./Allert, T./Konau E./Krambeck, J. (1987): Structures of Meaning and Objective Hermeneutics. In: Meja, V./Misgeld, D./Stehr, N. (Eds.): Modern German Sociology New York: Columbia University Press, 436–459

O'Reilly, K. (2005): Ethnographic methods. London: Routledge

Peirce, Ch. (1980): Schriften zum Pragmatismus und Pragmatizismus. Frankfurt a. M.: Suhrkamp

Peirce, Ch. S. (1933/1980): Collected Papers. Hartshorne, Ch./Weiss, P. (Eds) Cambridge: Belknap (see 7.218)

Pette, C. (2001): Psychologie des Romanlesens. Lesestrategien zur subjektiven Aneignung eines literarischen Textes. Weinheim/München: Juventa

Plato, A. v. (1998): Erfahrungsgeschichte – von der Etablierung der Oral History. In: Jüttemann, G./Thomae, H. (Hrsg.), 60–74

Polanyi, M. (1985): Implizites Wissen. Frankfurt a. M.: Suhrkamp

Pollock, F. (1955): Gruppenexperiment. Ein Studienbericht. Frankfurter Beiträge zur Soziologie, Bd. 2. Frankfurt a. M.: Europäische Verlagsanstalt.

Popitz, H./Bahrdt, H. P./Jüres, E.A./Kesting, H. (1957): Das Gesellschaftsbild des Arbeiters. Tübingen: Mohr

Psathas, G. (1995): Conversation analysis. The Study of Talk in Interaction. Thousand Oaks – London: Sage

Reddemann, L./Sachsse, U. (1996): Imaginative Psychotherapieverfahren zur Behandlung in der Kindheit traumatisierter Patientinnen und Patienten. In: Psychotherapeut, 41, 169–174

Reichertz, J. (1986): Probleme qualitativer Sozialforschung. Zur Entwicklungsgeschichte der Objektiven Hermeneutik. Frankfurt a. M.: Campus

Reichertz, J. (1993): Abduktives Schlussfolgern und Typen(re)konstruktion. Abgesang auf eine Liebgewordene Hoffnung. In: Jung, Th./Müller-Doohm, St. (Hrsg): „Wirklichkeit" im Deutungsprozess. Frankfurt a. M.: Suhrkamp, 258–284

Reichertz, J. (1994): Von Gipfeln und Tälern. Bemerkungen zu einigen Gefahren, die den objektiven Hermeneuten erwarten. In: Garz, D./Kraimer, K. (Hrsg) (1994) Die Welt als Text. Theorie, Kritik und Praxis der objektiven Hermeneutik. Frankfurt a. M.: Suhrkamp, 125–152

Reichertz, J. (1997): Objektive Hermeneutik. In: Hitzler, R./Honer, A. (Ed.): Sozialwissenschaftliche Hermeneutik. Opladen: Leske & Budrich, 31–55

Reichertz, J. (2003): Die Abduktion in der qualitativen Sozialforschung. Opladen: Leske & Budrich

Reichertz, J./Schröer, N. (1994): Erheben, Auswerten, Darstellen. Konturen einer hermeneutischen Wissenssoziologie. In: Schröer, N. (Hrsg.): Interpretative Sozialforschung. Opladen: Westdeutscher Verlag, 56–84

Ricoeur, P. (1972): Der Text als Modell: hermeneutisches Verstehen. In: Bühl, W. L. (Hrsg.): Verstehende Soziologie. München: Nymphenburger Verlagsgesellschaft, 253–275

Riemann, G. (1987): Das Fremdwerden der eigenen Biographie. München: Fink

Ritsert, J. (1972): Inhaltsanalyse und Ideologiekritik. Frankfurt a. M.: Athenäum

Rogers, C. R. (1951): Client-centered Therapy. Boston

Rosenthal, G. (1981): „Prosoziales Handeln. Entwicklungspsychologische Pilotstudie bei elf- bis sechzehnjährigen Schülern". In: Briechle, R./Väth-Szusdziara, R. (Hrsg.): Interpersonale und politische Kompetenz. Universität Konstanz, Forschungsberichte 40, 330–360

Rosenthal, G. (1987): „Wenn alles in Scherben fällt ..." Von Leben und Sinnwelt der Kriegsgeneration. Opladen: Leske & Budrich.

Rosenthal, G. (1988): Leben mit der soldatischen Vergangenheit in zwei Weltkriegen. Ein Mann blendet seine Kriegserlebnisse aus. In: Bios, 1 (2), 27–38

Rosenthal, G. (Hrsg.) (1990): „Als der Krieg kam, hatte ich mit Hitler nichts mehr zu tun". Zur Gegenwärtigkeit des „Dritten Reiches" in erzählten Lebensgeschichten. Opladen: Leske & Budrich

Rosenthal, G. (1992): Antisemitismus im lebensgeschichtlichen Kontext. Soziale Prozesse der Dehumanisierung und Schuldzuweisung. In: ÖZG, Österreichische Zeitung für Geschichtswissenschaften, 3 (4) 449–479

Rosenthal, G. (1993): Reconstruction of Life stories. in: The Narrative Study of Lives. 1 (1), 59–91

Rosenthal, G. (1995): Erlebte und erzählte Lebensgeschichte. Frankfurt a.M.: Campus

Rosenthal, G. (Hrsg.) (1997a): Der Holocaust im Leben von drei Generationen. Familien von Überlebenden der Shoah und von Nazi-Tätern. Gießen: Psychosozial Verlag

Rosenthal, G. (1997b): Zur interaktionellen Konstitution von Generationen. Generationenabfolgen in Familien von 1890 – 1970 in Deutschland. In: Mansel, J./Rosenthal, G./Tölke, A. (Hrsg.): Generationen-Beziehungen: Austausch und Tradierung. Opladen: Westdeutscher Verlag, 57–73

Rosenthal, G. (1997c): Die Familie Seewald: die unausgesprochenen mörderischen Befehle. In: dies.: 415–424

Rosenthal, G. (1997d): Die Übertragung der Schuld an die Enkel: die Familie Sonntag. In: dies.: 357–376

Rosenthal, G. (1997e): Nationalsozialismus und Antisemitismus im intergenerationellen Dialog. In: dies.: 345–356

Rosenthal, G. (2000): Social Transformation in the Context of Familial Experience. Biographical Consequences of a Denied Past in the Soviet Union. In: Breckner, R./Kalekin-Fischman, D./Miethe, I. (Ed.): "Biographies and the Division of Europe". Opladen: Leske & Budrich, 115–138

Rosenthal, G. (2002a): Erzählte Lebensgeschichten zwischen Fiktion und Wirklichkeit. Zum Phänomen „falscher" Identitäten. In: Diekmann, I./Schoeps, J.H. (Hrsg.): Das Wilkomirski-Syndrom. Eingebildete Erinnerungen. Zürich: Pendo

Rosenthal, G. (2002b): Biographische Forschung. In: Schaeffer, D./Müller-Mundt, G. (Hrsg.): Qualitative Gesundheits- und Pflegeforschung. Bern, Göttingen, Toronto, Seattle: Hans Huber Verlag, 133–148

Rosenthal, G. (2004): Biographical Research. In: Seale, C./Gobo, G./Gubrium, J.F./Silverman, D. (Eds.): Qualitative Research Practice. London: Sage, 48–64

Rosenthal, G./Fischer-Rosenthal, W. (2000): Analyse narrativ-biographischer Interviews. In: Flick, U. u.a., 456–467

Rosenwald, G.C./Ochberg, R.L. (Eds.) (1992): Storied lives: The cultural politics of self-understandings. New Haven, CT: Yale University Press

Rossi, P. (1987): Vom Historismus zur historischen Sozialwissenschaft: Heidelberger Max Weber-Vorlesungen 1985. Frankfurt a. M.: Suhrkamp

Sachsse, U. (1999): Selbstverletzendes Verhalten. Psychodynamik – Psychotherapie. Das Trauma, die Dissoziation und ihre Behandlung. Göttingen: Vandenhoeck & Ruprecht

Sacks, H. (1992): Lectures on conversation. Volume I & II. Edited by G. Jefferson with introductions by E. A. Schegloff. Oxford: Blackwell

Schäfer, Th./Völter, B. (2005): Subjekt-Positionen. Foucault und die Biographieforschung. In: Völter, B. u.a. (Hrsg.), 161–188

Schatzman, L./Strauss, A.L. (1973): Field Research. Strategies for a Natural Sociology. Prentice-Hall: Englewood Cliffs

Schneider, G. (1987): Interaktion auf der Intensivstation. Zum Umgang des Pflegepersonals mit hilflosen Patienten. Berlin: Michael Ernst-Pörksen

Schröer, N. (1994) (Hrsg.): Interpretative Sozialforschung. Opladen: Westdeutscher Verlag

Schütz, A. (1932/1974): Der sinnhafte Aufbau der sozialen Welt. Frankfurt a.M.: Suhrkamp

Schütz, A. (1971a): Wissenschaftliche Interpretation und Alltagsverständnis menschlichen Handelns. In: Gesammelte Aufsätze I, Den Haag: Nijhoff, 3–54

Schütz, A. (1971b): Über die mannigfaltigen Wirklichkeiten. In: Gesammelte Aufsätze I, Den Haag: Nijhoff, 237–298

Schütze, F. (1976): Zur Hervorlockung und Analyse von Erzählungen thematisch relevanter Geschichten im Rahmen soziologischer Feldforschung. In: Arbeitsgruppe Bielefelder Soziologen: Kommunikative Sozialforschung. München: Fink, 159–260

Schütze, F. (1977): Die Technik des narrativen Interviews in Interaktionsfeldstudien. Arbeitsberichte und Forschungsmaterialien Nr. 1 der Universität Bielefeld, Fakultät für Soziologie

Schütze, F. (1978): Was ist „kommunikative Sozialforschung?". In: Gaertner, A./Hering, S. (Hrsg.): Modellversuch „Soziale Studiengänge" an der GhK, Materialien 12: Regionale Sozialforschung. Kassel: Gesamthochschulbibliothek, 117–131

Schütze, F. (1983): Biographieforschung und narratives Interview. In: Neue Praxis 3, 283–293

Schütze, F. (1987): Symbolischer Interaktionismus. In: Sociolinguistics. 1, Berlin/New York: de Gruyter

Schütze, F. (1994): Das Paradoxe in Felix' Leben als Ausdruck eines „wilden" Wandlungsprozesses. In: Koller, H.-Ch./Kokemohr, R. (Hrsg.): Lebensgeschichte als Text. Zur biographischen Artikulation problematischer Bildungsprozesse. Weinheim: Deutscher Studienverlag, 13–60

Schuhler, P. (1979): Entwicklung sozialer Kognitionen in der Schule. Bericht über ein Forschungsprojekt. In. Schön, B./Hurrelmann, K. (Hrsg.): Schulalltag und Empirie. Weinheim: Beltz, 131–143

Schuhler, P. (1984): Perspektivenübernahme im Handlungsvollzug: Konzeption und Evaluation eines Interventionsprogramms. Dissertation, Technische Universität Berlin

Seale, C. (1999): The Quality of Qualitative Research. London: Sage

Sebeok, Th./Umiker-Sebeok, J. (1985): „Sie kennen ja meine Methode." Ein Vergleich von Charles S. Peirce und Sherlock Holmes. In: Eco, U./Sebeok, Th. (Ed.): Der Zirkel oder im Zeichen der Drei. München: Fink, 28–87

Shaw, C. R. (1930): The Jack-Roller. A Delinquent Boy's Own Story. Chicago: University of Chicago Press

Sieder, R. (1999): Brüchiges Leben. Biographien in sozialen Systemen. Wien: Turia + Kant

Silverman, D. (1993): Interpreting Qualitative Data. Methods for Analysing Talk, Text and Interaction. London/Thousand Oaks/New Delhi: Sage

Simmel, G.: Das Problem der Soziologie. In: ders. (1992): Soziologie. Frankfurt a.M.: Suhrkamp, 13–62

Simon, F. (1972): Sculpting the Family. In: Fam. Proc., 11 (1) 49–57

Soeffner, H.G. (1979) (Hrsg.): Interpretative Verfahren in den Sozial- und Textwissenschaften. Stuttgart: Metzler

Soeffner, H.-G. (1982): Statt einer Einleitung: Prämissen einer sozialwissenschaftlichen Hermeneutik. In: ders. (Hrsg.): Beiträge zu einer empirischen Sprachsoziologie. Tübingen: Narr, 9–48

Soeffner, H.-G. (1989): Auslegung des Alltags. Zur wissenssoziologischen Konzeption einer sozialwissenschaftlichen Hermeneutik. Frankfurt a.M.: Suhrkamp

Spradley, J. P. (1979): The ethnographic interview. New York: Holt, Rinehart and Winston

Spradley, J. P. (1980): Participant Observation. New York: Holt, Rinehart and Winston

Stierlin, H. (1988): Der Dialog zwischen den Generationen über die Nazizeit. In: Heimannsberg, B./Schmidt, Ch. (Hrsg.): Das kollektive Schweigen. Heidelberg: Asanger, 197–216

Straub, J. (1993): Zeit, Erzählung, Interpretation. Zur Konstruktion und Analyse von Erzähltexten in der narrativen Biographieforschung. In: Röckelein, H. (Hrsg.): Möglichkeiten und Grenzen der psychohistorischen Biographieforschung. Tübingen: edition discord, 143–183

Strauss, A. (1974): Spiegel und Masken. Frankfurt a.M.: Suhrkamp. Englische Ausgabe: 1959: Mirrors and Masks

Strauss, A. (1987): Qualitative Analysis for Social Scientists. Cambridge. University Press

Strauss, A. (1991): Grundlagen qualitativer Sozialforschung. München: Fink

Strauss, A. L./Corbin, J. M. (1990): Basics of qualitative research. Newbury Park: Sage (dt. 1996: Grundlagen Qualitativer Sozialforschung. Weinheim: Beltz)

Strübing, J. (2004): Grounded Theory. Zur sozialtheoretischen und epistemologischen Fundierung des Verfahrens der empirisch begründeten Theoriebildung. Wiesbaden: VS Verlag

Tenbruck, F. H. (1986): Das Werk Max Webers: Methodologie und Sozialwissenschaften. In: Kölner Zeitschrift für Soziologie und Sozialpsychologie, 38, 13–31

Thomas, W. I./Thomas, D. S. (1928): The Child in America. New York: Alfred A. Knopf

Thomas, W. I./Znaniecki, F. (1918–1922/1958): The Polish Peasant in Europe and America. New York: Dover

Thompson, P. (1992): The voice of the past: oral history. New York: Cambridge University Press

Thrasher, F. M. (1927): The Gang. Chicago: University of Chicago Press

Uhl, H. (2001): Das ‚erste Opfer' – Das österreichische Gedächtnis und seine Transformationen in der Zweiten Republik. In: Lappin, E./Schneider, B. (Hrsg.): Die Lebendigkeit der Geschichte. Ingbert: Röhrig, 30–46

Viehöver, W. (2003): Die Wissenschaft und die Wiederverzauberung des sublunaren Raumes. Der Klimadiskurs im Licht der narrativen Diskursanalyse. In: Keller, R. (Hrsg.) u.a., 233–269

Völter, B. (2003): Judentum und Kommunismus in Familien- und Lebensgeschichte. Opladen: Leske & Budrich

Völter, B/Rosenthal, G. (1997): Wir sind die Opfer der Geschichte: Die Familie Seewald. In: Rosenthal, G. (Hrsg.), 377–409

Völter, B./Dausien, B./Lutz, H./Rosenthal, G. (2005) (Hrsg.): Biographieforschung im Diskurs. Wiesbaden: VS-Verlag

Wax, M. (1972): Tenting with Malinowski. In: American Sociological Review 37, 1–13

Weber, M. (1913; 1973): Über einige Kategorien der verstehenden Soziologie. In: ders.: Gesammelte Aufsätze zur Wissenschaftslehre. Hrsg. von J. Winckelmann, 4. rev. Aufl., Tübingen: Mohr/Siebeck, 472–474

Weber, M. (1921; 1972): Soziologische Grundbegriffe. In: ders.: Wirtschaft und Gesellschaft. Hrsg. von J. Winckelmann, 5. rev. Aufl., Tübingen: Mohr/Siebeck, 1–30

Wertheimer, M. (1922): Untersuchungen zur Lehre von der Gestalt. In: Psychologische Forschung, 1, Berlin: Springer, 47–58

Wertheimer, M. (1923): Untersuchungen zur Lehre von der Gestalt II. In: Psychologische Forschung, 2, 301–350

Wertheimer, M. (1928): Gestaltpsychologische Forschung. In: Saupe, E. (Hrsg.): Einführung in die neuere Psychologie. Osterwieck im Harz: Zwickfeldt Verlag, 47–54

Wiechers, C. (1998): Schwangerschaftsabbruch: Eine Krise und ihre Bedeutung in der Biographie. Unv. Diplomarbeit. Fachbereich Sozialwesen, Gesamthochschule Kassel

Wiedemann, P.M. (1991): Gegenstandsnahe Theoriebildung. In: Flick, U. et al. (Hrsg.): Handbuch qualitative Sozialforschung, 440–445

Willems, H. (1996): Goffmans qualitative Sozialforschung. Ein Vergleich mit Konversationsanalyse und Strukturaler Hermeneutik. In: Zeitschrift für Soziologie, Jg. 25 (6), 438–455

Willems, H. (2000): Erving Goffmans Forschungsstil. In: Flick u.a. (Hrsg.), 42–50

Wilson, Th.P. (1970): Normative and Interpretative Paradigms in Sociology. In: Douglas, Jack D. (Hrsg.): Understanding Everyday Life. Toward the Reconstruction of Sociological Knowledge. Chicago: Aldine, 57–79

Wilson, Th. P. (1973): Theorien der Interaktion und Modelle soziologischer Erklärung. In: Arbeitsgruppe Bielefelder Soziologen (Hrsg.): Alltagswissen, Interaktion und gesellschaftliche Wirklichkeit. Band 1: Symbolischer Interaktionismus und Ethnomethodologie, Reinbek: Rowohlt, S. 54–79

Wirsching, M./Stierlin, H. (1982): Krankheit und Familie. Stuttgart: Klett-Cotta

Wirth, L. (1928): The Ghetto. Chicago: University of Chicago Press

Whyte, W. F. (1943/1955): Street Corner Society. Chicago: University of Chicago Press. In Deutsch: (1996): Die Street Corner Society. Berlin: Walter de Gruyter

Wodak, R. (1996): Disorders of Discourse. Harlow: Addison Wesley

Wodak, R./Cillia, R. de/Reisigl, M./Liebhart, K. (1999) (Hrsg.): The discursive construction of national identity. Edinburgh: Edinburgh University Press

Wodak, R. (2001): Freund- und Feindbilder: Diffamierung politischer Gegner oder berechtigte und notwendige Kritik. In: Möhring, R. (Hrsg.): Österreich allein zuhause. Politik, Medien und Justiz nach der Wende. Frankfurt a. M: IKO-Verlag, 124–144

Wodak, R./Nowak, P./Pelikan, J./Gruber, H./Cillia R. de/Mitten, R. (1990): „Wir sind alle unschuldige Täter". Diskurshistorische Studien zum Nachkriegsantisemitismus. Frankfurt a. M.: Suhrkamp

Wohlrab-Sahr, M. (1992): Biographische Unsicherheit. Formen weiblicher Identität in der „reflexiven Moderne": Das Beispiel der Zeitarbeiterinnen. Opladen: Leske + Budrich.

Wohlrab-Sahr, M. (Hrsg.) (1995): Biographie und Religion. Frankfurt a. M.: Campus

Wohlrab-Sahr, M. (1999): Biographieforschung jenseits des Konstruktivismus. In: Soziale Welt 50, 483–494

Wolff, St. (1986): Rapport und Report. Über einige Probleme bei der Erstellung plausibler ethnographischer Texte. In: Ohe, W. von der (Hrsg.): Kulturanthropologie. Beiträge zum Neubeginn einer Disziplin. Berlin: Duncker, 333–364

Wolff, St. (2000): Wege ins Feld und ihre Varianten. In: Flick u.a. (Hrsg.), 334–349

Zorbaugh, H. W. (1929/1983): The Gold Coast and the Slum. Chicago/London: University of Chicago Press

Sachregister